KB089051

리터러시와 권력

Literacy and Power by Hilary Janks
ⓒ 2010 Taylor & Francis
All rights reserved.

Korean translation ⓒ 2019 Sahoipyoungnon Academy, Inc.
Authorized translation from the English language edition published by Routledge,
a member of Taylor & Francis Group LLC, New York, USA
Arranged by Bestun Korea Agency, Seoul, Korea.
All rights reserved.

이 책의 한국어 판권은 베스툰 코리아 에이전시를 통하여
저작권자인 Taylor & Francis Group LLC와 독점 계약한 (주)사회평론아카데미에 있습니다.
저작권법에 의해 한국 내에서 보호를 받는 저작물이므로
어떠한 형태로든 무단 전재와 무단 복제를 금합니다.

리터러시와 권력

힐러리 쟁크스 지음

장은영 · 이지영 · 이정아 · 장인철 · 안계명
김혜경 · 양선훈 · 허선민 · 서영미 · 김은영 옮김

김성우 감수

사회평론아카데미

* 일러두기

1. 학자 이름, 출판물, 주요 개념 등 중요한 용어의 경우 영문 병기하였으며, 영문 병기는 첫 1회만 하는 것을 원칙으로 하였습니다. 그 외 고유명사의 경우 영문 병기 없이 한글로 표기하였습니다.

2. 원서의 각주 외에 옮긴이가 독자들에게 필요하다고 판단하여 달아 놓은 주석은 [옮긴이 주]로 표시하였습니다. 그리고 주요한 개념 용어지만 정확히 일치하는 한글용어가 부재하여 혼동을 일으킬 수 있는 경우에는 복수의 용어들을 맥락에 따라 사용하고 [옮긴이 주]에 설명하였습니다.

4. 원서에서 사용된 영문 구두법은 국문 구두법 형식으로 변경하였습니다. (㉎ 원서에서 강조의 의미로 사용한 기울임체 → 작은따옴표)

5. 논문은 「」, 단행본은 『』, 영화·연극 등의 작품은 〈〉으로 표기하였습니다.

6. 이 책에 사용된 자료 등은 가능한 한 저작권과 출처 확인 과정을 거쳤으나, 미확인된 일부 자료는 저작권자가 확인되는 대로 정식 동의 절차를 밟겠습니다.

옮긴이 서문

한국은 비판적 리터러시 교육을 수행하기에 척박한 땅이다. 파울로 프레이리(1968)가『페다고지: 억눌린 자를 위한 교육Pedagogy of the Oppressed』에서 반세기 전에 이미 지적했던 은행저금식 교육Banking concept in education은 여전히 한국에서 유효하다. 수많은 학생들이 교육현장에서 수동적으로 지식을 전달받고 축적하는 데 전력을 소모하고, 나중에 그것을 꺼내어 재화로 쓸 수 있을 날을 믿고 기다린다. 그러나 저금된 지식은 내신 관리와 대학수학능력시험에서 헛되이 산화되고 막상 '삶을 살아야 할 때'에는 생각도 행동도 쉽지가 않다. 우리는 비판적 의식과 문제해결능력을 대가로 죽은 지식을 저금해왔는지도 모르겠다.

다소 부정적인 코멘트로 옮긴이 서문을 시작하였으나 내심 하고 싶은 말은 이것이다. 이제 우리는 리터러시를 다시 꺼내들고 리터러시가 가진 영향력을 비판적으로 재인식함으로써, 살아있는 언어교육을 고민하고 실천해야 한다. 특히 영어교육은 원어민 이데올로기에 뿌리를 둔 결핍의 관점에서 언어학습자를 보는 교육을 지양하고, 단일언어주의적 관점에서 언어적 위계를 당연시하는 무비판적이고 차별적인 언어교육 관행을 돌아볼 때이다. 리터러시, 즉 '읽고 쓴다'는 것은 우리가 세상을 살면서 만나는 것들을 이해하고자 하는 노력이자 사회적 문제들을 비판적으로 탐구하며 그 세상을 바꾸고자 하는 순환적 과정이다. 이제 이러한 리터러시를 경험하도록 하는 언어교육이 필요할 때이다.

힐러리 잰크스가 쓴 『리터러시와 권력』은 21세기에 다중모드로 이루어지는 소통의 기제들을 리터러시라는 핵심 개념으로 아우르는 동시에, 권력의 문제를 논의의 중심에 위치시켜 우리의 의식을 일깨우고 더욱 민주적이고 실천적인 리터러시 교육을 도모한다. 세계지도를 펼쳐놓고 보면 남아프리카공화국은 한국의 정반대 쪽에 위치한다. 낯설고 먼 나라에서 아파르트헤이트라는 차별적인 정치적 상황을 겪어낸 한 학자가 쓴 『리터러시와 권력』이라는 책이 한국의 영어교육학자들의 마음속으로 성큼 들어와서 번역하기로 뜻을 모으게 만든 이유는 바로 그곳 남아프리카공화국에서 리터러시와 권력이 작동하는 방식이 한국의 영어교육현장과 크게 다르지 않았기 때문이다. 권력, 접근성, 다양성, 디자인, 그리고 리터러시. 잰크스의 책에 등장하는 이 단어들은 본 번역서를 만들어낸 11명의 역자들에게 깊은 울림을 가져왔다. 오랜 세월 영어라는 열병에 신음하고, 엄청난 노력과 자본을 투자하고도 수많은 '영어포기자'를 양산하고 전 국민적 열등감을 경험해 온 한국사회의 영어교육을 새롭게 바꿀 수 있는 하나의 대안이라고 보았기 때문이다. 무엇보다 잰크스는 이 책에서 리터러시와 권력의 관계, 비판적 리터러시 교육을 교실현장에서 실천하는 교수활동, 교사가 직면하는 성취감과 좌절감 등을 누구나 이해할 수 있도록 쉽고 재미있게, 그리고 한국의 영어수업현장에서도 시도해 볼 수 있을 만큼 생생하고 솔직하게 풀어냈다.

이 책의 역자들은 2010년 발족한 이래 매달 1회씩 꾸준히 정기적인 모임을 가져온 한국영어교육학회KATE의 비판적 교수법Critical Pedagogy, CP

분과 멤버들이다. CP 분과가 비판적 교수법의 중요성에 대한 공유된 믿음을 기반으로 관련 서적과 연구논문을 함께 읽고 열띤 토론을 하고 학회와 세미나에서 발표하며 비판적 교수법 관련 저서를 출판하는 등 활발하고 꾸준한 활동을 해 온 것이 거의 10년에 달한다. 이제 우리 연구모임의 새로운 산출물로서 쟁크스의 『리터러시와 권력』의 번역본을 한국의 독자들, 특히 비판적 교수법에 관심을 가진 교사, 연구자, 전문가, 대학원생, 그리고 모든 언어학습자에게 조심스레 내놓는다. 이러한 작업이 한국의 영어교육 (사실상 영어교육에 제한된 것이 아니라 언어에 대한 총체적인 인식과 언어교육이라는 표현이 더 적합할 것이다)에 당장 눈에 보이는 변혁은 가져오지 못할지라도 목마른 이들이 잠시 목을 축이고 새로운 여정을 결단할 수 있는 기회는 되지 않을까 기대해본다.

더 많은 분들과 좋은 책을 나누고 싶었던 역자들의 생각에 공감해주시고 번역서 출간에 도움을 주신 사회평론아카데미의 고하영 대표님, 그리고 시작부터 마무리까지 정성을 다하여 빈틈없이 살펴봐주신 정세민 선생님께 깊은 감사를 드립니다.

2019년 6월
옮긴이를 대표하여 장은영

추천사

힐러리 쟁크스Hilary Janks는 엄청나게 단순하면서도 강렬한 첫 문장으로 이 책의 주제인 리터러시와 자신이 리터러시를 다루는 비판적이고 유려한 방식을 독자에게 소개한다. 쟁크스는 이야기, 분석적 질문, 재미있는 일화, 흥미진진한 사례, 구체적인 활동을 바탕으로 비판적 리터러시가 무엇인지를 정의한다. 이런 과정 속에서 독자는 그 어느 책을 읽을 때보다 훨씬 더 심오한 방식으로 비판적 리터러시를 발견하고 성찰하는 여정을 함께하게 된다.

『리터러시와 권력』은 교수–학습에서 비판적 사고와 깊이 있는 행동을 중요하게 여기는 예비교사, 현직교사와 교사 교육자를 위한 언어, 문화, 교수Language, Culture, and Teaching, LCT 시리즈에 새로이 추가되었다. 독자가 현직교사라면, 대부분은 틀림없이 다양한 환경에서 일하면서 학생과 자신을 연결해줄 이론과 전략을 찾아 헤매고 있을 것이다. 아직 현직교사가 아니더라도 여러 측면에서 자기와는 다른 정체성(인종/민족, 언어, 사회계급 등)을 지닌 학생들과 함께하고 있을 가능성이 높다. LCT 시리즈로 출판된 책은 독자로 하여금 '일반적인generic' 학생이란 존재하지 않으며 모든 학생은 개별적 사회문화적 현실과 구체적인 사회정치적 배경을 지니고 학교에 온다는 사실을 인정하도록 요구한다. 힐러리 쟁크스의 책은 영어와 언어 교사를 특정 대상으로 하고 있지만, 이 책에서 다른 교사들도 자신의 현실과 학생들의 현실 사이의 간극을 메우는 데 도움을 얻을 수 있을 것이다.

독자는 이 책을 통해 비판적 리터러시가 교육에서 갖는 역할에 대해 성찰하게 된다. 셰익스피어를 읽거나 파닉스를 가르치거나 다섯 문단짜리 에세이를 작성할 때, 국어 교과에서 실제로 수행해야 하는 작업에 비해 권력, 특권, 정체성, 다양성 같은 문제는 주변적인 것이라고 주장하는 이들도 있다. 그러나 쟁크스의 설득력 있는 주장에 따르면, 이러한 문제에 대한 의식이 없다면 교사는 가르치는 행위와 학생에 대해 단순하고 무비판적인 방식으로 접근하게 되며, 결국에는 우리가 살고 있는 복잡하고 이질적인 세계에 대해 학생이 준비할 수 있도록 전혀 도울 수 없게 된다. 정체성, 권력, 특권, 접근성 같은 문제는 실제로 언어와 리터러시를 이해하는 데 매우 중요하다. 이에 교사가 이 문제들을 고려하지 않을 수 없다는 주장이 가능하다. 이는 총체적 언어 대 파닉스, 이중언어교육 대 영어전용교육, 흑인 영어 대 표준 영어를 비롯한 과거 우리가 목격했던 언어와 리터러시에 관한 다른 수많은 논쟁에 대해 생각해보면 명백해진다. 실제로 미국의 교육 역사를 자세히 들여다보면, 확장된 맥락에서 이해되는 언어 및 리터러시와 관련 없는 논쟁은 거의 없다. 국어교사뿐 아니라 모든 교사가 정체성, 권력, 특권, 접근성을 포함하는 개념에 대해 배우고 성찰하며 교수활동에 적용하도록 준비해야 한다. 이 책은 그런 작업에 필요한 수단을 독자에게 제공한다.

이 책에 명확히 드러나듯이, 쟁크스는 남아프리카공화국의 리터러시 교육자로서 겪었던 경험의 상당 부분을 가져온다. 물론 그 경험만으로 책을 구성한 것은 아니지만 말이다. 쟁크스는 아파르트헤이트 정책의 역사와 그것이 언어와 리터러시에 갖는 함의에 대한 예시를 이용하는데, 이는 비극적이든 희극적이든 언제나 깨달음을 준다. 다른 나라와 대륙의 예시도 사용하며, 이 예시들은 특정 상황에 기반하지만 보편적인 성격을 지닌다. 2장에 나오는 '카멜레온 댄스'는 확실히 남아프리카공화국 기반이지만 미국의 비판적 인종이론에 대한 교과목에서도 사용되어 왔다. 같은 장에 나오는 '엣지 면도기' 광고 역시 여성의 신체를 드러내면 안 되는 종교 공동체를 제외한다면 장소를 막론하고 어느 곳에서든 볼 수 있었을 법하다. 유머러스하면서도 강력하게 성차별주의가 발현되는 방식을 묘사하는 3장의 '난자와 정자 경주' 이야기는 미국에서 일어난 일이지만 특정 국가에 국한되지 않는다. 마찬가지로 독자가 어디에서 가르치고 있든 간에(미국 서부해안의 대도시 혹은 북동부 지역 교외의 자그마한 동네일 수도 있고, 소웨토, 사우스웨일스, 런던일 수도 있다) 쟁크스의 예시들은 독자가 속한 교실 환경과 관련성을 지닐 것이다.

쟁크스는 언어와 리터러시가 태생적으로 정치적인 활동이며 교사는 태생적으로 정치적 행위자라고 생각한다. 교사가 스스로를 어떻게 바라보는지와 상관없이 그러하다고 주장한다. 이는 학생이 특정 진리들을 믿도록 세뇌시키는 게 교사의 역할이라는 말이 아니다. 오히려 그 반대이다. 정치적 교사가 된다는 것은 학생들이 자기들이 읽고 쓰고 생활하면서 대면할 다중적인 현실을 파악할 수 있도록 도와주는 것을 의미한다. 쟁크스는 '대문자 P'와 '소문자 p'를 정의하면서 미시정치를 뜻하는 '소문자 p'는 우리가 다른 이들과 함께 삶을 살아나가는 방식에 관한 것이라고 강조하는데, 여기에서 그녀가 말하는 정치적 행위자로서의 교사의 역할이 잘 드러난다. 리터러시가 우리가 읽고 쓰고 생활하는 방식의 일부라는 점은 명백하다. 쟁크스는 1장을 시작하면서 리터러시를 이해하는 다양한 방식 혹은 입장을 소개한다. 나머지 장에서는 언어와 권력의 문제, 텍스트를 비판적으로 읽고 쓰고 디자인하고 재디자인하는 방식, 다양성과 불평등의 의미, 접근성의 문제, 비판적 리터러시의 미래를 다룬다. 독자는 자신이 현재 어디에 있는지와 상관없이 이 책을 읽는 내내 흥미와 깨달음을 얻고 비판적 언어 및 리터러시 교육자의 자리에 함께하게 될 것이다.

『리터러시와 권력』은 희망적인 책이지만, 변화에 대한 허황된 꿈은 아니다. 쟁크스가 이 책에서 제안하는 방식으로 리터러시를 한다는 것은 어려운 작업이다. 장시간에 거쳐 지속되어야 하고 다른 이와의 협력을 통해 이루어져야 하는 어려운 일이다. 남아프리카공화국의 학교에서 경험했던 변화에 대한 쟁크스의 이야기는 리터러시 교실에 늘 존재하는 고질적인 속성에 대한 냉정한 교훈으로 끝나는 충고이다. 쟁크스는 8장의 마지막에서 "우리 자신을, 그리고 서로를 재디자인하는 작업은 혼자서 하기에는 너무 모험적이고 위험하다."라고 하면서 왜 비판적 리터러시가 협력적으로 이루어질 때 가장 좋은지를 강조한다.

독자는 이 책을 읽으면서 미소를 짓기도 하고 몇몇 예시들에서는 큰 소리로 웃게 될지도 모른다. 또 다른 순간에는 감동이 밀려오고 흥미나 슬픔을 느끼기도 할 것이다. 책을 읽는 내내 독자는 언어와 리터러시에 대해 오래도록 간직해왔던 자신의 생각이나 선입견의 일부를 다시 한번 성찰하고 재가공하며 재창조하게 될 것이다. 나는 진정으로 독자 여러분 모두 이러한 경험을 하길 희망한다. 그것이 바로 LCT 시리즈의 모든 책의 목표이자 쟁크스가 쓴 이 훌륭한 책의 의도이기 때문이다.

2009년 3월

소니아 니에토Sonia Nieto

서문

리터러시에 대한 상충하는 정의와 교육방식으로 인해 리터러시 분야는 여러 갈래로 분열되어 왔다. 그 양상이 매우 심해 '리터러시 전쟁'이라고 불릴 정도이다. 리터러시가 인지적 능력인지 아니면 사회적 실천인지가 그 이론적인 이견의 중심에 있다. 이런 양자택일식 사고를 조장하는 이항대립에는 파닉스 대 총체적 언어, 상향식 대 하향식, 기초 익히기 대 의미 만들기, 대중문화 대 문학정전, 장르 기반 글쓰기 대 진보적 글쓰기가 포함된다. 이 밖에도 수많은 다른 예들이 있다.

나의 관점에서 리터러시는 인지능력과 사회적 실천 둘 다이다. 최신 뇌영상 연구에 따르면, 읽기 학습은 뇌에 새로운 경로를 만들어낸다. 읽으려면, 글자와 단어 모양을 시각적으로 인식하고 글자-소리 관계와 단어 및 문장 구조를 이해할 수 있어야 할 뿐 아니라 이 모든 과정을 종합하여 문자에서 의미를 만들어내는 능력도 반드시 필요하다. 읽는 이는 단어를 인식하고 패턴을 기억하며 정보를 종합하고 의미를 이해하며 내용을 평가하는 이 모든 인지능력을 발휘해야만 한다. 하지만 읽고 쓸 수 있다는 것만으로는 충분하지 않다. 일부 교사와 학부모들은 읽고 쓸 수 있는 능력이 있지만 안 읽고 안 쓰는 것을 선호한다. 재미로 책 읽기, 글을 쓰면서 생각을 정리하기, 신문 읽기, 시 짓기, 논픽션 글 읽기, 인터넷 서핑하기, 메모하기, 정보 검색하기 등의 사회적 실천이 모든 이의 일상생활에 적용되는 것은 아니다. 학부모와 교사들이 읽기와 쓰기를 안 하면서 자신의 자식과 학생에게 리터러시가 학교 안팎에서 모두 중요하다고 납득시키는 게 어떻게 가능할까?

현대적 의사소통 방식의 정교함은 쏟아지는 정보, 유혹적인 광고, 기만적인 정치적 의견을 판독하고 분석할 수 있는 능력을 가질 것을 우리에게 요구한다. 메시지는 단어, 그림, 동영상으로 전달된다. 여기에는 소리, 색, 몸짓이 담겨 있을 수 있고 그렇지 않을 수도 있으며, 다수의 메시지를 동시에 전송 가능한 미디어를 통해서 전달되기도 한다. '읽기'와 의미 산출은 점차적으로 어느 특정한 하나의 올바른 교수법이 존재하지 않는 복잡한 활동이 되고 있다. 우리는 교사와 교사 교육자로서 다양한 학생들의 학습 스타일을 수용할 수 있는 다양한 접근법들에서 차용할 수 있는 것들을 가져오는 데 함께해야 한다.

이 책은 리터러시 분야의 이분법적 관행들에 대해 반대한다. 나는 사회적 실천의 관점에서 글을 쓰지만, 그것은 내가 그 관점을 잘 알기 때문이지 양자택일적 사고를 믿기 때문은 결코 아니다. 나는 이 책에서 리터러시에 관한 다양한 사회-문화적 방향성을 종합하고자 한다. 리터러시에 대한 차별적인 방향성을 도출하는 것은 인지과학자, 심리학자, 심리-언어학자들에게 맡길 것이다.

나는 리터러시가 어떻게 권력 문제와 엮여 있는지, 리터러시를 가르친다는 우리의 선택이 어떻게 정치적이 되는지를 보여주고자 한다. 권력을 진지하게 다루는 리터러시 교수 접근법을 '비판적 리터러시'라고 부르겠다. 이 책의 목적은 다양한 환경에서 일하는 교사와 교사 교육자들에게 이해하기 쉬우면서도 유용한 상호 의존적 비판적 리터러시 모형을 개발하고 다듬는 것이다.

　이 책에 실린 일부 자료는 예전에 발표된 학술지 논문으로, 남아프리카공화국 외부의 독자들이 쉽게 접근할 수 없었던 것들이다. 이 자료들을 책의 전반적인 주장 안으로 편입시켰는데, 이로써 이 책은 1990년대 중반 이후의 나의 사고에 대한 일관성 있는 설명을 제공한다. 리터러시에 대한 내 견해는 비판적 해체에 중심을 두었던 비판적 언어인식Critical Language Awareness, CLA 시리즈 개발을 위한 초기 작업을 기반으로 해서, 재구성을 위한 비판적 리터러시의 이론과 실제로 이동해왔다.

　1장에서는 리터러시에 대한 정의들을 살피고 자세히 따져본다. 2장에서는 리터러시에 대한 여러 방향성을 보고 상호 의존적 비판적 리터러시 교육 모형을 제시한다. 3장부터 8장까지에서는 이 모형의 주요 개념인 지배/권력, 접근성, 다양성, 디자인을 개별적으로 논의하면서 동시에 다른 개념과의 관계 속에서 다룬다. 또한 이들 개념을 무시하거나 하찮은 것으로 치부하는 것이 어떤 결과를 초래하는지도 살펴본다. 이러한 다양한 방향성을 마치 텐트를 고정시키는 줄처럼 서로 당겨서 비판적 리터러시 작업을 탄탄하게 해주는 교수법을 개발하는 것이 내 목표이다. 본문의 회색 상자 안에는 교수 활동 아이디어들을 담았는데, 이는 독자에게 이론이 어떻게 실제 현장에서 구현될 수 있는지를 보여주기 위해서이다.

　9장에서는 비판적임the critical을 욕망, 동일시, 쾌락과 연결해 상상해보면서 비이성적 무의식이 비판적 리터러시 작업에 미치는 영향을 고찰하고 이성적인 것을 초월하는 생각들을 가볍게 다루어본다. 또한 이러한 모형이 사용 가능하고 실제로 사용되어온 방식임을 살펴보고 비판적 리터러시의 지속적인 중요성과 더불어 그 한계점을 고찰한다.

감사의 글

　나는 조녀선 패튼, 데니스 뉴필드와 함께 교사 교육자로 일하기 시작했다. 학문적 경력을 이들과 함께 시작한 것이 내게는 굉장한 행운이었다. 두 사람은 교육에 관해서는 진지했지만 평소에는 많이 웃는 동료였다. 교사로서는 창의적이고 적극적이었으며, 친구로서는 너그러웠다. 이들은 헌신적인 활동가이기도 했다. 수업 시간에 경찰 스파이가 잠복해 있었지만 아파르트헤이트에 맞선 투쟁을 하면서 영어교육의 역할을 정립하는 데 헌신했다.

　나는 1980년대에 이르러 문학 전공 학위로는 이 일을 하기에 턱없이 부족하다는 것을 절감했다. 우리 학생들은 세소토어, 세츠와나어, 이시줄루어, 이시코사어, 찌벤다어를 비롯해 남아프리카공화국에서 통용되는 다른 여러 아프리카어를 가정언어로 사용한다. 나 자신이 언어학이나 다언어적 환경에서의 언어교육론에 대한 지식이 없는 상태에서 어떻게 이러한 학생들에게 영어를 가르치는 교사를 교육할 수 있었겠는가? 내가 1984년에 응용언어학 대학원 과정에 등록하면서 시작했던 학문적 여정의 결과물이 이 책에 담겨 있다. 함께 공부했던 대학원생들은 친밀한 친구이자 학문적 동료였다. 20년 넘게 나의 사고 과정을 빚어주었던 데브라 아론스, 이본느 리드, 고(故) 피파 스타인과, 내 연구 궤적의 시작점이었던 언어인식에 대한 책을 건네주었던 조 노위키에게 감사한다. 또한 우리의 스승인 동시에 우리와 함께 응용영어학과의 설립을 추진했던 로즈마리 와일드스미스, 노먼 블라이트, 이시벨 힝글 선생님에게도 큰 빚을 졌다.

응용언어학 학위 과정은 영국 랭커스터 대학으로 이어져서 노먼 페어클러프 선생님과 함께 일하게 되었다. 그해는 『언어와 권력Language and Power』이 처음 출간되었던 1989년이었다. 이 책의 제목인 『리터러시와 권력』은 선생님 연구와의 상호텍스트성을 의도한 것이며, 선생님에게 진 학문적 빚에 대한 감사의 표현이다. 로즈 이바닉 선생님과 로미 클라크 선생님도 나를 거두어주었고 방문할 때마다 보살펴주었다. 이바닉 선생님은 페어클러프 선생님의 편저서에 실린 논문을 나와 공동 집필했는데, 나를 제1 공동 저자로 고집했고 학술적인 출판의 기술을 전수하는 멘토가 되어주었다. 선생님은 여러 방면에서 큰 인물이었다. 랭커스터 대학에서 인도 출신인 에스더 라마니도 만났다. 1992년에 응용영어학과를 설립할 때 그녀도 동참하여 학과의 대표직을 맡도록 설득했다. 이후에도 그녀는 계속 남아프리카공화국에 살았고 나의 절친이 되었다.

응용영어학과는 1992년부터 지금까지 나의 학문적 근거지가 되어주었다. 지난 수년간 함께 일했던 많은 동료들은 남아프리카공화국의 언어와 리터러시 교육에 있어서 새로운 방향을 제시했고, 이들 한 명 한 명이 다중모드 및 다중언어 리터러시, 학문적 리터러시, 학교 리터러시, 공간성, 비판적 리터러시, 디지털 리터러시 등에 대한 나의 생각에 중요한 영향을 끼쳤다. 고 피파 스타인, 이본느 리드, 스텔라 그랜빌, 수전 밴 질, 핀키 마코, 캐럴린 매키니, 케린 딕슨, 애나 페레이라, 퍼트리샤 샤리프, 크리스 오스몬드, 잉그리드 라이너, 마가우타 음파렐레, 레일라 카지, 논란라 들라미니,

벤 아풀, 비스 무들레이에게 감사한다. 이들은 사명감, 집단적 풍자, 영감을 나누어주었고 나를 보살펴주었다.

응용영어학과 프로젝트는 걸출한 우리 학생들 없이는 불가능했을 것이다. 그간 학생이자 동시에 동료이기도 했던 여러 대학원생들과 아프리카의 타 지역에서 온 여러 학생들과 작업할 수 있었던 것은 내게 큰 행운이었다. 학생들의 연구는 나의 식견을 크게 넓혀주었다. 대학원생 주말 연구 모임은 응용영어학과의 중요한 활동으로 자리매김해 왔다. 교육학 분야의 대학원생들과 함께 일하는 것은 굉장한 특권인데, 많은 경우에 그들은 학교 혹은 대학에서 이미 수년간 교수 경험을 쌓았기 때문이다. 다양한 현장과 주제를 아우르는 학생들의 연구는 학계가 소속 교원에게 제공할 수 있는 가장 훌륭한 형태의 평생교육이다. 또 다른 배움의 기회는 생산적인 연구 협력관계에서 얻을 수 있다. 이와 관련하여 교사의 근무 일상과 교실 상황을 나와 공유해주었던 폴리나 세슐레 선생님과 같은 학교 교직원들에게 깊이 감사드린다. 나는 그분들이 상상할 수 있는 이상의 배움을 얻을 수 있었다.

최근에는 대학원 연구기획과의 메리 숄스와 협력하여 '생산적인 자원으로서의 다양성'에 대한 나의 이론을 시험할 수 있는 기회를 가질 수 있었다. 환경과학자인 메리 숄스와 남편인 밥 숄스에게서 세상을 바라보고 이해하는 여러 새로운 방식을 배웠다. 나의 참고문헌 데이터베이스 구축과 원고 정리를 해준 우리 학과의 연구행정원 힐데가드 채프먼에게도 감사 인사를 빠뜨릴 수 없다. 출판학과의 학생으로 저작권 관리 업무를 훌륭하게 처리해준 조녀선 윌리엄스에게도 감사를 전한다.

그러나 이것이 전부가 아니다. 나의 두 번째 학문적 근거지는 사우스오스트레일리아 대학에 있는 호크 연구소 소속의 리터러시, 정책, 학습문화 연구소이다. 바버라 코머, 필 코맥, 헬렌 닉슨은 재키 쿡, 데이비드 호머, 롭 하탐과 더불어 나의 변함없는 학문적 친구들이다. 바버라, 헬렌, 필은 호주의 다른 지역의 여러 동료(앨런과 카멘 루크 부부, 바버라 캠러, 애넷 패터슨, 브론윈 멜러, 마니 오닐, 웨인 마티노, 주디스 리벌랜드)를 흔쾌히 내게 소개해주었고, 여러 훌륭한 학교 선생님들(헬렌 그랜트, 마그 웰스, 루스 트림블)과 협업할 수 있는 기회를 주었다. 마치 이것으로 충분치 않다는 듯, 그들은 리터러시와 사회정의에 헌신하는 국제적인 네트워크 동료들도 소개해주었다. 명망이 높은 바버라, 헬렌, 필이 나를 미국, 영국, 캐나다의 동료들과 연결시켜 준 덕에 비비안 바스케즈, 팻 톰슨, 앤디 매닝, 제롬 하스트와 협업을 할 수 있었다. 학회에 참석하면서 빌 그린, 조앤 리드, 앨리슨 리, 웬디 모건, 레이 미슨, 피터 프리바디를 만나는 행운이 있었고, 한 명 한 명이 각자의 방식으로 나의 사고 과정에 기여했다. 빌 그린은 처음 만났던 1985년부터 나에게 학문적 등불이었다. 운이 좋게도 뉴질랜드의 테리 로크도 나를 찾아주었다. 테리 로크를 포함해 학술지『영어교육: 실천과 비판English Teaching: Practice and Critique』의 창단 멤버들과의 협업은 유익하면서도 즐거웠다. 테리 로크는 탁월한 편집장이었고 내게 많은 것을 가르쳐주었다. 보스턴의 코트니 카즈덴은 친구이자 내 아이디어의 공명판 역할을 해주었다.

한 번 관계망이 형성되면 마치 눈덩이처럼 커지게 되고, 모든 지인은 또 다른 흥미로운 사람들로 연결된다. 가장 중요하게는 나의 관계망이 나오미 실버먼과 소니아 니에토로 확장되었다. 이들이 없었다면 이 책은 존재하지 않았을 것이다. 이 두 사람이 격려해주고 이 프로젝트에 대해 기뻐해주었으며 나의 연구에 대해 절대적으로 집중해주고 한없이 인내하고 조언하고 유용한 피드백을 제공해준 덕에 이 책이 나오게 되었다. 나오미는 훌륭한 출판 기획자로, 그녀의 출판 목록은 사회정의 교육에 중요한 정치적 기여를 해왔다. 그녀의 경험이 이 프로젝트를 진행하는 내내 시금석 역할을 했다. 이런 나오미가 자랑스럽게 출판할 만한 작업을 하는 학자의 전형이 바로 소니아 니에토이다. 다문화 교육에 대한 기여로 널리 알려져 있는 소니아는 미국의 명망 높은 인물이다. 그녀는 높은 지명도를 지닌 사람으로 보이지 않을 정도로 겸손함과 따스함을 갖고 있고 현실에 기반한 가치를 추구하며 타인에 대한 투자를 아끼지 않는다. 나오미와 소니아 둘 다 이 프로젝트의 여정 내내 나에게 믿을 수 있는 친구이자 안내자가 되어주었다. 이들은 미타 펜다카와 함께 최강의 출판팀을 이루었다.

제롬 하스트에게 특별히 감사하다는 말을 하고 싶다. 그는 책 표지에 사용된 강력한 이미지를 포함하여 자신의 학생들이 제작한 시각 이미지를 사용하도록 허락해주었다. 뿐만 아니라 나의 비판적 리터러시 모형을 확장해보라고 강력하게 권유했는데, 그것이 사실상 이 책의 초기 자극제였다.

동료들과 학생들, 그리고 그들이 해온 연구가 나의 학문적 작업에 양분을 제공했다면, 그 작업을 지속할 수 있었던 것은 나의 가족과 친구들 덕분이다. 유니스는 나와 집에서 함께했고, 렌, 캐리, 레넷과 더불어 멀리 사는 데브라와 캘리, 나탈리, 질, 게릿, 두 명의 메리는 여러 가지 방식으로 내가 꿋꿋이 버틸 수 있도록 도와주었다. 아버지 제럴드는 내가 언어와 생각을 사랑하도록 가르쳐주었고, 어머니 사디는 내가 사람을 아끼고 책을 사랑하도록 가르쳐주었다. 아들 그레고리와 대니얼, 그들의 짝 소니아와 티파니, 이들 덕분에 나는 일을 넘어서는 삶의 의미를 찾을 수 있었고 모든 것을 소중하게 생각할 수 있다. 나는 두 아들의 능력이 자랑스럽고 그들에게서 배우는 일이 진정 즐겁다. 작가인 그레고리는 나머지 내용이 잘 풀려나갈 수 있게 하는 강력한 첫 문장을 찾으라고 했고, 나는 조언을 따랐다. 대니얼은 사진을 찍어주었고 책을 쓰는 내내 컴퓨터 관련 도움을 주었다.

손녀 사디 일레인이 세상을 발견해 나가는 것을 지켜보면서 아이들에 대한 나의 신념을 다시금 확인할 수 있었다. 아이들은 배우려는 확고한 의지를 가지고 있고, 그러기 위해 필요한 것을 실행하면서 다음 도전을 향해 나아간다. 손녀 덕분에 우리 교사는 그저 학생들이 배울 수 있는 조건을 만들어주고 그들이 하는 노력을 인정하며 그들이 성공할 때는 칭찬을 아끼지 않고 혹시 그들이 넘어질 때면 잡아줄 준비를 하고 있으면 된다는 것을 상기하게 되었다. 우리는 그저 거기에서 그들이 내딛는 한 발짝 한 발짝을 함께하면 되는 것이다.

나는 남편 존에게 이 책을 헌정한다. 존은 나를 위해 언제나 그 자리에 있어주었다. 그는 나의 개인 응원팀이자 안전망이었다. 세심하게 교정을 봐주고 훌륭한 요리를 해준 무한히 너그러운 남편에게 감사한다. 존의 원칙은 나의 도덕적 나침반이다. 그의 명민한 위트 덕분에 내가 분별을 지키고 정직할 수 있고, 그의 사랑은 내가 서 있는 힘의 원천이다. 남편 덕분에 이 모든 것이 가능할 수 있었다.

마지막으로, 이미 출판된 나의 논문과 책의 내용을 이 책에 재사용할 수 있도록 허락해준 아래의 출판 관계자들에게 감사드린다.

Janks, H. (1997). Critical Discourse Analysis as a research tool. *Discourse: Studies in the Cultural Politics of Education*, 18(3), 329–342 (page 66). http://www.informaworld.com

Janks, H. (1998). Reading Womanpower. *Pretexts*, 7(2), 195–212 (page 37). http://www.informaworld.com

Janks, H. (2000). Domination, access, diversity and design: A synthesis model for critical literacy education. *Educational Review*, 52(2), 175–186 (page 26). http://www.informaworld.com

Janks, H. (2001). We rewrote the book: Constructions of literacy in South Africa. In R. de Cilla, H.-J. Krumm, & R. Wodak (Eds.) *Loss of communication in the Information Age*. Wien: Verlag der Österreichischen Akademie des Wissenschaften (page 5).

Janks, H. (2002). Critical literacy: Beyond reason. *Australian Educational Researcher*, 29(1), 7–27 (page 213).

Janks, H. (2003). Seeding change in South Africa: New literacies, new subjectivities, new futures. In B. Doecke, D. Homer, & H. Nixon (Eds.) *English teachers at work*. South Australia: Wakefield Press and the Australian Association for the Teaching of English (page 192).

Janks, H. (2004). The access paradox. *English in Australia*, AATE joint IFTE Issue, 139, 33–42 (page 127).

Janks, H. (2005). Deconstruction and reconstruction: Diversity as a productive resource. *Discourse: Studies in the Cultural Politics of Education*, 26(1), 31–44 (page 104). http://www.informaworld.com

Janks, H. (2006). The interplay of grammar, meaning and identity. In K. Cadman, & K. O'Regan (Eds.) *Tales out of school*, special edition of *TESOL in Context*, Journal of the Australian Council of TESOL Associations. Series 'S', 49–69 (page 280).

Janks, H. (2006). Games go abroad. *English Studies in Africa*, 49(1), 115–138 (page 206).

Janks, H. (2008). Critical literacy: Methods, models and motivations. In K. Cooper & E. White (Eds.) *Social perspectives and teaching practices*. Rotterdam: Sense Publishers (page 159).

Janks, H. (2009). Writing: A critical literacy perspective. In R. Beard, D. Myhill, M. Nystrand, & J. Riley (Eds.) *The SAGE handbook of writing development*. London: Sage (page 155).

Ferreira, A., Janks, H., Barnsley, I., Marriott, C., Rudman, M., Ludlow, H., & Nussey, R. (2012). *Reconciliation pedagogy in South African classrooms: From the personal to the political*. London and New York: Routledge (page 171).

차례

옮긴이 서문 5

추천사 8

서문 12

감사의 글 15

1장   **리터러시에 대해** 25

1. 들어가기 26
2. 이분법을 거부하기 34
3. 리터러시 교사 되기 40

2장   **리터러시의 개념 잡기** 57

1. 비판적 리터러시의 개념 잡기 60
2. 비판적 리터러시 개념의 상호 의존성 66
3. 지배성, 다양성, 접근성, 디자인 통합의 실제 68
4. 앞서 보기 76

3장   **언어와 권력** 77

1. 신마르크스주의의 권력 이론 79
2. 톰슨의 이데올로기 작동 방식 81
3. 푸코와 권력 97

4. 담론과 정체성 103

5. 마르크스와 푸코 109

4장　**텍스트 비판적으로 읽기** 113

1. 언어가 실재를 구성한다 114

2. 시각 자료가 실재를 구성한다 119

3. 담론들이 우리를 말한다 121

4. 비판적 거리 129

5장　**다양성, 차이, 그리고 차별** 161

1. 들어가기 162

2. 모형에서의 다양성의 위치 166

3. 다양성 없는 권력 167

4. 동일성의 가치화 170

5. 타자 구성하기 175

6. 타자의 제거 179

7. 권력 이론 없는 다양성 184

8. 접근성 없는 다양성 193

9. 디자인/재디자인 없는 다양성 197

6장　**접근성, 게이트키핑, 그리고 욕망** 201

1　상호 의존적 모형에서의 접근성 위치 208

2. 접근성 없는 권력 209

3. 영어의 권력 214

4. 권력 이론 없는 접근성 224

5. 다양성 없는 접근성 228

6. 재디자인 없는 접근성 237

7장   비판적 텍스트 만들기: 쓰기에서 디자인으로   243

1. 쓰기 246
2. 글쓰기를 디자인하기 249
3. 다중모드 텍스트 만들기 254
4. 재미와 게임 255
5. 결론 279

8장   재디자인, 사회적 행동, 그리고 변화 가능성   281

9장   비판적 리터러시의 미래   313

1. 비판적 리터러시에 대한 계속적인 사회-역사적 요구 315
2. 정보통신 지형의 현재와 미래의 변화: 비판적 리터러시가 필요한 이유 317
3. 비판적 리터러시에 대한 계속적인 요구: 정체성 투자 318
4. 실천의 변화를 요구하는 현재와 미래의 이론적 변화 319
5. 상호 의존적 모형의 과거와 미래의 적용 321

참고문헌 347
찾아보기 370

1장

리터러시에 대해

1. 들어가기

많은 언어에서 '리터러시literacy'[1]를 의미하는 단어는 존재하지 않는다. 이 점은 남아프리카공화국 택시 운전기사의 리터러시와 관련된 관행들에 대한 연구를 읽을 때 먼저 나의 주목을 끌었다. '리터러시의 사회적 사용 The Social Uses of Literacy' 분야의 연구자들은 이렇게 주장한다.

우리가 대화했던 대부분의 운전사들과 업주들의 담화에서 '리터러시'라는 단어는 드러나지 않았다. 이것은 어찌 보면 이 연구에서 알게 된 아프리카의 두 언어인 코사어Xhosa와 소토어Sotho에는 '문식literacy'과 '문

....

1   [옮긴이 주] 영문용어 'literacy'는 일반적으로 '리터러시'로 썼으나 '문맹'과 대립되어 쓰이거나 맥락적으로 '리터러시'와 대립되어 쓰일 경우에는 '문식' 혹은 '문해'로 번역하였다.

맹illiteracy'을 의미하는 단어가 없기 때문이다(Breir, Matsepela, & Sait, 1996: 230).

아프리카언어학과의 한 동료에게 이를 확인한 후, 나는 정보화 시대의 리터러시를 주제로 빈에서 열리는 삼중언어학회에서 발표할 예정이던 논문에 이 정보를 이용하는 것에 대한 확신이 생겼다. 이 학회는 독일어, 프랑스어, 영어로 동시통역을 제공했다. 이 학회에서 나는 참으로 모순적이게도 프랑스어와 독일어에도 역시 리터러시에 상응하는 단어가 존재하지 않는다는 점을 발견했다. 통역자는 리터러시를 소통역량communicative competence[2] 혹은 알파벳 능력alphabetic ability[3]으로 번역했는데, 이 중 어느 것도 리터러시의 개념을 적절히 나타내지 못한다.

그렇다면 도대체 리터러시라는 용어의 유용성은 무엇일까? 왜 이 용어가 필요한 것일까? 이 용어를 통해 우리의 생각이 가능해지는 것일까, 아니면 제한되는 것일까? 일반적인 용법으로 보자면 리터러시는 읽고 쓸 수 있는 능력으로 이해되며, 1883년에 '문맹의 대립어로 형성'되었다(OED[4] department, 1980). 최근에는 리터러시가 사회적 실행social practice[5]으로 정의되고 있다. 리터러시 실행literacy practice이라는 개념은 문자언어를 사용하는 양식화되고 전형적인 방식을 의미하는데, 이는 문화에 의해 정의되고 사회적 제도에 의해 규제된다. 서로 다른 공동체는 서로 다른 리터러시의 방식을 가지게 되는 것이다.

....

2   Kommunikationsfähigkeit(독일어); capacité de communication(프랑스어).

3   Analphabetismus(독일어); analphabétisme(프랑스어).

4   [옮긴이 주] OED는 옥스퍼드영어사전(Oxford English Dictionary)을 의미한다.

5   [옮긴이 주] 영문용어 'practice'는 맥락에 따라 '관행' 혹은 '실행'으로 번역하였다. 일반적으로는 '실행'으로 번역하였고, 관습적으로 수행된다는 의미가 중요할 때에는 '관행'으로 번역하였다.

그러나 그 어느 것도 간단하지 않다. 예를 들면, 읽을 수 있는 능력이란 정확히 무엇인가? 이 책의 독자들은 마이클 할리데이Michael Halliday의 책에서 발췌한 다음 인용문을 어렵지 않게 소리 내어 읽을 수 있을 것이다.

> 문법적 은유grammatical metaphor라는 개념은 그 자체가 비유법으로, 수사학적 의미에서 그 용어가 은유적인 확장으로 이어지는 개념이다. 이는 우리로 하여금 첫눈에는 서로 상당히 달라 보이는 수많은 담화적 특징들을 하나로 묶어버리게 만든다. 그러나 어휘-문법에서 함께 묶여 있는 의미의 다양한 종류들, 특히 관념적ideational 의미와 대인적interpersonal 의미 사이의 기본적인 구분을 인식할 때, 두 개의 서로 다른 현상으로 보였던 것들이 사실상 이러한 두 개의 다른 맥락에서 나타나는 동일한 현상의 사례임을 알 수 있다(Halliday, 1985: 345).

나는 이 글을 읽는 여러분 대부분이 위의 인용문에 사용된 개별적인 단어들을 인식하고 이해할 수 있으며, 알지 못하는 단어가 있다면 그 의미가 무엇인지 이미 배운 경험에 근거하여 추측할 수 있으리라고 생각한다. 그러나 전체로서의 이 문단의 의미에 대해서는 할리데이의 체계기능문법Systemic Functional Grammar을 이해하고 그 체계의 '실행 공동체community of practice'(Wenger, 1998)의 구성원이라고 할 만한 소수를 제외한 대부분은 이해할 수 없지 않을까 하는 생각이 든다. 이 텍스트를 이해하기 어렵게 만드는 것은 '관념적'이나 '대인적'같이 이 전문가의 담론 안에서 특정한 의미를 지닌 단어들이 있다는 점, '문법적'이나 '은유' 같은 평이한 단어들이 연결되어 각각이 가진 의미의 단순한 조합 이상의 의미를 나타낸다는 점, 이 텍스트의 맥락이 제시되지 않고 있다는 점, 그리고 독자로서 우리가 그 텍스트의 의미를 이해할 만한 충분한 배경지식이 없을 수 있다는 점 때문이다. 만일 우리가 텍스트를 큰 소리로 읽을 수 있다면, 즉 해당 페이지에 있는 기호를 해독하고 그것을 소리로 만들어낸다면—소리 내어 읽든 머릿속에서 조용히 읽든 간에—우리는 읽고 쓸 수 있다고 할 수 있을까? 아니면 리터러시란 텍스트에서 의미를 끌어내는 능력을 의미하는 것인가? 만일 그렇다면 할리데이의 텍스트를 읽지 못하는 사람들은 문맹인가? 만일 그들을 문맹자라고 한다면, 이 책은 어떻게 읽고 있단 말인가? '읽고 쓸 수 있다'고 말하기 위해 필요한 리터러시는 어느 정도일까? 다양한 실행 영역을 넘나드는 리터러시를 위해 우리는 얼마나 많은 실행 공동체에 소속되어야 하는 것일까?

이처럼 문식과 문맹 간의 이분법적인 대립은 처음에 보이는 것처럼 그렇게 명확한 경계를 갖지 않는다. 더욱이 이러한 이분법은 억압적인 이분법을 만들어낸다. 리터러시에 해당하는 단어가 없는 언어의 경우에 이 용어는 흔히 '학식 있는' 혹은 '교육받은'으로 번역되는데, 그 이면에는 세련된, 배운, 좋은 집안의, 문명화된, 고상한, 교양 있는, 상류층 출신이라는 의미를 함축하고 있다.[6] 이 기술(리터러시)에 접근할 권한을 가진 사람이 거의 없던 1550년경에는 리터러시가 '교양교육을 받았거나 학식 있는 사람'의 표식으로 여겨졌다(OED department, 1980). 따라서 리터러시는 지금은 반박되고 있는 사회인류학자들의 '대 분리great-divide' 이론을 뒷받침하기 위해 이용되었다. 이 이론은 인간의 정신적 능력에 따라 논리 이전/논리적, 구체적/추상적, 리터러시 이전/리터러시의 구분으로 원시적('야만적') 인간

....

6 아프리칸스어는 네덜란드어에서 파생된 남아프리카공화국의 언어로, 남아프리카공화국의 11개의 공식언어 중 하나이다. 여기에서 말하는 '리터러시'와 관련된 모든 의미는 리터러시의 사전적 정의 중 하나로 제안된 '문명화된(beskaaf)'이라는 아프리칸스어 단어의 의미이다(Groot Woordeboek, 1963). 리터러시를 '교육(교양) 정도(bildungsgrad)'로 번역하는 독일어 단어 역시 주로 위와 같은 의미를 가지고 있다.

과 현대적('문명화된') 인간을 분리하는 것이다(Gee, 1990: 24; Street, 1984: 53). 스트리트Street와 지Gee에 따르면, 구어적 문화가 지배적인 집단의 사람들이 문어적 문화 집단보다 인지적으로나 지적으로 열등하다는 증거는 사실상 없다. 스크라이브너와 콜(Scribner & Cole, 1981)이 라이베리아의 바이에서 수행한 연구 역시 리터러시가 인지적인 성취를 만들어내는 것을 보여주지 못했다. 그들이 밝혀낼 수 있었던 것은 단지 각기 다른 형태의 리터러시가 그 특정한 리터러시와 관련된 전문적인 기술을 만들어낸다는 것이었다. 뇌영상을 활용한 신경과학의 최신 연구에서는 읽기 활동이 리터러시의 발달 이전에는 존재하지 않았던 경로를 뇌에 만들어낸다는 것을 보여주었다(Wolf, 2007).

히스(Heath, 1983)는 사우스캐롤라이나에서 수행한 세 공동체에 대한 기념비적인 문화기술지적 연구에서 서로 다른 음성언어 혹은 문자언어 관행을 갖는 공동체에서 자란 아동들은 서로 다른 언어적 사용 능력을 발달시키며, 이러한 능력들은 의미 생성에 동일하게 강력한 자산으로 작용함에도 불구하고 학교 체제는 이 아동들이 습득한 언어적 능력에 대해 공평한 가치를 매기지 않는다는 점을 증명했다. 스크라이브너와 콜(1981)이 특정 리터러시에 전문화된 기술이라고 간주한 '언어를 사용하는 방식들'(Heath, 1983)[7]은 아동들마다 다른데, 모두가 잠재적 자원으로 활용되는 것은 아니다. 어떤 방식들은 다른 방식에 비해 특혜를 받게 되고, 이러한 시스템은 다른 아이들의 희생으로 일부 아이들이 특권을 가지게 되는 구별(Bourdieu, 1984)을 만들어낸다. 이러한 학교들이 고차원적인 형태의 구어성orality보다 중산층의 리터러시 규범에 차별적인 특권을 부여하는 것은 놀라운

....

7   [옮긴이 주] 히스의 저서 제목인 『언어를 사용하는 방식들(Ways with Words)』을 문맥 안에 포함시켰다.

일이 아니다. 더욱이 학교에서 선호되는 리터러시라는 것은 아동의 삶이나 그들의 공동체로부터 파생한 리터러시 관행과는 거의 관련성이 없다. 오히려 학교 리터러시는 중립적인 기술이자 탈맥락화된 일련의 기술로 여겨진다. 즉, 스트리트가 리터러시의 '자율autonomous' 모형이라고 부르는 것이다(Street, 1984).

평범한 사람들이 읽고 쓰기를 배워야 한다는 것은 알파벳의 발명과 인쇄기술의 발명 이후에야 비로소 가능하게 된 생각이었다. 이전에는 필사본을 만들어내느라 집중하는 수도승과 두루마리 양피지에 율법을 베껴 쓰고 있는 현자 랍비들이 그려진 그림이 전부였다. 쓰기는 한때 전문 필사가의 일이었고 읽기는 수도승과 현자에게 맡겨졌다. 리터러시는 언제나 기술의 발달에 의해 좌우되었는데, 그 기술이란 파피루스, 양피지, 깃펜, 연필, 종이, 펜, 타자기, 컴퓨터를 말한다.

학생을 위한 연구과제 예시
현대적 쓰기 도구의 근원과 각기 다른 기술들이 쓰기에 미치는 다양한 영향에 대해 알아보자. 예를 들어, 펜의 역사에 대해 알아보자(가령 http://inventors. about.com/library/weekly/aa100197.htm을 참조할 수 있다).

우리 시대의 새로운 디지털 기술은 구현된 구어 텍스트의 영구적인 기록, 음성적·시각적 텍스트의 즉각적인 재생과 전달, 다양한 소통 방식(음성적, 시각적, 청각적, 공간적, 몸짓)을 결합시켜 의미를 만들어내는 다중모드 텍스트의 생산을 가능하게 하면서 소통의 혁명에 지대한 영향을 끼쳤다.

만일 우리가 쓰기의 다른

F　　**A**
C
es

(얼굴)[8]을 진지하게 고려한다면, 현대적 소통의 형태에서 시각화의 중요성을 인식해야 한다. 사진, 이모티콘(☺), 그림, 도면이 음성언어와 더불어 텍스트의 메시지를 전달할 수 있을 뿐만 아니라, 글자체, 단 나누기, 배치(페이지의 전반적인 디자인) 역시 전달되는 의미를 구성하는 데 일조한다. 예를 들어, 잡지의 전면 컬러 광고를 생각하면 된다.

또한 탈산업 지식경제 사회에서 직무는 점차적으로 상징적이고 분석적인 직무과 서비스 업무로 양극화되고 있다. 문제해결능력과 혁신성이 요구되는 상징적이고 분석적인 직무는 엘리트 리터러시에 의존한다. 기능적 리터러시에 의존하는 상대적으로 일상적인 서비스 업무는 가치가 낮게 매겨지고 급료도 적다. 따라서 정보화시대에 리터러시의 가치는 더욱 높아지지만 새로운 리터러시 기술, 생산을 위한 최신의 수단, 그리고 그것들을 가능하게 만드는 엘리트 리터러시에의 접근성은 언제나처럼 차별적이다(Alba, González-Gaudiano, Lankshear, & Peters, 2000; Gee, Hull, & Lankshear, 1996).

리터러시를 권력의 문제로부터 분리하는 것이 불가능함은 이미 명백하다. 지금까지 우리는 다음을 확인했다.

....

8　[옮긴이 주] FACes를 눈, 코, 입의 얼굴 모양으로 배치하여 문자를 시각화한 예시로 사용했다. 영어의 faces는 '측면'이라고 해석될 수도 있다.

- 어떻게 문식성/비문식성이라는 이분법이 읽고 쓰지 못하는 사람들을 부정적인 주체로서의 위치에 국한되게 자리매김하는가.
- 어떻게 다양한 '언어를 사용하는 방식들'의 가치 여부가 노동자 계급의 관행보다 중산층의 관행을 선호하는 제도권에 의해 결정되는가 (Heath, 1983).
- 문자언어가 음성언어보다 특권화되고 있다는 것.
- 누가 소통을 위한 기술에 접근 가능한지가 사회적으로 계층화된다는 것.

개인들은 다양한 특권 구조들(성별, 인종, 계급, 지역, 종교, 민족, 국적, 언어)에 걸쳐 사회적으로 자리매김된다. 더 많은 특권을 가진 이는 다양한 미디어와 소통 방식에 걸쳐 읽고 쓸 수 있는 사람이 될 확률이 더 크다.

리터러시 또한 분배되는 많은 사회적 '자본' 중 단지 하나일 뿐이라는 것을 기억하는 것도 중요하다. 사회적 계급체계에서의 위치는 주거, 토지, 보건, 깨끗한 물, 음식, 교통 같은 자원들에 대한 접근 권한에도 영향을 미친다. 이들 각 요소는 한편으로 우리에게 주어진 교육적 기회의 종류와 그 기회를 최대한 활용할 수 있는 능력에도 영향을 준다. 단도직입적으로, 책이 거의 구비되지 않은 학교에 먼 거리를 걸어서 통학하는 배고픈 아이가 자기 집에서 쓰는 언어가 아닌 학교 언어를 읽고 쓸 수 있게 되기란 훨씬 더 어려울 수밖에 없다. 문해율에 대한 세계적 통계를 보면 그 해석에 의문의 여지는 있지만 부유한 선진국, 즉 정치적 북쪽the political north의 문해율이 정치적 남쪽the political south의 가난한 저개발국가들의 문해율에 비해 훨씬 높다는 것은 명백하다(UNESCO, 2000).[9]

....

9 [옮긴이 주] 맥락적으로 볼 때 북쪽-남쪽의 구분은 지리적으로 북반구와 남반구의 구분이

2. 이분법을 거부하기

누군가는 문맹이 어떤 느낌인지 물을지도 모른다. 남아프리카공화국의 비트바테르스란트 대학의 학생인 릴리-로즈 흘라카니아네Lilly-Rose Hlakanyane는 문맹에 대해 이렇게 썼다.[10] 릴리-로즈는 주 언어로 이시코사어를 사용하며 동부 케이프 지역의 한 지방도시 중등학교에서 영어를 가르치는 30대 후반의 아프리카 여성이다. 당시 교육학 학사학위를 갖고 있었던 릴리-로즈는 영어 전공의 심화 자격증을 따기 위해 현직 교사를 대상으로 유연하게 운영되는 부분원격방식 수업에 등록했다. 다음 내용은 릴리-로즈가 그 수업을 강의한 이본느 리드Yvonne Reed에게 제출한 '리터러시 개인사'에서 발췌했다.[11]

첫 번째 발췌문

—

내가 초등학교 3학년이던 어느 날 어머니와 함께 시내로 나갔다. 집으로 돌아오는 버스의 세 칸짜리 좌석에서 내 옆자리에 앉아 있던 어떤 젊은 남자를 보았다. 신문을 속독하는 그의 모습이 나의 흥미를 끌었다. 왜 그렇게 빨리 읽는지 알아보려고 좀 더 가까이 가보았다. 그리고 나는 그 신문에

....

아니라 세계 여러 국가들이 가진 사회경제적, 정치적 영향력에 의한 구분으로 인식된다. 일반적으로 정치적 북쪽은 미국, 캐나다, 유럽 등의 선진국을 포함하며 실제로 북반구에 위치하고 있지 않으나 부유한 선진국으로 인식되는 호주와 뉴질랜드를 포함한다. 정치적 남쪽은 아프리카, 남미, 중동을 포함한 개발 도상국 등을 포함한다.

10 흘라카니아네의 '리터러시 개인사'는 R. 드 실라(R. de Cilla), H.-J. 크룸(H.-J. Krumm)과 R. 우닥(R. Wodak)이 엮은 『정보화시대의 소통의 상실(Loss of Communication in the Information Age)』(Janks, 2001)에 처음 수록되었다.

11 이 자료의 사용을 허락해준 이본느 리드와 릴리-로즈 흘라카니아네에게 감사드린다.

실린 사진의 제목이 모두 거꾸로 되어 있는 것을 보았다. 처음에 나는 내가 본 것을 믿을 수 없었다. 이를 아는지 모르는지 궁금해서 그 남자를 쳐다보았을 때 나는 그가 너무나 집중해서 심지어 입술을 달싹거리면서 신문을 읽고 있는 것을 보았다. 나는 더욱 당황했다. 어떻게 그는 이런 식으로 글자를 읽을 수 있을까? 그는 그다음 페이지로 계속 읽어나갔고 나는 이 사람이 읽을 수 없다는 것을 깨닫게 되었다. 나는 책을 어떻게 잡는지를 알고 있는 3학년이었으니 말이다. 그는 요하네스버그에 있는 탄광에서 일하는 이였다. 나는 혼자서 웃었는데, 왜냐하면 감히 아무 말도 할 수 없었고 어른에 대한 공경심이 없는 것으로 보일까 엄마에게도 티를 낼 수 없었기 때문이다. 집에 가서 오빠에게 이 얘기를 하자 오빠는 그가 광부이고 문맹이라고 말했다. 그는 버스 안에 있는 사람들이 그를 잘 알지 못한다는 것을 알고 있었고 누구도 그가 신문을 읽는 이유를 궁금해하지 않으리라는 것을 알고 있었기에 마치 신문을 읽고 있는 것처럼 위장하고 있었다.

여기에서 어린 릴리-로즈는 읽고 쓸 줄 아는 척하는 성인 남자를 목격한다. 그녀는 겨우 3학년에 불과했지만 자신은 활자 리터러시의 지식이 있음을 경험했고 문맹이 아닌 척하는 그 남자를 보고 재미있어하며 "혼자서 웃었다." 그녀가 어머니에게 그 우스운 이야기를 하지 않은 것은 단지 어른들을 존경해야 한다는 그 공동체의 문화적 규범 때문이었다.

그녀의 두 번째 글을 보면, 성인이 된 릴리-로즈는 활자 리터러시가 그녀에게 필요한 것을 더 이상 채워줄 수 없는 상황에 처했을 때 자신이 '문맹'이라는 것을 경험하게 된다.

두 번째 발췌문: 컴퓨터 리터러시

—

나와 내 친구는 이 대학에서 창피하고 당황스러운 경험을 했다. 읽기 자료를 찾기 위해 도서관에 간 첫날이었다. 우리는 컴퓨터를 검색하여 자료를 찾기로 했다. 모두가 컴퓨터를 이용해서 혼자서 검색하고 있는 것을 보고 우리는 서로에게 귓속말로 얘기했다. 그리고 카운터에서 일하고 있던 한 여성에게 다가갔다. 그녀는 우리를 아무도 없는 테이블로 안내했다. 그곳에서 우리는 어떤 여성이 우리를 도우러 올 때까지 힘들게 기다려야 했는데, 이건 그녀의 업무가 아니었다. 그녀는 우리에게 도서관 안내책자를 주고는 거기에 있는 어떤 컴퓨터든 사용하라고 말했다. 내 친구는 대학강사였기에 아마 나보다는 나았던 것 같다. 우리는 서로 도울 수 있으리라고 생각하면서 컴퓨터 앞으로 다가갔다. 그리고 컴퓨터 앞에 앉았지만 아무것도 빨리 해낼 수 없었다. 우리는 이러한 상황이 시간 낭비라는 것을 알게 되었고, 강의 시간은 점점 다가왔다. 나는 친구에게 강의가 시작되기 전 남은 몇 분 안에 내가 이 컴퓨터를 작동시킬 수는 없을 것이라고 말했다. 그러곤 누군가에게 우리를 도와줄 수 있는지 물어보고 만일 아무도 없으면 그냥 강의를 들으러 가자고 했다. 마침내 우리 옆에 같이 앉아 가르쳐주면서 필요한 일은 무엇이든 도와주는 사람을 만날 수 있었다. 불행히도 그 책들을 이용할 수는 없었다. 우리는 다시 그곳에 간다는 것을 생각조차 할 수 없었다. 코디네이터에게 도서관이 아닌 다른 곳에서 우리에게 필요한 읽기 자료를 얻을 수 있는지 물어보았다. 자원센터가 바로 우리가 컴퓨터를 피할 수 있는 해답이었다.[12]

....

12　리버티 평생자원센터는 도서관에 익숙하지 않은 학생들이 활자와 비활자 자료를 보다 쉽게 이용할 수 있도록 하기 위해 비트바테르스란트 대학의 응용영어분과에 설립된 자료실이다. 이 센터의 설립은 기부금을 통해 가능했다.

이 발췌문에서 릴리-로즈는 자신이 느꼈던 수치심과 굴욕감을 "창피"와 "당황스러운 경험", "서로에게 귓속말로 얘기했다" 등으로 나타냈다. 또한 그녀는 "힘들게 기다려야" "아무것도 빨리 해낼 수 없었다"라고 말함으로써 그 경험이 자신과 친구에게 얼마나 힘든 것이었는지를 표현했다. 그녀의 무력감은 마침내 이 글의 끝에서 "무엇이든 도와주는 사람"과 "우리는 다시 그곳에 간다는 것을 생각조차 할 수 없었다"라고 말하는 데에서 포착된다.

아래의 마지막 발췌문에서 그녀는 이 두 경험을 함께 놓고 성찰했다.

세 번째 발췌문: 버스 안의 젊은 남자와 컴퓨터 사건
—

도서관에서 당황스러움을 느꼈던 그날, 글을 읽지 못한다는 것을 다른 사람에게 숨기려고 했던 그 젊은 남자와 나는 똑같았다. 만일 당신이 문맹이라면 주위 사람들을 의식하게 될 것이다. 만일 그들이 나에 대해 알게 된다면 뭐라고 말할까? 읽고 쓸 수 있는 사람들 사이에서 당신은 자신에 대해 수치스럽다고 느끼게 될 것이다. 내가 컴퓨터에 대해 경험했던 일 덕분에, 나는 다른 사람들이 읽고 쓸 줄 안다는 것을 알아차렸을 때 그 남자가 어떻게 느꼈는지를 정확히 알게 되었다. 당시에 나는 컴퓨터 수업을 수강할 시간은 없었지만 그 경험으로 인해 무엇이든 해야겠다는 생각이 들었다. 우리는 리터러시를 가진 사람들 가운데에 사는 문맹자였다. 우리가 밖으로 나왔을 때 우리 둘 다 오늘날 컴퓨터는 필수품이라고 동의했다.

디지털 리터러시를 가지지 못했던 경험으로 인해 홀라카니아네는 버스 안의 남자가 어떻게 느끼고 있었을지를 이해할 수 있게 되었다. 그 남자가 읽을 수 있는 것처럼 가장해야만 했던 그 수치심을 인식하게 되었고, 더

**At my age most people forget how to count.
I'm just learning.**

For years all that Jimmy Khobella could count, were his blessings. Thanks to his friends' kindness, he somehow managed to get by without being able to read or write. Although he is grateful to them, he sometimes feels he was a burden.

Maybe that's why he doesn't take his new found skills for granted. To us he may look 73 years old, but inside he's more like a six year old with a whole new world to discover.

More and more people like Jimmy are attending the courses being run by the Institute of Natural Resources to learn their three R's. It's just one of the many projects that Standard Bank is proudly sponsoring, with the aim of helping people to work out a better life for themselves.

Standard Bank

With us you can go so much further.

http://www.standardbank.co.za

**그림 1.1 스탠더드
은행의 광고**

출처: *The Teacher*,
October 1997.

**대부분의 사람들은 내 나이가 되면 숫자 세는 법을 잊는다.
나는 여전히 배우고 있다.**

지미 코벨라(Jimmy Khobella)가 숫자를 셀 수 있었던 그 모든 나날들은 그에게 축복이었습니다. 친절한 친구들 덕분에 그는 읽고 쓸 수 없어도 어쨌거나 버텨낼 수 있었습니다. 그 친구들에게 감사하긴 하지만 때로 지미는 자신이 그들에게 짐처럼 느껴졌습니다.

아마도 그것이 그가 발견한 자신의 새로운 기술들을 당연하게 생각하지 않는 이유일 것입니다. 우리에게 그는 73세의 노인으로 보일지 모르지만, 그의 내면은 알고 싶은 것으로 가득 찬 새로운 세상을 가진 6살짜리 꼬마와도 같습니다.

지미와 같은 사람들이 세 가지 기본적인 기술, 즉 읽기, 쓰기, 산수를 배우기 위해 점점 더 많이 천연자원연구소가 운영하는 수업에 출석하고 있습니다. 이는 사람들이 좀 더 나은 삶을 살 수 있도록 도와주고자 하는 목적으로 스탠더드 은행이 자랑스럽게 지원하는 많은 프로젝트 중 하나입니다.

스탠더드 은행
우리와 함께라면 당신은 훨씬 더 멀리 갈 수 있습니다.

이상 그의 행동이 우습다고 생각하지 않는다. 홀라카니아네가 알게 된 것은 자신에게 필요한 리터러시가 자신이 갖고 있는 리터러시 능력을 넘어선다는 것, 그래서 뭔가 하지 않으면 안 된다는 것이었다. 여기에서 그녀가 말해주는 것은 리터러시의 발달이 진행형이라고 생각하는 것이 매우 중요하다는 점이다. 우리 모두는 매일 새로운 리터러시의 도전에 직면하고 있다. 자기 그림에 '표식'을 하려고 삐뚤빼뚤 끄적거리는 아이든지, 처음으로 학문적인 저서를 출판하는 학자든지, 광고를 분석하는 방법을 배우는 미디어 전공 학생이든지, 편지를 쓰기 위해 컴퓨터를 배우고 있는 학교 교장이든지, 지도를 보며 새로운 경로를 숙지하려고 노력하는 택시운전사든지, 할리데이가 주장하는 것이 도대체 무엇인지 이해하려고 아직도 노력 중인 이 책의 독자들이든지 간에 말이다.

내가 문맹과 관련해서 무능하다는 감정이 개인적이고 심리적인 것이라는 인상을 주었다면, 어떻게 이런 태도가 사회적으로, 그리고 텍스트를 통해 양산되는지를 보여주는 것이 중요하다. 그림 1.1은 1997년 10월에 출판된 『더 티처』지에 실린 스탠더드 은행의 광고이다. 이 광고는 이 은행이 성인 리터러시 프로그램에 관여하고 있음을 공표함으로써 은행의 이미지를 높이기 위해 고안되었다. 광고에서는 문맹이 결핍적인 구성물이라는 관점에서 리터러시 프로그램에 참여한 학습자들 중 한 명을 유아화하고 있다.

이 광고가 어떠한 시각적·언어적 선택을 통해 코벨라 씨를 자리매김하고 그가 평생의 경험에서 배워온 것들이 무엇이건 간에 사실상 모두 부정해버리는지 고려해볼 가치가 있다. 어떤 단어들, 어떤 시각적 기표들, 배치의 어떤 측면들이 이러한 의미를 만들어내도록 작용하는가?

그림 1.1의 텍스트같이 리터러시와 관련이 있는 일상생활의 텍스트를 수집하기 시작한다면 그 텍스트는 수업에서 토론을 위한 자료로 사용될 수 있다. 사진, 광고, 신문기사, 만화, 시 등이 어떻게 리터러시를 표현하고 있는지에 대해 학생들이 생각해볼 수 있도록 다음 질문을 활용할 수 있을 것이다.

1. 리터러시는 어떻게 표현되고 있는가? 긍정적인가, 부정적인가? 문제인가, 해답인가?
2. 리터러시에 대해서 어떠한 주장들이 제기되고 있는가?
3. 읽기나 쓰기를 하고 있는 이들은 누구인가? 드러나지 않는 이는 누구인가? 그들은 자신들에 대해 즐거워하고 있는가 혹은 그렇지 못한가? 누가 읽고 쓰지 못하는 사람으로 보이는가?
4. 모든 쓰인 언어는 시간과 공간 안에 위치하고 있으므로, 텍스트에 나타난 리터러시 관련 사건들이 언제 어디에서 일어나고 있는지 이해하는 것은 매우 중요하다.
5. 텍스트에서 리터러시로 간주되는 것은 무엇인가? 단지 읽기와 쓰기인가? 문자 메시지를 보내거나 현금자동인출기에서 현금을 인출하는 것 또는 인터넷 검색을 하는 것도 리터러시로 간주되는가?

또한 학생들은 특정한 환경에서의 리터러시(게시판, 간판, 담벼락 낙서, 티셔츠)와 가정이나 동네에서 일어나는 리터러시 관련 사건들(비디오 대여, 영수증 받기, 카드나 포스터 만들기)의 사진을 찍어서 수업 중 토론 활동을 위한 리터러시의 이미지를 만들 수 있을 것이다.

3. 리터러시 교사 되기

나는 나 자신이 리터러시를 가르치는 교사라는 것에 결코 익숙해지지 않는다. 1970년대 초반에 고교 영어교사라는 직업을 처음 가졌을 때 나는 문학을 가르치도록 교육받았다. 그 학교의 수업계획표에는 문학이 압도적이었고, 나의 열정 역시 학생들이 영문으로 된 문학작품을 감상하고 이해하며 즐길 수 있도록 가르치는 데 있었다. 게다가 나는 청소년 소설에 관심이 많았기에 학생들이 '책에 푹 빠지도록'(Fader, 1976) 하기 위해 열심히 노력했다. 당시 '언어' 교육과정은 읽기와 이해 능력에 가장 큰 중점을 두었고 쓰기 교육과정은 '창의적인' 글쓰기 장르와 '사실적' 글쓰기 장르를 둘 다 포함하긴 했지만, 나는 내가 하는 일이 리터러시를 가르치는 것이라고 개념화하지는 않았다.

1980년대에 나는 교사 교육자로서 반스, 브리튼 그리고 로젠(Barnes, Britton, & Rosen, 1969), 브리튼(1970)과 반스(1976)의 연구를 알게 되었고, 언어와 학습 사이의 관계에 대해, 좀 더 광범위하게는 언어에 대한 사회문화적 접근법들에 대해 점점 더 흥미를 가지게 되었다. 브리튼과 로젠이 있는 런던교육연구소와 런던영어교사협회가 공동으로 다문화, 다언어 교실을 위한 중요하고도 새로운 교수방법을 제안하긴 했지만, 그들은 내가 그랬던 것처럼 여전히 제1언어로서의 영어교육과정을 다루고 있었다. 이 단계에서 나는 나 자신을 영어 원어민 화자들에게 영문학과 영어 둘 다를 가르치는 교사로 생각했다.

1976년에 남아프리카공화국에서 아프리카인 교육에서의 수업 매개 언어에 대해 항의하는 초등학교 학생들에 의해 촉발된 소웨토 항쟁은 나로 하여금 언어와 교육에 대해 진지한 질문을 던지게 만들었다. 나는 학교 교육의 인종차별을 철폐하기 위해 정치적으로 목소리를 내기 시작했고, 동시에 제2언어로서의 영어를 가르치기 위해 준비하기 시작했다. 나는 교사 교육자이자 활동가로서 더 이상 영어 모국어 교육에만 배타적으로 집중하고 싶지 않았다. 나 자신을 응용언어학자로 재평가했고, 다중언어 교실에서 제1언어로서의 영어와 부가적인 언어로서의 영어를 넘나들며 가르칠 수 있는 능력을 가진 영어교육자로 보기 시작했다. 그때 이후로 나는 영어교사 교육자로서 수업에서 영어교사들이 문학과 언어 모두를 가르칠 수 있는 역량을 가질 수 있도록 노력했다.

내가 일하는 남아프리카공화국의 환경은 영어 같은 지배적인 세계언어를 가르친다는 것이 어떤 의미인지에 대한 생각을 형성하는 데 지대한 영향을 미쳤다. 이 환경에서 식민지 언어인 영어는 전체 인구의 단지 8.2퍼센트만이 제1언어로 사용하고 있다(Statistics South Africa). 실제 수치를 보면, 4천5백만 명의 인구 중 주요 언어로 영어를 사용하는 사람은 350만 명에 지나지 않는다. 남아프리카공화국은 처음에는 네덜란드, 이후엔 영국의 식민지가 되었기에 두 개의 식민지 언어를 사용했던 역사를 가지고 있다. 남아프리카공화국의 토착언어로 전체 인구의 13.3퍼센트가 사용하는 아프리칸스어는 네덜란드어에서 유래했다. 1925년부터 민주주의가 도래한 1994년까지 영어와 아프리칸스어는 남아프리카공화국의 공식언어였다. 1948년에 국민당이 권력을 잡은 이후에 아프리칸스어는 아파르트헤이트와 억압의 언어로 알려지게 되었다. 영어가 공용어로 선호되었고, 학교에서 수업을 위한 언어로 아프리칸스어가 아니라 영어를 선택할 권리는 자유를 위한 투쟁의 일부가 되었다.

남아프리카공화국의 새 헌법에서는 11개의 공식언어를 인정한다. 아프리칸스어, 영어, 이시은데벨레어, 이시코사어, 이시줄루어, 세페디어, 세소토어, 세츠와나어, 시스와티어, 찌벤다어, 찌쫑가어이다.[13]

남아프리카공화국의 많은 흑인들은 하나 이상의 아프리카 언어를 사용하는데, 특히 도시지역에서 그러하다. 하지만 영어가 권력과 접근성의 언어로 알려져 있기 때문에 이러한 '11언어 정책'이 사실상 영어의 지배로 이어질 위험이 있다. 이에 헌법재판소 판사인 색스는 남아프리카공화국에

....

13 이 언어들의 명칭과 철자에 대한 논란이 있다. 나는 이에 대해 남아프리카공화국의 헌법에 채택된 형식을 사용하기로 결정했다.

서 "모든 언어권리는 영어에 대항하는 권리"라고 주장한다(1994: 1). 남아 프리카공화국에서는 학생들의 아프리카 언어들에 대한 존중과 유지를 통해 영어의 과도한 힘이 완화될 필요가 있다. 영어가 가진 힘과의 균형을 유지하기 위해 교육에서 다중언어 정책은 필수적이다. 다양성의 맥락에서 어떻게 영어를 가르쳐야 할까? 영어처럼 모든 것을 집어삼키는 언어를 가르치는 데서 책임감 있는 접근법은 무엇일까?

언어권리를 위한 투쟁이 본질적으로 인권투쟁과 연결되어 있는 남아 프리카공화국에서, 나는 언어가 근본적으로 권력의 문제와 연결되어 있다는 것을 인식하지 않을 수 없었다. 아프리카 학생들이 아프리칸스어로 과목들의 반을 배우고 영어로 나머지 반의 과목을 배우도록 강요되는 학교 환경에서, 학생들은 물론 교사들도 충분히 유창하지 않은 언어들로 수업을 하기에 언어와 학습 간의 근본적인 연관성은 분명했다. 심지어 오늘날 아프리카 아이들의 학습과 정체성은 그들이 영어를 매개로 학습해야 할 때 위태롭게 된다. 그런데 남아프리카공화국이 다양한 언어들을 사용하는 학생들이 학교 교실에 함께 있는 유일한 곳은 아니다. 학생들이 외국어를 매개로 수업하는 유일한 장소도 아니다. 그리고 영어가 다른 언어들을 위협하는 유일한 곳도 아니다(Phillipson, 1992). 민족적, 문화적, 언어적 다양성은 이제 전 세계의 사회공동체나 학교 교실에서 일반적인 것이 되고 있기에 남아프리카공화국의 영어교사들이 직면한 문제는 영어를 매개로 가르치는 모든 교사들의 문제이다. 영어교사들은 부가적인 책임의식을 가지고 있다. 부르디외(Bourdieu, 1991)는 교육기관이 일반적으로 사회의 소외계층 출신 학생들에게 합법적인legitimate 언어에 대한 '지식'과 '접근 권한'을 제공하는 데에는 실패한 반면, 그 언어의 합법성legitimacy(1991: 62)에 대한 '인식'(혹은 잘못된 인식)을 가르치는 데에는 성공했다는 사실에 우리가 주목하도록 한다. 필요한 것은 바로 이것을 뒤집는 언어교육, 즉 영어에 통달하면서 동시에 세계어로서의 영어의 위치에 대해 비판적 관점을 가지도록 하는 것(Granville et al., 1998)이다. 또한 우리는 영어교사로서 왜 언어의 다양성이 창의성과 인지능력의 원천이 되는지를 이해하고 모든 언어의 가치를 인정하며 영어만 사용하는 것의 결핍성을 인지하는 학생들을 배출해야 한다(Janks, 2004). 언어 접근성은 6장의 주제이다.

그러므로 접근성과 다양성이라는 문제는 권력의 문제와 연결되어 있다. 즉, 지배와 피지배의 문제에, 인정과 부정, 포용과 배제의 과정에 연결되어 있는 것이다. 나는 언어교육에 종사하면서 점차적으로 언어와 권력이 다양한 방식으로 연결되어 있음을 이해할 수 있게 되었다. 특히 나는 당시에 인종분리주의 국가가 백인의 특권과 인종우월주의의 체계를 유지하고 재생산하기 위해서 언어를 이용하는 방식들에 대해 관심을 가지게 되었다. 다수인 흑인을 억압하고, 선거에서 이기고, 교육을 부정하고, 타자를 형성하고, 독자들을 자리매김하고, 진실을 감추고 억압을 정당화하기 위해 언어가 사용되고 있는 방식들에 대한 학생들의 인식이 높아지는 것이 중요하다고 생각했다. 나는 남아프리카공화국의 학교에서 사용될 수 있는 비판적 언어인식을 위한 자료들을 만들기 시작했다. 나는 여전히 나 자신을 언어교사라고 생각했지만 마침내 이를 교육을 위한 사회정의 의제와 함께 연결할 수 있는 방법을 발견했던 것이다.

당시에 나의 전공인 언어학과 교육학이라는 학문 영역에는 의지할 만한 이론들이 충분히 있었다. 비판적 언어학(Fowler, Hodge, Kress, & Trew, 1979; Fowler & Kress, 1979), 비판적 담론 분석(Fairclough, 1989), 페미니스트 언어학(Cameron, 1985, 1990, 1995; Spender, 1980; Threadgold, 1997; Weedon, 1987), 마르크스 언어학(Volosinov, 1986), 비판적 교수법(Apple, 1979; Giroux, 1981; Shor, 1980; Simon, 1992) 이론들이었다. 게다가 엄청나게 많은 관련 연구들이 사회이론 분야에서 출판되고 있는 중이었다. 이러

한 작업의 많은 부분이 명료하지 않았기에 이를 학교 현장에서 사용하려면 매개가 필요했다. 랭커스터 대학에서 개발한 비판적 언어인식(Fairclough, 1992)은 이러한 이론을 교실 현장에 적용하는 것이었다. 나의 연구는 랭커스터 대학에서 개발된 이론에 기초했는데, 이 복잡한 이론을 실제적인 교실 활동으로 변환하는 것이 실행 가능한지를 탐구하는 것이었다. 그것은 언어와 권력의 관계에 대해 학생들에게 가르칠 수 있도록 고안되었고 6권으로 구성된 자습서 세트인 '비판적 언어인식 시리즈'의 출판으로 정점을 이루었다(Janks, 1993).

이 담론에서 '비판적'이라는 용어는 우리가 일반적으로 '비판적 사고'라고 이해하는 것과는 다른 어떤 것을 의미한다. 이는 더 이상 증거와 주장의 검토에 근거한 논리적 분석만을 의미하는 것이 아니다. 여기에서 말하는 '비판적'이라는 용어는 사회적 이해관계가 어떻게 작동하는지를 밝혀내려고 노력하고 텍스트적 실행과 사회적 실행을 통해 좌우되는 것이 무엇인지를 확인하고자 하는 분석을 의미한다. 누가 혜택을 받는가? 누가 불이익을 받는가? 비판적이라는 용어는 한마디로 권력에 중점을 두는 것, 즉 의미가 '지배를 유지하기 위해 움직이는'(Thompson, 1984: 35) 방식에 중점을 두는 것을 뜻하며 때로 이데올로기 비판이라고 불린다. 나는 이 책 전반에 걸쳐 권력에 찍은 방점을 나타내기 위해 계속 '비판적'이라는 용어를 사용할 것이다. 만일 '비판적'이라는 말이 그렇게 애매모호하지 않았다면 이 책의 제목을 '리터러시와 권력'이 아니라 '비판적 리터러시'라고 지었을지도 모른다.

나는 1990년대에 호주의 교육자들이 파울로 프레이리Paulo Freire의 연구에 토대를 두고 어떻게 자신들의 작업을 발전시키고 있는지를 보면서 비판적 리터러시에 대해 알게 되었다. '리터러시'라는 단어 앞에 '비판적'을 두는 것은 '심리학'(Rose, 1989), '지리학'(Soja, 1996), '다문화주의'(May,

1999) 같은 단어의 앞에 두었을 때와 동일한 기능을 한다. 즉, 그것은 해당 학문 영역에서 당연시되어온 가정, 그 가정의 진실성, 담론, 그리고 수반되는 관행에 대해 의문을 제기하는 움직임을 의미한다. 1970년대 초반에 파울로 프레이리는 이렇게 썼다.

> 읽기와 쓰기를 배우는 것이 앎의 행위an act of knowing를 구성하는 것이라면, 학습자는 처음부터 창의적 주체로서 그 역할을 해야 한다. 읽기와 쓰기를 배우는 것은 주어진 음절이나 구절을 외우고 반복하는 일이 아니라, 오히려 읽고 쓰는 그 자체의 과정과 언어의 엄청난 중요성에 대해 비판적으로 성찰하는 일이다.
>
> 사고 없이는 언어가 불가능하고 언어와 사고는 그것들이 지칭하는 세상이 없이는 불가능하다는 점에서 인간이 쓰는 단어는 단순한 어휘 이상의 것이다—그것은 단어이자 행동word-and-action이다. 따라서 리터러시 과정의 인지적 차원은 인간과 세상의 관계를 포함해야만 한다(Freire, 1972a).

프레이리는 리터러시가 단순히 학생들에게 읽기와 쓰기에 필수적인 기술을 가르치는 것이라는 일반적인 선입견에 도전하고, '읽기와 쓰기의 과정 그 자체에 대해 비판적으로 성찰'해야 한다고 주장한 최초의 인물이었다. 그는 우리가 글을 읽는다는 것이 세상을 읽는 것과 분리될 수 없다는 것을 이해하게 했다. 스트리트(1984)는 리터러시의 자율 모형autonomous model과 이념 모형ideological model을 구분함으로써 프레이리의 이론을 더욱 발전시켰다.

프레이리는 기념비적인 두 권의 저서인 『자유를 위한 문화적 실천Cultural Action for Freedom』(1972a)과 『페다고지: 억눌린 자를 위한 교육Pedagogy of the Oppressed』(1972b)에서 글과 세상을 함께 비판적으로 읽는 법[14]을 배우는 과정에서 어떻게 성인 리터러시 학습자가 자신이 처한 사회적 상황을 변혁하기 위해 행동할 수 있는 주체적 행위자로 자신을 새롭게 인식하게 되는지를 보여준다. 그는 리터러시를 가난하고 박탈당한 이들의 '침묵의 문화'를 깨뜨리는 수단으로 사용했다. 프레이리에 따르면, 이렇다.

자유는 실천praxis, 즉 인간이 자신의 세상을 변화시키기 위해 그 세상에 대해 행동하고 성찰하는 것이다(1972b: 52).

성찰과 행동에는 모두 언어가 필요하다.

인간으로서 존재한다는 것은 세상을 '명명하는 것'이고 변화시키는 것이다. 일단 명명되면, 그 세상은 명명한 자에게 문제로서 다시 드러나게 되고, 그들이 새롭게 '명명하기'를 요구한다. 인간은 침묵으로 만들어지는 것이 아니라 언어로, 일로, 행동에 대한 성찰로 만들어진다. 인간이 세상을 명명함으로써 그 세상을 바꾸는 것은 바로 자신의 언어를 말할 때이고, 대화는 인간이 인간으로서 의미를 획득하게 되는 방법 그 자체가 된다(1972b: 61).

문제제기는 자유를 위한 행동의 첫 번째 단계이다. 리터러시 교육의 이러한 접근 방식의 효과는 캐나다에 거주하는 중국 성인 이민자에 대한 브라이언 모건Brian Morgan의 연구(1998)와 캐나다와 미국의 청소년들에 대

....

14   [옮긴이 주] 프레이리의 저서에 나오는 구절인 "read both the word and the world critically"를 한글로 번역했다.

한 비비안 바스케즈Vivian Vasquez의 연구(2001, 2004)에서 그 예를 찾아볼 수 있다. 세상을 명명하는 힘은 침묵을 깨뜨리고 사람들을 만들어낸다. 리터러시에 대한 이러한 비판적 관점은 리터러시가 무엇이고 어떤 역할을 하며 어떻게 그 역할을 해야 하는가의 '진리'에 대해 우리가 이해하고 있던 바에 대해 중대한 변화를 가져온다.

푸코Foucault는 이렇게 말했다.

'진리'를 진술의 생산, 규제, 배포, 유통 및 운영을 위한 질서 잡힌 절차 체계로 이해해야 한다. 권력 체계는 진리를 생산하고 유지한다. 권력은 진리를 통해 도출되기도 하고 진리를 확장시키기도 한다. 진리는 이러한 권력 체계와 순환적인 관계로 연결되고 권력의 영향력과도 연결된다. 진리의 '체제'는 (…) 정치적 질문, (…) 실수나 환영, 동떨어진 의식이나 이데올로기가 아니다. 그것은 진리 그 자체이다(1980: 133).

푸코의 연구는 우리로 하여금 단지 리터러시의 담론뿐 아니라 모든 담론들이 어떠한 방식으로 진실을 만들어내고 어떻게 그 담론들이 권력에 의해 형성되며 권력의 영향력을 발휘하게 되는지에 대해 생각하도록 한다. 이러한 생각은 2장에서 전개될 것이다.

루크(Luke, 1992)는 호주에서 학교에서의 리터러시 활동이 아이들의 몸을 훈육하는 방식에 대해 주의를 기울였다. 즉, 학생들이 어떻게 똑바로 앉아야 했고, 앞을 쳐다보고, 말하지 않으며, 교사에게 시선을 고정하고, 책의 페이지를 따라가야 했는지에 대해 집중했다. 길버트(Gilbert, 1989)는 연구에서 언어, 젠더, 교실 사이의 관계를 탐구했고, 데이비스는 페미니스트 이야기에 대한 학생들의 반응(Davies, 1989)과 교실에서 여성성과 남성성이 만들어지는 방식(Davies, 1993)에 대해 살펴보았으며, 캠러와 그의 동료들(Kamler, Maclean, Reid, & Simpson, 1994)은 청소년의 글쓰기에서 어떻게 젠더가 구성되어 가는지를 연구했다. 또한 코머와 오브라이언(Comber & O'Brien, 1994)은 어머니날 카드와 장난감 카탈로그('정크메일'이라고 불리는) 같은 일상적인 텍스트를 해체하기 위해 어린 초등학생들을 대상으로 연구를 진행했고, 코머와 심슨(Comber & Simpson, 1995)은 시리얼 상자를 탐구했다. 서부 호주에서는 초크페이스 출판사가 설립되어 고등학교 영어수업에 사용될 비판적 수업자료들을 출판했다. 초기의 워크북은 문학 텍스트의 해체를 위해 후기구조주의 이론을 이용했다(Mellor, Patterson, & O'Neill, 1987, 1991; Moon, 1992). 10년 후, 프레멘틀 출판사는 학생들이 민족, 젠더, 토착성과 관련된 텍스트에 대해 다시 생각해볼 수 있도록 돕고 호주의 '침략'과 정착을 다루는 텍스트의 자리매김에 대해 이해할 수 있도록 탈식민주의 이론을 활용한 워크북을 출판했다(Kenworthy & Kenworthy, 1997; Martino, 1997). 레이 미슨Ray Misson과 웬디 모건Wendy Morgan 역시 영어수업을 듣는 고등학생들과 함께 작업했다. 이들은 문학과 비문학, 대중문화 텍스트를 모두 활용했다. 미학적 관점을 갖고 비판적으로 분석한다는 이들의 아이디어는 1990년대 이래로 계속 발전했고, 2006년에는 저서로 출판되었다(Misson & Morgan, 2006). 호주의 민속 이야기 속 영웅인 네드 켈리의 텍스트적 재현에 대한 모건의 수업현장연구(1992, 1994)는 비문학 텍스트로 이루어진 작업 중 가장 뛰어난 예라고 할 수 있다. 이 연구에서는 학생들이 다양한 서술 경험을 통해 모든 이야기들의 고정성을 탈피하고 텍스트화를 통해 진실을 다양한 방식으로 재현할 수 있음을 보여주었다.

이 모든 교실현장연구의 풍성함은 초등학교와 고등학교 교사 모두가 활용할 수 있는 이러한 새로운 교수법을 가능하게 만드는 교수자료와 더불어 당시 호주의 교육에서 실시된 강력한 평등정책과 동시에 이루어졌다. 이러한 새로운 아이디어들은 다른 어느 곳보다 교실현장에 뿌리를 내렸고,

1990년대 후반에는 비판적 리터러시가 호주의 영어교육과정에 굳건히 자리잡게 되었다.

텍스트의 비판적 분석을 위한 언어적인 도구를 제공하는 비판적 언어인식CLA은 흔히 비판적 리터러시라는 광범위한 범주에 포함된다. CLA와는 대조적으로 비판적 리터러시는 나의 관심사를 한자리에 모을 수 있는 방법을 제공했다. 나의 관심사는 초등학교 교사와 고등학교 영어교사, 문학교사, 비판적 언어인식 분야의 텍스트 분석가(신문기사, 지도, 사진, 광고, 정크메일 같은 비문학 텍스트를 가지고 작업하는)를 모두 포함한다. 물론 이것이 전부는 아니다. 그린Green과 비검Bigum은 1993년에 이미 새로운 기술이 리터러시와 리터러시 관행에 미치는 영향을 이론화하기 시작했다. 그 결과 비판적 리터러시의 현장교육자들은 컴퓨터와 정보 리터러시, 미디어 리터러시를 다루기 시작했다. 후자는 대중문화와 미디어 연구를 포함하는 문화연구(Buckingham, 2003; Buckingham & Sefton-Green, 1994; Hall, 1997; Nixon, 1999, 2003)의 영역과 접점을 가지고 있다. 다이슨(Dyson, 1997, 2003)은 어떻게 대중문화의 인물, 이미지, 그리고 아이디어들이 아이들의 상상력 속에서 서서히 커져가고 그들의 글 속에 스며드는지를 보여주었다. 또한 지, 헐과 랭크셔(Gee, Hull, & Lankshear, 1996)와 랭크셔(1997)는 탈산업주의 경제에서 새로운 노동 질서가 리터러시에 미친 영향에 대해 연구했다.

월리스(Wallace, 2007), 브라이언 모건(1998), 노튼(Norton, 2000), 페니쿡(Pennycook, 1999, 2001)은 자신들이 비판적 ESL(English as a Second Language) 또는 TESOL(Teaching English to Speakers of Other Languages)에 대한 비판적 접근이라고 부르는 것에 대한 이론과 실제를 개발해왔다. ESL은 '제2언어로서의 영어'의 약자인데, 이 명명 방식은 수많은 이유로 도전을 받아왔다. 다수의 아이들이 다중언어 공동체에서 자라고 있는 남아프리카공화국에서는 모국어라는 개념을 단일언어 환경에서 만들어 낸 '서구적' 개념으로 묵살한다. 또한 아파르트헤이트하에서 제2언어는 제2계급이라는 의미를 내포하고 있었다. 반 농담이긴 하지만 우리 학생들이 ESL이라는 약자를 '뒤처진 학습자들을 위한 영어(English for Slow Learners)'로 풀이하는 것에 대해서는 걱정이 되었다. 부가적 다중언어주의 원리에 기반한 남아프리카공화국의 언어와 교육 정책은 현재 제1언어가 아닌 언어를 '제2'언어라기보다 '부가적' 언어로 명명한다. 페니쿡(pennycook, 2001)은 TESOL이라는 용어를 비판하면서 이 언어들을 타other 언어라기보다 타자화된othered 언어로 간주해야 한다고 제안한다. '타'라는 표현은 영어를 여러 가지 다른 언어들이 파생된 우월한 기준으로 보는 '식민지적인 타자화의 오랜 역사'의 산물이다. '타자화된'이라는 표현은 중심을 기준으로 보아 여러 다른 언어들을 다르고 주변적이며 열등한 것으로 만드는 그 행위 자체를 다시금 자각하게 한다(Pennycook, 1998). 남아프리카공화국에서 비판적 언어인식 시리즈(Janks, 1993)는 아파르트헤이트하에서 분리 교육의 근원이 된 제1언어와 제2언어의 구분을 거부하기 위해 '모든' 남아프리카공화국 학생들을 대상으로 신중하게 사용되었다(Janks, 1995). 이 수업자료들은 영어를 매개 언어로 수업하는 모든 중등학교 학생들에게 언어적 접근성을 갖도록 고안되었다.

크레스Kress의 공헌은 특히 중요하다. 우리는 그의 연구(2003)를 통해 기존의 리터러시 모형들이 단어들에 지속적으로 특권을 부여하는 방식에 대해 주목하게 되었다. 그는 밴 리우웬van Leeuwen과 함께 텍스트가 점차로 시각화되고 있다는 것과, 단어, 이미지, 그리고 점차로 다중모드화되고 있는 활자 텍스트의 전체적인 디자인 사이의 관계성에 대하여 우리가 진지하게 고려해야 한다는 점을 가르쳐주었다(Kress & van Leeuwen, 1990, 2001).

다음은 상황적 실행situated practice으로서의 시각적 리터러시가 어떻게 숲에 대해 해박한 지식을 가진 한 나이 든 줄루인이 남아프리카공화국의 국립동물보호구역 중 한 곳에서 새의 경로를 알려주는 가이드로서 역할을 해내도록 만드는지 보여주는 예이다. 우리 중 누구도 그의 언어인 이시줄루어를 몰랐고 그도 영어를 할 수 없었음에도 불구하고 말이다. 글을 읽을 수는 없었지만 이 선생님umfundisi[15]은 표준 현장가이드인 뉴먼Newman의 『남부 아프리카의 새들Birds of Southern Africa』을 우리 중의 가장 예리한 조류 관찰자들보다 더 잘 알고 있었다. 그는 이 책에서 어떤 새든지 즉각적으로 찾아낼 수 있었다. 그는 새에 대한 자신의 지식을 활용해서 조류 삽화를 읽었고 이러한 지식을 전달하는 매개체로 현장가이드를 이용했다. 그는 자신의 일을 위해 필요한 모든 리터러시를 갖추고 있었다. 더욱이 그는 자신을 스스로 가르쳤다. 우리의 가이드는 마치 지미 코벨라처럼 리터러시의 제한되고 전형적인 정의에 따른다면 문맹이라고 하겠지만, 지미 코벨라에게 그랬듯이 이 가이드를 어린아이 취급하는 것은 당치 않은 일이 될 것이다.

크레스와 밴 리우웬의 연구는 뉴런던그룹의 다중리터러시 프로젝트(New London Group, 2000)의 토대가 된다. 텍스트는 점점 다중모드화되고 있다. 예를 들어, 인터넷상의 텍스트는 동시적으로 작동하는 다양한 메시지들과 함께 문자, 그림, 동영상, 색깔, 다양한 크기의 글자체, 음향, 말하기를 포함하고 있다. 이로 인해 리터러시에서 구어성을 구분한다는 것이 어렵게 되었다. 그럼에도 불구하고 나는 문자 및 시각 텍스트를 통한 의미생성과 음성 텍스트를 통한 의미생성 간의 차이를 구분하는 것이 가능한지 시도하고 있다. 무엇보다도 말하기, 쓰기, 디자인하기(단어와 시각적 자료로) 사이의 구분을 유지하는 것은 이러한 의미생성체계의 서로 다른 역할(Kress, 2003) 때문에 중요하다.

....

15   이시줄루어로 'umfundisi'는 '선생님'이라는 의미로, 존경을 나타내는 호칭이다.

리터러시 교사들은 이제 학생들이 다양한 매체(신문, 텔레비전, 인터넷, 라디오, 잡지)와 방식(시각, 구어, 문자, 몸짓)에 걸친 다중리터러시를 발달시킬 수 있도록 새로운 기술에 대한 학생들의 관심과 능숙함을 이용할 수 있다. 다음 질문은 학생들이 어떻게 하면 자신들의 새로운 리터러시에 대해 생각하도록 할 수 있는지에 대한 하나의 접근법을 제공한다.

1. 학급에서 얼마나 많은 학생들이 휴대폰을 가지고 있는가? 왜 휴대성이 중요한가?
2. 학생들의 휴대폰은 어떤 언어들을 지원하는가?
3. 얼마나 많은 학생들이 휴대폰으로 짧은 문자 메시지(남아프리카공화국에서 SMS 문자 메시지로 알려져 있는)를 사용하는가?
4. 얼마나 많은 학생들이 휴대폰으로 즉각적인 메시지 보내기를 사용하는가?
5. 얼마나 많은 학생들이 휴대폰으로 이메일을 사용하는가?
6. 여러 가지 다른 의미를 전달하기 위해 휴대폰에서 어떠한 소리들을 사용하는가?
7. 학생들의 휴대폰으로 어떠한 시각적 메시지가 가능한가? 휴대폰으로 사진이나 비디오 영상을 찍을 수 있는가?
8. 학생들은 어떤 음악을 휴대폰에 저장하고 있는가?
9. 학생들이 휴대폰을 사용하기 위해서는 어떤 언어와 리터러시가 필요한가?
   - 학생들은 휴대폰을 사용할 때 어떤 언어들을 사용하는가? 휴대폰으로 이야기하기 위해 필요한 의사소통 역량은 무엇인가?
   - 휴대폰 사용자가 읽어야 하는 것은 무엇인가? 몇 가지 예로 단어, 상태 표시 기호, 자판, 시간, 사용 매뉴얼, 계정 등이 있다.
   - 학생들이 문자 메시지를 보내는 데 필요한 쓰기 역량은 무엇인가? 그들은 자동완성텍스트 메시지 기능을 사용하는가? 사용한다면 그 이유가 무엇이며, 사용하지 않는다면 왜 그러한가? 어떤 특수한 SMS 언어를 사용하는가? 왜 이러한 특수화된 언어가 생기게 되었는가? SMS가 문자언어를 변화시키고 있는가?
   - 어떠한 컴퓨터 리터러시가 학생들에게 필요한가? 그들은 메뉴, PINs(자기인식번호), SIM카드, 블루투스, 폴더, 컴퓨터 게임에 대해 무엇을 알아야 하는가?

- 어떠한 스크린 리터러시가 학생들에게 필요한가? 공간이 어떻게 구성되는지, 마우스의 스크롤링이 책장을 넘기는 것과 어떻게 다른지에 대해 그들은 무엇을 알아야 하는가?
- 휴대폰의 여러 가지 기능을 쓰기 위해 학생들에게는 어떠한 시각적 리터러시가 필요한가? 예를 들면, 휴대폰으로 게임을 하거나 달력을 사용하기 위해 필요한 것은 무엇인가?

비판적 리터러시의 초기 연구들에서는 비판적 읽기에 중점을 두었고, 클라크와 이바닉(Clark & Ivanič, 1997), 이바닉(1998), 캠러(2001) 같은 학자들은 비판적 쓰기에 중점을 두었다. 텍스트의 비판적 읽기에 도달한 후에 우리가 어디로 가야 할지를 생각하게 해주었다는 점에서 이는 중요한 움직임이다. 텍스트는 단어 하나하나, 이미지 하나하나에 의해 구성되기 때문에 그것들은 해체될 수도 있다. 선택된 것을 선택되지 않은 상태로 만들거나, 만든 것을 되돌리거나, 독자를 위해 마련된 자리를 드러내 보이는 방식으로 말이다. 그러나 그 후엔 무엇을 해야 하는가? 쓰기에 대한 비판적 접근은 텍스트가 어떻게 다시 쓰일 수 있는지, 다중모드의 텍스트가 어떻게 재디자인될 수 있는지에 대해 생각하도록 한다. 그것은 우리가 텍스트를 변형하고 단어를 다시 만들 수 있게 해준다. 텍스트의 재배치가 사회정의의 윤리와 연결되어 있다면 재디자인은 프레이리의 연구가 주장하는 정체성과 사회 변혁의 윤리에 기여할 수 있을 것이다.

'읽기'라는 단어는 비록 처음에는 소리 내어 글을 읽는 것과 연관되어 있었지만, 이 단어는 의미를 부호화하는 다양한 방식에 대해 은유적으로 적용되어 왔다. 그래서 우리는 영화, 의복, 몸짓, 그림, 사진, 육체 등을 '읽을' 수 있다. '쓰기'라는 단어는 읽기만큼 그 사용 범위가 넓지 않다. 우리는 사진이나 그림, 또는 육체를 '쓴다'고 말하지 않는다. '쓰기'라는 단어와는 달리 '디자인'이라는 단어는 다양한 표현방식과, 의미생성이나 기호 현상의 다중적 형태에 걸쳐 쓰일 수 있다. 즉, 텍스트, 의복 스타일, 페이지, 포스터, 가구, 방을 디자인한다고 할 수 있다. 디자인Design은 다중적인 기호sign 체계를 사용하는 텍스트를 만들어내는 것에 대해 얘기할 때 사용할 수 있는 유용한 단어이다. 재디자인Redesign은 다시 기호화하기re-sign-ing를 반드시 필요로 한다. 기호학은 기호 체계에 대한 연구이고, 기호 현상은 의미를 생성하기 위해 기호들을 사용하는 것이다. 다음 과제는 이 책의 독자들이 학생들과 시도해볼 만한 재디자인 활동의 예시이다.

> **그림 1.1**의 스탠더드 은행 광고를 재디자인해보시오. 여러 가지 구어적, 시각적 기호들, 텍스트의 다양한 배치와 구성을 마음껏 사용하시오. 중요한 것은 그 디자인이 지미 코벨라와 리터러시를 재현하는 데 있어 좀 더 존중을 나타내는 방법을 사용해야 한다는 것이다.

재디자인의 개념은 『다중리터러시 교수법A pedagogy of multiliteracies』(New London Group, 2000)에서 처음 소개되었다. 나의 책에서는 이것을 '재건의 교수법pedagogy of reconstruction'(Janks, 2003: 183, 2005)이라고 칭한다. 나는 두 가지 이유로 '재건'이라는 단어를 선택했다. 첫째, 이 단어는 해체에 지나치게 중점을 두었던, 나 자신의 연구를 포함한 비판적 리터러시의 초기 연구에 적절한 균형을 제공하기 때문이다. 둘째, 이 단어는 1994년의 최초의 민주적 선거 이후에 남아프리카공화국의 사회적·경제적 변혁을 이끌었던 만델라Mandela 정부의 '재건과 개발 프로그램'(African National Congress, 1994)과 텍스트 간의 연결을 만들어내기 때문이다. 1994년 이래로 나의 연구는 재건을 위한 비판적 리터러시가 어떤 모습일까를 이해하는 방향으로 진행되어 왔다. 이러한 작업은 8장의 기초를 형성한다.

비판적 리터러시 교사가 되어가는 나 자신의 여정을 나눈 이야기를 통해, '리터러시' 교사는 텍스트를 이용해서 혹은 텍스트로부터 의미를 만들어내기 위해 다른 사람들과 함께 작업하는 사람이라고 간주하는 것이 가능하다고 생각한다. '비판적 리터러시' 교사는 모든 종류의 텍스트(문자, 시각, 음성 텍스트)가 독자, 시청자, 청취자에게 어떤 영향을 미치는지에 관심이 있고, 그 관심이 이러한 텍스트의 역할을 통해 채워지는 사람이라 할 수 있다. 또한 비판적 리터러시 교사는 학생들이 미약하게나마 세상을 좀 더 공평한 곳으로 만들기 위해 문제를 제기하고 행동으로 옮길 수 있도록 도와줌으로써 학생들 자신과 그들이 살고 있는 지역 환경을 변화시킬 수 있도록 돕는다. 비판적 리터러시를 실천하는 다양한 방향은 비판적 리터러시 교사가 이러한 역할을 할 수 있도록 도와준다.

2장

리터러시의 개념 잡기

리터러시의 개념을 어떻게 구성해야 할까? 이는 논쟁적인 주제이다. 기초적이거나 기능적인 리터러시에서부터 상징과 추상을 다룰 수 있는 고도의 능력까지 아우르는 리터러시의 의미는 넓은 범위에 걸쳐 있다. 텍스트를 가지고 혹은 텍스트로부터 의미를 만들어내는 과정은 서로 다른 양식과 기술에 걸쳐 있는 다양한 종류의 기호 자원을 활용하기 때문에 복잡할 수밖에 없다. 지식 경제에서는 고도화된 리터러시 기술이 필요하다. 그린 (2002)은 이러한 필요성을 "리터러시로의 선회" 또는 "리터러시의 승리"라고 말한다.

리터러시의 개념을 이해하려면 하나의 개별적인 접근법을 주장하는 모형보다 그린[1](2002)이나 프리바디와 루크(Freebody & Luke, 1990)의 모

1　　그린의 3D모형은 알바, 곤잘레스-고디노, 랭크셔와 피터스(Alba, González-Gaudino, Lanksheire, & Peters, 2000: 218-219)의 연구에서 심도 있게 논의된다. 그린은 자신의 리터러시 모형을 '3D' 모형이라고 부르는데, 이 명칭은 평면적인 방식보다 좀 더 깊이 있게 텍스트를 보는

형같이 리터러시에 대한 다양한 방향성을 통합하는 모형이 더 낫다. 기본적으로 이 두 모형이 리터러시의 개념과 관련하여 주장하는 것은 독자가 다음과 같은 것을 해야 할 필요가 있다는 것이다.

- 텍스트의 문자적 의미를 해석해야 한다. 독자는 텍스트가 말하는 바를 이해하기 위해 쓰인 말의 의미를 알아내야 한다. 이를 위해서는 언어능력이 필요하다.
- 텍스트로부터 의미를 만들어야 한다. 이는 작가가 의도한 의미에 주목하고 참여함으로써 이루어질 수 있다. 작가의 의도를 파악하여 텍스트로부터 의미를 만들어내야 한다. 읽기는 문화, 내용, 맥락, 텍스트의 사용과 텍스트의 구조에 대해 독자가 알고 있는 것과 저자가 알고 있는 것이 마주하는 능동적인 과정이다. 그 마주침에서 능동적인 의미가 만들어진다.
- 텍스트의 가정, 가치, 입장을 알아보기 위해서 텍스트에 질문해야 한다. 독자는 텍스트가 자신에게 어떤 효과를 미치는지, 텍스트가 가진 입장은 누구의 이익을 대변하는지를 이해할 필요가 있다. 독자는 어떻게 텍스트가 다르게 읽힐 수 있는지를 상상해야 한다. 이를 통해 텍스트 재디자인의 토대가 될 수 있는 저항적 읽기를 할 수 있다.

문학 분야에서 해석은 종종 '읽기'와 동일시되는데, 이는 기능적 혹은 기초적 리터러시로 볼 수 있다. '텍스트의 편에서 읽기'는 텍스트를 읽으면서 의미를 만들어내는 것으로, 문맥 속에서 텍스트를 이해, 분석, 평가하는 데 필요한 수준 높은 사고능력으로 볼 수 있다. 텍스트에 질문하기, 즉 '텍

....
3차원적 개념을 은유적으로 표현한다.

스트에 대항하여 읽기'는 비판적 리터러시와 관련된다. 즉, 독자는 텍스트를 세상에 대한 선택적 견해를 담은 것으로 인식하고, 텍스트를 그대로 받아들이는 것이 아니라 텍스트가 어떻게 서로 다른 이익을 대변하도록 변형될 수 있는지를 상상할 수 있어야 한다. 그린(2002)은 위의 세 가지 리터러시를 각각 조작적, 문화적, 비판적 리터러시로 부르는데, 이들은 언어, 의미, 권력의 차원에서 서로 맞물려 있다. 비판적 리터러시는 해석하고 의미를 만들어내는 능력과 별개가 아니라 서로 연관되어 있다. 지(1990)는 독자가 활자 언어, 의미론적이며 구조화하는 언어, 화용론적 언어 같은 텍스트 내의 언어를 벗어나야만 비판적 읽기가 가능하다고 주장한다(Luke & Freebody, 1997). 비판적 읽기는 하나 이상의 담론, 하나 이상의 '말하기(쓰기)-행동하기-되기-가치 부여하기-믿기'의 조합(Gee, 1990: 142), 하나 이상의 세상을 사고하는 틀을 지닐 때에만 성취할 수 있다. 텍스트는 담론[2]을 구체화하거나 실현한 것이라서 상이한 담론의 관점에서 다른 방식으로 보기가 쉽다.[3]

1. 비판적 리터러시의 개념 잡기

이 시점에서 비판적 리터러시는 언어, 리터러시, 권력의 접점에서 작

....
2 [옮긴이 주] 쟁크스에 따르면 소문자 d는 담화이고 대문자 D는 우리말의 담론에 가까우므로, 이 책에서는 담론으로 하겠다. 각주 3 참조.
3 지(1990)는 담론을 소문자 'd'와 대문자 'D'로 구별해 설명한다. 소문자 'd'는 '대화, 이야기, 보고서, 논증, 에세이같이 의미를 만들어내고자 결합된 언어 요소들의 관계'이다. 반면 대문자 'D'는 사회적으로 내재된 '말하기(쓰기)-행동하기-되기-가치 부여하기-믿기의 조합'(Gee, 1990: 142)이다. 내가 사용하는 소문자 'd'는 지의 대문자 'D'와 같다.

동한다는 점을 분명히 알 수 있을 것이다. 비판언어학자, 성인 리터러시 교육자, 고등학교 문학교사가 조금씩 다르게 가지고 있는 리터러시와 권력에 대한 입장도 살펴보았다. 이들의 공통점은 넓게는 교육, 좁게는 리터러시 교육이 중립적인 활동이 아니라는 점을 이해한다는 것이다. "교육과정은 하나의 문화로부터 특정한, 따라서 어쩔 수 없이 부분적일 수밖에 없는 '선별'을 통해 구성되는 것으로 이해해야 한다"(Green, 2002: 9). 이러한 선별의 과정은 특정한 위치에 자리매김되어 이루어지고, 교육과정을 특정한 위치에 자리매김한다. 수업 언어를 선정하고, 읽기와 쓰기 텍스트를 미리 정하며, 특정 대중문화를 포함하거나 배제하는 등의 과정이 그 예이다.

이러한 선택은 누가 하는가? 정부가 위에서 일방적으로 교육과정을 정하는 것인가? 교사가 결정하는 것인가? 학생의 발언권은 어느 정도인가? 이런 질문을 던져보면 교육과정과 관련된 모든 선택이 얼마나 정치적인지 알게 된다.

이 책에서는 언어와 리터러시를 이해하는 데 있어서의 권력의 역할을 진지하게 고려하는 접근법에 관심을 갖는다. 교육과정 내용이 세부적으로 어떠해야 한다고 논하기보다 학생들이 그 내용에 대해 비판적 입장을 가질 수 있는 방법에 대해 논한다. 이러한 비판적 입장은 학생들이 이에 어울리는 언어와 리터러시 도구에 접근할 수 있고 그 도구를 이용할 능력이 있을 때 가능하다. 그들은 언어와 리터러시 능력을 이용하여 비판적이면서도 창의적이 되고, 문제를 제기하고 해결하며, 사회를 분석함과 동시에 사회적 주체가 된다.

나는 비판적 리터러시 교육의 통합적 연구[4]에서 언어와 권력의 관계에 대한 서로 다른 개념화, 즉 지배성, 접근성, 다양성, 디자인의 요소 중 어떤

....
4   나는 이에 대해 Janks, H.(2000)에서 처음 논의했다.

것을 전면에 내세우느냐에 따라 여러 양상의 비판적 리터러시가 실현된다고 주장했다. 이 통합 모형이 단순한 연구의 종합 이상의 의미를 갖는 것은 이러한 요소들이 상호 연관된다는 점을 특히 강조하기 때문이다. 먼저 개별 요소와 이에 기반한 교육법을 간단하게 살펴본 후에 각 요소들 간의 상호 연관성을 어떻게 이론화할 수 있는지 설명할 것이다.

지배성

권력을 이 방식으로 바라보면서 연구하는 학자들은 언어, 기타 상징 형식, 보다 광범위하게는 담론을 지배관계를 유지하고 재생산하는 강력한 수단으로 본다. 이글턴(Eagleton, 1991: 11)은 "남자와 여자라는 집단은 기호, 의미, 표상 차원에서 각자의 사회적·정치적 입장을 놓고 투쟁한다"면서 권력관계에서의 언어의 중요성을 강조한다. 비판적 담론 분석은 언어가 독자를 권력의 이익관계 속에 놓는 방식을 이해하고자 사용하는 분석법이다. 이 분석 방법은 권력이 부정적이고 불평등한 사회적 관계를 생산한다고 보는 비판적 이데올로기 이론(Thompson, 1990)에 근거한다. 비판적 담론 분석은 비판적 언어인식이라고 불리는 교육법과 관련된다. 이 교육법은 랭커스터 대학에서 시작되어 클라크와 동료들(1987)과 페어클러프(Fairclough, 1989, 1992, 1995)에 의해 주로 연구되었다.

비판적 언어인식은 텍스트가 구성의 산물이라는 점을 강조한다. 그리고 텍스트는 구성된 것이기에 해체될 수도 있다. 텍스트의 해체를 통해 우리는 저자나 화자가 무슨 선택[5]을 했는지를 인식할 수 있다. 모든 선택은

....
5   여기서 '선택'은 자유로운 선택을 의미하지 않는다. 우리는 사회의 구성원으로서 우리를 통해 말할 수 있는 담론에 의해 구성되고 그 담론 안에 존재한다. 따라서 무엇을 말할 수 있고 어떻게 말할 수 있는가는 담론 속에서 제한된다.

선별된 것을 중요시하면서 선택되지 않은 것을 숨기거나 침묵시키거나 돋보이지 않게 한다. 텍스트가 선택을 통해 구성된다는 점을 인식하면, 독자는 '저자나 화자가 왜 이러한 선택을 했는지' '이러한 선택은 누구에게 이익이 되는지' '이러한 언어 사용 때문에 누가 권력을 얻고 누가 권력을 박탈당하는지'와 같은 비판적 질문을 던지게 된다(Janks, 1993: iii).

접근성

지배성과 접근성을 같이 놓고 보면 언어 혹은 리터러시 교사는 전에 하지 못한 다음 질문을 마주하게 된다. 학생들이 지배적인 언어 혹은 리터러시 형태에 접근할 수 있도록 하면서도 그들이 가진 혹은 사회에 존재하는 다양한 비지배적인 언어와 리터러시 형태에 가치를 부여하고 장려할 수 있을까? 만약 학생이 지배적인 형태에만 접근하여 배운다면, 그 형태의 지배를 유지하는데 기여하게 되는 것이다. 그렇다고 학생이 지배적인 형태에 접근하여 배울 수 없게 된다면, 지배적인 형태의 가치와 중요성을 계속 인정하는 사회에서 학생이 주변부에 머물 수밖에 없는 구조가 지속될 것이다. 로지(Lodge, 1997)와 쟁크스(2004)는 이러한 딜레마를 "접근성의 모순 access paradox"이라고 일컫는다. 지배적인 형태에는 지배적인 언어, 지배적인 방언, 지배적인 담론(Gee, 1990),[6] 지배적인 리터러시와 지식, 지배적인 장르, 시각적 재현의 지배적인 양식, 사회적 상호작용의 다양한 문화적 관행이 포함된다.

장르 이론가들(Cope & Kalantzis, 1993; Derwianka, 1990; Kress, 1999; Martin, Christie, & Rothery, 1987)은 학교에서의 여섯 가지 지배적 장르인 경험 이야기하기, 지시, 내러티브, 보고, 설명, 논쟁의 특징을 기술하는 중

....

6   각주 1 참조.

요한 연구를 해오고 있다. 이 연구가 이루어지기 전만 하더라도 학생은 어떻게든 이러한 장르를 구별하고 장르에 따라 글을 쓰고 읽을 수 있다고 가정했다. 하지만 장르기반 교수법genre pedagogy에서 교사는 주변부 담론에 익숙한 학생이 지배적인 장르에 보다 잘 접근할 수 있도록 해당 장르의 특징을 어떻게 돋보이게 할지, 또 그렇게 해야만 하는지를 고민해야 한다.

남아프리카공화국은 물론 세계 각지에서 학생들은 점점 더 인종적·문화적으로 다양해지고 있으며, 명시적 교육법explicit pedagogy(Bernstein, 1996; Delpit, 1988)과 접근성은 이렇듯 다문화 학생이 증가하고 있는 학교에서 학생들의 학력 증진을 위해 일하는 교육자들이 직면한 주요 쟁점들 중 하나이다(Benesch, 2001; de Groot, Dison, & Rule, 1996; Lillis, 2001; Lodge, 1997; Partridge & Starfield, 2007; Starfield, 2000).

다양성

다양한 양식을 통해 다양한 방식으로 세상을 읽고 쓰는 것[7]은 의식을 변화시키는 핵심적인 도구이다. 담론들은 광범위한 사회적 정체성과 연관되고 다양한 사회적 제도 속에 내재되어 있기 때문에, 우리가 당연하게 여기는 말하기(쓰기), 행동하기, 생각하기, 가치 부여하기의 방식(Gee, 1990: 142)에 대해 성찰해보기를 요구하며 성찰의 수단을 제공한다. 담론들 간의 차이는 생산성을 촉진한다. 각 인간 주체는 새로운 담론에 들어감에 따라 세상에서 존재하는 대안적이고 추가적인 방식을 익히게 된다. 즉, 새로운 사회적 정체성social identities을 얻게 되는 것이다. 크레스(1995: 6)는 학교의 다양성이 학생에게 얼마나 중요한 의미인지에 대해 다음과 같이 말하고 있다.

....

7   여기서 내가 사용하는 '읽기'와 '쓰기'는 넓은 범위에서 광범위한 기호 체계를 이용하여 기호를 읽고 생산하는 것을 포함한다.

(학생은) 지속적이고 강렬한 변화에도 여유를 보이고, 일상적으로 만나는 문화와 사회적 가치의 뚜렷한 차이에도 불편해하지 않으며, 그러한 차이를 특별하게 여기지 않고 평범하고 자연스럽게 여기며, 무엇보다 불안과 분노의 원인이 아니라 새로워지려는 힘의 원천으로 여기게 된다.

하지만 차이는 권력관계에 따라 조직되어 위계를 낳고 변화와 혁신보다 지배와 갈등으로 이어지기도 한다. '새로운 리터러시 연구New Literacy Studies'(Breir & Prinsloo, 1996; Gee, 1994; Street, 1984, 1996)와 남아프리카 다중언어교육 연구(Heugh, Siegruhn, & Pluddemann, 1995; Welch, 1996)에서 볼 수 있듯이, 학생의 다양한 언어와 리터러시 능력에 대해 더 포괄적인 교육이 필요하다. 형평의 관점에서 포괄적인 교육은 교실에서도 학생들이 '언어를 배우는 다양한 방법'(Health, 1983)이 있다는 점을 분명히 해야 한다. 또한 코스토그리즈(Kostogriz, 2002)가 보듯이, 문화적 충돌은 세상을 새롭게 매개하고 재현할 수 있게 하여 변혁과 변화에 필요한 창조적인 에너지를 만들어내는 추진력이 될 수 있다.

디자인

디자인은 생산적 권력이라는 개념에 근거한다. 생산적 권력은 기존의 담론에 대항하거나 그것을 변화시키기 위해 다양한 문화적 위치를 넘나들며 복수의 기호 체계를 이용하는 능력을 말한다. 디자인이라는 개념은 인간의 창의성과 새로운 의미를 무수히 만들어낼 수 있는 학생들의 능력이 얼마나 중요한지를 환기시킨다. 뉴런던그룹(2000)은 다중리터러시에 관한 연구에서 학생에게 의미 만들기를 위해 가용할 수 있는 모든 기호 자원을 어떻게 활용하고 선별해야 하는지 가르쳐야 하며 동시에 변혁과 재구성의 가능성을 위해 이 기호 자원을 어떻게 결합하고 재결합할 수 있는지 가르처야 한다고 주장한다(Cope & Kalantzis, 1997). 뉴런던그룹이 '디자인'이라고 부르는 것이 바로 이것이다. 세계화는 미디어 교육, 문화 연구, 새로운 과학기술, 정보 리터러시의 발전을 가져왔고 학생들의 리터러시 활동 학습의 본질을 근본적으로 변화시켰다. 다중리터러시 프로젝트도 이러한 변화에 영향을 받았다. 지배 개념에 초점을 둔 비판적 리터러시가 다양한 양식에 걸쳐 비판적 '읽기'와 해체를 강조했다면, 디자인 작업은 미디어와 과학기술을 이용한 다중모드의 생산과 재구성을 강조한다.

2. 비판적 리터러시 개념의 상호 의존성

리터러시 교육에 대한 위의 네 가지 개념은 똑같이 중요하다. 결정적으로 중요한 것은 '이 네 가지 개념이 상호 의존적'이라는 것이다. 이 점은 한 가지 개념만을 취하고 다른 개념들 속에 내재된 생각들을 간과했을 때 나타나는 결과를 살펴보면 더 명확히 드러난다. 표 2.1에 그 내용을 요약했다.

위의 통합 모형 분석이 비판적 리터러시에 대해 강조하는 점은 다음과 같다. 첫째, 의미 체계가 지배를 재생산하는 데 관련되는 방식을 면밀히 살펴보아야 한다. 둘째, 지배 언어, 리터러시, 장르에 접근성을 부여해야 한다. 셋째, 미래 사회를 재설계하고 가능성의 지평을 변화시키기 위해 다양성을 생산적인 자원으로 이용해야 한다(Simon, 1992). 비판적 리터러시는 지배 담론뿐만 아니라 어떤 담론이 지배적인가라는 질문 또한 변화시키는 작업이다.

지배성, 다양성, 접근성, 디자인 중 어느 하나라도 고려하지 않으면 이들을 제대로 이해하는 데 불균형이 생긴다. 창의성 없는 장르 이론은 기존 장르를 물화할 위험이 있다. 재구성 또는 디자인 없이 지배 담론을 해체하

표 2.1 비판적 리터러시 통합 모형

접근성 없는 지배성	지배 담론이 배타적인 힘을 유지한다.
다양성 없는 지배성	차이와 다양성이 없는 지배성에는 긴장과 변화를 가져올 수 있는 지배의 균열이 부재한다.
디자인 없는 지배성	재구성이나 디자인 없는 권력의 해체는 인간의 행위주체성을 없앤다.
지배성 없는 접근성	지배적인 담론의 강력한 형태가 어떻게 해서 강력해지게 되었는지에 대한 이해 없이 지배적 담론을 당연하게 받아들인다.
다양성 없는 접근성	차이가 접근성에 도달하는 경로에 근본적으로 영향을 미치며 역사, 정체성, 가치와 같은 문제들을 수반한다는 사실을 인식하지 못한다.
디자인 없는 접근성	지배적인 형태의 변화 가능성을 고려하지 않고 지배적인 형태를 유지하고 물화한다.
지배성 없는 다양성	차이가 지배 내에서 구조화되고 모든 담론/장르/언어/리터러시가 같은 힘을 갖지는 않는다는 점을 전혀 인식하지 못한 채 다양성을 찬양하게 된다.
접근성 없는 다양성	사회에서 지배적인 언어 형태에 접근하지 못하는 다양성은 학생들을 게토화한다.
디자인 없는 다양성	다양성은 재구성과 변화를 위한 수단, 아이디어, 대안적 관점을 제공한다. 디자인이 없으면 다양성이 주는 가능성은 실현되지 않는다.
지배성 없는 디자인	어떻게 지배 담론/관행이 스스로를 영속시키는지에 대한 이해가 없으면, 디자인은 지배적인 형태를 무의식적으로 재생산할 위험이 있다.
접근성 없는 디자인	무엇을 디자인하더라도 그것이 주변부에 머물 위험이 있다.
다양성 없는 디자인	지배적인 형태에 특권을 부여하고 차이가 제공하는 디자인 자원을 사용하지 못하게 된다.

출처: Janks, H. (2000). *Educational Review*에 처음 발표됨. http://www.tandf.co.uk/journals

면 인간은 행위주체성을 발휘할 수 없다. 접근성 없는 다양성은 학생을 게토화한다. 차이와 다양성 없는 지배성에는 긴장과 변화를 가져오는 균열이 없다. '힘의 관계가 무수하고 이것이 (담론) 생산체계 속에서 특정 형태를 취하고 특정 작용을 한다는 점'을 이해하려면 담론의 재구성을 하기 전에 담론을 해체할 필요가 있다(Foucault, 1978: 94). 모든 비판적 리터러시 연구가 공유하는 평등과 사회정의의 목표를 달성하려면 이 네 가지 개념 모두를 생산적인 긴장 속에서 통합하는 방법을 찾아야 한다. 해체에서 재구성으로 그리고 다시 해체로, 접근에서 해체로 그리고 재디자인으로, 다양성에서 해체로 그리고 새로운 형태의 접근으로, 이렇게 복잡한 단계를 거치며 지배성, 다양성, 접근성, 디자인을 엮어서 제어하고 서로의 균형을 맞출 필요가 있다.

3. 지배성, 다양성, 접근성, 디자인 통합의 실제

이 네 가지 리터러시 개념을 통합한다고 해서 학생과 한 번에 하나의 리터러시 개념에 대해 수업하지 못하는 것은 아니다. 한 가지 개념의 방향성에 초점을 둔 수업을 하더라도 이후에 다른 방향성에 대한 활동을 도입하여 균형을 맞춘다면 서로 다른 방향성에 담긴 비판적 리터러시의 경계를 넘나드는 것이 가능하다. 다만 교육과정을 설계할 때는 네 가지 개념 모두 같은 비중으로 반영해야 한다. 단기교사연수와 대학 강좌라는 다음의 두 사례에서 리터러시의 네 가지 개념이 어떻게 상호작용하는지 살펴보자.

첫 번째 사례는 호주에 거주하는 팻 톰슨Pat Thomson과 함께 호주 교사를 대상으로 하는 학회에서 운영한 단기연수이다. 두 번째 사례는 남아프리카공화국에서 내가 한 수업이다.

호주 교사 대상 연수

톰슨과 나는 1999년에 호주영어교사연합, 호주근대언어교사연맹, 호주리터러시교육자모임이 공동으로 주최한 국내 학회의 사전 프로그램이었던 일일 교사연수 강좌를 진행했다. 이 조직들의 회원은 각각 호주 중등학교 영어교사, 영어 외의 언어를 가르치는 교사, 초등 교사이다. 이러한 조합 덕에 결과적으로 다양한 교사 그룹이 비판적 리터러시 연수에 참가하게 되었다. 여기서는 비판적 리터러시에 대한 수업을 구조화하기 위해 지배성, 다양성, 접근성, 디자인의 개념을 어떻게 사용할 수 있는지에 초점을 맞춰 설명할 것이다.[8]

첫 번째 세션에서 우리는 참가자들에게 모둠에서 자신에게 익숙한 이야기 방식, 지식, 리터러시를 말하면서 자기 소개를 하도록 했다. 이 소개 활동에 한 시간 반이 걸렸는데, 이는 세션 참가자들이 얼마나 광범위한 자원을 가지고 있는지를 보여주었다. 즉, 언어적 측면뿐만 아니라 다른 국가, 종교, 지역사회, 문화적 관습에 대한 생생하고 직접적인 경험과 지식을 가지고 있었으며 계급, 젠더, 도시/지방 의식의 측면에서도 상이한 사회적 위치를 보여주었다.

우리는 참가자들에게 엣지 면도기 광고[9]를 비판적으로 분석하게 했다 (그림 2.1).

이 광고를 선택한 것은 의도적이었다. 이 광고는 이미지, 언어, 몸짓, 자세, 옷 등 다양한 재현방식을 담고 있다. 모든 모둠은 이 광고에서 여성이 부정적이고 성차별적으로 재현된다는 글을 작성했다. 하지만 어떤 모둠도 모둠 구성원들이 가진 다양한 지식을 이용하지는 않았다. 구성원들

....

8   여기에서 기술한 설명은 연수 강좌 전체에 대한 것이 아니라 비판적 리터러시 통합 모형이 어떻게 교육 활동으로 실현될 수 있는지를 보여주기 위한 연수 프로그램의 단순한 개요에 불과하다. 즉, 우리가 어떤 식으로 리터러시 구성 개념을 사용하여 다양한 활동을 구성했는지를 보여준다. 이 책에서 우리의 공동작업에 대해 이야기할 수 있게 해준 팻 톰슨에게 감사한다.

9   나는 처음에 애나 페레이라(Ana Ferreira), 나딘 오코넬(Nadine O'Connell), 프랭크 럼볼 (Frank Rumboll) 덕분에 이 광고에 대해 관심을 가지게 되었다.

실제로 이 광고에 대한 사용 허가를 받지는 못했다. 제품 이름을 변경했지만, 원래의 광고를 묘사하면 다음과 같다.

엣지 여성용 면도기 광고면의 크기는 가로 17센티미터, 세로 22센티미터이다. 광고에는 여자가 면도하는 듯한 사진들이 네 줄로 배치되어 있다. 각 사진은 별도의 직사각형 안에 있는데, 첫 번째 줄에 여덟 컷, 두 번째 줄에 네 컷, 세 번째 줄에 여섯 컷, 네 번째 줄에 열세 컷이 있다. 처음 두 줄의 세로는 4센티미터, 세 번째 줄은 6센티미터, 네 번째 줄은 3센티미터이다. 너비는 각 열에 있는 사진의 수에 따라 조절되어 있지만, 많은 직사각형 프레임 안에 여성 사진이 꽉 차게 들어 있다. 두 번째 줄 사진에는 특히나 비좁게 꽉 끼어 있고, 게다가 이 줄의 사진들은 액자무늬 속에 들어 있다.

사진 속의 여자는 키가 크고 날씬하며 금발이고 젊으며 예쁘다. 여자는 몸에 딱 붙는 민소매 일자 자켓과 무릎 위 길이의 미니 스커트를 입고 있고 흰색 통굽 샌들을 신고 있다. 여자는 손에 면도칼을 들지 않은 채 팔 아래쪽, 발목 뒤, 다리 아래쪽, 다리 사이를 면도하는 흉내를 내고 있다. 선 자세, 앉은 자세, 등을 대고 누운 자세, 한쪽 다리로 서서 다른 쪽 다리를 세워 면도하는 자세, 앞으로, 뒤로, 옆으로 구부린 자세를 보여준다. 31장의 사진에서 점점 뒤로 갈수록 이 여자의 자세는 어색하고 균형이 맞지 않는다. 면도하는 것이 얼마나 바보스러운 일인지를 보여주려고 디자인된 이 광고에서 여성 또한 우스꽝스럽게 보인다.

이 사진들의 아래쪽 가운데에 여자 사진들이 배치되었던 줄에 비해 조금 더 좁은 별도의 네모 칸 한 개가 있다. 거기에는 엣지 면도기 사진이 광고 문구와 함께 배치되어 있다. 여성들의 사진은 회색이지만 이 네모 칸은 파스텔 톤의 연보라색이다. 이 네모 칸 속의 어구는 사진에서 보여줬듯이 여성은 '모든 까다로운 곳'을 면도해야 하는데 엣지 면도기는 "샤워장 안에서, 해변으로 가는 길에서, 무릎 뒤에서, 즉 여성이 면도를 해야 하는 곳(places)에서" 여성을 보호한다고 주장한다. '곳(places)'이라는 단어로 말장난을 치며 면도를 우스꽝스럽게 묘사하는 유머가 계속된다.

그림 2.1 여성을 겨냥한 '엣지 면도기' 광고

의 다양한 지식을 관점으로 삼아 광고를 다시 살펴보도록 했을 때, 이 광고를 음란하고 서구적이며 중산층의 취향이고 민족 중심적이며 다른 문화에서의 체모, 옷, 프라이버시에 대한 가치관에 무지한 것으로 읽을 수 있다는 것을 알았다. 그래서 이런 광고를 출판할 수 '없는' 나라에서 일한 적이 있는 교사들의 토론이 흥미로웠다. 참가한 교사들은 텍스트에 대항해서 읽는 법을 알았으나 접근 가능한 다양한 담론을 최대한 사용하는 법을 배운 적은 없었다. 비판적 담론분석법은 그들에게 인종주의와 성차별주의를 찾는 법을 알려주었다. 우리는 워크숍에서 이를 '지배 담론 해체'라고 불렀다.

참가 교사들은 남성 소비자를 대상으로 한 다른 엣지 면도기 광고를 비평한 후에 스스로 면도날 광고를 디자인했다. 팻 톰슨이 먼저 자신이 디자인한 광고를 보여주었다. 그 광고에서는 시네이드 오코너Sinead O'Connor, 안드레 애거시Andre Agassi, 달라이 라마Dalai Lama가 모두 삭발한 머리를 하고 있는 그림을 보여주었다. 그림 2.2는 톰슨이 디자인한 광고를 내가 다른 버전으로 만든 것이다.

톰슨의 광고 슬로건은 '당신의 머리에 엣지를'이었다. 거기서 더 나아가 톰슨은 자신의 광고를 비판적으로 분석했다. 자신의 광고가 성 중립적이고 다문화적이지만 동시에 머리를 삭발한 다른 종류의 사람들(에이즈 환자, 암 환자)은 포함시키지 않기로 했다는 점을 말했다. 이를 통해 새로운 디자인 또한 누군가를 소외시켜 다른 누군가의 이해관계를 도모하는 식으로 재현될 수 있다는 점을 보여주려고 했다. 참가 교사들은 광고를 디자인하

그림 2.2 광고: '당신의 머리에 엣지를'
Photograph by Daniel Janks.

고 해체하면서 지배성, 다양성, 디자인 사이의 관계를 보다 더 깊이 인식할 수 있었다.

접근성은 연수에서 따로 시간을 내서 명시적으로 다루지는 않았지만 우리가 사용한 교수법에 영향을 주었다. 우리는 언어교육의 배경과 환경이 서로 다른 참가자들에게 연수 활동의 토대가 된 아이디어와 실천을 다양한 방법으로 살펴보게 함으로써 접근성의 중요성을 보여주었다. 참가자가 동원할 수 있는 다양한 지식과 리터러시를 사용하게 하고 이를 언어적이면서 시각적인 양식으로 재현하게 함으로써 참가자들이 접근성을 경험하도록 도왔다.

학술 리터러시에 대한 접근성

남아프리카공화국에 있는 비트바테르스란트 대학에서 가르치면서 있었던 사례를 들어보겠다. 웨인 셸Wayne Schell과 노모와보 믄탬보Nomowabo Mntambo[10]라는 아주 똑똑했던 대학원생에 대한 이야기이다. 이 둘은 매우 다른 이력을 갖고 석사과정 학생을 대상으로 했던 나의 비판적 리터러시 수업을 들으러 왔는데, 학술 담론에 접근하는 데 계속 어려움을 겪었다. 웨인은 난독증이 있었지만 그 사실을 밖으로 드러내지 않았다. 웨인은 이렇게 말했다.

대학 생활이 힘들었던 이유 중 하나는 내게 문제가 있다는 사실을 아무에게도 말하려고 하지 않았던 거예요. 졸업할 수 있다고 생각했고, 그러면 아무도 내가 난독증이 있다는 것을 모를 거라고 생각했어요. 내가 만났던 사람들 대부분은 학습 장애가 있으면 정신적으로도 문제가 있다고

....
10 두 사람 모두 자신의 실명을 밝힐 것을 원했다.

치부했거든요. 사람들이 나를 그런 식으로 생각하는 것이 싫어서 그 사실을 비밀로 했죠(셸, 1998년 10월 19일자 일지).

웨인은 명확하고 또렷하게 말했지만 글쓰기는 느렸고 힘들어했다.

나의 가장 큰 문제는 쓰고자 하는 내용의 구조를 조직할 수 없다는 것이었어요. 어려움은 문장같이 작은 데서부터 시작돼요. 머릿속에서 되뇌는 문장은 꽤나 훌륭한데 그 문장을 종이 위에 풀어놓으면 어쩐 일인지 이상한 무언가로 변해버려요. 그 문장 구조가 다 틀렸다는 것을 알아채도 내 머릿속 문장이 글로 표현되지는 않아요. (…) 그러곤 웃긴 일이 벌어집니다. '부자연스러운 문법을 지닌' 여러 개의 문장을 함께 묶어놓으면, 신기하게도 '논리적으로 아주 이상한' 문단이 되어버립니다. 마치 1과 1을 더하면 3이 되는 것 같죠(셸, 1998년 10월 19일자 일지).

노모와보는 동부 케이프 교외 지역 출신의 흑인 여성이었다. 그녀는 이시코사어를 주 언어로 사용하고 영어도 매우 유창했지만 영어로 된 학술적인 글 읽기를 힘들어했다.

대학에 처음 입학했을 때부터 저에겐 불리한 면이 조금 있었어요. 따라잡을 것이 너무 많았거든요. (…) 모든 담론이 내게는 새로웠어요. 내 인생을 통틀어 그렇게 바보처럼 느껴진 적이 없었죠. 읽어야 할 것은 많은데 그중 많은 부분은 이해조차 안 되었어요. (…) 심지어 내가 과연 영어를 알고 있기는 한 것인지 의아해질 정도였죠(믄템보, 인터뷰, 1998년).

웨인, 그리고 1장에서 예로 들었던 릴리-로즈처럼, 노모와보 역시 자신의 '무능력'을 숨길 필요가 있다고 느꼈다.

교수님이 내준, 자신의 생각을 쓰는 두 쪽짜리 글을 나는 꽤 오랫동안 작성할 수 없었어요. 수업을 같이 듣던 학생 모두에게 나의 무식함이 드러날 것 같았거든요. 적어도 수업시간에는 가만히 있으면 아무도 내가 얼마나 '바보'처럼 느끼는지 모르잖아요(믄탬보, 인터뷰, 1998년).

자기 분야에서 능숙한 전문가였던 두 사람은 자신이 이러한 어려움을 겪는다는 사실에 힘들어했다. 자기 자신과 자신의 능력이 보잘것없어 보였다. 두 사람은 자신의 '다양성'을 주류 바깥의 정체성으로 경험했고, '지배적인' 제도권 장르와 담론을 주류이면서hegemonic 동시에 가치 있는 것desirable으로 인식했다. 그들이 두려워했던 것은 제도권 장르와 담론에 완전히 접근하지 못할 수도 있으며 담론이나 자기 자신을 변화시킬 자원이 자신들에게 없다는 점이었다. 게다가 두 사람은 서로 상대방이 이미 '담론의 관문'을 통과한 사람이라고 생각하고 있었다. 노모와보는 웨인을 특권을 지닌 백인 남성으로 여겼고, 석사과정 학생이었던 웨인은 노모와보를 학문적으로 앞서 있는 박사과정 학생으로 인식했다.

내 생각에 두 사람 모두에게 전환점이 된 시기는 지의 『사회언어학과 리터러시Social Linguistic and Literacies』(1990)을 읽을 때였다.[11] 지는 서론의 첫 쪽에서 다음과 같이 말한다.

....

11 웨인은 난독증 때문에 대학원 수업에 필요한 글쓰기와 읽기 과제를 간신히 시간도 오래 걸려서 했다. 특히 그는 작문을 더 어려워했다. 한편 노모와보는 이러한 대학원 수준의 영어의 언어학적 요구 (또한 새로운 2차 담론를 터득해야 하는 요구) 때문에 특히 읽기가 더 어렵다는 것을 알았다.

사람이 담론을 배우는 것은 특정 집단의 구성원이 되면서부터이다. '초보자'로 시작해서 일이 어떻게 진행되는지를 관찰하고 *모르면서도 뭘 해야 하는지 아는 척하면서 기존 구성원들과 함께 어울리면서* 결국에는 스스로 할 수 있게 되는 것이다(기울임체는 저자 강조).

이것이 바로 지가 '머시페이킹mushfaking'[12]이라고 부르는 것이다(1990: 159). 웨인과 노모와보는 불현듯 자신들이 혼자가 아님을 깨닫게 된다. '단지 웨인과 노모와보만이' 이렇게 행동으로 보여주고 말을 함으로써 2차 담론에 접근할 수 있는 것은 아니다. 이것이 바로 사람들이 2차 담론에 접근할 수 있는 방법이다. 또한 웨인과 노모와보는 이미 자신에게 익숙한 담론을 부정해야만 새로운 담론 속으로 들어갈 수 있는 게 아니라는 것도 깨달았다. 두 사람은 주변의 여러 담론과 자신들의 1차 담론을 재평가하고 다시 사용하기 시작했다. 노모와보가 이미 4개 국어에 능통한데도 현재 세소토어를 배우는 중이며 이에 더해 성공적인 교사 교육자로 일하고 있는 것은 특히 주목할 만한 사실이다. 웨인은 자신의 마지막 학업 일지에서 다음과 같이 설명한다.

되돌아보니 이번 학기 동안 확실히 많은 것을 배웠어요. 그중에서 가장 중요한 배움은 내게 난독증이 있다는 사실이에요. 이 깨달음이 중요한 이유는 난독증이 웨인이라는 사람을 규정하는 유일한 요소가 아니라 웨

....

12 [옮긴이 주] '머시페이킹'은 교도소 문화에서 쓰이는 말(Mack, 1989)로, 교도소에서 실제 물건을 사용할 수 없을 때 그 상황에 있는 것으로 대용품을 만들어낸다는 의미에서 시작된 것을 지(1990)가 차용했다. 예를 들어, 교도소에서 머리에 이가 있을 때 머리를 보호하려고 나무로 된 성냥을 사용해서 모자를 만드는 것이 'mushfake'의 일례이다. 뭔가 완전하지는 않지만 자신이 가진 지식과 전략을 사용해서 어떤 상황에서 무엇인가를 만들어내는 것이다.

인에게 있는 하나의 특성에 불과하다는 것을 알게 되었기 때문이에요. 난독증은 복잡하고 다면적인 인간의 한 부분일 뿐이죠. 사람은 단일한 개체로 이해될 수 없으며 다양한 담론에 속하는 여러 부분으로 이루어진 다면적인 존재예요(셸, 인터뷰, 1998년 11월 16일).

지금 살펴본 예는 접근성의 문제가 학생이 학습 환경에 갖고 오는 다양한 주체성과 어떻게 연결되는지, 강력한 담론이 어떤 식으로 위협이면서 동시에 욕망의 대상이 되는지를 잘 드러낸다. 뿐만 아니라 2차 담론들이 어떤 식으로 우리에게 세상을 이해하는 다른 관점, 즉 어떤 식으로 재구성과 재디자인에 필요한 생산적인 다양성을 제공하는지를 보여준다. 웨인과 노모와보는 자기 스스로를 재구성하는 과정 속에서 어느 관점에서 말을 해야 하는지를 알게 되었던 것이다. 이 두 사람의 이야기는 접근성, 다양성, 지배성, 디자인의 통합을 보여준다.

4. 앞서 보기

이 책의 목적은 상호 의존적 비판적 리터러시 모형을 발전시키고 정교하게 만드는 것이다. 이어지는 두 장에서는 지배와 권력에 대해 살펴본다. 3장에서는 권력에 대한 다양한 이론과 언어, 권력과 정체성 간의 관계를 살펴본다. 4장에서는 텍스트 분석 방법을 제공한다. 이를 통해 텍스트가 어떻게 독자를 자리매김하고 이 같은 자리매김으로 누가 이익을 보는지를 파악할 수 있다.

3장

언어와 권력

비판적 리터러시 통합 모형의 첫 번째 영역은 지배이다. 나는 신마르크스주의 권력 이론을 통해 리터러시 모형을 정립하고자 했다. 신마르크스주의에서는 권력을 지배 집단이 갖고 있으며 피지배 집단에게 행사하는 것으로 보았다. 고전적 마르크스주의에서는 계급 관계와 노동자 계급의 억압에 집중했다. 이후 신마르크스주의는 성별, 인종, 민족, 젠더 정체성처럼 사회구조에 따라 생기는 다양한 지배와 피지배 형태도 포함하는 식으로 권력 이론을 확장했다. 이러한 권력 이론과 매우 긴밀하게 연관된 것이 이데올로기 이론이다. 이로써 '비판적'이라는 단어는 텍스트와 담론에 담겨 있는 이데올로기적 토대를 밝혀내는 작업을 의미하게 되었다. 그리고 최근 들어 푸코의 권력 이론도 비판적 리터러시 모형을 정립하는 데 중요하다는 것을 알게 되었다. 푸코는 『감시와 처벌Surveiller et punir』이라는 책에서 주권적 권력, 즉 위로부터의 권력에서 규율적 권력으로 변화하는 이행 과정을 역사적으로 추적한다. 규율적 권력 아래에서 담론은 진리와 자기의 테크놀로지technologies of the self를 생산하여 개인을 체화된 사회적 주체로 만든다 (Foucault, 1975). 나는 이 장에서 신마르크스주의와 푸코의 권력 이론을 설명하고 두 가지 이론 모두 리터러시를 이해하는 데 중요하다고 주장할 것이다. 수정된 비판적 리터러시 모형에 두 가지 이론 모두를 포함하기 위해 '지배'라는 용어 대신 '권력'이라는 조금 더 포괄적인 용어를 사용한다.

1. 신마르크스주의의 권력 이론

후기구조주의에서 말하는 '비판적' 분석처럼, 신마르크스주의 담론 분석도 텍스트에 숨겨져 있는 이데올로기를 드러내는 작업을 요구한다. 비판적 해체의 목적은 권력이 어떻게 작동하는지를 밝혀내고 담론이 텍스트로 예시화될 때 작용하는 이해관계를 이해하는 것이다. 텍스트가 이런 식으로 구성되면 누가 혜택을 보고 누가 불이익을 받을까? 신마르크스주의는 권력을 억압적인 것으로 본다. 지배 집단 구성원은 사회적 관계를 통해 자기보다 하위에 있는 다른 사람을 지배할 권력을 부여받고 '승자top dogs'와 '패자under dogs'가 만들어진다(Janks, 1993). 마르크스주의 이론가인 알튀세르(Althusser, 1971)와 그람시(Gramsci, 1971)에 따르면, 피지배 집단은 많은 경우 이러한 관계에 동의하도록 무의식적으로 설득당한다. 설득이 실패하면 동의하도록 강제된다. 자신이 존재하는 조건에 동의하면 할수록 강제를 덜 받게 되는 것이다. 동의는 알튀세르가 이데올로기적 장치라고 부르는 가족, 학교, 미디어, 교회 같은 제도 내에서 생산된다. 비판적 리터러시 작업은 동의에 기반하여 작동하는 권력을 눈에 보이게 하고, '상식적인' 가정을 탈자연화하며(Gramsci, 1971), 권력이 사회적 질서로 재현되어 다른 이를 희생시킴으로써 특정 집단의 이익에 복무한다는 점을 밝혀내고자 한다. 이러한 담론 속에서 비판적 리터러시는 사회정의를 위해 피지배 집단을 '허위의식'(Eagleton, 1991: 89-90)으로부터 구해내는 해방적인 프로젝트로, 텍스트와 실천에 내재한 이데올로기적 의미를 폭로하고자 한다. 비판적 리터러시는 이데올로기에서 자유로운, 그래서 진리를 말할 수 있는 공간이 있다고 전제한다. 보다 '과학적인' 진리는 아닐지라도, 적어도 사회적 형평성에 대해서는 더 윤리적인 공간을 상정한다.

톰슨(Thompson, 1990)도 이글턴(1991)처럼 '이데올로기' 개념의 역사와 그 개념을 둘러싼 논쟁에 대해 자세하게 설명한다. 톰슨은 다음과 같이 말한다.

> 이데올로기 분석은 (…) 일차적으로 상징적 형태symbolic forms와 권력관계가 교차하는 방식에 관한 것이다. 즉, 의미가 사회적 세계에서 어떻게 이용되어 결국은 권력을 차지한 개인이나 집단의 이익에 복무하게 되는지에 관한 것이다(Thompson, 1990: 56).

톰슨은 자신이 고안한 이데올로기에 대한 개념을 '이데올로기에 대한 비판적 개념화'라고 부른다. 그가 보기에 이데올로기는 '지배관계를 확립하고 유지하는 데 복무하는' 의미를 담고 있기 때문이다(1990: 56). 이글턴은 많은 이론가가 이데올로기를 '남성과 여성이 기호, 의미, 재현의 차원에서 벌이는 사회적·정치적 투쟁의 매개 수단'(1991: 11)으로 보고 있다고 주장한다.

이글턴은 이데올로기가 의미화signification보다 '의미화의 장field에서 일어나는 갈등'과 더 관련된다고 본다(1991: 11). 이글턴의 관점에서 보면, 지배 집단과 피지배 집단의 입장 모두 이데올로기적일 수 있다. 그러나 톰슨은 이러한 관점은 이데올로기의 비판적 개념화에 적합하지 않다고 본다.

톰슨의 이데올로기 이론은 언어, 권력, 지배 간의 관계를 이해하는 데 필요한 개념적 틀을 제공해준다는 강점을 갖고 있다. 하지만 디자인design과 재구성reconstruction이라는 개념에 필수적인, 피지배 집단이 어떻게 지배적 실천과 경합하고 그것을 변화시키는지 분석할 수 있는 방법을 제공하지는 않는다는 약점을 갖고 있다.

2. 톰슨의 이데올로기 작동 방식[1]

이데올로기가 어떻게 작동하는지를 살펴보면 이해하기가 더 수월하다. 톰슨은 『이데올로기 이론 연구Studies in the Theory of Ideology』(1984)와 『이데올로기와 현대 문화Ideology and Modern Culture』(1990)에서 이데올로기가 작동하는 방식을 정당화legitimation, 위장dissimulation, 통합unification, 분열fragmentation, 물화reification라는 다섯 가지로 구별한다. 톰슨의 이론이 특히 유용한 이유는 특정 이데올로기의 효과를 위해 규칙적으로 사용되는 언어적·비언어적 상징을 찾아내어 이데올로기가 텍스트에서 어떻게 실현되는지 파악할 수 있는 방법을 제공하기 때문이다. 물론 톰슨은 자신의 이론의 제한점도 분명히 한다. 상징이 항상 이데올로기적 목적을 위해서만 사용되는 것은 아니며, 이데올로기 작동 방식이 항상 이 다섯 가지로만 실현되는 것도 아니다. 이런 제한점이 있지만, 톰슨의 이론은 상징적 형태와 사회적 효과 사이의 관계를 파악하는 데 유용하다.

'정당화'는 지배관계를 '정당한, 즉 공정하고 지지할 만한 것으로 제시

....

1   이 절에 나오는 톰슨의 이데올로기 작동 방식에 대한 나의 설명은 '여성권력 읽기(Reading Womanpower)'라는 제목으로 Janks(1998)에 처음으로 실렸다.

하여'(1990: 61) 그 관계를 정립하고 유지하는 과정이다. 톰슨은 정당화가 주로 합리화, 보편화, 내러티브화라는 세 가지 담론 전략을 통해 이루어진 다고 주장한다. 합리화는 무언가를 정당화하려고 주장을 조직하는 전략이 다. 보통 일련의 추론 과정을 통해 합리화가 이루어진다. 보편화는 특정 집 단에만 이익이 되는 제도적 장치를 모두의 이익을 대변하는 것으로 제시하 는 전략이다. 내러티브화는 실제로는 사회적으로 이해관계가 얽혀 있는 세 상을 원래부터 그런 것처럼 자연화하기 위해 이야기를 이용하는 전략이다. 이야기는 영원하고 보편적인 진리를 구현하는 것으로 제시되며 모든 공동 체에 적용되는 기준이 된다. 톰슨은 내러티브가 표면적인 사물의 질서를 재현하도록 현실을 구성하는 힘을 가졌다고 보며, 내러티브의 예로 역사, 영화, 소설, 농담을 든다.

'위장'은 지배관계를 숨기거나 모호하게 만드는 과정이다. 완곡 표현 은 불쾌한 행동, 사건, 사회적 관계를 위장하고 그것을 긍정적으로 다시 묘 사하는 데 사용되는 명백한 수단이다. 위장의 다른 두 가지 수단은 전위 displacement와 비유이다. 전위는 긍정적인 가치는 부정적인 것으로, 부정적 인 가치는 긍정적인 것으로 변환시키려고 평소 가리키던 것이 아닌 다른 것을 가리키는 전략을 말한다. 프리토리아시(市)에 있는 유니온 빌딩은 47 년간 아파르트헤이트 행정부의 본산이었지만 만델라의 취임식 장소이기 도 했다. 당시 프리토리아 시의회는 새롭고 긍정적인 도시 이미지를 만들 기 위해 광고 캠페인을 진행하고 있었다. 유니온 빌딩의 '유니온'이라는 단 어는 원래 보어전쟁Anglo-Boer War[2]의 결과로 건설된 남아프리카연방State

....

2   [옮긴이 주] 보어전쟁은 아프리카에서 패권을 차지하려던 영국과 남아프리카에 정착한 네 덜란드계 보어인이 세운 국가 사이에서 일어난 전쟁이다. 여기서는 영국이 전쟁에서 승리하여 트 란스발 공화국과 오렌지 자유국을 식민지로 편입시키고 남아프리카연방을 세운 2차 보어전쟁 (1899~1902)을 일컫는다.

of Union을 상징했다. 하지만 프리토리아시의 광고 캠페인에서는 그 의미가 전위되어 새로운 민주공화국의 모든 국민의 연합을 의미하게 되었다. 톰슨은 비유 또는 비유적 언어의 사용을 세 번째 강력한 위장 도구로 제시한다. 비유를 사용하면 문자 그대로가 아닌 은유적 의미의 전달뿐만 아니라 부분이 전체를, 전체가 부분을 상징하게 만들 수도 있다.

'통합과 분열'은 서로 반대되는 과정이라는 점에서 연관된다. 통합은 이데올로기적으로 사람들을 통합하고 하나로 묶어내고자 하는 반면, 분열은 사람들을 서로 분리시키고자 한다. 통합은 개인적 차이를 무시하고 집단 정체성을 확립하여 사람들을 하나로 통합시킨다. 분열은 개인 간의 유사성에도 불구하고 분할 통치를 위해 서로를 분리시키는 과정이다. 통합은 '우리'를 확립하는 수단이다. 분열도 통합 과정과 관련이 있는데, 타자를 '우리'와 다른 '그들'로 구성할 때 집단 정체성이 부분적으로나마 설정되기 때문이다. 통합과 분열의 이 같은 관계는 남아프리카공화국의 군복에 새겨져 있는 '통합이 힘이다Unity is Strength'라는 모토에 내재된 아이러니에서 잘 포착된다. 이 모토는 차이, 분리, 분열의 전형을 보여줬던 아파르트헤이트 시대의 지배적인 정치 이데올로기를 드러낸다.

톰슨은 통합을 가능하게 하는 기제로 표준화와 상징화를 제시한다. 언어 표준화 정책은 국가 언어와 집단 정체성의 연결을 자연화하는 사회적 과정을 보여주는 좋은 예이다. 표준어로 인정되는 언어는 언제나 사회 지배층이 인정하거나 그들이 구사하는 언어이다. 모든 사회 구성원이 표준어에 같은 접근성을 가지지 않기에, 언어 표준화라는 통합의 움직임은 불평등을 위장하게 된다. 통합의 상징 또한 집단 정체성을 구축하기 위해 만들어진다. 비언어적인 예로는 국기, 제복, 기업로고, 상징물, 언어적 예로는 교가, 국가, 슬로건 등이 있다.

'물화'는 톰슨의 이데올로기 작동 방식에서 가장 마지막 단계이다. 물화한다는 것은 하나의 과정을 하나의 사물 혹은 사건으로 변환시킨다는 뜻이다. 과정은 행위자가 있고, 구체적인 시간과 장소에서 일어나는 사건을 담고 있는 동사로 표현된다. 하지만 물화된 사물은 사회-역사적 기원이 은폐된 채 행위자와 행위 없이 그냥 그렇게 존재한다.

> 물화: 일시적이고 역사적인 현상을 마치 영원하고 자연스러우며 시간에 구속되지 않는 듯이 표현함으로써 지배 및 종속 관계를 확립하고 유지하는 것(Thompson, 1990: 65).

물화는 자연화, 외부화, 수동태화, 명사화를 거친 상징적 형태로 실현된다. 명사화는 동사를 명사구(즉, 명사)로 바꾸는 언어적 과정이다. 행위는 명사화를 통해 사물이나 상태로 전환된다. 수동태화 역시 언어적 과정으로 능동태를 수동태로 바꾸는 것이다. 두 과정 모두 행위자actor와 행위주체성 agency을 없애고 해당 절clause에서 주제화되는(문두에 위치하는) 부분을 바꿔버린다. 자연화는 사회적으로 구성된 현실을 당연하고 불가피한 것으로 제시하는 데 사용된다. 자연화는 바르트(Barthes, 1972: 143)가 '신화'라고 지칭한 것으로, 역사를 본성nature으로 전환시키는 과정을 말한다. 외부화는 사회적 의례, 관습, 전통, 제도를 원래 만들어진 사회-역사적 환경의 외부에 존재하는 고착되고 만고불변의 것으로 인식되게 하는 과정이다.

톰슨의 이론을 표로 만들면 표 3.1과 같다. 텍스트 분석에 유용하게 사용될 수 있을 것이다. 텍스트를 보며 어떤 이데올로기 양식이 작동하고 있고 어떻게 구현되는지 살펴보는 데 유용했으면 한다.

모든 텍스트에 모든 이데올로기 양식이 작동하는 것은 아니다. 앞서 살펴본 코벨라 텍스트에서 스탠더드 은행은 사회적 책임 프로젝트를 통해 은행이 영리기관이라는 사실을 위장하고 포스트-아파르트헤이트 시대의

표 3.1 톰슨의 이데올로기 작동 방식[3]

어떤 것을 합법적이고 지지할 만한 가치가 있는 것으로 재현	**정당화**	**합리화** – 특정 사회 원칙을 옹호하거나 정당화하려는 목적으로 (원칙의 합법성과 전통의 신성함을 기반으로) 일련의 추론 과정을 구성하는 것	
		보편화 – 모두의 이익에 복무한다고 대변되지만 특정 개인들의 이익에 복무하는 제도적 장치들	
		내러티브화 – 시간을 초월한 소중한 전통의 일부로 과거를 이야기하고 현재를 다루는 이야기에 담긴 주장, 전통을 만들어내는 것	
은폐되고 부정되며 모호해진 지배관계	**위장**	**전위** – 하나의 상징을 그와 관련 있는 다른 상징으로 바꾸는 일	
		완곡 표현 – 긍정적인 평가를 위해 다시 기술하는 것, 다른 이름으로 불러서 느낌을 바꾸기	
		비유 – 비유적 언어를 사용함 제유: 일부분으로 전체를 가리키거나 전체로 일부분을 가리킴 환유: 특정 사물로 연상되는 성질이나 특징으로 그 물건 자체를 가리킴 은유: 특정 대상에 대해 문자 그대로는 적용되지 않는 말을 사용해 가리킴	
사람들을 통합하여 '우리'를 창조	**통합**	**표준화** – 표준적 틀에 맞추어진 상징 형식	
		통합의 상징화 – 차이와 구분보다 더 중요한 집단 정체성	

....

3 표 3.1에서 비어 있는 마지막 칸은 여러분이 특정 텍스트를 분석할 때 그 내용을 적어 넣을 수 있는 공간이다. 이런 식으로 이 표를 톰슨의 범주을 이용한 텍스트 분석 템플릿으로 사용할 수 있을 것이다.

분할하여 통치하기 —'우리'와 '그들'	분열	**차별화** – 차이를 강조 — 저항을 통합하고 조직하려는 시도를 파편화하기	
		타자의 제거 – 사악하고 해롭고 위협적이어서 개인이 힘을 합쳐 쫓아내거나 없애버려야 할 실제 혹은 가상의 적을 만들어냄	
일시적인 상태를 영속적이며 시간 밖에 존재하는 자연스러운 것으로 제시	물화	**자연화—물화** — 사회적 · 역사적 현상/ 상황을 자연스러운 것으로 제시	
		외부화 — 사회적 · 역사적 현상을 영원하고 불변하며 늘 되풀이되는 관습, 전통, 제도로 묘사	
		명사화/수동태화 — 특정 '주제'를 문두에, 즉 다른 것들보다 앞에 위치시키기(전치, fronting), 행위자와 행위주체성을 삭제하기, 과정을 사물이나 사건으로 제시하기, 시공간에 대한 지칭을 제거하기 (무시제성)	

남아프리카공화국에서 스스로를 정당화하려고 한다. 이미 논의했듯이 스탠더드 은행은 광고 텍스트에서 코벨라를 의존적이고 다른 사람에게 '짐'이 되는 존재로 구성하며 문식/문맹의 이분법을 사용한다. 리터러시 능력이 차별화의 기준으로 사용되는 것이다. 이러한 기준이 전혀 근거 없는 믿음일 뿐이라는 연구 결과(Graff, 1978; Stuckey, 1991)가 있다고 하더라도, 리터러시 능력은 '더 나은 삶'과 동일시된다. 남아프리카공화국에서 이루어진 연구(Breir & Prinsloo, 1996)는 글을 모르는 사람이라고 해도 그냥 '대충 살아내는 것' 이상으로 훨씬 더 많은 일을 잘해낼 수 있게 해주는 넓은 의미에서의 성인 리터러시에 대해 논의한다. 코벨라 텍스트에서는 남아프리카공화국에서 문맹이 생겨날 수밖에 없는 사회적·역사적 상황을 무시한다. 그리고 코벨라가 글을 읽고 쓸 줄 모르고 숫자를 못 세는 것을 자연

화하고 원래 그런 것으로 남겨둔다. 이러한 인식에 기반한 문맹퇴치정책은 개인의 요구만 해결할 뿐 구조적 변화를 이끌어내지는 못한다. 이러한 문제의 개인화individualization of problem가 두드러지게 표현된 것이 지미 코벨라의 사진이다(사실 이 사진 속 인물을 코벨라라고 읽은 것도 사진과 텍스트가 병치되어 있기 때문이다. 사진 속 인물은 배우나 모델의 사진일 가능성이 높기 때문이다).

엣지 면도기의 첫 번째 광고(그림 2.1)도 톰슨의 이데올로기 작동 방식으로 설명할 수 있다. 엣지 텍스트의 사진 속 여성들은 서툴고 균형감도 없는 우스꽝스러운 모습으로 그려진다. 옷도 제대로 안 갖춰 입고 있을 뿐만 아니라 두 번째 줄의 사진 속에 있는 여성은 말 그대로 상자 안에 갇혀 있다. 여성에 대한 이러한 모욕적인 묘사는 유머로 위장되고, "모든 까다로운 곳"이라는 완곡 표현을 통해 실제 여성들이 어디를 면도하는지도 모호하게 만들어버린다. 여성이 면도하는 행위는 특정 문화권에만 존재하지만 보편적인 것으로 물화되며, 엣지 면도기에는 '아주 특별한 전선 보호 시스템'이 장착되어서 '더 빠르고' '더 안전하다'는 주장을 정당화한다. 파스텔 톤의 연보라색을 면도기와 문자 텍스트의 배경색으로 사용하여 면도하는 여성은 면도하지 않는 여성과 달리 여성스럽다고 암시한다. 연보라색의 부드러움은 '실크 이펙트Silk Effects'라는 면도기 이름과 연결된다.

여성용 엣지 면도기 광고를 남성용 면도기 광고(그림 3.1)와 비교하면 젠더 이분법을 통한 '분열'이 작동한다는 것을 알 수 있다.

남성용 광고에서는 연보라보다 강렬한 빨강이 기본 색상으로 사용된다. 광고 속 남자는 면도가 아닌 다른 활동을 하고 있다. 활동 중인 남자의 신체 움직임은 면도기가 '회전하고' '돌아가고' '중심을 잡는' 방식에 대한 시각적 은유이다. 비유적으로 남자가 곧 면도기인 것이다. 남자가 엣지 면도기이고 그가 '엣지'해진다. 사물의 실체는 그것이 아닌 것을 통

엣지 면도기 광고에 대한 사용 허가는 받지 못했다. 제품 이름도 바뀌었다. 대신 원래 광고를 묘사하여 여기에 담는다.

남성용 엣지 면도기 광고도 여성용 광고와 비슷하다. 동일한 크기에 전체적인 디자인도 같다. 광고면의 크기는 가로 16센티미터, 세로 21센티미터이다. 테니스를 하고 있는 남자의 사진이 네 줄로 배치되어 있다. 남자는 면도기 대신에 테니스 라켓을 손에 쥐고 있다. 각 그림은 별도의 직사각형 모양의 프레임 안에 들어 있는데, 첫째 줄에 여덟 개, 둘째 줄에 네 개, 셋째 줄에 다섯 개, 넷째 줄에 열세 개이다. 각 줄의 세로 길이는 첫째 줄이 3센티미터, 둘째 줄이 4센티미터, 셋째 줄이 6센티미터, 넷째 줄이 2.5센티미터이다. 넓이는 각 줄에 위치한 사진 개수에 맞춰 정해졌는데, 남자가 사진 프레임을 건드리거나 프레임 속에 억지로 밀어 넣어져 있다거나 하는 느낌은 전혀 없다.

남자는 키가 크고 탄탄한 몸에 검은 머리를 한 잘생긴 청년이다. 진한 색의 민소매 상의와 긴 운동복 바지를 입고 운동화를 신고 있다. 모든 사진에서 두 발을 땅에 단단히 고정시킨 채 균형을 잡으며 공을 칠 준비가 되어 있는 자세를 보란 듯이 취하고 있다. 자신의 몸을 완벽하게 통제하고 있다. 면도하는 척하는 대신에, 몸이 면도기의 움직임 그 자체를 흉내 낸다.

이 사진들의 아래쪽 가운데에 위에 배치된 사진들의 줄보다 약간 좁은 별도의 칸이 있다. 여기에 남성용 엣지 면도기의 사진과 광고 카피가 들어 있다. 연빨강색의 면도기가 다른 광고에서 사용되었던 검은색, 흰색, 회색 톤과 대조되어 눈에 확 띈다. '회전하다(rotates)' '돌다(swivels)' '중심을 잡고 돌다(pivots)' '보호하다(protects)' 같은 단어로 면도기를 묘사한다. '스마트 디자인(smart design)'이라는 어구는 '더 빠르고, 더 면밀하고, 더 안전한 면도'로 묘사된다. 면도 행위에 대한 이러한 언급은 아주 작은 글씨로 처리되어 있다.

그림 3.1 남성을 겨냥한 '엣지 면도기' 광고

해 이해될 수 있다는 소쉬르의 구조주의적 명제가 여기에 딱 들어맞는다 (Saussure, 1972/1990: 162). 우리는 이러한 두 광고의 차이를 통해 광고가 여성과 남성에 대해 사회적으로 구성된 서로 다른 표상을 제시한다는 것을 알 수 있고 그 표상을 탈자연화할 수 있다. 남자가 여자보다 더 절제되고 균형 잡힌 존재로 보일 때 그것이 누구에게 이익이 되는지는 자명하다.

이 두 면도기 광고는 동일한 광고대행사가 만들어서 1999년에 같이 공개되었다. 『코스모폴리탄Cosmopolitan』과 『맨즈 헬스Men's Health』 같은 여러 잡지에 실렸는데, 물론 두 광고가 서로에게 빗대어 읽히도록 의도하지는 않았을 것이다.

호주에서 팻 톰슨과 함께 진행했던 한 기관의 워크숍에서, 참가자에게 엣지 면도기 광고에 나오는 남성을 묘사하는 데 사용되었던 자세 몇 가지를 취하고 면도하는 여성을 묘사하는 데 사용되었던 자세 몇 가지를 흉내 내도록 했다. 이 활동을 통해 어떤 식으로 남자의 자세가 균형 잡히고 통제된 느낌을 주며 여자의 자세가 그와는 반대 효과를 초래하는지를 참가자가 직접 경험하도록 했다.

톰슨의 이데올로기 작동 방식으로 비판적 리터러시 활동을 설계할 수도 있다. 그림 3.2 '공유된 정체성, 서로 다른 정체성들' 활동은 통합과 분열, 집단 정체성을 형성하기 위해 사용되는 상징을 바탕으로 구성되었다. 그림 3.3 '집단 떠나기'는 아파르트헤이트가 어떤 식으로 분열을 낳았는지 보여준다. 인종의 계급화가 사회적이라기보다 생물학적이라면 사람들을 재계급화하는 것은 불가능하다. 그림 3.4a '불공평한 이름 붙이기: 걸프 전쟁'과 그림 3.4b '미친 개와 영국인'은 우리/그들이라는 용어가 어떻게 사용되는지를, 완곡 표현이 어떻게 우리의 행동을 미화하는지를 보여준다. 그림 3.4a에 제시된 활동은 1991년 2월 3일자 『가디언 위클리Guardian Weekly』지에 실린 기사를 각색하여 사용했는데, 그림 3.4b에서 원문을 볼 수 있다.

분명한 것은 공동체의 일원이 되기 위해서는 말하기 규칙 등과 같은 그 집단의 '규칙들'을 이해할 필요가 있다는 점이다. 그 규칙들이 공동체의 구성원을 표상하는 하나의 공유된 정체성(a common identity)을 만든다. 규칙을 따르거나 깨뜨리는 것이 어느 정도까지 허용되는지는 공동체마다 다르다.

공동체 내에도 여러 집단이 있고, 각 집단은 어느 정도 상이한 규칙을 지닌 서로 다른 정체성들(different identities)을 가진다.

하나의 공유된 정체성

두 명 이상의 소집단을 이루어 자신의 학교에 대해 생각해보라. 학교의 전통과 모토를 보라. 교가와 구호도 보라. 다른 학교와 비교해서 어떤 식으로 학교 정체성을 만들어내는가? 학교가 학교에 대해 자랑스러워하도록 만드는가? 어떻게 그렇게 하는가?

다른 정체성들

자신의 학교에 다니는 학생들에 대해 생각해보라. 학생들은 어떻게 서로 다른 사회적 집단으로 나뉘어 있는가? 학생들의 행동으로 어느 집단에 속해 있는지 알 수 있는가? 옷차림으로? 사용하는 언어로? 이외의 어떤 것으로 구별할 수 있는가? 어느 한 집단에 들어가는 일은 쉬울까? 집단에 들어가려면 무엇을 해야 할까?

토론 질문

왜 대부분의 사람들이 한 집단의 일원이 될 필요가 있는가?
여러분이 알고 있는 사람들은 어떤 종류의 집단에 속해 있는가?
누군가 어느 집단에도 속하지 않기로 결정한다면 어떤 일이 벌어질까?

그림 3.2 공유된 정체성, 서로 다른 정체성들

ⓒ H. Janks 1993.
출처: *Language Identity and Power*. Johannesburg, Wits University Press and Hodder and Stoughton.

다음 글을 읽고 질문에 답하시오.

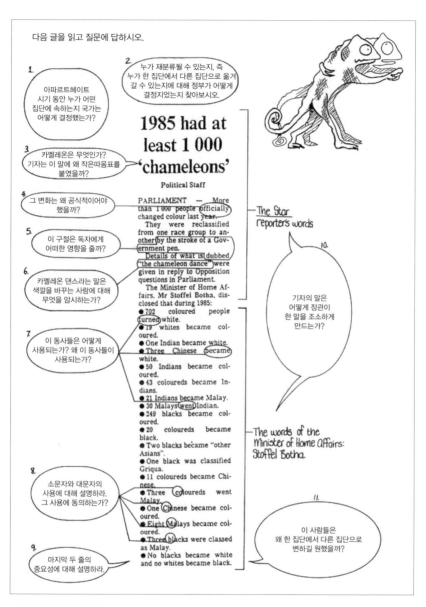

그림 3.3 집단 떠나기

© H. Janks 1993.

출처: *Language Identity and Power*. Johannesburg, Wits University Press and Hodder and Stoughton.

불공평한 이름 붙이기: 걸프 전쟁

다음 글에서 걸프 전쟁에 대해 분석 가능한 것을 찾아보라. 누가 누구와 싸우는가? 왜 싸우는가?
그들의 동맹은 누구인가?

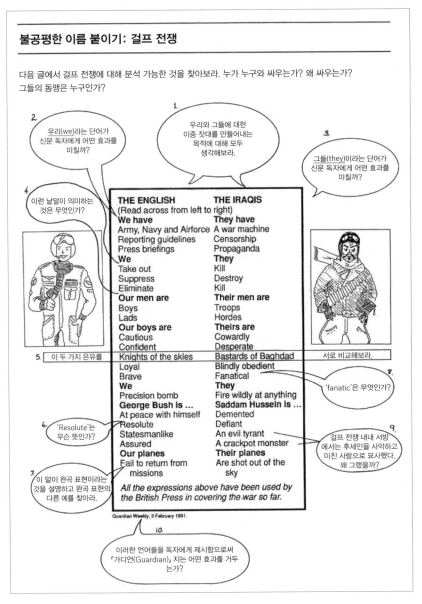

그림 3.4a 불공평한 이름 붙이기: 걸프 전쟁

© Guardian Newspapers.

출처: *Language Identity and Power*. Johannesburg, Wits University Press and Hodder and Stoughton.

Mad dogs and Englishmen

We have	They have
Army, Navy and Air Force	A war machine
Reporting guidelines	Censorship
Press briefings	Propaganda

We	They
Take out	Destroy
Suppress	Destroy
Eliminate	Kill
Neutralise or decapitate	Kill
Decapitate	Kill
Dig in	Cower in their foxholes

We launch	They launch
First strikes	Sneak missile attacks
Pre-emptively	Without provocation

Our men are . . .	Their men are . . .
Boys	Troops
Lads	Hordes

Our boys are . . .	Theirs are . . .
Professional	Brainwashed
Lion-hearts	Paper tigers
Cautious	Cowardly
Confident	Desperate
Heroes	Cornered
Dare-devils	Cannon fodder
Young knights of the skies	Bastards of Baghdad
Loyal	Blindly obedient
Desert rats	Mad dogs
Resolute	Ruthless
Brave	Fanatical

Our boys are motivated by	Their boys are motivated by
An old fashioned sense of duty	Fear of Saddam

Our boys	Their boys
Fly into the jaws of hell	Cower in concrete bunkers

Our ships are . . .	Iraq ships are . . .
An armada	A navy

Israeli non-retaliation is	Iraqi non-retaliation is
An act of great statesmanship	Blundering/Cowardly

The Belgians are . . .	The Belgians are also . . .
Yellow	Two-faced

Our missiles are . . .	Their missiles are . . .
Like Luke Skywalker zapping Darth Vader	Ageing duds (*rhymes with Scuds*)

Our missiles cause . . .	Their missiles cause . . .
Collateral damage	Civilian casualties

We . . .	They . . .
Precision bomb	Fire wildly at anything in the skies

Our PoWs are . . .	Their PoWs are . . .
Gallant boys	Overgrown schoolchildren

George Bush is . . .	Saddam Hussein is . . .
At peace with himself	Demented
Resolute	Defiant
Statesmanlike	An evil tyrant
Assured	A crackpot monster

Our planes . . .	Their planes . . .
Suffer a high rate of attrition	Are shot out of the sky
Fail to return from missions	Are Zapped

● *All the expressions above have been used by the British press in covering the war so far.*

그림 3.4b 미친 개와 영국인

© Guardian Newspapers.

출처: *Language Identity and Power*. Johannesburg, Wits University Press and Hodder and Stoughton.

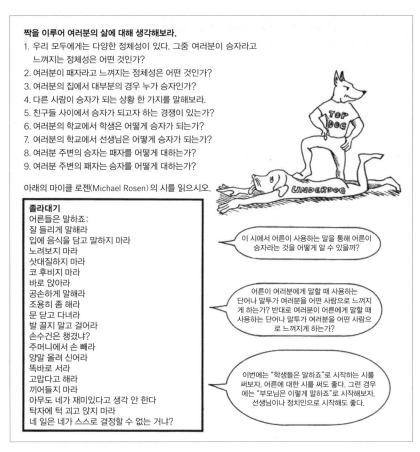

짝을 이루어 여러분의 삶에 대해 생각해보라.

1. 우리 모두에게는 다양한 정체성이 있다. 그중 여러분이 승자라고 느껴지는 정체성은 어떤 것인가?
2. 여러분이 패자라고 느껴지는 정체성은 어떤 것인가?
3. 여러분의 집에서 대부분의 경우 누가 승자인가?
4. 다른 사람이 승자가 되는 상황 한 가지를 말해보라.
5. 친구들 사이에서 승자가 되고자 하는 경쟁이 있는가?
6. 여러분의 학교에서 학생은 어떻게 승자가 되는가?
7. 여러분의 학교에서 선생님은 어떻게 승자가 되는가?
8. 여러분 주변의 승자는 패자를 어떻게 대하는가?
9. 여러분 주변의 패자는 승자를 어떻게 대하는가?

아래의 마이클 로젠(Michael Rosen)의 시를 읽으시오.

> **졸라대기**
> 어른들은 말하죠:
> 잘 들리게 말해라
> 입에 음식을 담고 말하지 마라
> 노려보지 마라
> 삿대질하지 마라
> 코 후비지 마라
> 바로 앉아라
> 공손하게 말해라
> 조용히 좀 해라
> 문 닫고 다녀라
> 발 끌지 말고 걸어라
> 손수건은 챙겼나?
> 주머니에서 손 빼라
> 양말 올려 신어라
> 똑바로 서라
> 고맙다고 해라
> 끼어들지 마라
> 아무도 네가 재미있다고 생각 안 한다
> 탁자에 턱 괴고 앉지 마라
> 네 일은 네가 스스로 결정할 수 없는 거냐?

> 이 시에서 어른이 사용하는 말을 통해 어른이 승자라는 것을 어떻게 알 수 있을까?

> 어른이 여러분에게 말할 때 사용하는 단어나 말투가 여러분을 어떤 사람으로 느껴지게 하는가? 반대로 여러분이 어른에게 말할 때 사용하는 단어나 말투가 여러분을 어떤 사람으로 느껴지게 하는가?

> 이번에는 "학생들은 말하죠"로 시작하는 시를 써보자. 어른에 대한 시를 써도 좋다. 그런 경우에는 "부모님은 이렇게 말하죠"로 시작해보자. 선생님이나 정치인으로 시작해도 좋다.

그림 3.5 승자와 패자

© H. Janks 1993.

출처: *Language Identity and Power.* Johannesburg, Wits University Press and Hodder and Stoughton.

그림 3.5는 '승자와 패자'라는 활동으로, 사회 내의 지배 집단과 피지배 집단에 대해 학생들이 생각해볼 수 있도록 고안했다. 1993년에 만든 이 활동을 통해 개인은 서로 다른 정체성에 따라 서로 다른 방식으로 권한을 부여받는다는 것을 학생들에게 보여주고자 했다. 하지만 이 활동은 사회적 위치에 있어서 지배와 피지배라는 이분법적 논리를 그대로 재생산한다.

표 3.2에서는 여러 문헌(Wilshire, 1989: 95–96; Davies, 1994)에 나오

표 3.2 남성/여성 관련 이항대립

남성	여성
지식	무지
높은 사람	낮은 사람
긍정적인, 선한	부정적인, 나쁜
정신	몸
이성적	비이성적
질서	혼돈
통제	방임
객관적인	주관적인
사실	허구
목표	과정
밝은	어두운
문자 중심 텍스트	구어적 전통
공적 영역	사적 영역
초연한	애착의
세속적인	성스러운
직선적인	순환적인
영속	변화
단단한	부드러운
독립적인	의존적인
개인적인	사교적인
능동적인	수동적인

출처: Wilshire, D.(1989), *The Use of Myth, Image and the Female Body in Revisioning Knowledge*, New Brunswick: Rutgers University Press에 의거하고 차용함.

는 이항대립을 정리했다. 데이비스의 이분법적 은유에 대한 논의가 이해하는 데 도움이 되어서 덧붙인다.

먼저 데이비스는 여성성에 속하는 것으로 생각되는 은유 중에서 어떤 것에 자신이 '공명'했는지를 논한다. 그 은유가 데이비스가 여성으로서 자신을 어떻게 바라보았으며, 어떻게 바라보고 싶었는지, 여성으로 살아가는 자신에게 사회가 어떤 기대를 가졌는지와 잘 맞아떨어졌기 때문이다. 데이비스는 이 은유들이 우리 문화에서 우리가 살아내고 생각하며 널리 통용되는 여성성의 개념을 만들어낸다고 결론을 내린다(Davies, 1994: 9). 남성성에 속하는 은유와 관련해서도 자신을 돌아보았는데, 남성성과 관련된 많은 부분이 교육과 직업 경험을 통해 습득된 것이라고 진단했다. 데이비스는 이러한 내용이 다음과 같은 이유로 중요하다고 지적한다.

우리가 남성성과 여성성에 대한 이분법적 사고를 그대로 유지하는 방식을 드러내기 때문이다. 심지어 우리는 그 이분법의 경계를 위반하거나 저항하는 수많은 사례를 알면서도 그 이항대립 속에서 스스로를 인식하게 된다(Davies, 1994: 9).

사우스오스트레일리아 대학에서 가르치는 필 코맥(Phil Cormack)은 이항대립항을 흥미롭게 사용한다. 먼저 학생에게 남성과 여성을 구성하는 대립항과 비슷한 형태의 사회적으로 구성된 이항대립항을 생각해보게 한다. 남성과 여성이라는 이항대립항에 나타나는 은유가 다음 이항대립항과 얼마나 연관되는지 생각해보자.

- 남성/여성
- 문식/문맹
- 성인/아이 또는 청년
- 백인/흑인
- 고급문화/대중문화
- 이성애/동성애
- 문화/자연

중요한 것은 이러한 대립항들을 생물학적 혹은 자연적인 차이가 아니라 사회적으로 구성된 개념으로 인식하고 이러한 비판적 인식이 중요한 이유를 생각해보는 것이다.

다행히도 아이들은 똑똑하다. 헬렌 그랜트Helen Grant(1999)는 초등 고학년 반인종차별주의 수업에서 '승자와 패자' 활동을 수업의 출발점으로 삼았다. 대부분의 학생들은 언제 승자처럼 느끼고 언제 패자처럼 느끼는지 분명히 구분할 수 있었는데, 몇몇 학생은 스스로를 승자도 패자도 아닌 '중간자 middle dog'라고 생각하면서 승자와 패자의 이분법을 거부했다(1999: 20).

푸코는 지배를 '한쪽에는 지배자가 있고 다른 한쪽에는 지배받는 자가 있는 이분법적 구조'로 포괄적으로 이해하는 것에 반대한다. 대신 지배관계는 여러 가지 형태를 취할 수 있다고 본다(1980: 142).

나는 지배라는 것이 한 사람이 다른 사람에게 혹은 한 집단이 다른 집단에 행사하는 견고하고 보편적인 것이라기보다는 사회 내에서 행사될 수 있는 다양한 형태를 가진다고 생각한다(Foucault, 1980: 96).

사회적 관계는 일상적인 사회적 상호작용 속에서 구체화되고 특정 상황 속에 놓이면서 권력관계로 나타난다. 학생들은 '승자와 패자' 수업 활동을 통해 사람과 사람 사이의 이러한 일상적인 권력관계에 대해 다시 한 번 생각해볼 수 있다.

3. 푸코와 권력

푸코는 다음과 같이 주장하면서 이데올로기 이론을 거부한다.

우리가 정치에서 문제 삼는 것은 오류, 환상, 소외의식 혹은 이데올로기가 아니라 진리 그 자체이다(1980: 133).

1장에서 논의했듯이, 푸코는 담론이 진리를 만들어낸다고 주장한다.

우리는 '진리'를 진술의 생산, 규제, 배포, 유통 및 운영을 위한 질서 잡힌 절차 체계로 이해해야 한다. 권력 체계는 진리를 생산하고 유지한다. 권력은 진리를 통해 도출되기도 하고 진리를 확장시키기도 한다. 진리는 이러한 권력 체계와 순환적인 관계로 연결되고 권력의 영향력과도 연결된다. '진리체제a regime of truth'는 이렇게 구성된다(1980: 133).

푸코는 담론이 구성하는 절차와 담론을 지식으로, 즉 진리로 만드는 데 사용되는 권력 수단에 관심을 보인다. 뿐만 아니라 정반대로 진리의 담론이 권력을 강화하는 방식에도 관심을 가진다. 예를 들어, 미국의 조지 워커 부시George Walker Bush 정부하에서는 리터러시 능력에 대한 양적 심리 측정 연구만이 믿을 만한 '과학적' 연구로 인정받았고, 양적 심리 측정 연구만이 정부 연구비를 수혜하거나 정부 정책에 주요한 정보를 제공했다. 양적 심리 측정 연구가 리터러시 능력에 관한 '진리' 담론으로 구성되자, 문화기술지 연구 방법이나 사회문화적 이론에 기반한 질적 연구는 실질적으로 배제되었다. 권력이 특정 담론을 유지하고 헤게모니를 확립하는 데 사용된 것이다. 양적 심리 측정에 근거한 리터러시 능력 담론은 하나의 권력으로 영향력을 발휘하여 리터러시 능력에 대한 규범을 수립한다. 그 규범을 통해 교육 성과를 감시하고 조사하여 공화당의 'No Child Left Behind(NCLB)' 정책을 정당화했다. 결국 NCLB는 신속한 효과를 위한 '처방된 프로그램'의 형태로 귀결되었다. 라슨(Larson, 2001)은 이러한 NCLB 프로그램을 비판한다. 무엇보다 라슨은 정책의 명칭이 정책을 정당화하고(올바른 생각을 가진 사람이라면 누가 아이들이 뒤처지기를 바라겠는가?), 운영이 잘되고 있다고 위장하며(실은 위험군 학생에게 그렇지 않은 학생한테 제공되는 것과는 다른 아주 수준 낮은 프로그램이 제공되고 있음에도), 실제로는 차별을 만들어내면서도 통합을 옹호하는 효과를 발휘한다고 지적한다. 푸코의 생각대로 '담론은 쟁취해야 할 권력'이 된다(1970: 110).

푸코는 권력을 '검열, 배제, 방해, 억압'의 방식으로 작동하는 부정적인 것으로 보는 시각에서 벗어나고자 한다(1980: 59). 대신 권력을 효과를 생산하는 힘을 지닌 것으로 본다. 권력은 '욕망과 지식 수준에서' 효과를 창출할 뿐만 아니라(1980: 59), 일상생활의 미묘한 곳까지 침투하여 우리 몸을 종속하고 우리 몸짓을 통치하며 우리 행동을 지배하는 과정에 영향을 미친다.

따라서 권력을 연구할 때,

우리는 다양한 유기체, 힘, 에너지, 물질, 욕구, 생각 등을 통해 인간이라는 주체가 어떻게 점차적으로, 점진적으로, 실질적으로, 물질적으로 구성되는지 밝히고자 노력해야 한다(Foucault, 1980: 97).

푸코의 관점에서 권력은 '개인의 가장 작은 조직까지 도달하고 신체를 건드리며 개인의 행위와 태도, 담론, 학습 과정, 일상생활에까지 침투'하는 '모세혈관 같은 형태로 존재'한다(Foucault, 1980: 39). 푸코의 권력에 대한 관점을 진지하게 받아들인다면, 리터러시 수업에서 사용되는 텍스트, 지식, 실천이 어떠한 효과를 내는지에 관심을 기울일 필요가 있다.

교사가 자신이 교실에서 하는 행동에 의문을 던져보거나 그러한 행동이 학생들에게 어떤 영향을 미치는지를 밝혀보면 권력이 얼마나 미묘하게 작동하는지 알 수 있다.

- 고부담 시험은 학생들에게 어떠한 영향을 미치는가? 어떤 학생에게 어떤 영향이 있는지 구체적으로 생각해보자.

- 성적 매기기(grading)는 학생들에게 어떠한 영향을 미치는가? 어떤 학생들에게 어떤 영향이 있는지 구체적으로 생각해보자.

규율
- 교실 가구와 공간의 구성은 학생의 몸에 어떠한 영향을 미치는가?
- 교실에서 말하기와 쓰기, 듣기와 읽기와 관련된 비명시적인 규칙은 무엇인가? 이러한 규칙 때문에 학생이 자신의 신체를 어떻게 운용해야 하는지 생각해보자.
- 교실에서 '착한 구성원'이 되기 위한 규칙은 무엇인가? 누가 그 규칙을 결정했는가? 누가 그 규칙을 감시하는가? 위반하면 어떻게 되는가?

지식의 조직화
- 다양한 문화적 배경을 지닌 학생이 모여 있는 학급이라면, 학생이 교실에 가져오는 서로 다른 지식 자원(Moll, 1992)은 공평하고 타당하게 인정되는가? 예를 들어보자.
- 권력이 지식을 조직하는 방식이 교사와 학생에게 각각 어떠한 영향을 미치는가?

푸코는 현대 권력의 형태는 감시, 검사, 고백 같은 자기의 테크놀로지에 의존한다고 본다. 간단히 말해, 우리는 (나쁜 행동을 하면 초래될 결과를 생각하면서) 부모, 교사 혹은 다른 권위적인 타인이 행하는 감시 형태를 내면화하여 스스로 규율하는 법을 배우게 된다. 각자는 자신의 행동을 통제하는 사적인 경찰a cop in the head을 머릿속에 가지게 된다. 학생의 행동과 발달에 대한 지속적인 검사와 보고는 규범화를 낳는다. 규범에 부합하지 않거나 부합하지 못할 학생은 탈선한 것으로 낙인찍힌다. 순응은 상담, 치료, 자기평가 같은 고백과 관련된 실천으로 나타난다. 리터러시를 수업하는 교실 네 곳에서 2년 동안 참여하고 관찰한 코머는 자신의 연구에서 교사에 대해 다음과 같이 말한다.

교사는 학생이 자기 규율을 통해 리터러시 능력을 기르는 것을 규범화하는 다수의 기술들을 배치했다. 그 기술에는 빈번한 '격려의 말pep talk', 개별화된 학생 모니터링 혹은 '순찰', 지속적으로 이어지는 해설 혹은 '내레이션'이 포함되었다. 이상적인 학생은 자기를 통제하고 생산적이며 사회적으로 책임감 있는 노동자라는 윤리적 주체로 구성되었다. (…) 교사는 시간을 생산적으로 이용해야 한다고 강조하고 학업 성과를 올리고자 관심을 쏟았다. 학생은 이러한 목적을 이루기 위해 미리 규정된 기준에 따라 작문을 하면서 스스로 책임을 다했는지 평가하는 '자기평가'를 정기적으로 실시했다. 그 과정 속에서 학생은 자기의 테크놀로지를 훈련받게 된다(Comber, 1996: iv).

여기에서 푸코가 말하는 생산적 권력의 개념이 작동하고 있음을 알 수 있다. 코머가 관찰한 리터러시 수업에서는 스스로를 규율하는 규범화된 주체를 생산하는 담론적 실천이 일어나고 있다. 이렇게 생산된 주체성은 학생의 몸, 행위, 태도를 형성하는 뿌리 깊이 밴 성향이 되고, 이는 곧 통제된 사회의 생산으로 이어진다. 어느 정도 대가를 치러야 하긴 하지만, 통제된 사회의 대안은 통치되지 않는 사회이다. 아프리카국민의회는 남아프리카공화국의 인종차별 철폐 투쟁의 마지막 단계에서 정부가 시민을 통치하지 못하도록 시민불복종 정책을 채택했다. 자기 스스로를 통치하지도 통치하고자 하지도 않는 시민을 통치하기란 여간 어려운 일이 아니다. 독립 이후에 포스트-아파르트헤이트 정부는 푸코가 말하는 '품행의 인도conduct of conduct'라는 '통치성'[4]을 재확립하는 데 어려움을 겪어왔다. 남아프리카의

....

4　[옮긴이 주] '품행의 인도'라는 번역은 『푸코 효과: 통치성에 관한 연구』(콜린 고든 외 편, 심성보 외 역, 난장, 2014)를 따랐다. 이 책에서는 다음과 같이 말한다. "푸코는 대체로 '통치'라는 용어를 '품행의 인도'라는 의미로 정의했다. 즉, 통치는 사람들의 일부나 전체의 품행을 형성하고 지도

반범죄 작전 중 광역 요하네스버그에서만 5백 명 체포

경찰이 도시 내외곽에 20여 검문소를 세워 법 집행 성공

— 볼드윈 은다바(Baldwin Ndaba) 기자

이번 주말 요하네스버그 내 외각에서 범죄자들은 힘든 시간을 보냈다. 대규모 반범죄 작전으로 5백 명이 넘는 용의자를 체포하고 도난 차량, 무기, 수십만 란드(rand) 상당의 압수물을 되찾았다.

재키 셀레비(Jackie Selebi) 경찰청장이 지속적으로 추진하는 반범죄 정책의 단속 작전의 일환으로 요하네스버그 경찰은 지난 토요일에 메트로릭스 작전을 실시했다.

요하네스버그 경찰의 대변인인 데니스 아드리오(Dennis Adriao) 경위는 3백 명이 넘는 경찰이 시 경찰과 구방부 소속 군인의 도움을 받아 20여 곳에서 검문을 벌여 7백 대의 1,900여 명이 사람을 수색했다고 발표했다.

요하네스버그 경찰 작전을 통해 18명이 대마초 소지, 교통법규 위반, 도난차량 소유, 불법체포로 체포되었다.

모두 124명이 교통법규 위반으로 벌금을 부과받았다.

"도난된 차량 세 대를 되찾고, 세 명을 도난차량 소유로 체포했습니다. 다른 한 명은 난폭운전으로, 다른 두 명은 공공장소 음주로 체포되었습니다."

아드리아오 대변인은 경찰이 지난 토요일에 강탈차량 다섯 대를 되찾았는데, 그중 두 대는 도난당한 지역의 노르우드와 원네크그에서 30분가량 떨어진 곳에서 발견되었다고 밝혔다.

웨스트버리에서도 도난차량 소유로 두 명을 체포했다. 경찰은 또한 한 명을 사기 혐의로, 다른 한 명을 렌드마크에서 저지른 살인혐의으로 체포했다.

다른 용의자들은 주거침입, 비인가 무기 소지, 구금지역 탈출 혐의를 받고 있다.

이스트랜드 지역의 경찰도 범죄 예방을 위한 자체 작전을 실시했다.

이스트랜드 지역의 경찰은 음주운전, 불법 무기 소지, 미허가 주류 판매, 도난 이삿물 소지 등의 범죄로 483명을 체포했다.

그림 3.7 반범죄 작전 중 광역 요하네스버그에서만 5백 명 체포
출처: The Star newspaper, 7 september 2000

시민은 더 이상 고분고분하지 않았다. 반범죄 작전이 진행된 일주일 동안 요하네스버그에서만 체포된 사람의 수와 벌금의 액수를 보면 알 수 있다 (그림 3.7의 기사 참조).

4. 담론과 정체성

이미 살펴보았듯이, 지(1990: 142)에 따르면 담론은 다음과 같다.

세상에 존재하는 방식이자 삶의 형태이다. 여기에는 몸짓, 눈빛, 자세, 옷차림뿐만 아니라 말, 행동, 믿음, 태도, 사회적 정체성까지 포함된다.

푸코에게 담론은 '진리체제'이다.

모든 사회에는 고유한 진리체제, 즉 진리의 '일반적인 정치학'이 존재한다. 진리체제는 사회가 진리로 받아들이고 진리로 기능하게 하는 담론의 형태이다(Foucault, 1980: 131).

'담론'은 추상적 개념이다. 사회적으로 정해진 진리를 말하고 쓰며 디자인하고 구성하는 방식은 눈에 보이지 않는다. 단지 텍스트로 실현될 때만 눈에 보인다. 모든 텍스트는 담론의 예, 즉 담론이 예시화된 것이다. 텍스트는 담론이 취하는 물질적 형태이다.
　권력의 효과 중 하나로서 우리를 어떻게 주체로 구성하는지에 대해서

....
하거나 그에 영향을 끼치려고 하는 활동의 형태이다." (p.15)

는 앞에서 살펴보았다. 이제 우리가 중요하게 생각해야 할 것은 우리가 기대고 있는 담론이 실제로 우리의 정체성과 사고방식에 얼마나 깊은 영향을 미치는가이다. 우리는 일차적으로 가족과 지역사회에서 담론을 습득한다. 나는 '습득'과 '학습'을 구분한 크라센(Krashen, 1981)의 용어를 빌려 "습득하다"라는 단어를 사용했다. 크라센에 따르면, 습득은 아이가 가정에서 쓰는 언어를 습득하는 것과 동일한 방식으로 문법에 대한 명시적인 지식 없이 언어와 언어 사용 방법에 대한 지식을 얻는 과정이다. 하지만 우리가 언어를 '학습'할 때는 문법과 구조화 규칙에 대한 명시적인 지식을 제공하는 공식적인 교수법에 따른다. 확장해보면, 우리가 하나의 담론을 '습득'할 때는 그 담론이 구성한 세계 안에서 존재하는 방식으로 살아가게 된다. 우리는 의식하지 못한 채 자동적으로 "몸짓, 눈빛, 자세, 옷차림뿐만 아니라 말, 행동, 믿음, 태도, 사회적 정체성까지" 받아들인다(Gee, 1990: 142). 존재하는 방식이 자연스럽게 느껴지면 느껴질수록, 담론은 우리 눈에 점점 보이지 않게 된다.

새로운 공동체에 들어가는 경우, 나의 존재 방식은 새 공동체 구성원의 방식과 다르다. 그래서 그들에게 나의 존재 방식이 자연스럽지 않다는 것을 발견하게 된다. 새로운 공동체 구성원의 관점으로 바라보면, 우리는 우리의 관행을 새롭게 볼 수 있고 비로소 그 관행을 의식하게 된다. 1장에서 논의했듯이, 세상을 다르게 보는 것은 새로운 담론의 관점을 가질 때 더 용이하다. 새로운 담론을 습득하면 그 담론이 구성하는 새로운 정체성을 취하고자 고군분투하는 와중에 탈구dislocation와 혼란을 겪을 수 있다. 새로운 언어를 배우는 것만으로는 충분하지 않다. 우리는 우리 몸의 완전히 새로운 존재 방식, 즉 완전히 새로운 아비투스를 배워야 한다(Bourdieu, 1991). 미셸 오콕Michele Aucock이 이 책에 도움이 되라고 써준 다음 일화가 이를 잘 보여준다.

조화롭게 설거지하기
미셸 오쿡

—

저는 최근에 한국 남자와 결혼한 37세 백인 서양 여성입니다. 지난 명절 때 처음으로 가족 구성원으로서 한국에 머물게 되었어요. 그전에 영어 교사로 일하며 2년간 한국에 산 적은 있지만요. 장남과 결혼한 새며느리인 저에게 가족들이 큰 기대감을 가지고 있다는 건 알고 있었어요. 한국 문화에서 장남은 가족을 책임져야 한다고 기대하죠. 장남 부부가 가정에서 주된 역할을 맡을 때까지 맏며느리는 시부모님 집에 들어와 모셔야 한다고 기대해요. 이러한 한국 며느리 역할은 저에게 완전히 생소했습니다. 저는 딸이 자기 가족과 밀접한 유대관계를 지속해도 되는 문화에서 자랐어요. 한국에서 며느리는 남편의 가족과 원만한 유대관계를 유지하는 한에서만 자기 가족과 유대관계를 가지도록 허락됩니다.

저의 남편인 의석 씨는 어머니가 매우 부지런하고 너무나 완벽한 주부라고 했어요. 무엇보다 요리 실력이 매우 출중하셨죠. 37세인 저는 한국 밥상에 오르는 여러 가지 복잡한 요리는커녕 채소도 요리할 줄 모릅니다. 두려웠지만 저는 시어머니의 가르침 아래 몇몇 한국 요리를 배워서 시도해보기로 했습니다. 계획은 명절이 끝나기 전에 제가 요리한 음식으로 가족들을 놀라게 하는 거였지요.

주방에 딱 하루 그것도 아침 시간에만 있고 나서 저는 그것이 예상한 것보다 큰 도전이라는 것을 깨닫게 되었습니다. 몇 번 당황하고 나니 제 가치를 증명하기 위해서 제가 할 수 있는 최상의 일은 식후 설거지임을 알게 되어 이를 하기로 결심했습니다. 그래서 다음 식사가 끝나자마자 주방 싱크대로 후딱 달려가서 설거지를 시작했습니다. 설거지 대장이 되기로 한 결정에 문제가 없었던 것은 아니에요. 저는 키가 큰데 한국 싱크대는 키가 작은 한국인을 위해 만들어졌죠. 사실 설거지하기 전에 의석 씨 어머니께서 제 허리가 아프지 않을까 우려를 표하셨어요. 저는 곧 저를 바라보는 시선이 많다는 걸 알게 되었어요. 의석 씨의 어머니는 싱크대에서 일어나고 있는 일을 보시곤 살짝 당황해하셨어요. 제가 알아들을 수 없는 한국말로 서로 몇 마디 주고받더니 의석 씨가 제 뒤로 살짝 와서는 제가 '조화롭게' 설거지를 하고 있지 않다고 알려주었어요. 제가 싱크대 밖으로 물을 많이 튀기는 것 같다네요. 제가 나중에 튀긴 물들을 행주로 닦을 수도 있다는 사실은 전혀 고려 대상이 아니었죠. 제가 설거지하면서 주변을 엉망으로 만든 것만 문제가 되었어요. 이어서 의석 씨는 저에게 조화로우면서도 물을 튀기지 않고 설거지를 하는 방법에 대해 설명해주었어요. 그런 비판에 너무 화가 났고, 모욕적이며 대우받고 있지 못하다고 느꼈고, 당시의 제 자신이 부족한 존재 같았어요. 결국 나중에는 의석 씨 집의 그릇을 적절하게 (그리고 확실하게) 설거지할 수 있게 되어서 다행이었지만요.

조화롭게 설거지를 하는 방법은 다음과 같아요.
1. 설거지할 그릇이나 주방용품을 모두 싱크대 안에 있는 둥근 대야에 담습니다.
2. 주방세제 적당량을 수세미에 묻힙니다.
3. 그릇이나 주방용품을 물이 차 있는 대야에서 꺼내 골고루 세제를 묻힙니다. 그런 다음 그릇과 주방용품을 싱크대 다른 쪽 빈 곳에 둡니다.
4. 그릇과 주방용품에 모두 세제를 묻히고 나면, 흐르는 물에 헹굴 준비가 된 것입니다. 이 부분이 설거지에서 가장 힘든 부분입니다. 그릇과 주방도구를 흐르는 물에 따로따로 깨끗이 헹궈야 하기 때문이죠.

5. 각 그릇이나 주방용품을 건조대에 두기 전에 너무 세지 않게 물기를 탈탈 텁니다. 이 과정에서 물이 많이 튀면 헹구는 과정을 즉시 멈추고 마른 행주로 바로 물기를 닦아내야 합니다.

이러한 설거지 공식을 따르는 것 말고도 제가 잘못한 것 중 하나는 주방용품을 너무 세게 털어서 물을 여기저기 튀게 한 것이었죠. 한국에서는 집에 들어올 때 현관에서 신발을 벗어야 하기 때문에, 바닥에 물이 있으면 양말이나 슬리퍼가 젖어 불편해지거든요.

미셸은 설거지라는 단순한 육체노동을 했다. 하지만 그런 일에서도 성인으로 체화된 정체성이 부정당하면 대우를 못 받는다고 느낀다. 그녀의 존재는 새로운 환경에 물리적으로도(그녀는 싱크대에 비해 키가 너무 크다) 문화적으로도(물을 튀기는 것은 그 집의 조화로움을 깨뜨린다) 부합하지 못했다. 미셸은 한국어를 유창하게 할 수 있었지만, 새로운 환경에 완벽한 구성원이 되기 위해서는 한국인의 아비투스와 새로운 가치와 신념 체계를 습득하는 것이 필요했다. 즉, 미셸은 새로운 정체성을 습득해야 했다.

나 또한 영국에 살 때 소속감을 못 느끼고 비슷하게 소외당한 경험이 있다. 이 일화는 4장에 나온다. 우리는 이런 이야기에 귀를 기울일 필요가 있다.

> 새로운 담론 공동체에 들어간 상황을 생각해보자. 새로운 정체성을 취하는 데 필요했던 모든 측면, 즉 언어, 가치, 아비투스, 그리고 이러한 것들이 불러일으킨 감정 등을 묘사해보자. 그리고 이를 다른 사람의 경험과 비교해보자.

> 당신이 가르친 학생들 중에서 가정, 지역 공동체, 학교/대학의 서로 다른 세계 사이에 끼어버린 사례를 찾아보자. 그 학생들의 전위와 소외감을 목격했던 순간들을 묘사해보자.

'탈구'라는 단어가 아비투스와 장소 사이의 관계를 포착하는 방식, 즉 정체성이 장소와 묶이는 방식에 주목해보자. 여기서 다중 정체성 이론이 중요하다. 새로운 담론 공동체에 들어갈 때마다 이전의 정체성을 포기해야 한다면, 우리는 단지 새로운 문화에 동화될 뿐이다. 하지만 새로운 정체성을 우리가 이미 가지고 있던 정체성들에 추가할 수 있다. 감가적 다중언어주의와 달리 새로운 언어를 습득하면서 원래의 언어도 유지한다는 부가적 다중언어주의 이론처럼, 우리는 이중문화 혹은 다중문화적일 수 있다. 미셸이 이미 그녀로 존재하는 것에 '더해' 한국적으로 존재할 수 있게 된다면, 그녀는 '한국-아시아적'이면서도 '서구적' 감수성으로 세상을 읽을 수 있다. 이 두 가지 감수성이 서로 충돌하기 때문에, 미셸은 그 두 정체성이 자연적으로 형성된 것이 아닌 문화적인 형성물임을 인식하게 된다.

지가 담론을 '말하기(쓰기)-행동하기-믿기-가치 부여하기의 조합'(1990: 142)이라고 정의할 때, 말하기와 쓰기를 행동하기, 믿기, 가치 부여하기와 묶어내는 하이픈의 역할이 중요하다. 리터러시를 사회적 실천으로 보는 것은 말하고 쓰는 것을 체화된 행위(행동하기), 진리에 대해 생각하고 이해하는 방식(믿기), 윤리(가치 부여하기)와 분리될 수 없음을 인식하는 것이다. 듣는 사람과 읽는 사람이 텍스트에 의미를 부여할 때도 마찬가지이다. 우리는 음성, 문자, 시각 텍스트를 생산하고 수용하는 과정에서 우리가 누구이며 어디에서 왔는지를 투영하게 된다.

5. 마르크스와 푸코

권력에 대한 신마르크스주의와 푸코의 관점 모두 비판적 리터러시에서 중요하다. 푸코는 담론이 어떻게 작용하는지를 이해하는 데 도움을 주고, 마르크스주의적 접근은 텍스트 해체와 재구성을 이해하는 데 도움이 된다. 권력을 제대로 이해하기 위해서는 두 가지 관점 모두 필요하다. 남아프리카진실화해위원회the South African Truth and Reconciliation Commission, TRC의 조사 결과를 통해 그 필요성을 살펴보자.

의회의 법령으로 설립된 TRC는 데스몬드 투투Desmond Tutu 대주교를 의장으로 하여 1995년 12월에 활동을 시작했다. TRC 청문회를 통해 아파르트헤이트 당시의 신체적, 상징적 폭력 가해자는 그 행위를 인정하고 사과하며 용서를 구했다. 한편 희생자는 자신이 경험했던 상실, 모멸, 고통, 죽음에 대한 이야기를 증언할 수 있었다. 기대에는 못 미쳤지만 배상도 약속되었다. 이 과정의 배경에는 죄의 고백과 진실된 뉘우침이 용서와 회개로 이어질 수 있다는 기독교적 세계관이 있었다. TRC에서는 2년 반 동안 해방 투쟁의 모든 진영과 수많은 남아프리카공화국 사람들로부터 증언을 들었다. TRC의 최종 보고서(1998) 서문에서 데스몬드 투투 대주교는 이 보고서에 대해 다음과 같이 말한다.

(이 보고서는) 우리의 과거로 여행하고 싶은 자들에게 하나의 로드맵을 제공한다. 이 로드맵이 모든 이야기를 담고 있는 것은 아니며 그렇게 될 수도 없다. 그러나 이 로드맵은 그 무엇보다 더 광범위하고 복잡한 어떤 과거의 진실에 대해서 하나의 관점을 시사한다(1, 1, 5).[5] (…) 우리는 과

....
5 　각 괄호의 숫자는 인용된 내용이 설명된 TRC 보고서의 장을 나타낸다.

거에 대한 진실 속에서 우리나라의 미래에 필요한 교훈을 엮어내기 위해 우리가 할 수 있는 모든 방법으로 노력했다(1, 1, 19). (…) 우리는 최근의 역사를 직면하지 않고서는 갈등, 불의, 억압, 착취로 점철된 과거로부터 인권 존중의 문화를 가진 새롭고 민주적인 체제로 이행할 수 없다(1, 1, 20).

우리가 하나의 민족으로서 직면해야 했던 이야기는 우리가 상상할 수 있는 것보다 더 비인간적이고 잔인하며 심히 충격적이고 깊은 외상을 남겼다. 우리 모두에게 끼친 고통에 대한 부끄러움과 인류애에 반하는 인종차별 범죄에 대한 공포를 해결해야 했다. 1998년 10월 29일에 넬슨 만델라 대통령에게 보고된 TRC 최종 보고서는 진실이란 파악하기 힘들고 화해만이 희망이며 역사란 평범한 사람의 구술 증언을 통해 쓰인다는 다양한 관점을 잘 엮어냈다.

증언의 대부분은 인권에 대한 중대 위반과 관련되며, 모든 종류의 잔인한 권력의 광범위한 행사를 명확히 밝혔다. 보고서는 원인, 동기 및 관점의 이해를 다루는 장에서 언어가 담당한 역할에 대한 분석을 내놓는다.

흔히 언어를 행동이 아닌 단순한 말로 취급하곤 한다. 폭력을 이해하는 데 언어는 별다른 역할을 하지 않는다고 생각하기도 한다. 하지만 TRC는 다른 견해를 취하고자 한다. 언어 및 담론, 수사법은 중요한 역할을 한다. 이들은 사회적 범주를 구성하고, 명령을 내리며, 사람들을 설득하고, 정당화하며, 설명하고, 이유를 제시하고, 변명한다. 언어는 현실을 구성한다. 언어는 사람들을 다른 사람들에게 대항하게 만든다(7, 124, 294).

다양하고 변형된 형태를 취하는 언어는 이데올로기 권력의 핵심 요소이다. (…) 남아프리카공화국의 맥락에서 폭력적인 풍토를 조성하기 위해 다양한 담론이 어떻게 결합되고 교차되며 얽히는지를 이해하는 것은 중요하다. 이러한 측면에서 인종주의, 가부장제, 종교, 자본주의, 아파르트헤이트, 군사주의 이데올로기 모두는 서로 얽혀서 폭력을 행사할 수 있는 사람을 '생산'한다(7, 131, 296).

국가와 보안기구 및 해방운동의 언어를 검토한 TRC 위원들은 "담론의 소용돌이가 점진적으로 '타자'를 비인간화하였고, 폭력을 위한 조건을 형성하였다."라고 결론을 내린다(7, 125, 295). 이것이 함의하는 바는 여러 담론들이 경쟁하면서 어떻게 서로 영향을 주고 감염시키는지 직시할 필요가 있다는 점이다. 억압자의 언어만 따로 떼어 보는 것만으로는 충분하지 않다. 투쟁 중에 양쪽 진영은 각자의 입장을 뒷받침하기 위해 언어를 사용했다. 여기에서 언어는 강력하고도 위험한 힘으로 그려진다. 말은 우리를 해칠 수 있고, 실제로 해치기도 한다.

TRC에서 인용한 글에는 언어와 담론의 본질에 대한 푸코와 마르크스주의 이론 모두가 내재해 있다.

- 언어는 단순한 말 혹은 중립적인 의사소통의 형태가 아니다. 언어는 현실을 구성한다.
- 담론은 사람을 만들거나 생산한다. 담론은 '우리'와 '타자'라는 주체를 구성한다. 언어는 행위와 행동의 한 형태이다. 담론은 사람을 움직여 뭔가를 하게 한다. 담론은 사회적 풍토를 만들기 위해 다른 담론과 결합한다. 언어는 이데올로기 권력의 핵심이다.

TRC의 조사 결과는 "막대기와 돌은 너의 뼈를 부러뜨릴 수 있지만, 말은 결코 너를 해치지 않아."라는 표현이 틀렸음을 명확히 보여준다. 아이들이 성가로 배우는 이 어구는 누군가의 마음을 상하게 하는 말을 사용한 것에 대한 변명일 뿐이다. 텍스트의 비판적 읽기에 중점을 두고 논의하는 다음 장에서는 말이 독자를 자리매김하는 방법을 보여주고, 텍스트가 강요하는 것에 저항하는 방법에 대해 제안할 것이다.

4장

텍스트 비판적으로 읽기

1. 언어가 실재를 구성한다

언어를 '폐쇄된' 추상적 체계로 보는 관점이 있다. 이 관점에서는 각 기호, 즉 각 의미 단위들이 자의적이며 다른 기호들과 관련된 체계 내의 위치에 따라 그 의미를 갖게 된다고 본다(Saussure, 1972, 1990). 비록 이러한 관점이 틀렸다고 할 수는 없지만, 이 견해는 언어를 사용할 때 무슨 일이 일어나는지에 대해서는 아무것도 말해주지 않는다. 사람들은 언어를 사용할 때 그 체계에서 이용 가능한 옵션들 중에서 선택을 해야만 한다. 즉, 말하고자 하는 바를 말하기 위해서는 어휘, 문법, 배열 등을 선택해야 한다.

이러한 모든 선택에는 이유가 있다. 특정한 방식으로 특정한 의미를 전달하고 특정한 효과를 갖게 하기 위하여 이 선택들이 디자인되는 것이다. 더군다나 이 선택들은 믿어지도록 디자인된다. 텍스트는 독자들을 자리매김하고, 이상적인 독자는 저자(혹은 화자)의 입장에서 해당 텍스트와 그것의 의미를 받아들인다. 다시 말해, 모든 텍스트는 자리매김되어 있고 자리매김하고 있다. 텍스트는 저자의 관점에 의해 자리매김되어 있고, 저자에 의한 언어적 (그리고 다른 기호적) 선택들로 인해 독자를 자리매김하는 효과를 갖도록 디자인되어 있다. 우리는 '디자인'이라는 단어를 적절히 활용하여 텍스트가 독자, 청자 혹은 시청자인 우리에 대한 디자인을 갖고 있다고 말할 수 있다. 텍스트는 그것이 세계를 보고 이해하는 관점, 즉 현실에 대한 그 텍스트의 견해로 우리를 유인한다. 모든 텍스트는 단지 세상에 대한 일련의 관점이자 세상에 대한 재현representation일 뿐이다. 언어는 다른 기호와 함께 실재를 구성한다. 이 말은 픽션의 경우뿐만 아니라 논픽션의 경우에도 사실이다.

그림 4.1의 신문기사는 『위클리메일앤가디언Weekly Mail and Guardian』지의 1994년 10월 14~20일자에 실렸는데, 이를 살펴보면서 그러한 아이디어들에 대한 예시를 찾을 수 있다. 그리고 후속하는 질문들은 이 텍스트, 즉 '난자와 정자 경주'에서 주요한 언어 사용의 사례를 알 수 있도록 디자인되어 있다.

Egg and sperm race—who's the runner?

Rob Stepney in London

Conventional descriptions of sperm as active, and eggs as passive, participants in fertilisation owe more to gender stereotypes than to true facts of life.

Given the evidence about how sperm and egg really perform it is time we replaced the dead hand of sexist metaphor with something more appropriate.

This at least is the thesis advanced by professor Emily Martin, of the anthropology department in Johns Hopkins University, Baltimore, in the latest issue of the gynaecology journal Orgyn.

The standard story runs something like this: having battled its way against overwhelming odds from the vagina to the oviduct, a single valiant sperm succeeds in penetrating the egg, so fertilising it and engendering new life. In contrast to this to this heroic endeavour, the egg is shed by the ovary and swept down the fallopian tube to await its date with destiny. For years I have used similar vocabulary in writing about reproduction.

So have many others. A delve into a biology textbook, chosen at random, shows that the sperms' efforts to reach the egg are indeed emphasised: the difficulty of their journey is likened to a man swimming in as Atlantic Ocean of treacle.

In the process of fertilisation, the sperm is also described as the dominant partner, releasing enzymes that dissolve the outer coat of the egg and producing a filament to pierce its membrane.

But at least this is less aggressive vocabulary than that used in a paper cited by Emily Martin, which has the egg being harpooned by the sperm. She also reproduces a cartoon from Science News showing sperm attacking the egg with a jackhammer and pickaxe. Such images project cultural values on the 'personalities' of sex cells, she says.

The biological reality, she argues, is entirely different. According to recent research by biophysicists at Johns Hopkins University, sperm rather than propelling themselves manfully onwards, are ditherers. "The motion of the sperm's tail makes the head move sideways with a force that is 10 times stronger than its forward movement", Martin reports.

Instead of coming equipped to penetrate, it seems that sperm are designed to avoid attachment – a feature which makes sense given that they are far more likely to encounter cells that are not eggs than they are to meet the ovum.

It therefore falls to the egg to perform the crucial role of cementing the relationship. The ovum's adhesive surface traps the sperm, which is left wiggling ineffectually until the genetic material in its head is engulfed by the egg.

But Martin argues, to describe the events in these terms may simply be to replace one damaging metaphor with another. Instead of sperm as Superman, we have egg as some kind of predatory spider. The most appropriate model, she suggests, is to regard sperm and egg as mutually dependent agents interacting to achieve a common goal.

Instead of active and passive, we have 'feedback loops' and 'flexible adaptation'. This seems appropriate given evidence that molecules on the sperm and the ovum have equal roles in enabling male and female genes to come together.

We are familiar with such ideas of interplay and self-regulation when it comes to biological processes such as the hormonal system. No-one can be sure of how powerfully biological metaphors reinforce social stereotypes, or vice versa.

But we should perhaps now be seeing the conjunction of sperm and egg in terms that do more than simply echo outdated gender roles.

그림 4.1 '난자와 정자 경주—누가 주자인가?'

© Guardian Newspapers

난자와 정자 경주—누가 주자인가?

롭 스텝니, 런던

수정에서 정자를 능동적 참여자로, 난자를 수동적 참여자로 보는 관습적인 기술은 삶의 참된 사실보다 젠더 고정관념에 더 기인한다.

정자와 난자가 어떻게 수정을 하는지에 관한 증거를 고려해볼 때, 이제 성차별주의 메타포의 압력을 더 적절한 것으로 교체할 때가 되었다.

이는 최소한, 볼티모어에 있는 존스흡킨스 대학 인류학과의 에밀리 마틴Emily Martin 박사가 부인과학 학술지 『오르진(Orgyn)』 최신호에서 제시하는 논지이다.

일반적인 이야기는 다음과 같이 전개된다. 정자들은 엄청난 역경에 맞서 질에서 난관 쪽으로 싸우면서 전진한다. 그 후 단 하나의 용감한 정자가 난자를 뚫고 수정하여 새 생명을 잉태하는 데 성공한다. 이 영웅적 노력과 대조적으로, 난자는 난소에서 뿌려진 후 나팔관을 통해 쓸려 내려가 운명의 날을 기다린다. 나는 수년 동안 재생산에 대한 글을 쓸 때 이와 유사한 어휘를 사용해왔다.

많은 이들이 그렇게 했다. 어떤 생물학 교과서에 대한 탐구도 난자에 도달하려는 정자의 노력을 정말로 강조해서 보여준다. 그 여행의 어려움은 사람이 찐득한 시럽으로 된 대서양에서 수영을 하는 것에 비견된다.

수정 과정에서 정자는 지배적인 파트너로서 난자의 표층을 녹일 효소를 분비하고 그 세포막을 뚫을 필라멘트를 생산하는 것으로 묘사되기도 한다.

그러나 이는 최소한 에밀리 마틴이 논문에서 인용한 것보다 덜 공격적인 어휘이다. 거기서는 난자가 정자에 의하여 작살로 뚫린다고 되어 있다. 그녀는 또 정자가 난자를 착암기와 곡괭이로 공격하는 것으로 묘사하는 과학 뉴스 만화를 보여준다. 그녀는 이런 이미지들이 문화적 가치를 성 세포의 '개인성'에 투사하고 있다고 본다.

마틴 박사는 생물학적 현실은 전혀 다르다고 논증한다. 존스흡킨스 대학의 생물물리학자들의 최신 연구에 따르면, 정자는 남자처럼 전진하는 것이 아닌 머뭇거리는 자이다. 마틴은 "정자 꼬리의 움직임은 전진 이동보다 열 배 더 강한 힘으로 머리를 옆으로 움직이게 한다."고 보고한다.

정자는 통과를 위해 채비되어 있기보다는 접착을 방지하도록 디자인된 것처럼 보인다. 난자보다는 알이 아닌 세포를 만날 가능성이 훨씬 더 크다는 점을 고려하면 이해가 가는 특징이다.

그러므로 난자와 정자의 관계를 견고하게 하는 (시멘트를 바르는) 중요한 역할 수행의 책임은 난자에게 떨어진다. 난자의 점착성 표면은 정자를 붙잡는데, 정자는 자기 머리의 유전 물질이 난자에 의해 빨아들여질 때까지 헛되이 꿈틀대고 있다는 것이다.

그러나 마틴은 이런 식으로 이 사건을 기술하는 것은 하나의 해로운 은유를 다른 해로운 것으로 교체하는 것일 뿐일지도 모른다고 주장한다. 정자를 슈퍼맨으로 하는 대신에 난자를 일종의 포식 거미로 보니 말이다. 그녀는 가장 적절한 모형은 정자와 난자를 공동 목표를 성취하는 서로 의존적인 행위자로 보는 것이라고 제안한다.

'능동'과 '수동'보다는 '피드백 회로'와 '유연한 적응'을 쓸 수 있다. 이것이 적절해 보인다. 정자와 난자의 분자들이 남성과 여성의 유전자가 결합되게 함에 있어 동등한 역할을 한다는 증거에 따르면 말이다.

우리는 호르몬 체계 같은 생물학적 과정을 말할 때 상호작용이나 자기규제 같은 개념에 익숙하다. 강력한 생물학적 은유가 사회적 고정관념을 어떻게 강화하는지, 혹은 그 반대는 어떻게 되는지 아무도 확실히는 모른다.

그러나 우리는 아마도 이제 낡은 성 역할을 단지 반복하는 차원을 넘어서는 언어로 정자와 난자의 결합을 봐야 할 것 같다.

(그림 4.1 의 번역문)

어휘 선택

1. 수정에서 주된 역할을 하는 것이 정자인지 난자인지가 어떻게 단어 선택을 통해 구성되는지 설명하시오.

2. 정자와 난자와 관련된 단어 선택 모두를 살펴보시오. 그리고 어떤 것들이 긍정적 함의를 지니는지, 어떤 것들이 부정적 함의를 지니는지 결정해보시오.

문법 선택

3. 태(Voice): "난자는 난소에서 뿌려진 후 나팔관을 통해 쓸려 내려가 운명의 날을 기다린다.(the egg is shed by the ovary and swept down the fallopian tube to await its destiny.)"에서 수동태를 사용한 것이 어떻게 난자를 행위자가 아닌 수동자(done-to)로 구성하는 데 도움이 되는가?

4. 시제: 이 이야기는 대부분 현재 시제로 쓰여 있다. 이것이 어떤 효과를 지니는가?

5. 법성(Modality): "정자는 통과를 위해 채비되어 있기보다는 접착을 방지하도록 디자인된 것처럼 보인다.(Instead of coming equipped to penetrate, it seems that the sperms are designed to avoid attachment.)" 이 문장에서 단어 '보인다(seems)'의 효과는 무엇인가?

6. 관사: 이 기사의 제목인 "누가 주자인가?(who's the runner?)"와 다음 제목인 "난자와 정자 경주—주자가 있는가?(Egg and sperm race—is there a runner?)"를 비교하면서 정관사 'the'와 부정관사 'a'의 사용에 대하여 생각해보시오.

배열하기

7. 기자는 이 기사를 '일반적인 이야기'로 시작한다. 그가 '생물학적 실재'로 시작했더라면 그 효과는 어떻게 달라졌을까?

언어가 실재를 구성한다

8. 이 텍스트는 실재에 대한 몇 가지의 견해를 제시하는가? 그 견해들은 무엇인가? 저자는 어느 견해를 선호하는가? 그것을 어떻게 알 수 있는가?

2. 시각 자료가 실재를 구성한다

시각 자료와 (의미를 만드는) 다른 기호 형태들도 실재 구성에 있어서 단어만큼 중요하다는 것을 인식할 필요가 있다. 언어 텍스트를 동반하는 시각 텍스트가 종종 그 언어 텍스트와 다른 견해의 실재를 제공하곤 하는데, 그럴 때 독자는 모순적이고 경쟁하는 관점을 접하게 된다. 신문 텍스트는 기자, 사진작가, 삽화가, 편집인, 식자공 등과 같은 여러 저자를 가진다. 텍스트의 논지와는 반대로 정자와 난자의 수정이 경주이고 거기엔 주 경쟁자가 있다고 암시하는 이 기사의 제목을 이 기사를 쓴 기자가 선택하지는 않았을 것이다. 그는 이 기사의 삽화를 디자인하거나 승인하지도 않았을 것임이 분명하다. 원본 텍스트에는 그림 4.2의 삽화가 신문 기사의 오른쪽 위 구석, 바로 '누가 주자인가?(who's the runner?)' 글자들 바로 밑에 함께 제시되어 있다.

그림 4.2 '난자와 정자 경주—누가 주자인가?': 삽화
© Dr Jack.
출처: *Mail and Guardian*.

이 삽화가 제시하는 실재의 또 다른 견해에 주목하라. 그리고 그것이 텍스트의 논지를 읽어내는 데 어떻게 영향을 미치도록 디자인되고 자리매김되어 있는지에 주목하라.

'난자와 정자 경주—누가 주자인가?'는 담론과 대항-담론이라는 아이디어를 탐색하는 데에도 사용될 수 있다. 모든 공동체는 세계에 대해 이해하고 말하는 정형화된 방식을 지닌다. 이러한 공동체의 구성원으로서 우리는 담론이라고 불리는, 문화적으로 부호화된 의미를 만드는 레퍼토리들에 의지한다. 이 기사에서 논의되었듯이, 마틴의 논지는 '일반적인 이야기'가 (앞 장에서 논의된) 남자를 능동적으로, 여자를 수동적으로 구성하는 젠더 이분법을 강화한다는 것이다(표 3.2 참조). 실재에 대한 이 지배적인 가부장적 재현은 종종 너무도 당연시되어서 우리는 그것이 실재의 한 가지 견해에 지나지 않는다는 점을 망각하게 된다. 그것은 자연화되었고 불가피하고 진실된 듯 보이게 되었다. 마틴은 과학적 증거를 이용하여 대항-담론을 수립할 수도 있었다. 이 담론은 표준적 담론을 완전히 뒤엎어서 여성을 능동적 영웅으로, 남성을 수동적으로 보아 남성 대신 여성을 지배적인 것으로 구성한다. 이 대립적인 견해에서 과학은 진실의 또 다른 버전을 만들어내기 위해 이용될 뿐 이분법 체계를 깨지 않으며, 단지 권력관계가 함의된 용어의 사용을 뒤집을 뿐이다. 그러나 마틴 박사는 대립과는 완전히 다른 협조적인 젠더 관계를 지지한다. 이는 이분법적인 패러다임을 거부하는 것이다. 그녀는 일반적인 가부장적 담론을 만들어내는 코드를 거부하고 더 포괄적이고 다른 담론적 위치를 발견한다. 즉, 그녀는 자신의 말의 원천이 되는 다른 신념, 가치 그리고 실천을 발견하는데, 이 경우에는 페미니즘인 것이다.

3. 담론들이 우리를 말한다

지금까지 독자들을 자리매김하기 위하여 조심스럽게 말과 이미지를 선택하는 텍스트 디자이너들에 대해 묘사해보았다. 화자와 저자가 단어, 문법, 그리고 생각의 배열 순서를 선택한다는 아이디어는 몇 가지 중요한 측면에서 단서를 달 필요가 있다. 첫째, 말을 할 때 우리는 대개 단어 하나하나, 문법의 모든 측면을 조심스럽게 선택할 여유를 갖지 못한다. 그래서 의미, 즉 말하고자 하는 바에 집중하고 단어들이 스스로를 선택하도록 한다. 글을 쓸 때에는 좀 더 신중할 수 있다. 왜냐하면 시간적 여유를 가질 수도 있고 쓰는 과정에서 되돌아가 우리의 선택을 편집할 수도 있기 때문이다. 그러나 우리 모두는 특정 담론 공동체의 구성원이라서 우리가 이 세계에 대하여 말하는 자연화된 방식들이 우리에게는 진실되고 적절해 보이기에 편집이 불필요한 듯 보인다. 우리가 거주하는 담론들 안에서 사용할 수 있는 의미 레퍼토리들에 단순하게 의존하게 되는 것이다. 예를 들어, 스탠더드 은행의 광고주들은 사용 가능한 문해/문맹 담론에 기대어 지미 코벨라 씨를 6세 아이에 견주는 일이 매우 적절하다고 여겼다. 1970년대에 파울로 프레이리는 다음에서와 같이 남자와 여자 모두를 지시하는 통칭적 용어로 'man'을 사용했고 이를 수정하지 않았다.

해방은 프락시스이다. 즉, 자기 세계를 변화시키기 위하여 *사람들men*이 취하는 그 세계에 대한 행동과 성찰이다(Freire, 1972b: 52, 기울임체는 저자 강조).

프레이리가 글을 쓸 당시에는 스펜더(Spender, 1980)와 캐머론(Cameron, 1985) 같은 페미니스트 언어학자들이 아직 'men'이라는 단어에 여성도 포함된다는 자연화된 가정을 뒤흔드는 작업을 하지 않은 상황이었다. 성차별주의 담론을 가능하게 만드는 기존의 조건을 바꾸는 데 필요한 작업 말이다.

둘째, 우리가 새로운 담론으로 이동해 들어가려고 할 때조차 세상에 대해 이야기하는 예전의 방식이 우리의 '선택들'에 영향을 미친다. 담론들이 우리를 통하여 말하는 것이다. 1994년은 남아프리카공화국에서 첫 민주적 선거가 치러진 해였다. 같은 해에 스탠더드 은행은 가사노동자미래보장플랜Domestic Promise Plan이라는, 가정부들을 위하여 특별히 디자인된 보험을 도입했다.[1] 이 새로운 보험증권의 도입이 사회역사적인 맥락의 변화와 연결된다는 것은 이 은행의 가사노동자미래보장플랜 안내지에 6쪽에 걸쳐 명시되어 있다. 이 안내지에서는 고용인을 대상으로 하여 가사노동 피고용인에게 적용되는 새로운 법규를 개관하고 있다. 봉급과 임금, 노동시간, 식사시간과 휴식시간, 병가, 초과수당, 일요일 노동, 공휴일, 계약 해지 등에 대한 정보를 담고 있다. 그리고 나서 고용인에게 기대되는 바를 제시했는데, 보험 자체보다도 이에 대하여 더 많은 정보를 제공한다. 그래서 피고용인을 위해 가사노동자미래보장플랜을 들어주는 것은 텍스트적으로 가사노동자들을 위한 서비스의 새로운 조건들에, 그리고 포스트-아파르트헤이트 노동 조건들에 연결되어 있다.

새로운 노동 법규에서는, 특히 1994년에 가사노동자에게까지 확대된 1981년의 고용기본조건법 3항에서는 최초로 불공평한 노동 관행으로부터 가사노동자를 어느 정도 보호하는 내용을 제공했다. 최저임금이나 연금과 다른 서비스 조건들을 포함하진 않았지만, 스탠더드 은행은 가사노동자들의 장기적 재정 안정을 보험의 형태로 사회적 의제에 올려놓음으로써 새로

....

1   이 논의는 『스필 플러스(Spil Plus)』, 29, 1996과 『담론(Discourse)』, 18(3), 1997에 처음 실렸다.

운 정치 풍조를 활용했다. 새로운 보험증권을 포스트-아파르트헤이트 노동자 권리 담론의 틀 안에 넣을 수 있었던 것이다.

그러나 이러한 증권을 팔기 위하여 개발된 홍보 인쇄물은 오래된 아파르트헤이트 담론이 작동하고 있음을 보여준다. 이 담론은 "원주민들이 문화적 유아기 상태임에 근거하여 (…) 보어Boer[2] 인종을 그 원주민들의 고위 백인 신탁관리인들로" 만들고 있다(Rose & Tunmer, 1975: 127-128).[3] 이 가부장적 담론의 지속성에 대한 증거는 가사노동자미래보장플랜 광고에 관통하여 흐르는데, 그림 4.3이 그 한 예이다.

이 광고의 개인적 내러티브 사용은 비인간화하고 타자화하는 아파르트헤이트 인종주의 담론에 맞서 나아가지만, 시각적 텍스트에서 이 여성을 우리 응시의 대상으로 구성하는 것은 그렇지 않다. 어휘화하는 방식도 마찬가지이다. 고용인인 램버트와 제이는 둘 다 이름으로 불리지만, 가사노동자는 '당신의 가정부'로 지칭된다. 그래서 그녀의 지위는 '가사노동자 domestic worker'에서 허울에 불과한 '노동자'가 제거된 '가정부domestic'로 축소된다. 그녀가 가사노동자이면 램버트 부인은 가사고용인이지만, 램버트 부인은 그녀의 속성인 '가사'나 그녀의 지위인 '고용인'으로 어휘화되지 않는다. 마지막으로, 수동 구문 "모두 케어될 것(it's all been taken care of)"의 사용에 있어서 생략된 행위자는 아마도 자신의 피고용인을 대신하여 행동할 고용인일 것이다. 이 행위는, "퇴직보험 정책에 대한 것(something or other about a retirement policy)"이라는 표현에서 드러나는 불확실성에서

....

2   보어란 '농부'라는 의미의 아프리칸스어 단어로, 아프리칸스어 사용자 전체를 지칭하는 데 쓰이기도 한다. 이들은 남아프리카공화국의 네덜란드계 식민지배자들의 후손이다.
3   페니쿡(1998)은 아파르트헤이트 담론들에서 유아화하는 구성에 비견하는, 토착민에 대한 식민주의적 구성에 대해 자세하게 분석한다. 그는 분석을 통해 식민지배 대상들이 월셔의 이분법에서 부정적인 편에 자리매김되어 있음을 분명하게 보여준다.

그림 4.3 가사노동자미래보장플랜 광고

출처: *Weekly Mail and Gauardian*, 1994. Standard Bank advertisemnt.

때때로 아기 제이가 자고 있을 때 나는 창밖을 내다보면서 내가 늙어서 일을 할 수 없을 때 어디에서 자고 있을까를 생각한다.

최소한 안락한 곳일 것임을 안다. 램버트 부인이 나에게 말한 다음부터는 말이다. 부인은 나에게 '가사노동자미래보장플랜'을 보여주었다. 퇴직보험 정책에 대한 것이었다. 나를 위해 매달 30란드를 붓고 있다고 했다.

그러나 제이에게 내가 더 이상 필요 없어지면 어떻게 될까?

나는 그 아이가 기침을 하면 어떻게 해야 할지 안다. 12인분 음식을 준비할 줄도 안다. 그러나 내가 65세가 되었을 때 무슨 일이 벌어질지는 모른다.

그녀는 웃으면서, 내가 그 보험금을 10년, 15년, 또는 20년에 걸쳐서 받을 수 있고 내 다음 직장으로 가져갈 수도 있다고 말했다.

그러니 걱정하지 말라고 했다. 모두 케어될 것이라고 말이다.

난 창문에서 돌아섰다. 그리고 처음으로 내 65세 생일 너머를 볼 수 있었다.

당신의 가정부에게 왜 정년에 대한 마음의 평안을 주지 않으십니까? 오늘 수신자부담 0800 12 4444번으로 전화하세요.

차터라이프에 의해 보증됨.

우리와 함께라면 당신은 훨씬 더 멀리 갈 수 있습니다.

보이듯이, 이 노동자가 설명을 잘 듣고 동의하는 방식으로 이루어지지는 않을 터이다. 자기 자신도 돌볼 수 없는 것처럼 그려지는 이 노동자는 텍스트의 다른 곳에서 보면 (고용인의 아픈 아이를 돌보고 열두 명을 위하여 음식을 준비하는 등) 매우 복잡하고 책임을 요하는 과제를 수행할 수 있는 것으로 나타난다. 여기에서 고용인이 가사노동자를 위해 확실히 보험을 사도록 하기 위하여 광고주가 가사노동자를 행위주체성이 없는 것으로 구성할 필요가 있었다고 주장할 수도 있을 것이다. 어쨌든 이 피고용인에게는 발언권이 주어지지 않고, 그녀의 고용인은 식민주의적 담론에 나오는 '우월한 백인 신탁관리인'이다.

할리데이는 타동성 분석transitivity analysis이라고 부르는 동사 과정의 분석을 통해 추가적인 중요한 증거를 제공한다. 체계기능문법에서의 동사들을 표 4.1에 제시된 틀에 따라 정리했다.

표 4.1 '가사노동자미래보장플랜' 광고의 과정 유형의 기술

과정	설명	예시(그림 4.3 참조)
물질적	행동 유형들, 행동 동사들	showed, was putting, take/n, give, turned, prepare
정신적	생각, 느낌, 지각의 동사들	wonder, will be sleeping, know, worrying, could see, need
행위적	자동적 생리 행동(숨쉬기, 재채기 등), 정신적 측면과 물질적 측면이 모두 있는 동사들('보다', '듣다' 등)	smiled, stare, is sleeping
관계적	'−이다', '가지고 있다' 동사들: 정체성과 소유의 관계들	am, has
언어적	말하기 동사들	spoke, told, said, call
존재적	존재하거나 발생하는 것들(예: '성공 가능성이 있다')	사례 없음

출처: Janks, H. (1997). *Discourse: Studies in the Cultural Politics of Education*, 18(3), p.337에 처음 발표됨.

여기에서 재미있는 것은 램버트 부인이 압도적으로 물질적 과정과 언어적 과정으로 그려지고 가사노동자가 대체적으로 정신적 과정과 관계적 과정으로 구성된다는 것 자체가 아니다. 물질적, 정신적, 언어적, 관계적 과정들 간에는 본질적으로 우월하거나 열등한 점이 존재하지 않는다. 중요한 것은 가사노동자를 물질적 과정으로 거의 구성하지 않는 것이 그녀가 고용인의 허락이나 도움 없이는 행동할 능력이 없음을 암시한다는 점이다. 이는 마치 피고용인의 행위주체성이 고용인에 의하여 허락된다는 것과 같다. 더 재미있는 것은 가사노동자와 아이 간의 패턴화된 정렬이다. 이들은 정신적, 행위적, 그리고 관계적 과정으로 기술되는 유일한 참여자들이다. 그래서 이러한 타동성 구조에서는 가사노동자가 아이와 함께 '돌봄'을 필요로 하는 자로 구성됨을 볼 수 있다. 이 구조는 가부장주의의 이면, 즉 유아화infantilisation를 암시하고 있는 것이다.

이러한 타동성 패턴은 어떻게 발생하는가? 광고 카피라이터가 성인 노동자와 아기의 타동성 과정이 서로 일치하도록 의도적으로 신중하게 작업했다고 상상해야 할까? 타동성 패턴들은 단순하게 텍스트를 읽는다고 해서 명확하게 드러나는 것이 아니기 때문에 저자가 그것을 탐지하거나 통제하기는 어렵다. 그 패턴이 글의 통사적 문법에 묻혀 있어서 저자의 의식적인 통제가 미치기 어렵다는 사실은 담론적 패턴이 작동하고 있다는 것을 암시한다.

남아프리카공화국이 기적 같은 정치적 변화를 협상해내는 동안, 사회적 변화는 낡은 사고 패턴의 유물, 즉 끈질긴 담론들에 의해 계속 괴롭힘을 받을 것이다. 화자가 자신들을 새로운 비-인종주의적, 포스트-해방 담론에 자리매김할 때에도 말하기의 낡은 패턴 방식이 드러난다. 지미 코벨라 텍스트와 관련하여, 그 텍스트에서는 문맹의 결손 담론이 코벨라 씨를 유아화하는 가부장적인 인종주의 담론과 결합한다고 주장할 수 있을 것이다.

재미있는 것은 이 두 텍스트 모두에서 스탠더드 은행이 사회적 책임성을 가지고 새로운 민주주의 담론을 말하려고 하는 바로 그 순간에도 낡은 담론들이 그 은행을 말하고 있다는 점이다.

이 텍스트도 '난자와 정자 경주'처럼 다중모드적이다. 여기에서 시각 자료는 활자 텍스트와 대립한다기보다는 강화하는 방향으로 작동한다. 시각 텍스트의 분석은 대개 글로 전달되는데, 이러한 방식은 이미지를 제대로 다루지 못한다. 그 이유 중 하나는 사람의 눈이 이미지를 전체로 한꺼번에 게슈탈트gestalt로 받아들일 수 있기 때문이다. 이에 반하여 단어는 순차적이다. 한 단어가 또 다른 단어에 뒤따른다. 그림을 형성하려면 단어들이 축적되어야 한다. 이것은 가사노동자미래보장플랜 광고 이미지의 기술을 그 이미지 자체와 대조해봄으로써 예시될 수 있다(그림 4.4 참조).

스탠더드 은행의 '가사노동자미래보장플랜' 광고는 세피아 청색으로 된 시각 텍스트를 포함한다. 여기서는 아마 가사노동자일 30대 초반의 아프리카 여인이 왼쪽을 향해 창밖을 바라보는 것으로 그려진다. 얼굴은 창에서 비치는 빛으로 밝혀져 있고, 얼굴의 뒷부분, 목, 어깨는 그늘져 있다. 턱을 괴고 있는 손은 로댕의 〈생각하는 사람〉 포즈를 연상시키는데, 그녀가 깊은 생각에 잠긴 듯 보이게 한다. 그녀는 깃이 있는 드레스 내지는 셔츠와 머리 수건을 착용하고 있다. 창문의 창살은 십자가 모양이다.

그림 4.4 '가사노동자미래보장플랜' 광고의 언어적 기술

글이 어떻게 이미지 정보에 순서를 부과하는지에 주목하라. 이미지의 맥락—이미지의 색깔—인종, 성별, 나이, 직업, 이미지 대상의 행동 순서—이미지의 채광—포즈—의복—창살 모양의 순서이다. 글쓰기는 담론적이므로 순서 부과를 피할 수 없다. 그러나 그 순서를 어떻게 선택하는가는 결코 불가피하지 않다. 그림 4.5에서는 대안적인 순서를 제공한다.

깃이 있는 드레스 내지는 셔츠와 머리 수건을 착용하고 있는 아프리카 여인이 왼쪽을 향해 창밖을 바라보고 있다. 창에서 비치는 빛으로 밝혀져 있는 얼굴이 그녀가 30대 초반임을 시사한다. 턱을 괴고 있는 손은 로댕의 〈생각하는 사람〉 포즈를 연상시키는데, 세피아 청색의 이미지 색깔이 그러하듯이 그녀가 깊은 생각에 잠긴 듯 보이게 한다. 창문에는 십자가 모양의 창살이 있고, 얼굴의 뒷부분, 목, 어깨는 그늘져 있다. 스탠더드 은행의 가사노동자미래보장플랜 광고의 일부분으로, 그녀가 아마 가사노동자일 것이라는 점을 시사한다.

그림 4.5 '가사노동자미래보장플랜' 광고의 대안적 언어 기술

이미지에 글로 된 분석을 덮는 알더(Alder, 2004)의 방법은 정보 배열과 관련된 어려움 중 몇 가지를 제거한다. 그의 방법은 이미지와 그것의 분석을 동시에 제시하는 효과적이고 경제적인 것이다(그림 4.6 참조).

그림 4.6 알더의 이미지 분석 방법

모든 기술은 특정한 해석을 암시한다. 텍스트는 중립적이지 않다. 그림 4.4, 그림 4.5, 그리고 그림 4.6의 서로 다른 효과를 비교하시오.

4. 비판적 거리

나는 지금까지 담론들을 기술하기 위하여 공간적 은유를 사용해왔다. 담론을 우리가 거주하는 '위치'로, 장소로, '자리매김되는' 그리고 '자리매김하는' 것으로 지칭했다. 그리고 어떤 담론 '안에' 있으면 다른 담론을 말하기 위하여 그'로부터' 도피하는 것이 힘들다는 것을 보인 바 있다. 우리는 우리에게 편안한 담론을 말하는 텍스트에 저항하는 것도 똑같이 어려워한다. 우리가 어느 담론들 안에 위치하고 있는지와 텍스트가 어느 담론들 안에 위치하고 있는지는 우리가 그 텍스트를 받아들이거나 대항하거나 하는 읽기 능력에 영향을 미친다.

나의 조부모는 나치의 홀로코스트에서 부모와 많은 남매를 잃었다. 나는 조고모와 고모의 자녀들의 강제수용소 문신을 본 적이 있다. 이러한 유대인으로서의 나는 홀로코스트를 부정하는 자들에 의해 산출된 텍스트에 저항하여 읽기 위하여 비판적 리터러시 강좌를 들을 필요가 없다. 그림 4.7을 보라. 내 개인사가 나에게 비판적 거리를 제공해준다.

당신 자신의 정체성 투자[4]로 인해 당신을 불쾌하게 하는 텍스트(농담, 영화, 사진 등)를 하나 찾으시오. 엘리트주의, 성차별주의, 동성애 공포증, 반-이슬람주의와 관련된 혹은 여타의 방식으로 비하하는 텍스트일 수 있다.

....

4　[옮긴이 주] 정체성 투자라고 번역된 'identity investment'는 개인적으로 의미 있는 정체성을 지키거나 강화하기 위해 물적·심적 자원을 쓰는 것을 말한다. 여기에서는 특히 개인의 뿌리가 되는 정체성, 즉 인종, 민족, 성 정체성 등에 대한 헌신, 애착을 주로 말한다.

홀로코스트는 세상을 협박하고자 하는 이스라엘인들의 신화이다.

유대인들은 대중 멸절의 신화를 만들어냈는데, 그 날조는 6백만 명의 유대인들이 나치의 오븐에서 죽음에 넘겨졌다는 것이었다. 이는 유대인들로 하여금 이스라엘로 이주하여 유대인에 대한 세계적 지원을 성취하는 한편 독일인들에게서 돈을 갈취하도록 동기화하는 것을 목적으로 이루어졌다. 이와 유사하게 시온주의가 이스라엘 국가를 세우기 위하여 이 신화에 기여했다. (…) 나는 홀로코스트가 세계를 협박하기 위해 꾸며진 이스라엘의 신화임을 계속 믿는다.

『알카바(Al Kahbar)』, 1998. 9. 25.

홀로코스트는 세계를 오도하려는 (…) 거대한 거짓말이다.

유대인 홀로코스트라고 불리는 것과 관련하여 객관적인 연구자들에 의하여 준비된 대부분의 연구에서는 의심의 여지 없이 홀로코스트가 거대한 거짓말이고 시온주의자의 마음이 세계를 오도하기 위해 퍼뜨린 신화임을 증명했다.

『알아랍 알욤(Al-Arab Al-Yom)』, 1998. 7. 4.

그림 4.7 홀로코스트를 부정하는 자들에 의해 생성된 텍스트

우리 자신의 신념과 가치를 구조화하는 담론들은 우리를 불쾌하게 하는 텍스트를 읽을 때 그에 대항하여 읽는 데에 필요한 비판적 거리를 제공한다. 그러나 우리에게 편안한 텍스트에 대항하여 읽는 것은 훨씬 더 힘들다. 모든 텍스트가 이해관계로 작용하고 그 텍스트가 세계를 보는 방식으로 우리를 끌어들인다고 한다면, 우리는 어떻게 그것들이 우리에게 작용하는지 이해할 필요가 있다. 우리에게는 저항적 읽기의 전략이 필요한 것이다.

나는 '가사노동자미래보장플랜' 광고의 논의에서 언어적 측면에 대한 분석을 통하여 이 광고가 가사노동자, 고용인, 은행을 자리매김하는, 그리고 그 과정에서 독자를 자리매김하려고 작동하는 방식을 알 수 있음을 보여주었다. 이것이 어떻게 작동하는지를 이해하기 위하여 영어 문법과 시각

문법을 모두 이해할 필요가 있다. '문법', 이것은 언어학적 혹은 기호학적 분석의 훈련을 받지 못한 장래의 텍스트 분석자를 두렵게 하는 단어이다. 이런 두려움을 없애기 위해 되도록이면 단순하게 주요 언어학적 특성을 아래에 제시하도록 하겠다.

할리데이(1985)는 언어를 '의미 잠재력'이라고 기술한다. 우리가 하는 선택에 따라 이 잠재력을 이런저런 방식으로 실현한다는 것이다. 우리의 선택이 그 언어 체계가 선택을 허용하는 바에 의해 제약되기 때문에, 우리는 이 체계에 대해 알 필요가 있다. 예를 들면, 어떤 경우에는 정관사와 부정관사, 수동태와 능동태 등 양자 간에 선택을 할 수 있을 뿐이다. 그렇지만 어떤 경우에는 셋 이상에서 선택할 수도 있다. 영어 어휘에 있는 수많은 동의어나 여러 선택안을 제공하는 시제들의 범위를 생각해보라.

나는 수년에 걸쳐 어떤 언어 특성/자질이 텍스트를 구성하는 데 가장 유용한지를 이해하게 되었다. 그래서 이러한 개념을 나열하고 간단하게 설명하며 예시하는 세 단짜리 표를 개발했다(표 4.2 참조). 이 표의 모든 예시는 (마지막 세 개의 단락을 제외하고) '난자와 정자 경주—누가 주자인가?'에서 가져왔다.

표 4.2는 언어 표지에만 초점을 둔다. 그렇다고 시각적 자료의 분석이 덜 중요하다고 말하려는 것은 아니다. 이 부분은 '난자와 정자 경주' 텍스트에 삽입된 삽화에 대한 분석을 통하여 잘 예시된다(그림 4.2). 이 삽화에서는 '머뭇거리는 자'인 정자를 멍청하고 반쯤 마약에 중독된 듯하게 심지어 서로 충돌하는 모습으로 기술하고, 난자를 사악해 보이며 두려워서 떠는 정자를 손아귀에 넣고 심지어 물어뜯으려 하는 모습으로 익살스럽게 묘사한다. 또한 이 묘사는 텍스트의 말과 상충한다. 시각적 메시지가 언어적 메시지를 깎아내리는 것이다. 이 묘사는 우습기도 하다. 우리가 9장에서 볼 수 있듯이, 농담과 유머는 직설할 수 없는 것들을 허용하는 합법화의 한

형태인데, 이 경우에는 여성을 포식자로 보는 성차별주의적 구성이 바로 그것이다.

　나는 이 책에서 표 4.2에 요약된 주요한 언어학적 특징을 계속 다룰 것이다. 이는 그 특징들이 어떻게 작동하는지, 그리고 그것들을 텍스트 분석 도구로 어떻게 이용할 수 있는지에 대한 이해를 더욱 넓혀가기 위해서이다. 각각의 언어학적 특징은 텍스트를 들여다보는 하나의 렌즈로 간주되어야 한다. 중요한 것은 각각의 사용 예가 아니라 그 안에서 드러나는 패턴들이다. 특정한 선택을 개별적으로 보아서는 안 된다. 대신 드러나는 모든 것들을 살펴서 그 사용 패턴들을 찾아내야 한다. 그 패턴들이 여러 특징 사이에서 각각 확립되었을 때에만 그 패턴들 간의 연속성 혹은 단절성을 찾아볼 수 있다. 예를 들면, 정자를 위한 모든 과정을 살펴보고 난자를 위한 모든 과정을 살펴보았을 때 비로소 타동성의 패턴들에 관하여 뭔가 말할 수 있게 된다(표 4.3 참조). 그다음에 태에 대한 추가적인 분석이 태와 타동성에 걸친 연속성을 보는 데 이용될 수 있다. 이는 2장에서 논의한 바인 젠더를 근거로 한 능동적/수동적 이분법의 구성과 관련된다. 즉, 정자는 난자보다 더 '행위자doer'에 가깝고 난자는 정자보다 더 '수동자done-to'에 가깝게 그려지는 것이다.

표 4.2 텍스트 분석을 위한 주요 언어 특징

언어 특징	설명	'난자와 정자 경주'에서의 예시
어휘화	단어/구절의 선정과 선택. 다른 어휘는 같은 생각을 다르게 구성함.	이 어휘들은 먼저 정자를 '용감'하고 '영웅적'인 존재로, 다음엔 '머뭇거리는 자'로 구성한다. 난자보다 정자의 어휘화가 더 긍정적이다.
과어휘화	같은 현상에 대해 많은 단어를 사용함.	정자를 위한 형용사는 (특히 난자와 비교할 때) 과어휘화를 보인다.
재어휘화	다시 지칭하기.	난자와 정자 모두 재어휘화되어 위치의 역전을 가져온다.
어휘적 응집성	일련의 텍스트 영역에 걸쳐 연결성을 제공함: 동의성(같은 의미), 반의성(반대 의미), 반복, 연어(연관된 단어들)를 이용함.	'수정'과 '재생산': '알'과 '난자', 능동태/수동태, '알'과 '정자'가 반복됨. 달걀과 수저(spoon) 경주가 연어를 이루므로,[5] 'spoon' 대신 'sperm'을 사용해 유머가 창조됨.
비유	생각을 얽어매거나 새로운 생각의 담론적 구성을 위해 사용됨.	'찐득한 시럽을 헤치며 수영하는' 사람처럼, 정자가 난자를 '작살로 뚫는다', 난자가 서로의 관계에 '시멘트를 바른다', '슈퍼맨'으로서의 정자, '포식 거미'로서의 난자.
완곡 표현	부정적 행동이나 암시를 숨김.	'관습적인(conventional)'이라는 기술은 그것이 성차별적인 진술임을 숨긴다.
타동성 ('가사노동자미래보장플랜' 광고의 논의 참조)	과정들: 행하기-물질적 과정 존재/소유하기-관계적 과정 사고/감각/인지하기-정신적 과정 말하기-언어적 과정 행위하기-존재적/생리적 과정	정자가 난자보다 더 많이 물질적 과정으로 묘사된다. 그래서 더 능동적이고 더 큰 행위 주체성을 지닌 것으로 구성된다. 이와 관련하여 우리의 인식을 바꾸려는 작업을 하는 이 텍스트에서조차 그렇다.

....

5   [옮긴이 주] egg-and-spoon race는 참가자들이 달걀을 숟가락 위에 올려놓고 도착점까지 경주를 펼치는 게임이다.

언어 특징	설명	'난자와 정자 경주'에서의 예시
태	능동태/수동태는 참여자를 행위자 혹은 '수동자'로 구성함. 수동태는 행위자의 삭제를 허용함.	난자에 더 많은 수동 구문이 사용됨('뿌려진 후', '쓸려 내려가', '작살로 뚫리는'). 난자에게 더 지배적인 역할이 주어질 때에도 선택에 의하지 않는다('책임은 난자에게 떨어진다').
명사화: 동사가 명사로 바뀜	어떤 과정이 참여자, 시제, 법성이 없는 하나의 사물이나 사건으로 변화함.	수정: 동사 '수정하다(fertilise)'가 명사화됨. 생물학 교과서에 대한 '탐구(delve)'.
인용된 화법 (DS: 직접화법, IS: 간접화법, FIS: 자유간접화법)	누가 DS/IS/FIS로 인용되는가? 누가 가장 먼저, 가장 나중에, 가장 많이 인용되는가? 누가 잘못 인용되거나 탈맥락적으로 인용되는가? 어떤 인용 동사가 선택되었는가? 주의환기인용(scare quotes)은 어떤 효과를 갖는가?	에밀리 마틴이 말하는 내용의 대부분은 FIS로 보고된다. 이는 IS의 느슨한 형태인데, 여기선 저자와 피인용자의 목소리가 병합한다. 그녀의 말은 DS로도 인용된다. 반대하는 목소리는 인용되지 않고, 기자는 대안적인 해설을 요약하기 위해서 자신의 말을 사용한다. 그녀의 말이 인용될 때에 틀을 이루는 동사는 '보고하다(reports)'이다. 이는 예를 들면 '마틴이 추정하다(surmises)'보다 더 강력하다.
주의환기인용 혹은 '소위'	저자가 선택된 말로부터 자신을 분리시켜 그것이 다른 이에게 속한 말임을 나타내기 위해 사용됨.	기사 제목이 "난자와 정자 경주—누가 '주자'인가?"였다면, '주자'의 인용부호는 저자가 주자가 있다는 것을 의심함을 암시할 것이다.
말차례(잡기)	누가 발언권을 갖는가? 참여자들이 몇 번의 말차례를 잡는가? 누가 침묵하는가?/침묵되는가? 누가 끼어드는가? 누가 청취되는가? 누구의 의견이 계속 관심을 받는가? 말차례잡기 규칙이 문화마다 다르다면 누구의 말차례잡기 규칙이 사용되는가?	이 범주는 문어보다 구어의 상호작용에 더 해당된다. 여기에서 말할 수 있는 바는 이 언어 텍스트가 오직 마틴의 견해만 제시한다는 점이다.
(서)법	진술인가, 질문인가, 제안인가, 명령인가?	기사 제목으로 질문을 제시한다. 텍스트에 진술만을 사용하여 그것에 대답한다. 진술은 정보를 제공하기 위해 사용된다.

언어 특징	설명	'난자와 정자 경주'에서의 예시
극성과 시제	긍정극성—it is, 부정극성—it is not. 단정적인 긍정적/부정적 진술에는 시제를 사용함. 시제는 사건이 시간상 발생하는 것의 한정성을 규정함. 현재 시제는 영원한 진리와 절대적 확실성에 사용됨.	이 기사에서는 그 입지를 단언적 진실로 제시하기 위하여 현재 시제를 사용한다. 해석을 모호하게 하거나 조동사를 사용하는 법성화는 사용하지 않는다.
법성: 불확실성의 정도	논리적 가능성/개연성. 사회적 권위. 법성은 법성조동사(may, might, could, will 등)와 부사(possibly, certainly, hopefully 등), 억양, 부가의문문(tag questions) 등으로 만들어짐.	이 기사에서 저자가 법성조동사를 사용하여 확실함에 못 미침을 제시한 예는 다음의 몇 가지에 불과하다: 접착을 방지하도록 디자인된 '것처럼 보인다'. 다른 해로운 것으로 교체하는 것일 '뿐일지도 모른다'. 'seems, may'도 불확실성의 어조를 보인다.
대명사	내포적 'we'/배제적 'we'. 'us, them, she'를 포함하면서 사용되는 통칭적 'he'. 인칭의 선택: 1, 2, 3인칭.	1인칭이 사용된 예가 있는데, 이는 저자가 자신을 다른 이들에 연루시키기 위해서이다. 그 외에는 저자가 이 장르에 적합하게 3인칭을 사용하여 난자와 정자 이야기와 마틴의 논지를 전달한다.
정관사 'the', 부정관사 'a'	'the'는 공유된 정보에 쓰임: 전에 언급된 것 혹은 청자가 안다고 생각되는 것을 지칭하기 위해 쓰임. 텍스트의 전제를 드러냄.	제목에서 'the'를 사용한 것은 수정 과정에 주자(runner)가 있음을 가정하는 것이다. 'a biology text'의 탐구에서 부정관사는 특정되지 않은 생물학 교과서를 일컫는다.
주제화 – 통사: 절의 첫 부분이 주제(theme)라고 불림	주제는 절을 위한 출발점임. 절에서 주제의 위치인 맨 앞(동사 앞)에 놓인 것들의 패턴을 찾으시오.	정자나 난자, 어느 것도 그다지 주제의 위치에 쓰이지 않는다. 주제화된 것은 논지 자체이다. 관습적인 기술 → 증거 제시 → 일반적인 이야기 → 생물학 교과서 탐구 → 수정 과정, 이런 식으로 전개된다.

언어 특징	설명	'난자와 정자 경주'에서의 예시
제술 – 통사: 절의 마지막 부분이 제술(rheme)이라고 불림	영어에서 새 정보는 대체로 절의 말미에 옴. 구어 영어에서는 어조로 표시됨.	논지와 관련된 새 정보가 제술에 나타난다. 텍스트를 전체적으로 고려하면, 제술은 좌에서 우로 읽는 영어로 쓰인 텍스트의 우측에, 그리고 끝에 나타난다. 이 기사의 경우에도 텍스트의 우측 마지막에 새 정보가 있다. 대부분의 신문기사에서는 새 정보를 전면, 즉 좌측 첫머리에 놓는다.
정보를 배열하기	배열이 원인과 결과의 관계를 구축함.	논지를 제시하는 이 기사 같은 텍스트에서 정보의 배열과 논리적 연결사는 논지 구조를 위해 매우 중요하다.
논리적 연결사 – 접속사가 논지의 논리를 설정함	접속사들: 부가(and, in addition), 원인(because, so, therefore), 역접(although, yet), 시간(when, while, after, before).	논리적 연결사는 다음 논지를 확립한다: 수정을 보는 관례적 방식은 x이다. 그러나 진실은 y에 더 가깝다. 그러므로 x더하기 y이다. 시간차 역시 정보의 배열에 사용된다.

　　타동성의 체계적 기술과 계산을 통해 표 4.3에서 명확해지는 바는, 이전의 불균형을 바로잡으려고 하는 텍스트에서도 정자가 더 많은 물질적 과정으로 기술되고 있어서 정자가 수동자이기보다는 행위자라는 것이다. 텍스트에서 난자가 아니라 정자에 주의가 집중되어 있다. 정자가 주자, 즉 행동하는 자이다. 독자들이 스스로 어휘 선택을 분석해보더라도 난자보다는 정자에 대하여 더 긍정적인 단어들이 사용되었음을 발견할 수 있을 것이다. 이는 타동성 분석과 함께 패턴의 연속성을 산출하는 것이다. 즉, 이분법을 뒤집어 산출하는 역전reversal조차도 일부에 불과하다. 주제를 다루는 부분이 정자에 계속해서 더 많이 주어진다. 여기서 이해관계에 대한 질문을 하는 것은 이 분석을 비판적으로 만든다. 이러한 젠더 고정관념의 재생산으로부터 이익을 얻게 되는 자는 누구인가? 왜 이러한 젠더화된 담론이 그것을 와해하려고 하는 텍스트에서조차 출현하는가?

표 4.3 '난자와 정자 경주—누가 주자인가?'의 타동성 분석

정자 – 동사	정자 – 과정	난자 – 동사	난자 – 과정
battled	물질적	is shed	물질적(수동자)
succeeds	물질적	is swept	물질적(수동자)
penetrating	물질적	to await	행위적
fertilising	물질적	being harpooned	물질적(수동자)
engendering	물질적	to perform	물질적
to reach	물질적	cementing	물질적
efforts are	관계적	traps	물질적
journey is likened	물질적(수동자)		
is described	언어적(수동자)		
releasing	물질적		
dissolve	물질적		
producing	물질적		
to pierce	물질적		
attacking	물질적		
propelling	물질적		
are	관계적		
makes	물질적		
to penetrate	물질적		
are designed	물질적(수동자)		
to avoid	물질적		
are	관계적		
to encounter	물질적		
are	관계적		
are left wiggling	물질적(수동자)		
is engulfed	물질적(수동자)		
과정: 26개	물질적: 20개	과정: 7개	물질적: 6개 (수동태: 3개)

서법과 어휘응집성의 명백한 예시가 되는 다음의 두 텍스트를 살펴보자. 그림 4.8은 에이즈 인식 광고이고, 그림 4.9는 남아프리카공화국의 슈퍼마켓 체인인 픽엔페이Pick 'n Pay의 광고이다. 둘 다 남아프리카공화국의 텍스트이므로, 이 텍스트를 보고 소외감이나 당황스러움을 느낀다면 이를 마음속에 기억해두기 바란다. 그러한 반응은 나중에 논의될 것이다.

에이즈 텍스트에서의 서법 사용

할리데이(1985)에 따르면, 서법은 진술, 질문, 제의, 명령 등 절의 기능을 기술한다. 이러한 서법의 선택은 독자를 각각 다르게 자리매김한다. 질문은 독자에게 답이 있다고 가정하고, 진술은 독자에게 정보가 있다고 가정하며, 명령은 다른 이들에게 무엇을 할 것인지를 말할 권리를 전제한다. 에이즈 텍스트 "제정신이라면 누가 (…)" 그림 4.8의 모든 절을 살펴보면, 서법이 초기에는 질문에서 진술로, 그다음에는 명령으로 이동해가는 것을 볼 수 있을 것이다. 이 이동이 독자를 어떻게 자리매김하는지 생각해보는 것이 중요하다.

픽엔페이 텍스트에서 응집성의 사용

픽엔페이는 남아프리카공화국의 전국 규모의 큰 슈퍼마켓 체인이다. 그림 4.9에서는 어휘응집성이 만델라의 이름을 픽엔페이의 이름과 결부시키는 데 사용된다. 만델라를 픽엔페이의 사람 중 하나로 만들며, 픽엔페이를 만델라 '상표'와 연관시킨다. 문어 텍스트에서 이것이 어떻게 작동하는지 알아보기 위해 구체적인 예들을 찾아볼 필요가 있다.

그림 4.8
'콘돔 사용이 생명을 구한다'
© Gauteng Department of Health.

제정신이라면 누가 좀 더 많은 쾌락을 누리려고 인생 전부를 희생할까?

좋은 논법이 아닙니까? 사탕이 껍질에 쌓여 있을 때 어떻게 먹을 수 있습니까? 비옷을 입고 어떻게 샤워를 할 수 있습니까?

지성적으로 들리죠, 그렇지 않습니까?

사실은 사탕을 먹는다고 죽는 것은 아닙니다. 정말 이상한 사고가 나지 않는 한, 샤워를 한다고 죽지도 않습니다. 그러나 섹스에서는 그 위험성이 더 높아집니다. 목숨을 잃을 수도 있습니다. 그러니 이제 사실에 입각한 결정을 하십시오. 무엇이 당신에게 더 중요합니까? 우리의 이 나라가 제공하는 삶과 밝은 미래입니까? 아니면 한 시간 여의 섹스에서의 느낌입니까?

생각해보세요. 그리고 서두르지 마세요. 사실에 입각한 결정을 했을 때 분별 있게 행동하십시오. 금욕이 아니라면, 당신 둘 다가 서로에게 충실한 한 콘돔만이 그 치료 불가능한 바이러스, 즉 에이즈의 확산을 줄일 수 있는 유일한 방법이기 때문입니다.

가까운 의원에 전화하여 어디에서 콘돔을 구할 수 있는지 알아보십시오. 콘돔을 구하여 사용하십시오. 항상 말입니다. 그리고 에이즈 바이러스를 갖고 사는 사람들을 절대 차별하지 마십시오. 그 대신 붉은 리본을 착용하여 그들을 지지해주십시오. 이상의 내용이 익숙하게 들리고 이미 실천하고 있다면, 붉은 리본 가족이 된 것을 환영합니다. 이것이 훨씬 긴 인생을 보장한다면, 조금 덜 느끼는 것도 좋다고 세상에 말해주십시오.

안전한 섹스가 생명을 구합니다. 콘돔을 사용하십시오.

콘돔 사용이 생명을 구합니다.

그림 4.9
픽엔페이 광고
© Pick 'n Pay.

마디바

제발 픽엔페이의 자유를 받아주세요.

우리 픽엔페이 가족은 '차이를 가져온' 것에 대하여 당신에게 감사합니다. 길고 행복한 은퇴 생활을 하시길 기원합니다.

당신의 자유에의 긴 걸음은 세계인들에게, 우리의 사랑하는 조국에, 그리고 국민에게 영감이었습니다.

당신의 예를 통하여 우리는 자유를 신체적 감금과 인권의 압제에서의 해방 이상으로 봅니다. 또한 자유를 쓰라림과 편협함으로부터의 해방으로 봅니다.

당신은 우리나라가 무지와 가난과 고립으로부터 자유로워지도록 싸웠습니다.

당신은 우리의 가슴과 마음의 빗장을 열었고, 더 밝은 미래로 문을 열었습니다.

감사드리며, 우리는 당신이 우리 자신의 자유, 즉 픽엔페이의 자유의 상징적 선물인 열쇠를 받아주시기 바랍니다.

당신과 당신의 부인 그라사(Graça)는 남은 생애 동안 어느 픽엔페이 가게에서나 야채를 살 수 있습니다.

무료입니다.

우리 직원들은 차이를 만듭니다.

텍스트가 담론의 예시임을 기억하는 것이 중요하다. 텍스트는 담론이 취하는 물리적 형태이다. 물론 '가사노동자미래보장플랜' 광고에서 보았듯이, 텍스트는 혼성적으로 둘 이상의 담론으로 형성될 수도 있다. (미셸에게서 보았듯이) 텍스트의 생산자와 소비자도 자기가 동일시하는 서로 다른 담론 공동체에 의해 형성되어 혼성적이 될 수 있다. 텍스트 패턴을 그 형성에 영향을 미치는 맥락에 연결시키면 혼성성을 발견하고 이해하는 데 도움이 될 것이다.

텍스트는 다중모드적이다. 언어적 측면이 두드러진 텍스트조차도 폰트, 폰트 크기, 폰트 *서체*, 색깔, 간 격,

　　그리고

　지면 배치

등의 디자인 자질을 갖는다.

저자와 출판사는 어휘, 문법, 내용, 그리고 배열 면의 선택과 함께 지면의 전체적 디자인을 결정해야 한다.

> 픽엔페이 광고와 에이즈 전화상담 텍스트에서 언어 텍스트와 함께 제시되는 이미지들을 고찰하라. 그것들은 이 텍스트들의 의미에 어떻게 기여하는가? 표 4.4를 가이드로 이용하라.

주요한 시각 특징들이 예시에 대한 참조와 함께 표 4.4.1, 표 4.4.2, 표 4.4.3에[6] 요약되어 있다. 이 표들은 크레스와 밴 리우웬(1990)의 연구에 토대를 두고 있다. 이본느 리드와 나는 이들의 연구를 텍스트 분석 도구로

....

6　나는 이본느 리드의 허락하에 이 표들을 사용한다. 표들은 그녀와 내가 작업한 표의 축소판이지만, 그 내용은 함께 이룬 것이다.

변환하는 작업을 함께했는데, 언어 텍스트를 분석하기 위해 주요 언어 특징을 요약한 표 4.2에서와 같은 목적에서였다. 이 표들은 어느 것도 할리데이의 체계기능문법 연구나 그것에 기인한 다른 양상들modalities에 대한 문헌을 대신할 수 없다. 이 표들은 시각 텍스트 분석의 시발점으로 사용될 수 있다. 그러나 연구 목적에 필요한 섬세함의 수준에는 미치지 못한다.

사진 이미지가 현실세계의 중립적인 한 '단편'이 아니라는 것을 인식하는 것이 중요하다. 사진사가 사진의 틀을 잡고 조합할 수 있을 뿐만 아니라, 디지털 기술을 통해 스크린상의 이미지를 '포토샵'하는 것도 용이하다. 편집 프로그램인 포토샵은 이제 디지털 변형을 나타내는 동사로 사용된다. 그림 4.16, 그림 4.17, 그림 4.18이 디지털 변형의 예를 보여준다. 그림 4.15에서는 이것이 내가 소유한 단 하나의 아프리카 인형의 사진임을 아는 것이 중요하다. 그림 4.16에서는 사자가 걷는 연속적인 사진들이 결합되어 그 사자가 달려오는 듯이 보인다. 그림 4.17에서는 두 코뿔소가 결합되어 두 개의 머리를 지닌 한 코뿔소인 것처럼 보인다. 이는 내가 어렸을 적에 '나를-밀고-널-끌고push-me-pull-me'라고 불렀던 것이다. 그림 4.18에서는 디지털 변형을 하지 않았으나 인물의 무릎 아래를 잘라낸 사진이 전혀 다른 메시지를 전해준다.

표 4.4.1 참여자와 과정의 재현들

	정의	의미	예
내러티브	**내러티브적 이미지**는 벡터(Vectors)를 사용하여 참여자들 간의 행동과의 상호작용을 보여준다.	**행동적**(Actional) **이미지**는 벡터를 사용하여 참여자들 간의 움직임을 시사한다. **반응적**(Reactional) **이미지**는 시선과 몸짓의 방향 같은 벡터를 이용하여 참여자들 간의 상호작용을 보여준다.	그림 2.2 '당신의 머리에 엣지를'에서 시선의 방향은 참여자들 간의 상호작용을 보여주지 않는다.
개념적 대 분류적	**개념적**(Conceptual) **이미지**는 참여자들의 고정적이고 기본적인 특징을 추상적으로 재현한다. **분류적**(Classification) **이미지**는 (유형/위계, 흐름, 네트워크 등에 의한 분류인) 분류체계들(taxonomies)을 재현한다.	**유형에 따른 분류** 예를 들면, 참여자들의 위계적 혹은 대칭적 배열, 순서를 보이는 흐름도, 참여자들 간의 다중적 연계를 나타내는 비선형적 네트워크 도표 등이다.	아프리카의 구슬공예로 만든 에이즈 리본(그림 4.8), 열쇠(그림 4.9) '분류' 예를 들면, 시각적 의미 만들기의 유형을 분류하는 표 '흐름들'(그림 8.2 참조)[7]
분석적 대 상징적	**분석적**(Analytic) **이미지**는 정의하는 특징을 구성하는 속성을 보여준다. **상징적**(Symbolic) **이미지**: 참여자들이 이미지의 암시적인 힘 때문에 이미지에 포함된다. 이러한 포함은 상징적 설명을 요구한다.	분석적 이미지는 색깔, 세부사항, 사실주의를 제거한다. 근본적 요소를 부각시키기 위해 탈맥락화되고 축소되는 경향이 있다. 시각 이미지에서의 부각('도드라짐')은 대상이나 그것의 한 측면에 대해 주의를 끄는 자질들에 의해 생산된다. 부각된 측면이 상징적이기 위해서는 어떤 다른 의미를 대신할 필요가 있다. 시각적 은유인 것이다.	그림 4.6에서 축소된 것은 오직 사진의 크기뿐이다. 그러나 말풍선은 근본적 요소를 **부각**시킨다. 그림 4.9에서는 열쇠, 즉 자유의 **상징**이 부각되어 있다. 왜냐하면 공간을 상당히 많이 점유하고 있기 때문이다. 레고 인형들(그림 5.1)과 고추-크리켓-공(그림 5.3)은 동일함과 다름을 나타내는 **시각적 은유**이다.

힐러리 쟁크스와 이본느 리드가 크레스와 밴 리우웬(1990)에 의거하여 제작함.
출처: *Reading Images.* Geelong: Deakin University Press.
....

7   [옮긴이 주] 원저에는 그림 8.5로 되어 있으나 그 그림에는 의미 있는 '흐름'이 없다. 오자로 보인다.

표 4.4.2 보는 이와 이미지의 대상과의 관계

	정의	의미	예
많은 시각 특징은 연속선 위에 있다. 예를 들면, 극한 원거리 촬영에서 아주 가까운 클로즈업까지, 총천연색 채도에서 무채색까지 등이다. 이는 상호 간의 관계에서 정의되어야 한다.			
응시	살아 있는 주체들이 이미지에서 보는 이를 내다본다.	그들은 보는 이와의 관계를 요구한다.	그림 1.1의 지미 코벨라
	살아 있는 주체들이 보는 이를 바라보지 않는다.	그들은 대상화되어 있다. 자신을 살펴보라고 제공하는, 보는 이의 응시를 위한 대상으로 나타난다.	그림 4.3의 가사노동자
촬영	**근거리 촬영**은 세부사항에 집중한다(예: 얼굴). 극한 근거리 촬영(예: 눈)	근거리 촬영은 인물의 개인적 공간 안으로 들어가기 때문에 친밀감을 창조한다.	그림 4.10 참조
	중거리 촬영: 인물의 무릎 위나 허리 위를 보여준다.	사회적 상호작용의 영역을 재현한다.	
	원거리 촬영: 극한 원거리 촬영은 현장과 배경을 보여준다. 원거리 촬영은 공간에서 전신을 보여준다.	촬영물들이 신체적 · 사회적 근접성 혹은 거리를 나타낸다.	
카메라의 각도	**항공각**(Arial): 조감도	보는 이가 전지적이다.	그림 4.11 참조
	고각(High Angle): 사진기가 대상을 내려다본다.	대상을 축소시키고 볼품없게 만든다. 보는 이에게 권력이 있다.	
	보통각(Normal): 카메라가 '눈높이'에 있다.	현실감을 창조한다. 특별한 권력 차이가 없다.	
	저각(Low Angle): 사진이 대상의 아래쪽에서 찍힌다(올려찍기).	대상을 격상시킨다. 대상이 힘 있고 중요하게 보인다.	
	경사각(Tilted): 카메라가 옆으로 기울어진다. 물체가 옆으로 쓰러지는 듯 보인다.	대상이 균형을 잃은 듯 보이게 한다. 긴장과 불안정성을 창조한다.	
	이마각(Front Angles): 사진이 대상의 바로 앞에서 찍힌다.	제작자와 보는 이가 보는 이미지에 연루된다. 시각적 '우리'.	

	빗각(Oblique Angle): 대상이 프레임 안에서 빗각으로 제시된다.	대상이 방관적 입장으로 보인다. 타자-시각적 '그들'.	
색 채	**채도**(Saturation): 총천연색에서 흑백까지	사실적 이미지에서는 많은 색깔, 많은 변이, 그리고 사실적으로 보이는 채도가 자연스러운 효과를 창조한다.	삽화(그림 4.2)는 아이디어를 본질화된 특성으로 축소하여 보여준다. 여기에서는 과학적이라기보다는 해학적 효과를 위하여 사용된다.
	수(Number): 모든 색깔 혹은 몇 개의 색깔	과학적 이미지는 생각을 본질적 특징으로 축소한다. 흑백(채도 없음)과 줄어든 색깔들이 선호된다.	
	변이(Variation): 단조롭거나 (이상화됨) 자연스러움(많은 변이와 명암)	광고 이미지는 종종 과-채도를 사용하여 감각에 호소한다(예: 음식).	
노 출	**과소노출**(Underexposed): 적은 빛이 필름에 도달한다. 이미지가 어둡다.	불길한 분위기와 위협감을 창조한다.	그림 4.12 참조
	과다노출(Overexposed): 많은 빛이 필름에 도달한다. 이미지가 유실된다.	물체가 공개적·심리적으로 노출됨을 시사한다.	
초 점	이미지는 '초점 맞음(선명한 이미지)'에서 '초점 안 맞음(점점 흐려짐)'까지의 연속선에서 제시될 수 있다. 이미지가 부분적으로 초점이 맞거나 안 맞을 수도 있다.	초점이 덜 맞은 이미지는 상세함을 덜 제공하고 더 부드러워 보인다. 부드러운 초점은 여성적이고 낭만적이며 이상화된 효과를 창출할 수 있다. 선명한 초점은 정밀함, 정확함, 사실감, 과장된 현실감까지 제공한다. 초점이 맞은 부분이 더 부각되고 주의를 끈다.	그림 4.13 참조
원 근 법	원근법(Perspective)은 이미지 제작자의 눈에 의해 결정된 소실점을 통해 이미지 안에서 삼차원을 창출한다.	원근감이 있는 이미지는 보는 이의 관점을 좌우한다. 원근감이 없는 이미지는 내재된 관점이 없어서 덜 사실적으로 보인다.	그림 4.14 참조

힐러리 쟁크스와 이본느 리드가 크레스와 밴 리우웬(1990)에 의거하여 제작함.

출처: *Reading Images*. Geelong: Deakin University Press.

표 4.4.3 요소의 부각(Salience)과 조합(Composition)

	정의	의미	예
쪽의 배치	수직 축은 보는 이를 위해 **신정보**와 **구정보**를 구분하고, 수평 축은 **현실**로부터 **이상**을 구분한다(Kress & van Leeuwen, 1996: 108). **중앙과 여백**(Centre and margins)	쪽의 구성 | 왼쪽 위	오른쪽 위
---	---
이상적, 매우 바람직한 구정보, 약간의 부각성	이상적, 매우 바람직한 신정보, 부각성
왼쪽 아래	**오른쪽 아래**
사실적, 덜 바람직한 구정보, 부각성 없음	사실적, 더 바람직한 신정보, 약간의 부각성		그림 4.3, 그림 4.8, 그림 4.9 참조
	글자체(Style): 굵은 활자체, 기울임체, 밑줄, 색깔 **균형**(Balance): 조합되는 요소들의 상대적 가중치에 의해 창출된다.	중앙/주변 관계를 설정한다. 글자체는 부각성을 높이고 독자의 주의를 끈다. 가중치가 주어진 요소들은 보는 이의 주의를 요구하고 읽기 경로에 영향을 미친다.	
테두리하기	실재는 틀(frames)이 없이 존재하지만 그림에는 가장자리가 있어서, 구성자(composer)는 무엇을 틀에 포함시킬지 결정해야 한다.	틀은 무엇이 보이도록 허용되는지 그렇지 않은지를 결정한다. 테두리는 텍스트의 요소들을 서로로부터 구별한다.	그림 4.18 참조
벡터	벡터는 틀 안의 한 요소로부터 다른 요소로 시선을 안내하는 '선'이다. 실제의 선, 물체나 단어에 각도 주기, 빈 공간의 활동 등 보는 이의 응시 경로를 가리키는 것을 통하여 창출된다.	벡터는 지시봉 역할을 한다. 보는 이의 이상적인 읽기 경로를 창출한다. 텍스트나 이미지의 요소를 서로 관련시키고 시각적 일관성이나 분할을 창출한다.	그림 4.3의 가사노동자의 손과 그림 3.5의 패자의 들린 다리는 시선을 안내하는 벡터를 창출한다.

힐러리 쟁크스와 이본느 리드가 크레스와 밴 리우웬(1990)에 의거하여 제작함.

출처: *Reading Images.* Geelong: Deakin University Press.

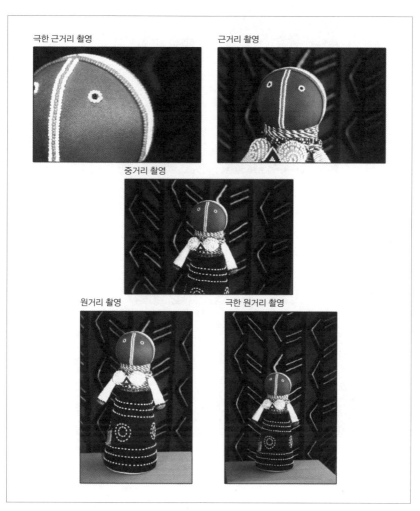

극한 근거리 촬영

근거리 촬영

중거리 촬영

원거리 촬영

극한 원거리 촬영

그림 4.10 촬영들

Photographs by Daniel Janks.

그림 4.11 각도들
Photographs by Daniel Janks.

그림 4.12 노출
Photographs by Daniel Janks.

넓은 피사계 심도(Wide Depth of Field)　　　좁은 피사계 심도(Narrow Depth of Field)

그림 4.13 초점
Photographs by Daniel Janks.

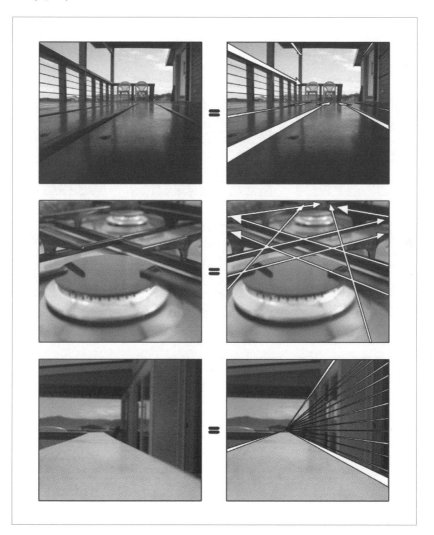

그림 4.14 원근법
Photographs by Daniel Janks.

그림 4.15 형태 바꾸기
Photographs by Daniel Janks.

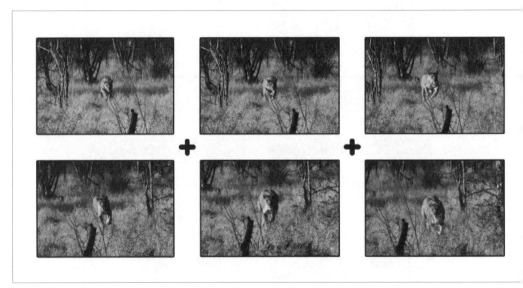

그림 4.16 형태 바꾸기
Photographs by Daniel Janks.

2차 복제   3차 복제   최종본

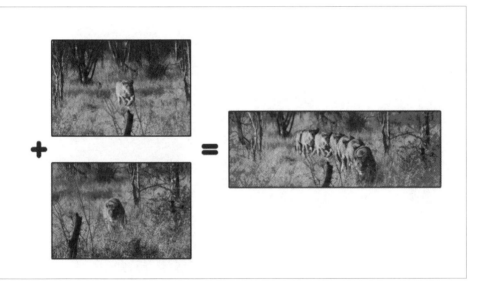

그림 4.17 형태 바꾸기
Photographs by Daniel Janks.

그림 4.18 자르기
© The Bigger Picture/Reuters.

어느 때보다도 지금은 카메라가 컴퓨터와 결합함으로써 사진이 거짓말을 할 수 있게 되었다. 영화 〈왝 더 독Wag the Dog〉(Levinson, 1997)은 정치적 풍자물인데, 미디어가 알바니아와의 가짜 전쟁을 만들어서 미국 대통령이 연루된 섹스 스캔들로부터 대중의 관심이 멀어지게 하는 이야기를 들려준다. 겁에 질린 어린 소녀가 가짜 하얀 고양이를 안고 살기 위해 폭격을 당하는 마을에서 도망치는 가짜 뉴스 장면이 특히 중요하다. 여기에서 이 영화는 어떻게 각 시각적 세부요소가 선택되어 대중의 반응을 조작하는지를 자세하게 보여준다. 또한 어떻게 한 뉴스 사건이 진정성 있게 보이도록 시각적으로 제작되는지도 단계별로 보여준다. 사건이 일어난 적이 없음에도 말이다. 어느 시대에서나 미디어는 우리에게 무엇을 말하고 보여줄지를 선택한다는 점에서 선별적이었지만, 디지털 기술의 발달로 인해 현재 대중은 미디어 텍스트를 비판적으로 읽는 능력을 더 필요로 하게 되었다.

페어클러프(1989, 1995, 2003)의 비판적 담론 분석 모형은 우리에게 지금까지의 논의를 고찰할 이론적인 틀을 제공해준다. 그의 모형은 세 개의 상호 연결된 담론 차원으로 구성되는데, 이는 세 개의 상호 연결된 분석 과정과 엮여 있다. 이 세 개의 담론 차원은 다음과 같다.

1. 분석 대상(언어: 언어적, 시각적 혹은 언어적이면서 시각적인 텍스트를 포함함)
2. 그 대상이 생산되는(글로 쓰이고, 말해지고, 디자인된), 그리고 수용되는(읽히고, 청취되고, 시청되는) 과정들
3. 이러한 과정을 지배하고 진리로 간주되는 것을 확립하는 사회-역사적이고 맥락적인 조건들

페어클러프에 따르면, 이러한 측면들은 각각 상이한 종류의 분석을 요

구한다.

1. 텍스트 분석(기술)
2. 분석 처리하기(해석)
3. 사회적 분석(설명)

이 장에 제시된 텍스트를 조사해보면 이러한 아이디어의 몇 가지 예를 볼 수 있다.

1. 페어클러프는 텍스트를 구성하는 기호를 분석하는 것을 텍스트 분석 text analysis이라고 부른다. 나는 텍스트 기호 자체를 분석하는 것에 더하여 독자들이 실재를 구성하고 자신을 자리매김하기 위해 한 언어적/시각적 선택들이 사용된 방식에 대해 생각하는 것을 돕기 위해 도구와 활동을 디자인했다. 그리고 네 개의 텍스트를 고찰했다. '난자와 정자 경주', '가사노동자미래보장플랜' 광고, 에이즈 인식 광고, 픽엔페이 광고이다.
2. 나는 텍스트가 독자를 자리매김하고 이상적인 읽기 위치를 구성하기 위해 작동하는 방식을 논의하면서 생산과 수용 과정을 탐색하기 시작했다. 여러 생산자가 관여한 신문 텍스트인 '난자와 정자 경주'는 생산되고 수용되는 전체적 메시지에 생산 과정이 영향을 미치는 것을 보여주는 예시이다.
3. 프레이리의 저술은 사회-역사적인 조건이 텍스트 생산을 제약하는 방식을 보여주는 좋은 예이다. 그가 단어 'man'을 선택한 것은 저술 당시에는 자연화된 것이었지만 이후 시대에는 성차별적인 것으로 읽힐 수 있었다. 이와 비슷하게 '가사노동자미래보장플랜' 광고가 생산

된 환경도 남아프리카공화국 밖에서는 없을 듯하다.

나는 에이즈의 논의를 위한 맥락이 광범위하게 다르기 때문에 독자들이 자신의 사회적 맥락에서 그림 4.8의 에이즈 텍스트에 대해 매우 상이한 이해에 이르렀으리라고 상상한다. 이 점을 더 생생하게 하기 위해 남아프리카공화국의 흑인거주지역township[8] 아터리지빌의 7학년 학생들이 쓴 텍스트 하나를 여기에 제시한다. 이 학생들은 아이들의 장소 재현에 대한 국제 리터러시 프로젝트의 일환으로 호주 아이들을 위하여 자신들의 거주구와 그 근방에 대해 기술하는 알파벳 책을 만들고 있었다.

H는 HIV/AIDS를 나타냅니다.

HIV/AIDS는 치유될 수 없는 질병입니다. 아터리지빌의 많은 사람들, 특히 젊은 사람들이 에이즈로 죽어 가고 있습니다. 이 질병으로 고통받는 사람들은 사람들이 자신이 감염되었다는 것을 알기를 원하지 않으며 그것에 대해 이야기하고 싶어 하지 않습니다. HIV 양성인 사람 중 일부는 다른 사람을 감염시켜서 이 질병을 퍼뜨립니다. HIV/AIDS는 방어 없이 자기 때문에 발생합니다. HIV는 콘돔을 사용하지 않고 다른 사람과 자는 HIV 양성인에 의해 전파됩니다. 많은 사람들은 에이즈에 대한 정보를 가지고 있지 않습니다. 그들은 여전히 잘못된 정보를 믿습니다. 그들은 HIV 양성 반응을 보이는 사람들과 악수하고 싶어 하지 않습니다. 또 다른 잘못된 정보는 아이를 강간하면 에이즈가 완치된다는 것입니다. 이것은 아터리지빌에서 아동 학대와 강간이 높은 이유 중 하나입니다. HIV 양성인 경우에 체중이 감소하고 식욕을 잃을 수 있습니다. HIV에 감염된 사람은 몸을 만들고 에너지를 공급하며 운동을 하고 음식을 먹음으로써 몸을 돌볼 수 있습니다.

그림 4.19 알파벳 책

....

8 [옮긴이 주] 아파르트헤이트 시행 당시 백인과 흑인의 거주 지역을 분리하면서 만들어진 흑인거주지역을 타운십이라고 한다. 아파르트헤이트가 폐지된 이후 법적인 강제는 사라졌으나 현재까지도 해당 지역에는 흑인들이 주로 거주하고 있으며, 일종의 빈민촌을 형성하고 있다.

이 아이들의 책을 읽을 때 당신의 사회적 맥락이 어떤 제약을 가하는지 생각해 보는 것이 중요하다. 당신의 사회에서 7학년 아이들은 에이즈에 대하여 무엇을 쓸 것인가?

남아프리카공화국에서는 에이즈 바이러스가 너무 심각하게 창궐하기 때문에, 성행위에 대한 공개적 논의, 명시적인 간판, 라디오 광고, 그리고 초등학교에서의 성교육 등이 필요하게 되었다. 다른 맥락에서 살고 생활한다면, 여러분의 지리적·사회적 위치로 인하여 여러분은 저 두 개의 에이즈 텍스트로부터 괴리감을 느낄 수 있을 것이다. 거리가 비판적 읽기에 중요하지만, 그것이 독자로 하여금 텍스트에 간여하지 못하게 혹은 아주 다른 세계관을 이해하려고 하지 못하게, 혼란스러운 텍스트와 씨름하지 못하게 할 수도 있다. 비판적 리터러시는 텍스트에 간여하면서 동시에 그것으로부터 거리를 둘 것을 요구한다. 이에 대해 1장에서는 텍스트의 '편에서' 읽고 텍스트에 '대항하여' 읽는 것으로 기술한 바 있다. 각각 그 자체로는 함정의 형태가 되므로, 우리는 이 둘을 동시에 해야 한다. 멀리함이 없는 간여함은 독자 자신의 위치와 무관하게 텍스트의 힘에 복종하는 형태이다. 간여함이 없는 멀리함은 자신의 주체성의 한계를 벗어나기를 거부함이다. 타자에게 진입함이 없이 우리가 텍스트를 읽었다고 말할 수 있겠는가? 이 경우에 우리는 무엇에 저항하고 있다는 말인가?

나는 간여함과 멀리함 둘 다를 가지고 교육하는 것이 나의 리터러시 교수를 더 포용력 있게 한다는 것을 알게 되었다. 분석용 텍스트가 특정 집단의 학생들의 지식 자원funds of knowledge(Moll, 1992) 혹은 문화자본cultural capital(Bourdieu, 1991)에 특혜를 주면, 다른 학생들은 종종 소외를 경험한다. 나는 학생들에게 이런 소외감을 비판적 리터러시를 위한 자원으로 인식하도록 가르친다. 이들에게 그 텍스트는 자연화되지 않았고, 이들은 낯선 위치에서 시작하기에 비판적 거리를 이상적인 읽기 위치를 거부하는 데 이용할 수 있다. 이들의 도전은 그 텍스트를 그 자체로 이해하고 제대로 볼 수 있기 위해 그것에 간여하는 것이다. 바로 이러한 이유 때문에 나는 독자들에게 에이즈 텍스트와 픽엔페이 텍스트에서 의아스럽거나 문제의 소지가 있는 것은 뭐라도 메모해 보라고 했다. 이러한 반응들이 저항적 읽기의 자원인 것이다.

반대로 우리가 텍스트의 이상적 독자여서 그것의 전제와 입장을 공유한다면, 그 텍스트는 우리에게 매우 자연스럽게 보이고 그것으로부터 한 걸음 물러나 그것을 사회적으로 구성된 재현으로 보기가 더 힘들다. 바로 이때 이 장에서 제시된 것과 같은 분석 도구가 필요하다. 텍스트를 구조화하는 부호들 바깥에 설 수 있기 위해서이다. 여기에서 우리는 간여된 위치로부터 시작한다. 우리가 간여된 위치에서 시작하든 낯선 위치에서 시작하든, 종국에 텍스트의 편에서, 그리고 텍스트에 저항하여 읽을 수만 있다면 문제될 것이 없다.

한번은 학생들에게 『가정과 여가House and Leisure』에서 가져온 분석용 텍스트를 준 적이 있었다. 상류층을 대상으로 하는 가정 장식과 생활양식 잡지였다. 이 잡지의 2002년 4월호에 실린 텍스트 「어린 공주들Little Princesses」은 어린 소녀들의 침실에 대한 기사였는데, 동화 「공주와 콩The Princess and the Pea」과 관련하여 쓰여 있었다. 이 이야기에서는 "진짜 공주를 제외하면 누구도 그 정도로 예민할 수 없기 (때문에)" '진짜 공주'는 "20개의 매트리스와 20개의 깃털 침대를 가로질러 콩을" 느낄 수 있다. 이 이야기는 특혜를 받은 부유한 집안의 소녀들의 침실을 위해 주장되는 과도한 사치를 정당화하기 위하여 사용된다. 이 텍스트는 계층 기반의 엘리트주의를 자연화하는 것에 더해 어린 소녀들을 유아화하고 행위주체성 없는 인형으로 구성해서 수동적-여성/능동적-남성의 젠더 이분법을 재생산한다. 한 아프리카 학생이 자기 자신의 문화적 위치를 이용하여 이 텍스트에 저항하여 읽었다.

이 텍스트는 모든 면에서 나에게 매우 생소하다. 가난한 집안 출신의 보통 무수투Mosotho 여자인 나는 이 텍스트에 그려진 것을 거의 믿을 수 없다. 내 문화는 아주 다르다. (…) 그러한 낭비를 소수가 즐기는 동안, 나머지 사람들은 기아와 에이즈로 죽는다. 그러나 아주 힘들겠지만, 나는 이 텍스트의 편에서 읽으려고 할 것이다. 이것을 분석할 더 좋은 입장에 서기 위해서이다.

많은 경우에 학생들은 수업 자료로부터의 문화적 소외를 맥 빠지게 하는 것으로 경험한다. 그러나 이 에세이에서는 그녀가 자신의 지식과, 저자와 저자가 상정한 독자들로부터 떨어진 자신의 외부자적 위치를 적극적으로 활용할 수 있는 자원으로 바라볼 수 있다는 것이 드러난다.

모든 텍스트가 자리매김되어 있고 자리매김한다고 주장하지만, 나는 이 둘 중 어느 것도 사악하다고 보지는 않는다. 단지 그렇다는 것이다. 사람들이 우리의 견해를 진지하게 받아들이고 설득되기를 원하지 않는다면 언어를 사용할 이유가 없다. 이는 내가 여러분이 이 책을 읽을 때에 일어나길 바라는 바이기도 하다. 왜 다르게 생각하겠는가? 중요한 것은 텍스트가 독자를 자리매김하기 위하여 작동한다는 것이 아니라 그러한 자리매김의 효과이다. 이러한 효과가 좋은지 나쁜지에 대한 판단은 공평함, 형평성, 그리고 연민 등의 기준에 의거한 윤리적 판단이다.

나는 종종 비판적 언어인식이 사회의 기성 권력집단의 텍스트 생산을 더 연마하는 데 사용될 수도 있는지에 대한 질문을 받곤 한다. 물론 그럴 것이다. 그래서 회사들이 전문적 광고주를 고용하고, 정부가 연설 원고 작성자, 홍보 담당자, 공보 비서관을 고용하는 것이다. 우드워드(Woodward, 2004)는 『공격 계획 Plan of Attack』에서 부시 행정부가 이라크, 이란, 북한을 미국을 위협하는 국가들로 구성하기 위해 사용한 '악의 축' 은유의 기원과 힘을 논의한다. 그의 연설 원고 작성자인 거슨Gerson은 어구 '증오의 축'을 '악의 축'으로 바꾸어 그 개념을 확장하고 더 위협적으로, 심지어 사악하게 들리게 했다. 사담 후세인Saddam Hussein이 거의 악마의 대리자인 것 같았다(p.87).

> 정치연설 문화에서는 과도한 단순화가 요구되었다. 백악관 공보 분과의 댄 바틀릿Dan Bartlett 과장은 매우 기뻤다. 얼마나 멋진 다섯 음절인가. (…) 그는 '악의 축'이 대표 어구가 될 것임을 알 수 있었다. 이 어구는 대담하기까지 한 명료성을 지녔던 것이다. 이것을 탁자에 올려놓고 공개하는 순전함이 혼란을 깨버렸다. 외교 정책 사제들은 종종 외교와 정책이 미묘한 차이/뉘앙스에 대한, 환언하면 혼란에 대한 것이라고 주장한다. 하지만 그렇지 않다. 선악 구도가 먹혔다(Woodward, 2004: 94).

텍스트는 우리에 대한 디자인('속셈')을 지니고 있다. 우리는 텍스트가 구성하는, 그리고 그것을 구성하는 진리를 볼 수 있어야 한다. 그리고 그것의 효과를 상상할 수 있어야 한다. 비판적 읽기는 사회정의의 윤리와 결합하여 우리 자신과 타인들의 권리를 보호하기 위해 필수불가결한 것이 되었다.

5장

다양성, 차이, 그리고 차별

1. 들어가기

앞에서 언어, 리터러시, 그리고 권력에 대해 좀 더 자세히 살펴보았기에, 이제 리터러시, 권력, 그리고 정체성의 쟁점과 교사들이 학생들의 다양한 정체성을 다루는 방식에 대해 이야기하려고 한다. 21세기 초에 이질성은 다중언어와 다문화를 지닌 도시 교실에서 일반적인 것이다. 학생들은 자신들이 살아온 역사에 따라 다르게 굴절되어 있는 젠더, 인종, 계급, 성별, 민족, 종교, 능력 등의 사회적 범주에 다양하게 분포되어 있다. 우리는 정체성을 계속 진행 중인 것으로, 고정적인 것이라기보다는 역동적인 것으로, 생산되지만 결정되지는 않은 것으로 생각할 필요가 있다. 웽거(Wenger, 1998)는 우리가 세상에 존재하는 방식인 담론과 리터러시에 미치는 실행 공동체의 영향을 인식하면서 서로 다른 공동체에 소속된 경험 및 이 공동체들을 거쳐온 고유한 궤적이 우리 각자를 형성한다는 것과 우리의 형성은 진행 중이라는 것을 제안한다. 이러한 공동체 구성원으로서의 자격은 우리가 체화한 사회적 정체성(예를 들어, 우리의 젠더 정체성)에 의해 더욱 영향을 받는다. 정체성을 유동적이며 혼성적인 것으로 상상함으로써, 우리는 사람들을 그들이 속한 공동체나 우리가 그들에게 배정하는 공동체 중 하나에 근거하여 본질화하는 것을 거부한다. 그렇기에 우리는 사람들 자신의 지식, 관행, 정체성 투자를 존중하고 수용해야 한다.

> 학생들에게 자기에게 중요한 정체성의 한 측면이 다른 사람들에게 존중되지 않는 상황을 생각해보라고 할 수 있다. 그들은 그 상황과 그것에 대한 자기의 반응을 글로 혹은 파트너와 함께 말해보도록 해야 한다.

특히 교사들의 무감각과 제도적 관행이 차이와 관련하여 아동과 그 가족에게 미치는 영향에 대해 생각해보는 것이 중요하다. 이런 아이디어를 발전시키기 위해 나 자신의 이야기를 하나 하겠다.

크리스마스와 분홍 토끼
—

나는 1980년에 남편과 두 아이와 함께 영국 런던에 가서 살았다. 그 당시 6살이었던 큰아들은 지역 초등학교의 학생이었다. 12월이어서 텔레비전, 기차, 버스, 학교, 거리, 상점 등 어디서나 크리스마스 분위기를 한껏 풍겼다. 남아프리카공화국 사람들도 크리스마스를 축하하지만, 영국에서처럼 피할 수 없는 것은 아니다. 남아프리카공화국의 학교에서는 12월 초에 방학을 하기에 크리스마스는 학사 일정의 일부가 아니다. 여름철 휴일이기 때문에 많은 사람들이 직장에서 벗어나 마을을 떠난다.

런던에서 아들의 교사인 B씨는 학생들에게 쓰기 과제를 내주었다. 학생들은 산타클로스에게 크리스마스 선물로 무엇을 원하는지 이야기하는 편지를 써야 했다. 유대인인 우리가 크리스마스를 기념하지 않는다는 것을 알고 있던 아들은 교사에게 분홍 토끼에 대한 이야기를 대신 쓸 수 있는지 물었다. 그녀는 "성 닉[1]은 모든 어린아이들을 사랑한다."고 주장하며 거절했고, 엄마인 나와 그 문제를 해결하려고 했다.

바로 그때 모든 것이 꼬였다.

오래전 일이었지만, 교사와 싸운 일이 마치 오늘 아침에 일어난 것처럼 생생하게 기억난다. 내가 학교에 도착했을 때, 내 아들은 나에게 무슨 일이 일어났는지 말해주었고 선생님이 나를 만나고 싶어한다고 했다. 나는 격분했다. 나는 교사에게 우리는 유대인이고 크리스마스를 기념하지 않는다고 말했던 것을 기억한다. 나는 그녀의 학생인 내 아들이 했던 말을 더 진지하게 받아들이라고 했다. 교사도, 학교도, 부모님도, 내가 어떻게 가정을 운영해야 하는지 지시할 수 없다고 말했다.

그 당시에 내 아들은 학교의 크리스마스 행사에서 동방박사 멜키오르의 역할을 하고 있었는데, 놀이와 실제 생활의 차이점을 구분하지 못한 교사는 이것을 남편과 내가 우리 집에서 크리스마스 행사를 하는 것에 대해 반대하지 않겠다는 뜻으로 받아들였다. 나는 교사에게 내가 내 종교의 많은 축일들을 지키지 않았기 때문에 그녀 종교의 고귀한 축일들을 지키지 않을 거라고 말해야 했다. 결국 완전히 화가 난 그녀는 내게 결코 잊지 못할 두 가지 말을 했다. "쟁크스 부인, 로마에서는 로마법을 따르세요."와 "쟁크스 부인, 당신은 당신의 아이가 남들과 다르다고 느끼도록 하고 있습니다."였다. 여기

....

1   [옮긴이 주] 성 니콜라스(St. Nicholas)의 약칭으로, 산타클로스의 유래가 된 성인을 지칭한다.

에 그녀의 교육 철학이 요약되어 있다. '당신의 아이를 동화시키세요. 그렇지 않으면 당신의 아이가 다르다는 낙인을 찍는 것입니다.' 그녀에게 있어서 다르다는 것은 좋은 것이 아님이 분명했다. 다르다는 것은 나쁜 것이었다. 다르다는 것은 정상이 아니었다. 다르다는 것은 배제를 의미했다. 나는 화가 나서 그녀에게 "B씨, 제 아들은 다르지요. 저는 당신이 다르다는 것에 대해 어떻게 할 것인지 알고 싶어요."라고 말한 것을 기억한다. 그때 우리는 복도에서 서로에게 소리를 지르고 있었고, 교장은 나를 제지하기 위해 자신의 사무실로 나를 데려갔다. 교장은 나를 지지하지 않았다. 그녀는 내 아들에게 아무것도 해주지 않았다.

영국에 도착한 후 처음으로 나는 깊은 소외감을 느꼈다. 처음으로 나는 내가 소속되어 있지 않다는 것을 알았다. 처음으로 나는 소속되고 싶지 않았다. 그 일은 내가 결코 포기한 적 없었던 현지국(영국)에 대한 태도에 고통스러운 전환점을 가져왔다. 그곳은 내 집이 아니었고 그럴 수도 없다는 것을 나는 깊이 이해하게 되었다. 그 당시의 나에겐 새로운 나라에서 분노를 처리할 이론적이고 실제적인 문제해결 수단이 부족했다. 이것은 압도적인 무력감을 초래했다. 긍정적인 측면에서 보면, 이 작은 에피소드는 내게 난민이 되는 것이 어떤 기분인지, 그리고 교육기관에 의해 주류로 구축된 것의 바깥에 놓여 있는 아이의 부모가 되는 것이 어떤 느낌인지 이해하게 해주었다.

내 아들이 분홍 토끼에 대해 쓰도록 B씨가 허락하는 것은 얼마나 쉬웠을까? 많은 아이들은 교사에게 빠져나갈 구멍을 선물하지 않는다.[2] 많은 학생들은 그저 불만을 품고 혼란을 겪게 되는데, 누가 그들을 탓할 수 있겠는

....

2   [옮긴이 주] 상충되는 문제가 발생했을 때 학생이 아닌 교사가 문제해결을 위해 입장을 바꿔야 한다는 의미이다.

가? 나는 이 이야기를 B교사(와 다른 교사들)가 읽기를 바란다.

20년이 지나서 이 이야기와 관련하여 내게 두드러지는 점은 B교사에게 '로마'의 관행이 얼마나 당연시되고 있었는가 하는 것이다. 그녀는 그것을 사회적 강자 집단의 관행으로 인식하지 못했다. 이 자연화naturalization[3] 과정은 소속된 사람들이 관행이 사회적으로 구성된다는 사실을 볼 수 없게 하는 방식으로 정상(적인 것)을 구성하는 역할을 한다.

2. 모형에서의 다양성의 위치

비판적 리터러시 능력을 위한 상호 의존적 모형에서 다양성의 위치를 이해하기 위해서, 이 장에서는 모형에서의 다양성 열(표 5.1 참조)에 포함된 항목들에 대한 논의를 전개할 것이다.

3장과 4장에서는 리터러시, 텍스트, 권력 사이의 관계에 초점을 두었는데, 권력이 어떻게 다양성, 접근성 또는 디자인/재디자인과 접점을 갖는지에 대한 충분한 고려 없이 권력에 중점을 두었다. 따라서 이러한 각기 다른 접근과 관련하여 권력을 고려해볼 필요가 있다. 그러므로 나는 이 장에서 모형의 구성요소 중 다양성 없는 권력 열에 대해서도 논의할 것이다 (표 5.2).

....

3   [옮긴이 주] 자연화에 대한 정의는 3장을 참조하라.

표 5.1 모형에서의 다양성의 위치

권력관계에 관심이 없는 다양성	차이가 지배 내에서 구조화되고 모든 담론/장르/언어/리터러시가 같은 힘을 갖지는 않는다는 점을 전혀 인식하지 못한 채 다양성을 찬양하게 된다.
접근성 없는 다양성	사회에서 지배적인 언어 형태에 접근하지 못하는 다양성은 학생들을 게토화한다.
디자인 없는 다양성	다양성은 재구성과 변화를 위한 수단, 아이디어, 대안적 관점을 제공한다. 디자인이 없으면 다양성이 주는 가능성은 실현되지 않는다.

출처: Janks, H. (1997). *Discourse: Studies in the Cultural Politics of Education,* 18(3), p.337에 처음 발표됨.

표 5.2 다양성 없는 권력

다양성 없는 권력	차이와 다양성에 대한 인식이 없는 권력은 지배적인 형태와 관습을 당연시하고 같음을 찬양하며 다름을 악마화할 수 있다. 혁신과 변화를 발생시킬 수 있는 다른 관점들은 상실된다.

3. 다양성 없는 권력

두 개의 은유가 사회적으로 구성된 규범들의 자연화를 설명하는 데 도움이 된다. 먼저 잘 알려진 수수께끼 하나를 보자.

한 남자와 그의 아들이 끔찍한 자동차 사고를 당했다. 두 사람 다 중상을 입고 병원으로 급히 이송되었다. 남자는 도중에 구급차에서 죽고 아들은 급히 수술실로 실려 갔다. 근무 중인 외과의사는 "나는 수술할 수 없어요. 이 아이는 내 아들이에요."라며 수술을 거부했다. 이것이 어떻게 가능한 걸까?

이 수수께끼를 해결하기 위해 고군분투하는 사람은 누구나 외과의사를 남자로 생각하고 있기 때문에 외과의사가 소년의 엄마라는 것을 즉시 알아차리지 못한다. 이런 종류의 혼란을 막기 위해 언어사용자들은 종종 '여의사', '남자 간호사' 또는 '여성 우주비행사'와 같이 가정된 규범에서 벗어나는 경우를 언어적으로 표시한다. 언어학의 '유표성markedness' 개념은 사람들이 정상으로 간주되는 것을 어떻게 식별할 수 있는지를 보여주는 좋은 예이다. 정상은 언어적으로 무표적인 형태를 취한다. 비슷한 예로 정상으로 간주되는 위치는 컴퓨터의 기본 설정과 비교될 수 있다. 달리 언급하지 않는 한, 정상 위치는 컴퓨터가 기본적으로 가정하는 위치이다.

권력이 작동하는 방식 중 하나는 지배적인 형태를 자연스러운 기본 입장으로, 다른 형태를 타자로 구성하는 것이다. 비판적 다문화 교육(May, 1999; Sleeter & McClaren, 1995)에 관한 문헌의 인종 및 인종차별에 대한 논의에서는 "백인들이 정상에 대한 정의를 '차지'하고 있다."고 주장한다(Haymes, 1995: 111).

백인우월주의의 문화 논리 안에서 차이는 흑인을 '타자'로 정의한다. 흑인의 정체성은 백인의 문화를 위해 차이를 표시하고 백인을 정상적인 것이라고 정의하는 방법으로 기능한다. 이것은 현대 사회에서 권력이 어떻게 우월함이 아니라 정상적임으로 행세하려고 하는지를 보여준다(Haymes, 1995: 110).

맥클라렌과 토레스(McClaren & Torres, 1999: 52)는 백인성의 비가시성을 설명하기 위해 레이Wray와 네위츠Newitz의 말을 인용한다.

백인성의 (백인들에게의) 비가시성이야말로 백인 미국인들로 하여금 무표적이고 규범적인 몸과 사회적 자아로, 즉 다른 모든 사람들이 견주어지는 (그 결과 부족한 것으로 판명되는) 표준으로 설 수 있게 한 것이었다. 이와 같이 백인성의 비가시성은 백인우월주의/특권과 인종 중심의 편견 모두를 가능하게 하는 조건이다(Wray & Newitz, 1997: 3).

버락 오바마Barack Obama 대통령의 취임식에서 그가 미국 최초의 흑인 대통령으로 몇 번이나 언급되었는지를 주목하는 것은 흥미롭다. 이 같은 방식으로 그의 인종적 정체성이 전면에 부각되면서 그가 전임자들과 다르다고 구별되었는데, 힐러리 클린턴Hillary Clinton이 당선되었더라면 미국의 첫 여성 대통령으로 기록되었을 것이라는 점과 거의 마찬가지 방식이었다. 이는 백인과 남성을 문자 그대로 특별할 것 없는 무표적인 형태로 설정한다.

남아프리카공화국에서는 인구등록법Population Registration Act[4]에 따라 출생 시 모든 시민의 인종 구분이 법제화되었기 때문에 백인성은 보이지 않는 범주가 아니다. 그럼에도 불구하고 남아프리카공화국의 많은 백인들은 자신들이 인종적으로 분류되고 이에 기반하여 지속적으로 혜택을 입어온 방식으로 특권을 누려온 상황을 충분히 이해하지 못하고 있다.

백인성을 백인들에게 보이게 하는 것, 즉 백인성을 감추고 그 지배적 영향을 숨기는 담론, 사회문화적 관습, 그리고 물질적 조건들을 드러내는 것은 반인종주의 프로젝트에 있어 꼭 필요한 부분이다(Wray & Newitz, 1997: 3-4).

....

4   아파르트헤이트 법안의 초석 중 하나인 이 법은 지금은 폐지되었다.

반인종주의 프로젝트의 경우와 마찬가지로 학생들에게 권력과 특권의 형태를 읽어내도록 하는 것은 학생들이 권력관계가 어떻게 생산되고 변화되는지를 이해하는 것을 돕기 위해 진행되는 비판적 리터러시 프로젝트의 중심이다.

4. 동일성의 가치화

동일성의 가치화는 유엔난민기구(UNHCR)에서 제작해서 1995년 『뉴스위크Newsweek』지에 게재한 광고인 '난민을 찾아라'(그림 5.1)에 나타나 있다.

이것은 유엔난민기구 웹사이트(1994~1997)에 게재된 네 개의 연속된 유엔난민기구 레고 광고 중 하나로, 교사들이 다운로드를 받을 수 있는 '포스터'로 제공되었다. 다른 세 개의 포스터의 제목은 '여기에 무슨 문제가 있는가?', '어떻게 느끼는가?', '차이점은 무엇인가?'이다.[5] 이들 세 포스터에 대해서는 8장에서 간략히 논의된다(그림 8.1 참조).

나는 1995년 이후로 학생과 교사 모두에게 비판적 리터러시를 가르치기 위해 '난민을 찾아라' 광고를 사용했다. 유엔난민기구의 훌륭한 작업을 인정하면서도, 나는 이 광고가 난민을 다루는 방식이 불편하다. 이 텍스트의 분석을 시작할 수 있는 위치는 당연히 대문자와 진한 글꼴로 인쇄된 '난민을 찾아라'라는 눈에 띄는 시작 지침이다. 이것은 평서문으로 구성된 전체 텍스트에서 유일한 명령문이다. 만약 여러분이 이 명령에 응답하여 레

....

5 '난민을 찾아라'에 대한 나의 분석은 『담론』, 26(1)에 처음 실렸다. 네 개의 레고 포스터에 대한 보다 자세한 분석을 보려면 이 자료를 참조하라(Janks, 2005).

고 인형을 주의 깊게 보고 난민으로 두드러진 인형을 찾으려고 애쓴다면, 이 텍스트는 이미 당신으로 하여금 난민은 시각적으로 다른 사람이라고 생각하도록 한 것이다. 만약 여러분이 이렇게 인식하도록 하는 것을 거부한다고 하더라도, 레고 인형과 난민들의 조합에 흥미를 느껴서 글을 읽기 시작할지도 모른다. 그런 다음에 본문의 제안을 따라 난민으로 지정된 '4행, 왼쪽에서 두 번째, 콧수염을 기른 인형'을 보게 된다면, 난민을 다르게 보지 않을 거라는 생각에도 불구하고 당신은 텍스트에 낚인 것이다. 이내 자신이 속았다는 것을 발견하게 되는데, 그 이유는 다음과 같다.

> 당신이 보고 있는 불쾌해 보이는 캐릭터는 지저분한 조끼를 입고 주말 동안 까칠하게 자란 턱수염을 깎지 않은 평범한 동네 게으름뱅이일 가능성이 더 높다. 그리고 진짜 난민은 그의 왼쪽에 있는 깔끔한 사람일 수 있다. ('난민을 찾아라')

게다가 이 광고는 당신을 난민이 '불쾌하고', 면도하지 않은 '게으름뱅이'처럼 보인다고 생각하는 사람으로 만든 셈이다. 당신은 이제 난민을 자신과는 다르고 자신보다 열등하다고 생각하는 사람이기 때문에 '깔끔한 (…) 난민은 당신과 나와 똑같다'는 것을 알 필요가 있다. 네 개의 포스터 각각에서는 다음의 문구가 반복된다.

- '보세요, 그는 난민입니다.' 그리고 보다시피 난민은 당신과 나와 똑같습니다('여기에 무슨 문제가 있는가?').
- 바로 그거예요! 난민이 당신과 나와 같다는 것을 알 수 있습니다('차이점은 무엇인가?').
- '사실 난민은 당신과 나와 똑같습니다.'(어떻게 느끼는가?)

그림 5.1
'난민을 찾아라'

출처: http://www.unhcr.org/cgi-bin/texis/vtx/template?page-home&src.static/teaching-tools/tchhr/tchhr.htm

난민을 찾아라

'저기 4행, 왼쪽에서 두 번째야.' 콧수염을 기른 사람. 정말 뻔하다.

아마 아닐 거다. 당신이 보고 있는 불쾌해 보이는 캐릭터는 지저분한 조끼를 입고 주말 동안 까칠하게 자란 턱수염을 깎지 않은 평범한 동네 게으름뱅이일 가능성이 더 높다.

그리고 진짜 난민은 그의 왼쪽에 있는 깔끔한 사람일 수 있다.

알다시피, 난민은 당신과 나와 똑같다.

한 가지만 빼고.

그들이 한때 가졌던 모든 것은 뒤에 남겨졌다. 집, 가족, 재산이 모두 사라졌다. 그들은 아무것도 가지고 있지 않다. 그리고 우리 모두가 도움의 손길을 내밀지 않는 한 그들이 가질 수 있는 것은 아무것도 없다.

우리는 다른 사람들이 가져간 것들을 그들에게 되돌려줄 수 없다는 걸 알고 있다.

우리는 심지어 돈을 요구하는 것도 아니다(비록 동전 한 푼까지 다 확실히 도움이 되지만).

하지만 우리는 당신이 열린 마음을 가지기를 요청하고 있다. 그리고 환영의 미소도.

그다지 많은 요구는 아닐 것이다. 하지만 난민들에게 그것은 모든 것을 의미할 수 있다.

유엔난민기구는 오직 자발적인 기부로만 재정 지원을 받는 엄격한 인도주의 기구이다. 현재 이 단체는 전 세계 1,900만 명 이상의 난민들을 책임지고 있다.

유엔난민기구 공공 정보
사서함 2500
1211 제네바 2, 스위스

'동일성'은 난민을 지역 주민들에게 '손쉽게 넘겨버리는 데' 사용된다. 누군가는 '난민은 누구와 같은가요?'라고 물을지도 모른다. 동일성이 기반을 두고 있는 기준은 무엇인가? 서구적 기준인가? 언어적 기준인가? 인종 차별적인 기준인가? 민족적 동일성인가? 종교에 대해서는 어떤가?[6] 비슷한 모양의 레고 인형이 인간을 상징하는 시각적인 텍스트에 의해 동일성의 언어적 메시지가 강화된다. 인간이라는 주체를 아이들이 가지고 노는 물건으로, 조작할 수 있는 장난감으로 만드는 것은 우리 모두의 삶과 주체성을 빼앗는 심각한 대상화이다. 그것은 불행한 시각적 은유이다.

레고 장난감은 노란색이다. 이러한 선택의 효과를 생각해보고 토론해보자.

존 톰슨John Thompson(1984, 1990)이 제시한 이데올로기의 다섯 가지 작동방식은 이 텍스트를 이해하고 그 과정에서 동일성에 대한 담론을 이해하는 데 유용하다. '난민을 찾아라'는 우리에게 난민들에 대한 탈맥락화된

....

6 　광고에서 'he'의 사용은 난민들의 80%가 여성과 아이들이라는 사실에도 불구하고 난민을 남자로 나타낸다(www.unhr.ch, 2002년 5월 15일). 여성들은 남성들이 가지고 있는 직업적 표지 없이, 그리고 보석으로 표현되는 경향이 있는 시각 이미지에 의해서 성별 고정관념이 강화된다. 네 개의 광고에 나오는, '여기서 뭐가 잘못되었나요?'에서 이것이 어떻게 더 과장되는지 알 수 있다. 스무 개의 인형 중 다섯 개는 여성인데, 이 중 세 개는 청소와 정원 가꾸기 도구를 가지고 있고, 한 개는 자전거를 가지고 있으며, 한 개는 도구상자 같은 것을 운반하고 있다. 남자 인형들은 도구와 오토바이와 메가폰을 가지고 있다. 요리사, 바텐더, 카우보이, 해적, 카메라맨, 짐꾼도 있다. '기분이 어떠세요?'에서 비록 콧수염을 기른 남자가 난민인 것처럼 보이지만, 헬멧과 작업용 모자가 일반 모자들로 대체되었기 때문에 남성들만큼 많은 여성들이 있는 것 같다. 이것이 성별적으로 더 중립적이다. 성별 불균형을 더 해결하기 위해, '차이점이 무엇인가?'의 모든 인형들은 말총머리와 목걸이를 한 동일한 여성들로 이루어졌다.

그림을 보여준다. 물화[7]를 이용하여 점점 더 많은 수의 난민들이 (사회적으로 구성된) 인간 행동의 결과가 아닌 (본래 그러한) 삶의 사실로 제시되고 있다. 유엔난민기구는 1,900만 명이 넘는 난민들을 책임지고 있는 엄격한 인도주의 기구로 적법한 지위를 얻는다. 더 나아가 국가의 지원을 받지 않고 난민이 있는 곳이라면 어디에서든지 운영한다는 것은 유엔난민기구를 비당파 조직으로 정당화한다. 예를 들어,『뉴스위크』의 독자들과 캠프에 살고 있는 난민들 간의 차이를 무시하는 것은 위장의 전형적인 예이다. 이런 위장을 통해 우리는 정치적 북쪽과 정치적 남쪽 사이의 불평등, 부유한 사람들과 가난한 사람들 사이의 불평등, 음식과 신선한 물을 접할 수 있는 사람들과 그렇지 못한 사람들 사이의 불평등, 교육받은 사람들과 교육받지 못한 사람들 사이의 불평등, 정보 격차의 반대편에 있는 사람들 사이의 불평등, 종교 전쟁의 다른 편에 있는 신도들 사이의 불평등, 남성과 여성 사이의 불평등에 대해 아무런 동요를 느끼지 않게 된다.[8] 통합은 광고의 주된 취지가 되어 난민들이 우리와 비슷하다는 것을 반복해서 듣게 한다. 이러한 집단 정체성인 '우리'의 형성은 다른 이들, 즉 '우리'와는 다른 '그들'에 대한 두려움을 최소화한다. 여기에는 피부색과 혈통의 다양성이 긍정적인 효과를 낼 수 있다고 생각하고 다양성을 '생산적인 자원'으로 간주하여 가치 있는 것으로 보려는 어떠한 시도도 존재하지 않는다.

....

7 [옮긴이 주] '물화'에 대한 정의는 3장을 참조하라.
8 정치적 북쪽(개발국)과 정치적 남쪽(저개발국)은 다른 이분법의 측면에서 어떤 위치에 있는가? 3장을 참조하라.

5. 타자 구성하기

모든 유엔난민기구 포스터는 본문에 내재된 근본적인 모순을 가지고 있다. 난민은 당신과 나와 같다.

한 가지만 빼고.
그들이 한때 가졌던 모든 것은 뒤에 남겨졌다.
집, 가족, 재산이 모두 사라졌다.
그들은 아무것도 가지고 있지 않다.
('난민을 찾아라')

자주 반복되는 이 표현은 조금씩 바뀌어 각각의 포스터에 나타난다. 바뀌는 것은 강탈에 대한 책임이 있는 행위자들이다. '난민을 찾아라'에는 그들의 물건을 빼앗은 정의되지 않은 '타자들'이 있다. '여기에 무슨 문제가 있는가?'에는 '그들이 한때 소유한 모든 것이 파괴되거나 빼앗겼다'는 주체가 없는 수동태가 있다. '여기에 무슨 문제가 있는가?'에서 그들의 권리와 함께 소유를 빼앗아간 주체는 '폭력'과 '증오'로, 행위자가 없는 추상 명사이다. '어떻게 느끼는가?'에서는 주체적 행위자가 없다. '당신이 알고 사랑했던 모든 것이 사라졌다.'

그래서 난민은, 우리와 같지 않다는 것을 제외한다면, 우리와 똑같다. 그들은 아무것도 가지고 있지 않다. 통합이 선언되는 바로 그 순간, 분열이 일어난다. 반복과 과어휘화를 사용해서 난민의 상실을 강조하는 것은 우리 자신이 우리 소유물의 집약체에 불과하다는 것을 암시한다. 이것은 근본적으로 인간의 가치에 대한 물질주의적인 견해이다. 게다가 이 텍스트는 우리 모두가 무죄임을 입증한다. 난민의 곤궁에 대한 책임은 이름 없는 타

자들 혹은 이웃에서 적으로 변한 자들에게 있다. 역사와 지리로부터, 사회
정치적·경제적 조건들로부터, 그리고 인종적·민족적·종교적 타자화 같은
추악한 세부사항들로부터 분리된 채, 난민의 존재라는 사실은 그저 정의되
지 않은 원인과 피할 수 없는 결과를 가진 상황으로 제시된다. 이러한 물화
의 관점에서는 난민의 증가가 자연화되고 우리가 할 수 있는 것은 거의 없
다. 사람들의 일반화된 범주로 난민을 보기보다는 보스니아, 코소바, 르완
다, 짐바브웨, 콩고민주공화국, 동티모르, 아프가니스탄, 팔레스타인, 이라
크와 같은 구체적인 맥락 속에서의 진짜 난민을 생각해볼 때, 난민을 발생
시키는 원인들을 살펴볼 수 있고 어떻게 자신의 나라가 연루되었는지 생각
할 수 있게 된다. 우리의 행동 중에서 무엇이 이러한 결과를 초래했을까?
어떤 행동이 인간의 고통을 예방하는 데 필요할까? 세계가 모두에게 더 안
전한 곳이 되도록 우리나라의 정치 및 경제 정책은 어떻게 바뀌어야 할까?
우리 각자가 변화를 일으킬 만한 작은 일들을 할 수 있을까?

아데고크는 자신의 연구(Adegoke, 1999)에서 남아프리카공화국의 언
론이 아프리카의 다른 국가들과 남아프리카공화국의 내부 또는 외부에 살
고 있는 아프리카계 외국인들을 묘사하는 방식에 대해 비판적 분석을 제
공한다. 그녀의 연구는 1998년 5월에 요하네스버그 지역에서 발행 부수가
많은 세 개의 남아프리카공화국 신문인『더스타』,『메일앤가디언』,『더 소
웨탄The Sowetan』에서 수집한 미디어 텍스트에 대한 비판적인 담론 분석을
포함하고 있다. 이 신문들은 인종과 계급에 따라 다른 독자층을 대상으로
한다. "이 연구는 남아프리카공화국의 아프리카계 외국인들에 대한 언론
의 지배적인 담론이 인종차별적일 뿐만 아니라 조직적으로 부정적이며 외
국인을 혐오한다는 것을 보여주었다."(Adegoke, 1999: iii). 아데고크는 분
석된 기사의 주제를 구성하기 위해 일련의 개념적 프레임을 확립했다. 아
데고크의 연구에서 발췌한 표 5.3에서는 아프리카의 다른 국가에 관한 296

표 5.3

프레임	발생 횟수	전체 백분율
전쟁 및 폭력	37	12.5%
대외관계	30	10.1%
스포츠	26	8.8%
경제 위기	20	6.8%
독재자	19	6.4%
시민 소요사태 및 폭동	18	6.1%
경제 발전	16	5.4%
부패와 범죄	15	5.1%
총	191	**61.2%**

출처: Adegoke, R. (1999). Media Discourse on Foreign Africans and the Implications for Education. Master's research report. University of the Witwatersrand, Johannesburg.

개의 기사에서 발생 빈도가 가장 높은 열 개의 프레임을 열거하고 있다 (1999: 95).

아데고크에 따르면, 이러한 프레임의 분석은 '아프리카 국가들의 혼란과 무정부 상태, 잔인성, 폭력에 대한 집착'과 '아프리카계 외국인들의 짐승 같은 본성이나 생활방식'을 보여준다. 게다가 부패와 범죄에 대한 초점을 통해 아프리카를 '사기'와 '자기 잇속만 챙기는 관심사'의 장소로 구성하고 있다(1999: 96).

아데고크는 다른 아프리카 국가에 대한 전반적으로 부정적인 담론이 남아프리카공화국 내의 아프리카계 외국인들과 관련된 외국인 혐오 담론과 관련이 있다고 주장한다. 표 5.4에는 아프리카계 외국인들에 관한 38개 기사 중 76퍼센트를 차지하는 '이민과 범죄'가 두 개의 프레임으로 나타나 있다.

표 5.4

프레임	발생 횟수	전체 백분율
이민 및 문제	15	39.5%
범죄	14	36.5%
총	**29**	**76%**

출처: Adegoke, R. (1999). Media Discourse on Foreign Africans and the Implications for Education. Master's research report. University of the Witwatersrand, Johannesburg.

아데고크에 따르면 이렇다.

남아프리카공화국의 아프리카계 외국인들은 종종 남아프리카공화국의 언론에서 부담스러운 존재나 범죄자 또는 범죄의 희생자로 묘사된다. 이들은 이 나라에 '넘쳐나고' 자원을 다 써버려서 남아프리카공화국의 납세자들에게 사회적·경제적 부담을 안겨준다. 이들 중 수천 명은 '불법적으로' 들어오며, 일부는 '사기를 쳐서 시민권을 획득'한다. 아프리카계 외국인들은 마약 거래 같은 남아프리카공화국의 주요 범죄의 뒤에 있다. (…) 심지어 보도에서 아프리카계 외국인들을 범죄의 희생자로 묘사하는 경우에 (강조되는 것은) 이들이 종종 범죄를 낳는 환경 또는 범죄 현장에서 '죽은 채 혹은 부상당한 채로 발견되었다'는 것이다(Adegoke, 1999: 107).

음베키Mbeki가 2002년에 아프리카 르네상스에 대한 비전을 밝혔음에도 불구하고, 우리는 망명 신청자들에 대한 국가적 학대와 대중이 아프리카계 외국인들을 '마크웨레크웨레Makwerekwere'로 코드화하는 지속적 타자화를 목격했다.[9] 2008년에는 일부 남아프리카공화국 사람들이 지역사회에서 아프리카계 외국인들에 대한 폭동을 일으켜 많은 사람들을 살해했다.

아데고크는 외국인 혐오 문제를 해결하기 위한 교육이 필요하다는 선견지명이 있는 주장을 하면서 연구의 결론을 내리고 있다. 이렇게 하기 위해서 우리는 동일성과 타자화의 담론에서 벗어나야 한다.

> 학생들에게 자국의 난민에 대해 알아보도록 권유해보라. 그들은 난민을 긍정적인 시각으로 나타내고 동료 시민들이 난민을 가치 있게 여기도록 고안된 포스터를 디자인할 수 있다.

6. 타자의 제거

2장에서 논의된 바와 같이, 톰슨(1990: 65)에 따르면 분열은 차별화, 즉 '개인들 간의 구별, 차이, 구분'과 '타자의 제거'라고 부르는 것에 의해 달성된다.

차별화는 내부에서나 외부에서의 적의 구축을 포함하는데, 적은 악의적이거나 해롭거나 위협적인 것으로 묘사되며 개인들이 집단적으로 저항하거나 제거하도록 요구된다(Tompson, 1990: 65).

아파르트헤이트는 차별화의 극단적인 예이다. 그리고 나치의 유대인 대학살, 보스니아와 르완다의 집단학살은 타자를 제거하는 극단적인 예이

....

9　마크웨레크웨레(Makwerekwere)'는 아프리카계 외국인들을 모욕하는 말이다. 이것은 그들 언어의 익숙하지 않은 소리에서 유래되었다. '크웨레크웨레(kwerekwere)'는 그들의 언어를 사용하지 않는 사람들이 듣는 소리를 말한다.

다. 남아프리카공화국은 1980년대에 반체제 인사들에 대한 가혹한 행동을 합법화하기 위해 반대세력들에 대한 담론적 구성을 사용했다. 국가는 내부 반대가 없는 사회라는 착각을 유지하려는 시도로 국가의 분쟁 징후를 외부의 타자들 탓으로 돌렸다. 분열은 '선동자', '외부 선동자', '저항분자', '공산주의자'에 의해 야기되었다고 했다(Janks, 1988).[10] 이같이 사회를 부패시키는 영향이 외부로부터 남아프리카공화국으로 유입되었다고 그려졌고, 노동쟁의, 교육 거부, 임대 파업, 헌법적 구조의 거부 등 다양한 형태의 저항들은 비난을 받았다. 외부로부터의 반발을 불러일으킴으로써 아파르트헤이트 상태에 동의하지 않은 사람들은 남아프리카공화국 사람들답지 않은 것으로 묘사되었다. '우리'와 '그들' 사이에 분명한 경계가 확립되었다. 혁명가들과 공산주의자들은 '적'이었고, '우리'를 약화시키려고 애쓰는 '그들'이었으며, '우리'가 대항하여 연합할 수 있는 '그들'이었다. 이러한 '그들'과 '우리'라는 주제는 아파르트헤이트 정부의 개혁 정책을 납득시키기 위해 구성된 전국 주요 일간지의 일요일자 전면 광고 전반에 흐른다. 그림 5.2는 이 텍스트에서 발췌한, 남아프리카공화국의 당시 대통령이었던 피터르 빌럼 보타Pieter Willem Botha가 서명한 공개 서신의 형식을 취한 내용을 보여준다. 나는 원문에 있는 밑줄뿐만 아니라 대문자 및 소문자도 그대로 사용했다.[11] 손으로 그은 것처럼 보이는 밑줄 이외에도, 여기에 포함된 섹션에는 왼쪽과 오른쪽 여백에 손으로 세로로 그린 선이 표시되어 있어서 중요성을 강조한다. 내게 섬뜩하게 느껴지는 것은 이 텍스트가 내게 상기시키는 것인데, 이는 9·11 테러 이후의 "당신이 우리 편이 아니라면 우리에 맞서는 것이다."라는 부시 대통령의 선언과 그 선언이 많은 반대 의견을 잠

....

10 　이 연구에 보고된 언어 패턴은 1986년~1988년에 수집된 신문 텍스트의 분석에 기초한다.

11 　[옮긴이 주] 원문에서 대문자로 표기된 부분은 큰 글씨로, 소문자로 표기된 부분은 작은 글씨로 구분하였다.

혁명가들은
발을 구를지도 모른다.
공산주의자들은
거짓말을 외쳐댈지도 모른다.
우리의 적들은
우리를 약화시키려고 할 것이다.
하지만 여기에
현실이 있다.

자신의 이기적이고 잔인한 이데올로기적 목적을 위해 이 나라를 장악하려는 사람들 (…) 음, 그들은 소리칠 수 있다. 그들은 비판할 수 있다. 그들은 나의 진실성을 인정하지 않을 수 있다. 그러나 내 친구들은 그들이 할 수 있는 대로 하려고 한다. 그들은 현실을 부인할 수 없다. (…) 우리와 함께 있는 사람들에게는 평화와 번영이 올 것이다. 그들이 우리를 반대하는 사람들임에도 불구하고.

「선데이 타임스(Sunday Times)」, 1986년 2월 2일

그림 5.2 정치 광고

재운 방식과 일치한다.

유엔난민기구의 광고에서처럼, 대명사 '우리'와 '그들'은 차별화의 열쇠이다. 이 두 단어가 가리키는 바에 포함된 사람, 제외된 사람 및 이유를 고려하는 것이 중요하다. 우세한 국가 담론에 의해 '타자'로 부호화된 이 혁명가들은 반헤게모니 담론에서는 '공동체'의 일부로 간주되었다. 그들의 소속은 '동지', '형제', '자매' 같은 단어로 코드화되었다(Janks, 1988: 87).

타자화는 우리가 학교에서 많이 보게 되는 놀림, 고정관념, 모욕, 농담, 집단화 및 배제, 순서 교대하기, 듣는 사람, 침묵하는 사람들 등 일상생활에서 '더 작지만' 중요한 방식으로 일어난다. 또한 차이는 일상적인 텍스트에서 지속적으로 형성된다. 1986년 2월 18일자 『선데이 타임스』에 게재된 남아프리카공화국 방송국SABC의 텔레비전 스포츠 채널 광고(그림 5.3)는 이러한 텍스트의 한 예이다. 그림 5.4에는 사진 아래의 글자가 확대되어 있다.

from the people that
invented hot

south africa live from the east.
only on sabc topsport.

topsport

그림 5.3
톱스포트 광고

뜨거운 열기를
발명한 사람들로부터

동쪽에서 전하는 남아프리카공화국 생중계
남아프리카공화국 방송국 톱스포트(Topsport) 독점 중계

사진 바로 아래에 있는 글에는 다음과 같이 쓰여 있다.

남아프리카공화국 방송국 톱스포트는 뜨거운 열기의 모국에서 크리켓 월드컵
을 직접 라이브로 제공합니다. 파키스탄, 인도 및 스리랑카의 열의에 찬 생생한
몸짓. 모든 남아프리카공화국의 경기, 두 차례의 준준결승전, 세 차례의 준결승
전 및 결승전의 독점 보도. 하지만 아무리 더워도 물은 마시지 마세요.[12]

이 아래의 두 줄은 톱스포트의 로고와 '몸짓을 느껴보라'는 슬로건이다. 로고의 오른
쪽과 왼쪽에는 라이브 방송 일정과 하이라이트 프로그램이 있다.

그림 5.4 톱스포트 광고 텍스트

학생들이 이 광고에 대해 생각하기를 원한다면, 다음과 같이 해야 할 것이다.

- 그림 5.3과 그림 5.4의 텍스트가 '동쪽'을 타자로 형성하는 데 사용한, 언어와 시각 자료을 포함한 모든 방법에 주목한다.
- 타자가 위험한 것—우리에 대한 잠재적 위협—으로 구성되었음을 보여주는 증거를 찾아라.
- 파키스탄, 인도, 스리랑카가 세계의 '동쪽에' 있기 위해서 자신은 어디에 위치해야 하며, 이것이 중심/주변 담론과 지리와 관련하여 그 나라들이 어떻게 구성되는지에 대해 우리에게 말해주는 바를 토론하라.

이 텍스트가 단순히 그들, 타자를 형성하는 것이 아니라 우리를 형성하는 것임을 인식하는 것이 중요하다. '모든' 텍스트는 독자들이 입장을 갖도록 작동하기 때문에, 교육에서는 지역사회의 상식을 전달하는 텍스트를 포함하는 것이 중요하다. 그것은 종종 평범한 텍스트이다. 왜냐하면 이데올로기는 일상적으로 당연시되고 주체가 반복적으로 구성되는 것이기 때문이다.

코머와 심슨(1995)은 아이들과 함께 시리얼 상자의 문구를 해체하면서 어린 학생들과 함께 비판적 작업을 하는 데 필요한 일상적 텍스트의 사용법을 설명한다. 또한 오브라이언(2001)은 유치반 1학년 수업에서 어린 아이들에게 어머니날 카드로 어머니가 어떻게 담론적으로 구성되는지를

....

12　[옮긴이 주] 원문 "don't drink the water."에 쓰인 'the water'는 아프리카 대륙의 동쪽 국가들(파키스탄, 인도, 스리랑카)의 물이 더럽다는 의미가 숨어 있는, 남아프리카공화국에서 사용되는 농담이다. 아무리 게임에 대한 열기가 높고 날씨가 더워도 절대로 (더러운) 그 물은 마시지 말라는 것을 의미한다.

보여준다. 이들은 교실에서 평범한 텍스트를 사용하여 텍스트의 힘에 대한 아이들의 이해를 발전시키는 방법에 대한 강력한 예를 우리에게 제공한다.

7. 권력 이론 없는 다양성

표 5.5 권력 없는 다양성

힘의 관계에 관심 없는 다양성	차이가 지배 내에서 구조화되고 모든 담론/장르/언어/리터러시가 같은 힘을 갖지는 않는다는 점을 전혀 인식하지 못한 채 다양성을 찬양하게 된다.

    다양성을 찬양하는 전형적인 예는 뱅크스(1991) 이후에 니에토(Nieto, 1996)가 다문화 교육에 대한 '공휴일과 영웅' 접근법[13]이라고 부르는 것이다. 이러한 무비판적 접근 방식에서는 탈맥락화된 '피지배 집단의 경험의 편린들'이 그들의 다양한 문화와 역사에 대한 더 깊은 이해로부터 분리될 때, 그리고 '이국적인 내용을 가진 작은 부분'으로 커리큘럼의 여백에 끼워 넣어질 때 '사소화'되고 만다(Nieto, 1999, 2002).

    언어의 다양성은 교육기관에서 흔히 거의 같은 방식으로 취급된다. 지배적인 언어는 교육의 매개 언어로 선택되고 다중언어주의에 대해서는 말뿐인 지원이 이루어지며 기껏해야 학생들이 집에서 쓰는 언어를 과목으로 공부할 수 있다. 교사는 교실에서 다중언어 연습이 허용되는 경우에 학생들의 언어를 사용하여 어려운 개념을 설명하거나 학생 중 한 명이 그렇게

....

13   [옮긴이 주] 뱅크스는 학습자가 소수 집단의 문화를 충분히 이해하고 수용할 수 있도록 문학 요소들을 포함해서 교육과정을 구성하는 방법으로 영웅, 공휴일, 개별적인 문화적 요소에 촛점을 맞추는 접근법을 다문화 교육과정의 단계 중 일부로 제시하고 있다.

하도록 허용할 수 있다. 학생들은 집단에서 공부할 때 자신의 언어를 사용하도록 권장될 수 있다. 또한 학생들은 이중언어 사전 같은 자원을 사용할 수 있다. 이 모든 경우에 학생들의 언어는 포함되지만 주변화된다. 이는 비주류 언어에도 해당된다. 학생들이 말할 때 자신의 언어를 사용하도록 허락될 수 있지만 공식적인 맥락과 문서 작업에서는 표준 언어가 요구된다. 학생들은 종종 드라마와 창조적인 글쓰기에서 분위기나 성격 묘사를 위해 '비표준 방언'을 사용할 수 있지만, '표준' 언어가 여전히 규범이다.

수년간의 사회언어학 연구에서는 이제 모든 종류의 언어가 '평등하다'는 것, 즉 고도로 구조화되고 체계적이며 규칙에 의해 운영되는 시스템이라는 것을 입증했다. 표준어는 다른 언어 유형과 마찬가지로 방언이다. 그것은 표준화와 규범화의 과정에 의해서 표준이 되었다. 보통 사회적 엘리트의 언어인 표준 언어의 지배력은 권력의 영향이다. 라보브(Labov, 1972)는 언어적 결손에 대한 주장에 대응하기 위해 가장 많이 인용된 비표준 영어의 논리에 관한 자신의 연구에서 '비표준' 언어도 추상적 논리 추론을 할 수 있고 소위 표준어에 못지않다는 것을 보여주었다(그리고 '표준' 언어 자체에 한계가 없는 것은 아니다). 그러나 언어적 열등함이나 우월성이 내재되어 있지 않다고 해서 이 언어들이 사회적 평등을 누릴 수 있다는 것을 의미하지는 않는다. 다양한 사회적 맥락에서 수용 가능한 언어로 간주되는 것은 부르디외(1991: 54)가 '언어시장'으로 묘사한 것의 형성과 관련이 있다.

언어 교환—발신자와 수신자 간의 의사소통 관계—은 (…) 또한 경제적 교환이기도 하다. (…) 단어와 발화는 이해되고 해독되는 기호이기만 한 것은 아니다. 이것은 또한 평가되고 인정받고자 하는 의도가 있는 *부의 표징signs of wealth*이고 믿어지고 순종되고자 하는 의도를 지닌 *권위의 표징signs of authority*이다(1991: 66, 기울임체는 원문에서의 강조).

언어시장의 구성은 객관적인 경쟁을 위한 조건을 만들어내며, 그 안에서 일어나는 각각의 사회적 교환의 상황에서 합법적인 역량은 차별화의 이익을 창출하는 언어자본·linguistic capital으로 기능할 수 있다(1991: 54.)

이는 같은 언어의 상이한 변이형이 다르게 평가된다는 것을 의미한다. 이는 구별되는 언어[14]에 접근할 수 있는 사람들에게 언어자본을 제공하는 사회적 구별 체계를 만든다. 부르디외에게 있어 서로 다른 언어에 부여되는 서로 다른 힘은 '상징권력symbolic power'의 한 형태이다(1991: 72-76). 더 나아가 다중언어 사회에서는 상이한 상징권력이 한 언어의 다른 변이형뿐만 아니라 서로 다른 언어에도 부여되어 있다. 이는 사회적 구별에 대한 사람들의 믿음에 기인하기 때문에 상징적이다. 언어의 합법성은 사람들의 '인정', 즉 부르디외에게는 '오인'인 언어의 합법성에 달려 있다(1991: 170).

부르디외는 이를 제도적으로 만들어진 준수나 동의의 예로 보기 때문에 '오인'이라고 부른다. 교육제도는 한 언어의 특정 변이형(또는 특정 언어)에 특권을 부여하고 그 지배를 합법화하기 위한 중앙기관이다. 그는 교육제도가 하위 계층의 학생들에게 합법적 언어*에 대한 지식*과 접근성을 제공하지는 못하지만 그들에게 그 합법성*에 대한 인정*을 가르치는 것에는 성공한다는 사실에 주목하고 있다(1991: 62, 기울임체는 저자 강조).

부르디외는 지배적인 언어의 합법성을 인정하기를 거부하지만 사회경제적 측면에서 그것의 진정한 힘을 인정하는 것을 거부하지는 않는다. 언어시장은 노동시장과 연결되어 있다. 남아프리카공화국에서 영어는 상징적 가치와 경제적 가치를 가진다. 영어의 상징적 가치는 사람들이 지위와

....

14   부르디외는 모호하게 말한다. '구별되는'이란 다르고 차별화되는 것을 의미한다.

탁월함을 영어를 말하는 사람들에게 부여하게 하며, 영어의 경제적 가치는 고용의 기회를 증가시킨다. 부모들은 자녀들을 위한 영어-매개 교육을 '선택'함으로써 자녀들의 언어자본을 늘리기를 희망한다. 그렇게 함으로써 그들은 '자신들의 표현의 도구를 파괴하는 데 협력한다.'(Bourdieu, 1991: 49) 지배적인 형태에 대한 접근성은 다양성을 희생하는 경향이 있다. 만일 다중언어주의가 지배적인 언어 하나를 구사하는 역량 이상으로 평가된다면, 이것은 뒤집힐 수 있다. 하나 이상의 지역/국가 언어를 구사할 수 있는 역량이 학교 교육의 필수 요건이 되면 안 될 이유는 없다.

소외된 언어나 방언의 화자들은 지배적인 언어를 사용하는 사람보다 더 많은 언어를 꼭 필요해서 구사하는 경향이 있다는 것에 주목하는 것은 흥미롭다. 남아프리카공화국에서 하나 이상의 아프리카 언어를 구사하는 아프리카인들은 종종 이전의 공식 언어인 아프리칸스어와 영어에 모두 능숙하다. 이러한 현상은 여성이 남성에게 진지하게 받아들여지기를 원한다면 여성적 상호작용 스타일 외에도 남성적 상호작용 패턴을 배워야 한다는 것을 보여주는 페미니즘 연구에서도 주목받았다. 이것은 특히 직장에서 사실이다(Holmes, 2006; Wodak, 1997).

다음 활동은 『남아프리카공화국의 언어Languages in South Africa』라는, '비판적 언어인식 시리즈'에 있는 오를렉Orlek의 워크북을 기반으로 한다. 남아프리카공화국에서 첫 번째 민주 선거가 있기 전의 5년 동안 전국의 교육자와 활동가들이 새로운 남아프리카공화국을 위한 다른 언어 정책을 구상하려고 시도하면서 진행하던 국가언어토론이 있었다. 기존의 정책에서는 아프리칸스어와 영어라는 두 개의 식민지 언어만을 공식언어로 인정했고, 인구 대다수가 사용하는 아홉 개의 아프리카 언어는 민족 집단의 분리된 개발을 위해 할당된 구역인 반투스탄에서만 사용하도록 제한적으로 인정해주었다. 우리는 미래의 정책을 토론하는 과정에서 한 나라의 언어 정책에 대해 고정적이거나 불가피한 것은 없으며 정책들은 논쟁의 대상이 될 수 있고 바뀔 수 있다는 것을 깨달았다.

만약 당신이 자신의 상황에서 다른 가능성을 상상하고 싶다면, 우선 자신의 나라의 언어 정책이 무엇인지 알아내고 그것을 다시 상상할 필요가 있다.

알아내기
- 주 또는 지방마다 각기 다른 정책을 펴고 있는 나라에 거주하고 있는 경우, 해당 주 또는 지방의 언어 정책이 무엇인지 확인하라.
- 해당 국가의 언어 정책의 역사를 찾아라.
- 당신이 살고 있는 곳의 학교에서 실시하는 언어교육 정책은 무엇인가?
- 당신의 학급 학생들이 말하는 언어에 동등한 지위와 관심이 부여되는가?
- 다른 언어 사용자들과 그들의 교육에 대한 정책 선택의 결과는 무엇인가?
- 이러한 정책들에 대해 저항의 징후가 있는가? 변화의 조짐이 있는가?

다시 상상해보라
- 만약 당신이 자신의 국가를 위해 다양성을 중시하는 새로운 언어교육 정책을 설계할 수 있다면, 그것은 무엇이겠는가? 어떤 언어가 포함될까? 아이들은 얼마나 많은 언어를 배울 수 있을까? 어떤 언어가 교육의 매개 언어로 사용되는가? 이 정책은 초등교육, 중등교육, 고등교육에서 어떻게 변할까? 이 변화들로 인해 누가 이득을 볼까? 누가 불이익을 받을까?
- 언어적 편견을 줄이기 위해 개인으로서 그리고 집단적으로 무엇을 할 수 있는가?
- 자신의 언어와 다른 언어를 사용하는 사람을 수용하기 위해 당신이 할 수 있는 한 가지 작은 일을 생각해보라.

뉴리터러시New Literacy 프로젝트[15]의 주요 업적 중 하나는 문화적으로, 서로 다른 영역에서, 서로 다른 담론에서, 그리고 다양한 기호 체계 및 다양한 기술과 관련하여 리터러시 관행을 살펴봄으로써 리터러시의 개념을 성공적으로 다원화한 것이었다. 이는 다양성과 권력의 문제와 관련해서도 고려될 수 있다. 이 작업은 글쓰기와 텍스트를 사회적 맥락과 무관한 자율적인 의사소통 방식으로 보는 자율 리터러시 모형에 도전을 제기한다(Street, 1993). 스트리트는 옹Ong을 인용하여 리터러시의 지배적인 모형을 위해 '자율'이라는 단어를 선택한 것을 설명한다.

> 종이 위에 쓰여진 생각을 대화 상대와 분리되게 고립시킴으로써, 이런 의미에서 발화를 자율적이고 공격에 무관심하게 만듦으로써, 글쓰기는 발화와 생각을 그 밖의 다른 모든 것에 연관되지 않는 것으로, 어떻게든 자기 완성적이고 완전한 것으로 제시한다(Ong, 1982: 132).

이러한 접근 방식과는 달리, 뉴리터러시 연구에서는 다양한 사회 및 제도적 환경에서 리터러시가 어떻게 사용되는지에 관심을 돌린다. 뉴리터러시 연구에서는 인류학 이론과 문화기술지적ethnographic 방법을 사용하여 리터러시 사건literacy events과 관행을 이해하려고 한다. "리터러시 사건은 참가자들의 상호작용의 특성과 그들의 의미 해석에 있어 글이 필수적인 모든 경우이다."(Heath, 1983: 196; 1983: 386 각주).

리터러시 사건은 특정 시간 및 장소에서 발생하며 관찰할 수 있는 현상이지만, 리터러시 관행이라는 개념은 일종의 추상abstraction이다. 이는 읽고 쓰는 능력을 사용하는 근본적이고 규제되며 패턴화된 문화 특유의 비가시적 방식을 가리킨다. 리터러시 관행은 사회문화적 관행과 그 제도적 위치에 의해 형성된다. 리터러시를 사회적 관행으로 이해하는 것은 리터러

....
15 뉴리터러시 연구는 히스(1983), 스트리트(1984), 바턴(Barton, 1994) 및 지(1996)의 연구에서 구현된다. 스트리트(1993), 바턴과 해밀턴(Barton & Hamilton, 1998), 바턴, 해밀턴과 이바닉(2000), 브레이르와 프린스루(Breir & Prinsloo, 1996) 및 바인햄과 프린스루(Baynham & Prinsloo, 2001)는 편저서에서 이를 더욱 발전시켰다.

시를 자율적 기능의 신중한 집합으로 보는 것과는 매우 다르다. 스트리트는 이것을 리터러시의 '이데올로기적 모형'이라고 불렀는데, 이는 '문화'의 양상일 뿐만 아니라 '권력구조의 양상'이라는 점을 나타내기 위해서였다 (Street, 1993: 7).

학생들이 다음과 같은 표를 완성하고 관심 있는 다른 리터러시 사건과 관행을 추가한다면, 이와 같은 개념들을 이해하는 데 도움이 될 것이다. 이 표에 대한 아이디어는 팔과 로셀(Pahl & Rowsell, 2005)의 저서에서 가져왔다.

리터러시 사건	리터러시 관행	사회적 관행
운전면허 신청하기	신청서 작성하기	운전하기
가족과 함께 쇼핑목록 작성하기	목록 만들기	쇼핑하기
지원자의 추천인 논의하기		
		은행 업무 보기
	편지 쓰기	
찬송가 부르기		
	인터넷 검색	

뉴리터러시 연구에서는 리터러시 관행의 다양성을 이해하기 위해 라보브가 '비표준'으로 소외되는 토착어 또는 언어의 종류를 조사하고 설명한 것과 거의 같은 방식으로 '토착어' 또는 비지배적인 리터러시 관행에 중점을 두었다. 평범한 사람들이 사용하는 언어인 토착어는 기껏해야 간과되거나 사회 엘리트와 지배적인 기관들에 의해 무시되고 최악의 경우에 결함이 있는 언어로 폄하되고 구성된다. 중요한 것은 뉴리터러시 연구에서 리터러시에 관한 지배적인 담론에 도전했다는 것이다. 이러한 도전을 통해

리터러시에 대한 우리의 이해를 다원화하고 다양성의 중요성에 대해 역설해왔지만, 사회언어학자들이 강력한 언어의 표준형들이 가지는 힘을 약화시키지 못했던 것처럼, 학교 기반의 교육을 위한 리터러시에의 접근성이 가져오는 '구별'[부르디외(1984, 1991)가 말한 의미에서]에 대한 변화를 가져오지는 못했다. 문화기술지적 사례 연구에 내재된 위험이기도 한 것은, 존재하는 토착어의 리터러시를 기록하는 것만으로는 충분하지 않다는 것이다. 우리는 또한 이러한 리터러시와 더 지배적인 리터러시의 관계를 탐구해야 한다. 차이(리터러시의 차이도 여기에 들어간다)가 지배 내에서 구조화된다는 점과 모든 리터러시가 같은 힘을 갖지는 않는다는 점을 기억하는 것이 중요하다.

나의 분석은 헬러(Heller, 2008)가 제시한 논거로 뒷받침된다. 그녀 역시 자율 모형과 언어 표준화의 과정 사이의 연관성을 보고 이들 모두가 어떻게 상징적 지배의 형태였는지를 보여준다. 이 둘은 국가 내에서 '누가 중요하고 그렇지 않은지를 결정하는' 기준을 확립했고, 그래서 '선택과 그에 따른 배제를 허용하고 합법화하는 이론에 대한 정교화를 촉구한다'(Heller, 2008: 57). 그녀는 부르디외(1977)와 함께 언어를 '고착화된 시스템'으로 보는 관점에 반대한다. 왜냐하면 이는 언어를 '권력관계의 구축'(2008: 57)에 내포된 '사회적 관행'으로 이해하는 것을 부정하기 때문이다. 그녀는 리터러시 자체의 개념을 해체하려는 시도 때문에 뉴리터러시 연구에 찬사를 보내는 반면, '그들이 그것의 정치적·경제적·사회적 기반에 관여하지 않기' 때문에 부분적으로만 성공할 수 있다고 주장한다(2008: 64).

그들은 그런 것이 있다는 것, 그리고 그것의 숙달이 사회의 일원으로서의, 그리고 어쩌면 더 중요하게는 믿을 만한 직업 후보자로서의 완전한 능력을 갖추었다는 표시라는 관념을 흔들지 못하고 있다(2008: 63).

리터러시들에 대한 인식은 리터러시들이 동등하게 가치를 인정받지 못하고 상징적 및 경제적 자본에 대한 동등한 접근성을 제공하지 못한다는 인식을 포함해야 한다.

메이빈Maybin은 바턴, 해밀턴과 이바닉(Barton, Hamilton, & Ivanič, 2000)의 편저서인『상황적 리터러시Situated Literacies』를 분석하면서 다음과 같이 쓰고 있다.

> 사람들이 지역 수준에서 사용하는 언어는 그들을 더 넓은 사회기관과 관련된 담론적 정형화discursive patternings로 밀어 넣는다. 그리고 (…) 이러한 더욱 광범위한 정형화는 진리, 지식, 권력, 주체성에 대한 특정한 개념을 부호화한다. 지역 수준에서의 이러한 담론의 명료화는 *따라서* 광범위한 사회구조와의 중요한 연계를 제공한다. 또한 담론들은 개인의 자리매김positioning과 주체성에 대한 잠재력을 지니고 있기 때문에, 지역 활동에서의 담론을 명료화하는 것은 자신의 정체성 인식을 둘러싼 협상과 투쟁과도 연관되어 있다(Maybin, 2000: 202-203, 기울임체는 저자 강조).

여기에서 '따라서'라는 단어는 지역사회와 더 광범위하게 정의된 사회와의 연계가 분명하게 논리적으로 불가피하다는 것을 암시한다. 나는 이러한 연관성이 자리매김과 정체성을 둘러싼 담론적 투쟁처럼 명시화되어야 한다고 주장한다. 뉴리터러시 연구에서 가장 훌륭한 연구는 일상 언어 사용의 미시적 맥락과 사회, 문화, 정치 및 권력의 거시적 관심사의 관계의 복잡성을 탐구하는 것이다(Pennycook, 2001: 172). 그리고 그렇게 함으로써 연구자들은 비판적인 시각을 제공한다.

교사들이 학생들을 문화기술지적 자료 수집에 참여시키기 위해 다음과 같은 종류의 활동을 할 수 있다.

- 장소(사무실, 식당, 버스 또는 열차 내) 하나를 선택하고 일정 시간(1시간 또는 2시간) 동안 관찰한 모든 리터러시 상황을 설명한다. 문화기술지에서는 그런 장소를 '사이트site'라고 부른다.
- 도메인(가정이나 학교/대학 같은)을 선택하고 전시 중인 다양한 종류의 리터러시 텍스트를 나열하거나 촬영하라. 나는 이 활동의 목적을 위해 리터러시 텍스트를 언어 또는 언어/시각 텍스트로 정의할 것이다.
- 두 개의 다른 학교 과목(예를 들어, 영어와 과학)을 선택하고 하나의 수업에서 이 두 개의 다른 교과목에 대해 기대하는 글의 종류를 설명하라.
- 하루 동안 리터러시 일지를 작성하라. 당신이 참여하는 모든 리터러시 사건을 나열하라. 당신의 리터러시 일지를 다른 일지와 비교하라.

학생들이 자신이 수집한 자료와 더 넓은 사회적 패턴과 구조를 연결하는 것이 중요하다.

브루어드(Brouard, 2000), 브루어드, 윌킨슨과 스타인(Brouard, Wilkinson, & Stein, 1999) 및 팔과 로셀(2005)은 뉴리터러시 연구의 접근법이 교실에서 어떻게 사용될 수 있는지를 보여준다.

8. 접근성 없는 다양성

접근성 없는 다양성 사회에서 지배적인 언어 형태에 접근하지 못하는 다양성은 학생들을 게토화한다.

한 사람이 더 많은 언어를 말할수록 더 많은 지역사회 언어에 접근할 수 있다는 것은 명백하다. 다른 종류의 언어적 다양성도 마찬가지이다. 나는 교육의 목표 중 하나는 학생들의 언어 레퍼토리를 증가시키는 것이어야 한다고 주장할 것이다. 지는 자신의 1차 담론에 덧붙여 2차 담론을 습득하는 것의 중요성을 강조하면서 리터러시를 '2차 담론의 숙달 또는 능숙한 통제'로 정의하기까지 한다(1990: 153). 우리의 1차 담론은 가정 내의 사회화로부터 배운, 가정과 지역사회의 언어이다. 2차 담론은 공공 영역에 속하며 직업 및 여러 고용 형태뿐만 아니라 가정 밖의 기관과 연관되어 있다(Gee, 1990: 152). 우리가 2차 담론을 습득하지 않으면 지역사회에 갇혀 있게 된다. 언어자본이 풍부한 영어 같은 지배적인 세계 언어를 사용하는 사람들은 지역의 경계를 벗어날 수 있지만, 단일언어주의는 그들의 관점을 제한한다. 부르디외(1991)의 언어시장에 대한 이론을 고려할 때, 언어자본이 많을수록 사회·경제적으로 더 큰 이동성을 갖게 된다. 구별의 계층 구조는 사람들이 원하고 필요로 하는 언어와 리터러시, 담론을 결정하는 데 중심적인 역할을 한다.

토착어와 토착 리터러시는 소외된 지역사회의 사람들이, 특히 교육의 매개 언어가 지배적인 언어의 표준어인 환경에서 주류에 접근하지 못하게 한다. 델핏(Delpit, 1988; Perry & Delpit, 1998)은 아프리카계 미국인 아이들에게 표준 영어에 대한 접근성을 제공하지만 아이들의 가정 언어인 에보닉스Ebonics를 희생하지 않는 명시적 교수법의 사용을 강력하게 옹호해왔다. 그녀는 정체성, 자기 가치, 지역사회에서의 입지 및 문화 적응과 관련하여 아이들이 사용하는 지역사회 언어의 가치를 논쟁의 여지가 없는 것으로 보는 동시에 더 넓은 사회로의 접근성을 위한 영어의 중요성을 인식할 수 있었다. 이중언어교육 분야의 다른 교육자들은 델핏의 입장을 공유한다(Corson, 2001; Cummins, 2000; Martin-Jones, 2006).

장르 이론가들(Derwuka, 1990; Martin, Christie, & Rothery, 1987)은 학생들이 교육 환경에서 성공하기 위해 숙달해야 하는 장르에 접근할 수 있게 하는 것에 대해 학교에서 규칙적으로 사용되는 여섯 가지 장르, 즉 경험 이야기하기, 지시, 내러티브, 보고, 설명, 논쟁 등의 특징을 밝혀냈다. 이들의 연구에서는 리터러시 교육자들이 학생들의 언어적·문화적 지식에 대해 당연시된 가정에 이의를 제기하도록 했고, 우리에게 다양한 공동체 출신의 학생들을 가르치는 데 필요할지도 모르는 명시성의 정도에 대해 더 신중하게 생각하도록 했다. 이들의 저작물은 너무 교훈적이며 현재의 상황을 무비판적으로 당연시한다고 비난을 받아왔다. 또한 이들은 이러한 장르의 특징을 고착화함으로써 창의성과 파괴적 혹은 변형적 재디자인의 가능성을 억제했다(Cope & Kalantzis, 1993; Kress, 1999). 나는 비록 이러한 비판에 동의하기는 하지만, 또한 장르 교수법이 비주류 학생들의 접근성에 대한 질문을 매우 진지하게 받아들였다는 것을 인식하는 것이 중요하다고 생각한다.

장르 이론에서는 학교에서의 학생들의 리터러시 요구를 다루고 있지만, 학문적 리터러시 분야에서는 대학생들의 언어와 리터러시 요구를 다룬다. 전 세계의 대학 인구는 인간의 이동성이 증가함에 따라 나이, 인종, 계급, 민족, 국적에 있어서 더욱 다양해졌고, 더 이상 교직원과 학생들이 같은 종류의 교육, 같은 문화자본과 언어를 공유한다고 가정할 수 없다. 우리 학교인 비트바테르스란트 대학이 1980년대 후반에 아파르트헤이트에 저항하며 많은 수의 흑인 학생들을 받아들이기 시작했을 때, 이러한 '불이익을 받은' 학생들의 요구 때문에 교육과 학습을 대학 의제에 넣었다. 이는 처음에 학업 지원 프로그램Academic Support Programme, ASP의 개발을 이끌었다. '결함'이 있는 학생들은 학업을 목적으로 이 프로그램에서 공부법과 영어 보충 교육을 자발적으로 받았다(Starfield, 2000: 27). 교직원들은 학생들을 학업 지원 프로그램과 커뮤니케이션학과의 ESL 과정에 보내서 '결함이 교정되도록' 했지만, 학과교육은 변함 없이 지속되었다. 1990년대에는 '학업 지원'에서 '학업 개발'로 전환했는데, 학생 중심의 지원에서 다양한 학생 집단의 요구를 해결하기 위해 주류 교육과정과 교수법을 재디자인하는 직원들에 대한 지원으로 바꾸었다. 분야별로 학점을 받는 기초 과정도 도입되었다. 서로 다른 분야의 담론이 요구하는 바는 학문 분야별로 다르기 때문에, 언어와 리터러시의 일반 과정들은 어떤 경우에도 제한된 가치가 있을 뿐이다. 더군다나, 담론을 읽어내는 학생들의 리터러시 능력 발달에 진정한 도전을 제공하는 것은 언어와 공부 방법에 대한 독자적인 교육보다는 개념적인 발달과 언어적인 발달 사이의 연결이다. 일반적인 학업 발달에, 그리고 특히 학문적인 글을 읽고 쓰는 능력에 초점을 두지 않았더라면, 대학에 입학한 학생들의 인식론적 접근성이 거부되고(Morrow, 2008) 아마도 배제되었을 것이다. 학문적 리터러시 분야를 연구하는 많은 연구자들은 접근성, 다양성 및 권력의 연결에 대하여 연구하고 있다(Benesch, 2001; Cadman, 2006; Clarence-Fincham, 1998; Clark & Ivanič, 1997; Ivanič, 1998; Lillis, 2001; Starfield, 1994, 2000).

- 접근성을 제공하도록 고안된 프로그램이나 관행에 의해 낙인이 찍혔다고 느껴온 사람들의 예를 찾고, 그러한 프로그램이나 관행이 어떻게 바뀔 수 있는지를 제안하라.
- 소수민족 학생들이 우세한 언어, 리터러시 및 담론에 접근할 수 있고 사회적으로 지배적인 집단의 학생들이 지역 언어에 접근할 수 있도록 학생들이 가져오는 다양한 언어 및 문화 자원을 활용하는 교실 사례를 찾아라.

9. 디자인/재디자인 없는 다양성

> **디자인 없는 다양성** 다양성은 재구성과 변화를 위한 수단, 아이디어, 대안적 관점을 제공한다. 디자인이 없으면 다양성이 주는 가능성은 실현되지 않는다.

서로 다른 공동체들은 의미를 만들기 위해 서로 다른 상징적 자원을 사용하고, 문화들 간의 의미 차이는 우리가 당연하다고 여기는 담론을 탈자연화denaturalization한다. 이러한 불화는 혁신의 잠재적 원천이다. 코스토그리즈는 「다문화 환경에서 ESL 리터러시 교육 재고Rethinking ESL Literacy Education in Multicultural Conditions」라는 박사 논문에서 우리에게 다양성을 생산적인 자원이라고 생각하는 방법을 제공한다. 그는 벨 혹스Bell Hooks(1990), 호미 바바Homi Bhabha(1990), 에드워드 소자Edward Soja(1996) 등의 연구를 바탕으로 '차이의 대화적 확언(2002; 155)', '기호의 경계 넘기' 및 문화적 혼종성hybridity의 역동성이 새로운 가능성을 상상할 수 있는 자원을 제공하는 급진적 개방성의 공간을 이론화했다. 그는 '우리'와 '그들'의 이분법을 가로지르고 '다양한 기호 자원과 지식 자원'(p.237)을 바탕으로 새로운 의미를 만들어낼 수 있는 제3의 공간을 주창한다. 그는 문화 충돌을 우리가 세계를 재조정하고 재현할 수 있게 하고(p.237) 변형과 변화에 필요한 창조적인 에너지를 생산하는 원동력으로 본다. 코스토그리즈에 따르면, 이주민들은 새로운 언어를 배우고 새로운 정체성을 획득하면서 종종 자신이 처해 있는 비협조적인 담론을 통해 자신의 길을 찾아야 한다.

이러한 긴장감은 문화적 재발명, 교육 환경의 변형과 변화, 그리고 더 넓은 사회문화적 삶의 영역에서 새로운 가능성이 나오도록 이끈다. 제3의 것과 혼종성의 생산적인 힘은 새로운 관행, 의미 그리고 담론들을 문화로 만드는 중요한 열쇠가 된다. (Kostogriz, 2002: 5)

만약 우리가 코스토그리즈의 연구를 유엔난민기구의 레고 광고에 적용한다면, 난민이 아무것도 가지고 있지 않다고 말하고 우리가 도움의 손길을 뻗치지 않는 한 그들이 가질 수 있는 것은 아무것도 없다고 상상하는 것은 근본적으로 그들이 제공해야 하는 지식, 기량 및 가치를 평가절하하

그림 5.5
'아인슈타인은 난민이었다'

난민이 자신의 새로운 국가에 가져오는 것이 피난 보따리만은 아니다.
아인슈타인은 난민이었다.

고 그들이 가져오는 인적 자원의 충만함을 부정하는 게 분명하다. 여기에는 변혁적인 재구성이 필요하다.

그림 5.5 역시 유엔난민기구의 광고인데, 난민을 매우 다르게 구성한다. 여기에는 난민 수용국과 세계에 중요한 공헌을 한 난민의 사례가 있다. 알베르트 아인슈타인Albert Einstein 광고는 난민에게 아무것도 없다는 믿음에 대한 반론을 제시한다(그림 5.5 참조).

> 이 변형된 유엔난민기구의 광고를 당신과 다른 사람들이 디자인한 광고와 비교해보라.

레고 인형처럼 우리가 똑같은 모습으로 다시 만들어질 수 있다는 생각은 따분한 단색의 세계를 암시한다. 우리에게 필요한 것은 우리의 차이에서 배울 수 있고 대립하는 관점에 의해 흥분될 수 있으며 모든 것이 개방적이고 주의 깊게 다뤄지는 세상이다.

6장

접근성, 게이트키핑, 그리고 욕망[1]

1   이 장에 등장하는 개념들은 쟁크스(2004)에서 처음으로 발표되었다. 이 개념들 중 상당수는 앞서 쟁크스(1995)에서 전개된 바 있다.

차이가 기존의 권력관계에 따라 구조화된다는 사실은 사회적 불균형을 초래한다. 사회 계층과 국제 경제에서 우리가 차지하는 위치는 우리의 삶의 기회와 접근 기회를 형성한다. 이 장에서는 언어와 리터러시에 대한 권력의 접근성에 주안점을 두고 있지만, 언어에 대한 접근성은 아이들의 교육을 가능하게 하는 자원(깨끗한 물, 음식, 의류, 보살핌, 주택, 의료 서비스, 교통 등)에 대한 접근성과 분리될 수 없음을 기억하는 것이 중요하다. 리터러시와 사회적 필요에 부응하는 교육 프로젝트의 관계에 대해서는 교육 프로젝트의 재구성을 위한 비판적 리터러시를 집중적으로 다루는 8장에서 살펴볼 예정이다.

앞 장에서 접근성과 포용이 다양성의 대가로 생겨나는 경향이 있다는 것을 알아본 바 있다. 따라서 재디자인을 위해서는 접근성을 증대시키기 위한 균형 잡힌 노력이 요구된다. 즉, 소외된 다양한 언어 형태를 유지하고 강화하기 위한 노력과 함께 모든 언어 형태는 동적이며 혼종화와 변형에 개방적이라는 점을 인식하려는 노력이 필요하다. 이 장에서는 상호 의존 모형의 접근성 차원에 중점을 둘 것이다. '누가 무엇에 접근하는가?'라는 질문은 일반적으로 교육에 관한 비판적 접근을 위해 중요하다. '누가 어떠한 언어, 언어 변이형,[2] 리터러시, 장르, 담론에 접근하는가?'라는 질문은 접근성과 권력 간의 관계에서 핵심이 되는 사회적 포용과 배제를 위한 메커니즘에 관한 우리의 관심을 끌어낸다.

'접근성'이라는 말은 이 책에 등장하는 상호 의존적 모형에서 (지배, 다양성, 디자인과 마찬가지로) 명사로 사용되고 있다. 동사와 달리 명사는 행위자와 행위가 드러나지 않는다. 다음은 우리 각자가 처한 상황과 연관시켜 생각해볼 만한 질문들이다.

1. 당신이 속한 상황에서 언어 그리고 리터러시와 관련해서 사람들은 어떠한 접근성을 필요로 하는가?
2. 이러한 접근이 가능한 사람은 누구인가? 이러한 접근을 위해 사람들에게 필요한 것은 무엇인가? 누가 이러한 접근성을 제공해주는가?
3. 이러한 접근을 할 때 어려움을 겪게 되는 사람들은 누구인가? 누구 또는 무엇이 이러한 접근을 방해하는가? 접근성을 갖기 위해 이들이 해야 하는 것은 무엇인가?
4. 이 모형에 등장하는 지배(그리고 권력), 다양성(그리고 차이), 디자인 같은 또 다른 명사들의 사용으로 인해 어떠한 행위자와 행위가 불분명해질 수 있는지에 대해서도 생각해볼 가치가 있다.

....

2   [옮긴이 주] 이 장에서 자주 언급되는 언어 변이형(language varieties)—대체적으로는 영어 변이형—은 방언의 확장된 개념으로, 동일한 언어 내부에서 특정 집단 또는 개인에 의해 사용되는 언어의 여러 변이체를 말한다. 예를 들어, (지역) 방언으로 알려져 있는 지역 변이형, 표준어로 일컬어지는 표준 변이형, 사회 계층에 따라 달리 사용되는 (엘리트 방언 같은) 사회 변이형 또는 흑인 영어나 히스패닉 영어같이 인종이나 민족에 의해 구별되는 민족 변이형 등이 있다. 뿐만 아니라, 컴퓨터 같은 매체적 원인 등에 의해 형성된 통신 언어도 언어 변이형에 해당된다.

독립 이후 남아프리카공화국의 언어교육 정책에서는 학습자들에게 자국에서 공식어로 인정받고 있는 11가지 언어 중 어느 언어로든 교육받을 수 있는 권한을 부여하고 있다. 하지만 이러한 권리가 정책적 약속에 머물지 않고 실현되기 위해 반드시 필요한 학습자료들은 아직 마련되어 있지 않다.

남아프리카공화국 학부모들 대부분은 자녀들이 영어를 배우길 원한다. 이들은 영어를 교과목으로 배우는 것만으로는 영어에 대한 충분한 접근이 어렵기 때문에 자녀들이 영어를 매개 언어로 하는 학습을 받아야 한다고 믿고 있다(Hendricks, 2006). 영어를 사회경제적 지위 향상의 수단으로 보는 부모들의 '인식'으로 인해 정부의 다국적 언어 정책과 헌법에 명시되어 있는 언어 권리에도 불구하고 학교에서는 영어의 우위가 지속적으로 강화되고 있다. 아프리카에서 영어의 상징적 가치(Bourdieu, 1991)가 최고조에 이르게 된 것은 우연이 아니다. 오히려 이는 페니쿡(1998)이 식민지 상황과 연계해 주장해온 바대로 현재까지도 계속되고 있는 강력한 식민지적 담론의 영향이라고 볼 수 있다. 독립 이후에 남아프리카공화국의 많은 백인들은 적어도 하나의 아프리카 언어에 접할 수 있기를 바라고 있다. 요하네스버그와 같이 여러 아프리카 언어들을 바꿔가며 사용하고 있는 도시에서는 동일한 어족인 소토어와 느구니어에 이르는 다중언어를 사용할 수 있는 유창성이 요구된다. 문제는 아프리카어를 가르칠 수 있는 인쇄물 형태의 학습자료가 거의 없다는 것인데, 기존의 소수 신문, 잡지, 문학작품, 교과서들조차도 특히 제2언어 또는 외국어 학습자들에게는 적절치 않은 것이 현실이다.

다른 기본 인권들과 더불어 헌법에 명시되어 있는 언어 권리에도 불구하고 늘어나는 영어의 헤게모니는 남아프리카공화국의 상위 사용 영역에서의 공식적인 다중언어 사용이 제도화되는 데 걸림돌이 되고 있음이 입증되었다. 따라서 2002년과 2003년에 각각 발표된 새로운 국가교육과정 성명서인 R-9와 R10-12는 『고등교육을 위한 언어정책』과 함께 '변화를 강제'하기 위해 설계되었다. 헌법 조항의 관점에 비추어 학교 교과과정에서는 모든 학생들이 적어도 두 개의 남아프리카공화국 언어를 배워야 한다고 규정하고 있다. 이 중 하나로 아프리카어를 선택하도록 권장하고 있기는 하지만 필수는 아니다. 영어와 독립 이전의 공식언어였던 아프리칸스어를 가르치기 위한 학습자료의 이용률을 감안해볼 때, 이 언어들을 보다 효과적으로 가르치기 위해서는 현대적 교수법을 다루는 교사 교육뿐만 아니라 아프리카 언어들을 가르치기 위한 현대적인 학습자료 개발이 절박하게 요구되는 상황이다. 더군다나 아프리카의 학부모들은 고등교육에서 아프리카 언어를 사용하는 교수-학습이 가능해질 때까지는 자녀들을 위해서 영어를 매개 언어로 하는 수업을 지속적으로 선택하게 될 것이다.

나는 아프리카 프리토리아의 흑인거주지역에 위치한 펩포[3] 초등학교에서 행한 연구를 통해 영어를 교수-학습 언어로 사용할 경우에 가정에서 아프리카 언어를 사용하는 어린이들의 수업 참여가 어떤 방식으로 방해를 받게 되는지 깨닫게 되었다. 이 학교에서는 학생들이 영어를 학과목으로 배우며 1학년부터 4학년까지는 세츠와나어로 수업을 듣는다. 5학년이 되면서부터 영어로 수업을 받게 되어 있지만, 실제 수업에서는 교사들이 학생들의 이해를 돕기 위해 영어와 대체적으로 아프리카어 중 하나인 세츠와나어를 규칙적으로 혼용한다. 7학년 학급에서는 학생들이 영어로 답하기를 기대하지만, 43명 중 영어 사용에 자신 있는 학생은 대략 5명에 불과하다. 나머지 학생들은 사용 가능한 언어를 빼앗긴 채 침묵한다. 관찰에 따르면, 동일한 학생들이 활기를 띠게 되는 경우는 소그룹 활동에서 비록 자신

....

3   펩포는 연구장소였던 학교의 가명이다.

들이 가정에서 사용하는 언어는 아니더라도 아프리카 언어 사용이 허용될 때이다. 이때 그룹의 다양한 학생들이 리더로 나서고 영어로 인해 강요된 침묵에서 벗어나 아이디어들을 쏟아내며 그룹의 역동성을 변화시키는 것을 알 수 있다.

3, 4학년 학생들에게 다중리터러시 접근법을 적용해보면 아이들이 영어로 말하고 쓰는 것보다 그림을 통해서 더 많은 의미를 전달한다는 것이 분명해 보인다.

그림 6.1은 뛰어다니기, 싸움, 돌 차기 놀이, 쫓아다니며 잡기 게임 등을 하고 있는 운동장 모습에 대한 3학년 아동의 시각적 표현이다. 그림에서 나타나듯이, 많은 일들이 동시에 일어나고 있다. 나무, 담장, 화단 가장자리에 놓인 타이어, 화단 사이로 계단이 나 있는 공간에 대한 표현으로 인해 이 어린이가 운동장의 어느 부분을 그려내고 있는지 쉽게 알아차릴 수 있다. 뿐만 아니라, 그림 속에 보이는 아이들의 몸은 그들의 감정과 움직임도 나타내준다. 심지어 나무조차도 달리고 있는 것처럼 보인다.

반면 동일한 아이가 듬성듬성 적어놓은 텍스트는(그림 6.2) 그림과는 관련성이 별반 없어 보이는 것이 사실이다.

상호 관련성이 없는 한 단어 혹은 두 단어로 이루어진 문장을 구사하는 아동의 언어능력은 자신이 말할 수 있는 내용을 제한한다. 이 어린이의 작문에서는 영어의 기본적 어순에 관한 불확실성이 드러난다. 'us clean'과 'us like'에서처럼 주어-동사의 어순을 사용하고 있는 반면, 'clean us'와 'like us'에서는 동사-주어 순으로 쓰기도 한다. 이와 같이 하나의 의미를 나타내기 위해 두 가지 형태를 사용한다는 것은 어순이 문제가 된다는 사실을 아이가 인식하고 있음을 암시한다. 게다가 대명사의 주어와 목적어 형태인 'we'와 'us'에 대한 구별도 아직 습득되지 못했다. 이 아이가 우리에게 말해줄 수 있는 것은 아이들이 운동장을 좋아하고 운동장을 청소하

그림 6.1 3학년 아이의 학교 운동장 그림

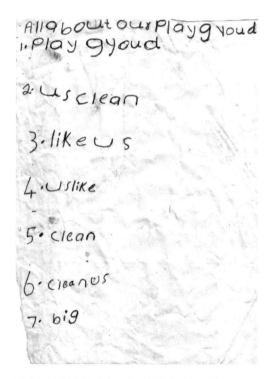

그림 6.2 3학년 아이가 글로 표현한 학교 운동장

고 있으며 운동장을 크게 바라보고 있다는 사실이 전부이다. 'gyound'는 'ground'를 소리 나는 대로 적은 표현이다. 그림 6.2는 아이가 '모두 말해 보기tell all about' 장르에 대해 이해는 하고 있지만 영어로 표현하기에는 아직 어려움이 많다는 것을 보여준다. 이 어린이는 18개월 이내에 영어로 진행하는 수업에 대비해야 한다.

지배적인 언어 형태에 접근하는 것은 그리 간단한 문제가 아니다. 따라서 이를 다중언어 수업에서 실행해보고자 한다면 우선 그 효과와 가능 조건들에 대한 숙고가 필요하다. 접근권을 보유하는 것은 중요한데, 이는 다름 아닌 학생들의 정체성과 미래가 달려 있기 때문이다. 상호 의존적 모형은 서로 다른 책무들과의 긴장관계 속에서 접근성을 확보할 수 있는 수단이 된다.

1. 상호 의존적 모형에서의 접근성 위치

이 장에서는 접근성과 모형의 또 다른 차원인 권력, 다양성 그리고 디자인과의 상호관계에 대한 이해를 돕기 위해, 비판적 리터러시를 위한 상호 의존적 모형의 접근성에 관한 주장을 전개할 것이다(표 6.1 참조).

표 6.1 모형에서의 접근성의 위치

권력 없는 접근성	지배적인 담론의 강력한 형태가 어떻게 해서 강력해지게 되었는지에 대한 이해 없이 지배적 담론을 당연하게 받아들인다.
다양성 없는 접근성	차이가 접근성에 도달하는 경로에 근본적인 영향을 미치며 역사, 정체성, 가치와 같은 문제들을 수반한다는 사실을 인식하는 데 실패한다.
디자인 없는 접근성	지배적인 형태의 변화 가능성을 고려하지 않고 지배적인 형태를 유지하고 물화한다.

4장에서 논의된 바대로 이 모형의 접근성 없는 권력에 대한 검토를 통해 권력이 접근성과 어떻게 결부되어 있는지에 대해서도 고려해볼 필요가 있다.

표 6.2 접근성 없는 지배

접근성 없는 권력	지배 담론이 배타적인 힘을 유지한다.

2. 접근성 없는 권력

우리는 강력한 언어, 담론, 리터러시에 대해서뿐만 아니라 누가 이들에 대한 접근이 가능한지에 대해서도 생각해볼 필요가 있다. 푸코는 자신의 취임 강연인 『담론의 질서The Order of Discourse』에서 어떻게 (언어 또는 리터러시보다는) 담론이 체계화되는지에 대해 초점을 맞추었다. 즉, 어떻게

담론의 생산이 권력과 위험을 물리치고, 우연한 사건들을 지배하며, 묵직하고 위협적인 물질성을 피할 수 있는 역할을 담당하는 과정들에 의해서 동시에 통제되고, 선택되며, 조직화되고, 재분배되는가(1970: 109).

이 과정은 다음과 같은 것을 포함한다.

- 말할 수 있는 권한을 가진 사람이 누구인지 통제하는 배제의 과정
- 징계적 규칙, 방법, 기술, 진실에 따라 담론을 규제하고 감시하는 내적 과정

- 접근성을 관리하는 과정

푸코의 관점에서 보면

어느 누구도 스스로 일정한 요구조건을 만족시키지 못하거나 애초부터
그러한 자격을 갖추지 못했다면 담론의 체제에 진입하지 못할 것이다.
좀 더 정확히 말하면, 담론의 모든 영역이 누구에게나 평등하게 개방되
고 누구나 돌파할 수 있는 것은 아니다. 대체로 금지된 담론들이 있는 반
면(이 담론들은 차별화되고 차별화한다), 기존의 어떤 제약도 받지 않고 어
느 곳에서나 거의 개방되어 있어 말하는 모든 주체에게 재량권을 부여해
주는 담론들도 있다(1970: 120).

그의 계속된 언급에 따르면

무언가를 말하기 위해 개인들이 갖춰야 하는 자격을 규정해주는 것은 다
름 아닌 사회적 관습이다. 이러한 관습은 담론에 반드시 수반되는 몸짓,
행동, 환경과 모든 신호를 규정한다(1970: 121).

담론에 대한 접근은 고도로 규제되기도 하지만 배제의 시스템을 통해
담론의 관문을 통과한 사람들에게 특혜를 줄 수 있는 구별을 만들어내기도
한다는 것을 인식하는 것이 중요하다. 담론은 차별화되기도 하고 차별화
하기도 한다. 즉, 배타적 담론이 더 높은 지위를 갖도록 위계적으로 조직되
기도 하고 말하는 주체를 접근 가능한 담론과 연계해 조직하기도 한다. 담
론의 접근과 배제를 구조화하기 위해 '말하기(쓰기)-행동하기-믿기-가치
부여하기'의 복잡한 배열로 개념화하는 것이 바로 사회적 관습이다(Gee,

1990: 142). 푸코는 교육을 '지식과 권력을 내포하고 있는 담론의 사유화를 유지하거나 수정'할 수 있는 시스템으로 보았다(1970: 123).

푸코는 말할 수 있는 권리를 권위의 문제와 결부시켜 강조함으로써 문화와 언어자본에는 듣고 믿게 하는 권력과 수용을 강요하는 권력이 포함되어 있다는 부르디외의 이해를 뒷받침해준다.

이해 가능한 문장을 만들어낼 수 있는 능력만으로는 듣고자 하는 문장을 만들어내기에 충분치 않을지도 모른다. 이치에 맞도록 말하는 능력이 부족한 사람은 이러한 능력이 요구되는 사회적 영역에서 *사실상 배제되기 마련이다*(Bourdieu, 1991: 55, 기울임체는 원문에서의 강조).

접근성이라는 것이 단순히 강력한 언어 형태에 대한 접근만을 의미하는 것은 아니다. 그것은 또한 청중, 플랫폼, 출판 같은 배포 방식, 그리고 영향력 있는 네트워크에 대한 접근을 의미한다. 리터러시를 가르치는 방법에 따라 강력한 담론, 지배적 언어, 엘리트 변이형, 엘리트 리터러시와 관련이 있는 문화와 언어자본의 배포 방식에 중요한 차이를 가져올 수 있다.

'배제exclusion'와 '배타성exclusivity'이라는 단어 사이의 연관성에 대해 살펴보는 것은 중요하다. 차별화는 어떤 사람들은 배제되는 곳에 누군가는 접근이 가능하다는 것을 의미한다. 이는 내부자인 엘리트-가진 자와 배제된-가지지 못한 자의 배타적 시스템을 만들어낸다. 구별은 어느 정도의 배타성에 의존하는데, 차별화의 요소로 여겨지는 특정 형태에 대해 더 많은 사람들이 접근할 수 있게 되기 때문이다. 골대는 계속해서 움직이고 그것에 접근하는 것은 세계 평화만큼이나 달성하기 어렵다.

실례를 들어 설명하면, 우리가 처해 있는 다양한 상황에서 다양한 형태의 고용 필수 요건들에 어떤 변화가 있었는지 생각해볼 수 있다. 예를 들어, 박사학위 소지가 최상의 변별요소가 되었던 적이 있다. 오늘날 특정 맥락에서는 경쟁적인 일자리 시장에서의 우위를 점하기 위해 '어디에서' 학위를 받았고 '누구에게' 연구 지도를 받았는가와 같은 부가적 형태의 구별이 필요해졌다. 쇼(Shor, 1980)가 언급한 대로, 미국의 「국가 정책과 고등교육: 2차 뉴먼 보고서」에 따르면,

> 너무 많은 사람들이 대학에 다니게 되면서 대학 교육은 사회적 신분상승에 필요하긴 하나 더 이상은 충분한 조건이 되지 못하게 되었다. 학위가 없으면 기회가 차단될 수 있지만, 학위가 있다고 해서 기회가 보장되는 것은 아니다(Shor, 1980, 서문 후기, 페이지 번호 없음).

뿐만 아니라, 「미국에서의 일자리」 보고에 따르면,

> 대부분의 고용주들은 일자리의 본질을 바꾸는 대신 단순히 교육 요구 조건을 상향하였으나, 많은 일자리에 있어서 교육과 업무 실적의 관련성은 반비례하여 나타난다(Shor, 1980, 서문 후기, 페이지 번호 없음).

더 많은 사람들이 특정한 관문을 통과하게 되면 그 관문은 위치를 바꾼다. 이것이 바로 골대 이동 비유가 의미하는 것이다.

당신의 상황과 관련하여

1. 당신이 처한 상황에서 담론의 '관문'을 강조하는 예를 찾아보시오.
2. '골대'가 교사나 학생들에 있어서 어떻게 이동해왔는지에 대한 예를 찾아보시오.
3. 푸코는 '담론은 쟁취해야 할 권력'(1970: 110)이라고 말한다. 당신이 처한 상황에서 이러한 진술을 뒷받침하거나 이의를 제기할 수 있는 예를 생각해볼 수 있는가?

푸코가 담론의 질서에 중점을 둔 것과는 별도로, 우리는 다른 이론가들이 언어의 변이형(Bourdieu, 1991; Labov, 1972)과 리터러시의 배열에 관

해 어떠한 작업을 해왔는지 알고 있다.

언어 지도 제작

나는 규칙적으로 내가 가르치는 학생들에게 학급의 언어 지도를 만들어보게 한다. 학생들이 사용하는 모든 언어를 칠판에 적어놓고 그룹 학생들에게 이 언어들을 높은 지위에서 낮은 지위의 순으로 순위를 매겨보도록 한다. 이때 학생들은 자신들의 이러한 활동을 수행하기 위한 기준도 마련해야 한다. 이 활동에는 우르두어, 포르투갈어, 광둥어, 그리스어와 같이 학생들이 기존의 사회에서 사용하고 있는 언어, 아랍어와 히브리어 같은 종교 언어, 새로운 이민자가 사용하는 외국어가 포함된다. 수업 토론에서 학생들은 이 모든 언어가 사용되고 있는 다양한 영역과 이들과 결부되어 있는 특권을 고려해볼 필요가 있다. 순위를 매길 때에, 대체로 학생들이 일부 언어에 동일한 지위를 부여하기로 결정을 내림에 따라 여러 언어가 같은 등급으로 매겨지는 결과가 종종 나타난다.

이 활동은 학생들에게 언어의 법적인 지위와 사회적 지위 간의 차이에 대한 이해를 요구하며, 자신들의 언어와 다른 언어들에 대해 스스로 취하고 있는 태도, 즉 차별과 편견을 가진 태도를 자주 인식하게 해준다.

지도 제작과 순위 매기기 활동이 완료되고 나면, 학생들에게 이러한 언어 위계가 사회에서 어떻게 유지되는지, 이러한 위계에 변화가 필요한지, 그리고 현재의 관습을 바꾸기 위해 자신들이 할 수 있는 일이 무엇인지 생각해보게 한다.

다음 절에서는 다른 언어들과 관련해 현재 영어가 가지고 있는 권력에 집중하면서 언어의 질서에 대해 검토해보고자 한다.

언어들 간에 상대적인 권력을 형성해왔으며 계속해서 형성해가고 있는 사회적·역사적·경제적·기술적 권력을 이해하게 되면 영어가 가지고 있는 상징적 권력을 감소시킬 수 있다. 그다음으로 우리가 할 수 있는 것은 영어가 다른 언어들보다 본질적으로 더 뛰어난 언어는 아니라는 사실에 대한 인식이다(이러한 인식은 권력의 결과일 뿐이다). 이와 같은 이해를 통해서 접근성 교육에 대한 집중을 완화시킬 필요가 있다.

3. 영어의 권력

영어 사용에 관한 정보는 세계적으로 인터넷상에서 쉽게 찾아볼 수 있다. 영국문화원과 데이비드 그래돌David Graddol(1997, 2006)에게 위임되었던 영어의 지위에 관한 두 편의 중요한 보고서는 9년간의 격차를 두고 발표되었다. 영국문화원에서 도출해낸 정보는 1997년의 연구 결과를 요약한 것이다(그림 6.3 참조).

흥미로운 점은 9년 후 여러 면에서 (영어 사용) 양상이 상당히 달라졌다는 것이다. 예를 들어, 2001년도에 중국에서는 3학년 영어가 필수가 되었고, 2005년에는 대략 1억 3천7백만 명의 아이들이 초등학교에 등록했다. 현재 중국에서만 매년 2천만 명의 새로운 영어 사용자가 생겨나고 있다(Graddol, 2006: 95-100). 뿐만 아니라 영어를 외국어로 배우는 사례가 중등학교 교육과정에서 초등학교 교육과정으로 점차 확장되고 있다. 그래돌의 2006년도 보고서에 따르면,

향후 몇 년 이내에 세계 여러 지역에 걸쳐 영어를 배우는 사람들의 수는 무려 20억 명에 달할 것이다(2006: 100).

현재의 영어 지배력에 대한 역사적 기반은 영어를 사용하는 공동체들이 전 세계에 퍼져 있던 영국 식민지에 정착하게 된 제국주의 시대 때 이루어졌다. 이 기간 중 17세기 무렵에 미국 식민지가 자리 잡기 시작했고, 19세기 말까지 서인도 제도, 아프리카, 인도 아대륙, 오스트랄라시아에서의 식민지화가 공고해졌다. 프랑스어, 네덜란드어, 독일어, 스페인어, 포르투갈어 같은 다양한 유럽어도 식민지의 확장으로 인해 널리 퍼져 나가기는 했지만, 20세기 들어 미국이 초강대국으로 부상하면서 영어의 지배적 위치

영어 사용자	영어 사용 범위	영어 학습자
영어는 적어도 75개 국가에서 총 20억 명 이상의 사람들에게 공식적 또는 특별한 지위를 갖는다. 약 3억 7천 5백만 명에 달하는 사람들이 영어를 제1언어로 사용한다. 영어를 제2언어로 사용하는 3억 7천 5백만여 명에 달하는 사람들의 수는 영어를 제1언어로 사용하는 사람들 수보다 많을 것이다. 영어를 외국어로 사용하는 사람의 수는 7억 5천만 명에 달한다. 세계의 4분의 1에 해당되는 사람들이 다양한 수준의 유창성을 가지고 영어를 사용한다.	영어는 책, 신문, 공항과 항공 교통 통제, 국제 사업과 학술대회, 과학, 기술, 외교, 스포츠, 국제 경연, 팝 뮤직과 광고의 주요 언어이다. 세계 과학자의 3분의 2 이상이 영어로 읽는다. 세계의 80% 이상의 전자 정보가 영어로 저장되어 있다. 2억 명의 인터넷 이용자의 대략 36%가 영어로 의사소통한다.	2000년까지 10억 명 이상의 사람들이 영어를 학습하게 될 것으로 추산되었다. 13만 명에 달하는 학생들이 전 세계적으로 동시에 영국문화원 교육센터에서 영어를 배우거나 영어를 매개로 배우고 있다. 중국의 어린이들은 학교에서 영어를 배워야 한다.
http://www.britishcouncil.org/learning-faq-the-english-language.htm 2009년 4월 16일 다운로드		

그림 6.3 영어(The English Language)

가 확고해졌다. 영어의 지위는 미국의 경제적·기술적·과학적·문화적 지배력에 따라 신장되었다고 볼 수 있다. 하지만 이러한 역사적 과정들이 중립적이거나 불가피한 것은 아니다. 예를 들어, 필립슨(Phillipson, 1992)과 페니쿡(1994) 같은 비판적 분석가들은 정치적·경제적 목적으로 영어를 세계의 나머지 지역에 팔기 위해 영국문화원이 행했던 일들에 관한 증거들을 제공한다. 일찍이 1956년에 다음과 같은 영국 교육부의 발표가 있었다.

영어는 전 세계적으로 잘 나가는 상품이다. (…) 그러므로 우리는 이 언어를 값나가고 인기 많은 수출품으로 보고 있으며, 많은 국가들이 그것에 지불할 준비가 되어 있다. (…) 뿐만 아니라 영어는 다른 수출품들, 즉 영국의 자문가나 기술자들, 영국의 기술교육 또는 대학교육, 영국의 시설이나 장비, 그리고 영국의 자본 투자 등을 유인할 수 있다(Pennycook, 1994: 155에서 인용).

21세기 초인 현재, 영어는 국제화에 기반을 두고 영어 사용자에게 경쟁적 우위를 제공해주는 링구아 프랑카lingua franca(국제공용어)로서의 지위를 가지고 있다. 하지만 만일 영어가 누구나 갖추고 있는 기본적인 기술이 된다면, 더 이상 영어 사용자에게 경쟁적 우위를 제공해주지는 못할 것이다. 이미 늘어나고 있는 스페인어 혹은 중국어를 배우는 사람들의 수는 영어만으로는 충분치 않다는 것을 암시해준다. 이제 중국어가 '꼭 배워야만 하는' 언어로 받아들여지면서 3천만 명에 달하는 사람들이 전 세계의 주요 정치·경제 중심지에 자리잡고 있는 공자학원Confucius language institute에 등록하고 있다(Graddol, 2006: 66). 아마도 보다 더 중요한 것은 링구아 프랑카로서의 영어 사용이 어떻게 '영어의 표준이 되는 원어민에 대한 숭배를 감소'시켰는가 하는 점이다(Graddol, 2006: 66). 영어는 의사소통을 위한 이해력과 실용적 전략이 중요한 자리에서 비원어민 간에 말을 주고받기 위해 사용된다. 이 언어는 참여자의 필요에 따라 달리 적용된다. 국제적 소통을 위해 영어를 사용할 때 가장 커다란 어려움을 겪게 되는 사람이 바로 원어민인 경우가 종종 있다(2006: 87). 카나가라자Canagarajah에 따르면, 언어 학습은

유동적인 의사소통 상황에서의 수행 전략, 상황적 자원, 그리고 사회적

협상을 통해 일어난다. (…) 형태, 인지, 개인 같은 이전의 지배적 개념들은 무시되지 않고 좀 더 사회적으로 내재되고 생태학적으로 민감한, 그리고 상호작용에 있어 개방된 모형 안에 위치하게 되며, 혼종적이고 유동적이며 상황에 기반한 것으로 재정의된다(2007: 291).

은데벨레Ndebele는 남아프리카공화국에서 "영어를 가르치는 것은 훌륭한 (식민지) 정책"이라고 주장하면서 영연방을 영어 사용 국가들에 의한 '영어 사용자의 동맹'으로 보고 있다(1998: 6). 필립슨(1992)은 좀 더 일반적으로 '언어제국주의'를 국가 간에 불평등을 가져오는 구조화된 지배 형태인 제국주의로의 확장으로 본다. 페니쿡(1994)은 이러한 분석을 더욱 확장해서 '국제어로서의 영어에 대한 문화 정치학'(영어의 확장이 지식과 문화의 형태에 특권을 부여하는 방식)을 포함시킨다. 예를 들어, 할리우드의 미디어 산업은 미국 문화를 세계에 수출하는 데 성공했다.

남아프리카공화국에서 독립투쟁이 일어나는 동안, 아프리카 작가들은 영어의 권력에 저항하거나 순응했다. 은데벨레(1998: 217)의 주장에 따르면,

영어는 '순수한' 언어로 간주될 수 없다. 마찬가지로 한 사회의 문제는 그 사회의 지배적 언어 문제가 되기 마련이다. 언어는 언어 자체의 인식, 자세, 목적의 전달자가 되는데, 그 이유는 말하는 사람이 언어를 통해 깊게 뿌리 박힌 태도를 흡수하기 때문이다. 그러므로 영어의 지속적인 사용을 옹호하기 이전에 영어의 책임에 대한 인식과 인정이 우선되어야 한다.

1980년대에 음파렐레(Mphahlele, 2008)에게 전유appropriation는 아프리카인의 감수성을 표현하기 위해 영어에 의한 서구 문화와 현지 영어

에 대한 부호화 방식에 대항하는 신중한 거부를 의미했다. 하지만 응구기(Ngugi, 1981)는 『정신의 해방Decolonising the Mind』에서 이와 다른 주장을 펼친다. 그는 아프리카 작가들이 그들 자신과 독자들의 마음을 자유롭게 하기 위해서는 식민지 언어로 글을 쓰는 것을 단호히 거부해야 한다고 주장한다. 그는 자신의 많은 소설을 기쿠유어로 썼다.

나는 쟁크스(1995)에서 영어의 권력 강화에 대한 이해와 설명을 위해 아서(Arthur, 1988, 1989, 1990)의 경제 이론을 활용한 적이 있다. 아서는 VHS와 베타 비디오테이프 기술을 한 예로 들었다. 베타 비디오 플레이어가 산업 현장에서 사용 가능한 더 우수한 상품으로 선정되었음에도 불구하고, 초기에 대중은 베타 비디오 플레이어보다 VHS 비디오 플레이어를 더 많이 구매했다. 그 결과 비디오 가게에서 VHS용 영화에 대한 수요가 베타용 영화에 대한 수요를 앞지르게 되면서, 비디오 가게에서는 더 많은 VHS 비디오테이프를 들여놓게 되었다. 비디오 장치 구입을 고려하고 있던 사람들은 VHS 영상을 구하는 것이 더 용이하다는 것을 알아차리고는 베타 비디오테이프 등을 제치고 VHS를 선택하게 되었다. 이런 일이 점점 더 빈번하게 발생하면서 시장에서는 VHS가 더욱 더 지배적인 위치를 차치하게 되었다. 이러한 눈덩이 효과snowball effect는 하나의 상품이 낮은 품질에도 불구하고 시장을 접수하게 되는 소위 '록인lock-in'을 초래한다. 이러한 과정을 뒤집거나 중단하기가 수월한 일은 아니지만 비디오테이프가 더 이상 필요치 않게 되는 과학기술의 극적인 변화에 의해 영향을 받을 수 있다. 바로 이것이 DVD와 DVD 플레이어의 도입으로 인해 벌어지고 있는 상황이다.[4]

....

4   아서는 '록인'을 설명하기 위해 QWERTYUIOP 키보드의 사례를 들기도 한다. 이 키보드의 배치는 오늘날 도처에서 사용되고 있다. 처음에는 타이피스트에게 더 신속한 타이핑을 용이하게 해주는 전혀 다른 키보드 배치였다. 하지만 타이핑 속도가 구형 타자기의 고장을 유발시키는 원인이 되었다. QWERTY 제품의 키보드는 의도적으로 타이피스트의 속도를 줄일 수 있도록 디자인

2004년 11월 남아프리카공화국의 한 라디오 방송국 클래식 FM에서는 유럽과 미국의 대도시에서 더 이상의 VCR 도난이 발생하지 않는다는 소식을 전해주었다. 2004년에 내가 살던 요하네스버그 지역의 한 비디오 대여점에서는 이제부터 DVD만 비치해두겠다는 사실을 고객들에게 알리고자 모든 선반 위에 "DVD로 갈아탈 때"라고 써 붙여놓았다.

비록 아서는 부르디외가 말한 은유적 형태의 언어시장이 아닌 경제시장과 관련된 작업을 하고 있었지만, 그가 '제품'이라고 언급한 자리를 '언어', '언어 다양성', '장르' 또는 '담론'이라는 말로 대체해놓아도 무방해 보인다. 언어의 지위와 관련해서 수익이 증가될 수 있다는 사실을 감안해볼 때, 영어는 이미 시장에서 우위를 점하고 있다는 것을 알 수 있다. 영어의 불가피한 성장을 서술하면서 페니쿡이 보여준 영어의 이미지는 아서가 수확 체증increasing returns이라고 표현한 바를 포착한다. 여기에는 "초기의 원시시대의 습지처럼" 퍼지는(1998: 138)[5]이나 "아론의 지팡이처럼 다른 모든 언어를 집어삼키는"(1998: 134)[6] 것과 같은 이미지들이 포함된다. 페니쿡(1998: 133-139)은 19세기로 거슬러 올라가 영어의 '경이로운 확장'이나 영어가 우리의 '놀라운 언어'라는 것을 입증하고자 했던 당시의 장황한 설명들을 들려준다. 이러한 설명은 영어와 영어 사용자의 우월성에 관한 담

....

되었다. 다시 말하면, 다른 목적이 아닌 효율성 저하를 위해 디자인되었다. 싱어(Singer)는 속도가 더 느려진 이 키보드를 사용하는 타자기를 대량으로 생산했다. 이것은 운 좋게 그 당시 시장에서 가장 구하기 쉬운 타자기가 되었고, 대단히 많은 사람들이 이 타자기의 키보드를 사용할 수 있도록 훈련을 받았다. 이는 질이 낮은 QWERTY 키보드에 수익 증대의 지위를 가져다주었다. 이 키보드를 사용하기 위해 더 많은 사람들이 훈련을 받을수록 더 많은 타자기가 제조되었다. 타자기가 더 많이 제조될수록 더 많은 사람들이 이 특정 기계를 사용할 수 있는 훈련을 받아야 했다. QWERTY 키보드 제품은 록인을 이루었고 시장을 접수했다(Granville et al., 1988).

5   제임스 알라티스(James Alatis, 1977); 페니쿡(1998)에서 인용.

6   드 퀸시(de Quincy, 1862); 페니쿡(1998)에서 인용.

론의 사례들이다. 바로 이러한 담론이 식민지적 담론과 결합하여 영어의 상징적 권력을 만들어내고 열등한 상대를 이분법적으로 설정해버린다. 사람들로 하여금 '그들 자신의 표현 도구를 파괴하는 데 협력'하도록 유인하는 것이 바로 이러한 식민지 언어에 대한 '지나친 가치 부여'이다(Bourdieu, 1991: 49). 이와 같은 주장은 언어들에 필요한 것이 '영어에 저항'할 권리라는 삭스Sachs의 입장을 뒷받침한다(1994: 1).

은데벨레는 1980년대 중반의 남아프리카공화국에 대해 언급하면서 피식민자들이 진퇴양난에 처했다고 주장했다. 그 당시의 경제적·정치적 권력의 분배를 감안할 때, 영어는 권력에 접근할 수 있는 수단이었다. 하지만 은데벨레는 영어를 선택하는 것이 '제한된 선택지의 필연성'(1987: 220)이라고 주장하면서 이러한 '미리 결정된 실용주의predetermined pragmatism'(1987: 220)에 대한 책임을 식민화로 돌렸다. 그는 또 다른 위험, 즉 언어에 대한 필요성을 생각할 때 단지 기능적인 면만 중시할 경우 '영어가 자본주의 사회에서 노동 단위로서의 사람들에 대한 도구화를 더욱 강화시킬 수 있다'(1987: 18)는 것을 인식했다. 영어를 배우고 있는 식민지 지배하의 사람들이 계속적으로 겪게 되는 딜레마는 영어에 대한 욕망과 동시에 그것에 맞서야 하는 필요성이다. 부르디외의 언어시장 이론과 더불어 아서의 록인 이론은 영어교육에 있어서 해결하기 쉽지 않은 모순을 야기한다(Granville et al., 1988; Janks, 1995). 만일 당신이 더 많은 사람들에게 지배 언어의 지배적 언어 형태에 대한 접근을 가능하게 해준다면, 당신은 (영어로 인한) 수익 증대의 상황을 영구화하며 언어의 지배력을 유지시키는 일에 일조하는 것이다. 반대로 만일 당신이 학생들의 접근을 거부하게 되면, 지속적으로 영어를 구별의 표식으로 인식하는 사회로부터 학생들의 소외만 영구화할 뿐이다. 또한 당신은 학생들이 영어를 통해 얻을 수 있는 광범위한 자원, 그 언어의 지배력의 결과로 발전해온 자원에 대한 그들의 접근을 거부하게 된다. 로지(1997)가 '접근성의 모순'이라고 불러왔던 것이 바로 이러한 경우이다.

접근성의 모순은 접근성 없는 지배성이 최대의 언어자본을 가져다주는 언어 혹은 언어의 변이형에서 학생들을 배제하며 이로 인해 그들의 삶의 기회가 제한된다는 것을 의미한다. 접근성 없는 지배성은 학생들의 삶을 소외된 자신들의 언어가 사용되는 지역사회로 국한시킨다. 언어와 민족성에 근거한 게토 형성이 아파르트헤이트 국가의 주된 목적 중 하나가 되면서, 남아프리카공화국에서의 영어는 빈민가에서 벗어날 수 있는 하나의 방법으로 여겨지게 되었다. 반면에 지배 이론에 대한 이해가 없는 접근성은 지배 언어인 영어의 권력을 자연화하고 학생들 자신의 언어를 평가절하하게 만든다.

하지만 이야기는 여기에서 끝나지 않는다. 그래돌의 연구는(1997, 2006) 21세기 영어를 위한 전략적 계획이 가능하도록 해주고 이 수출 상품과 관련하여 영국 브랜드를 지키는 데 필요한 단계를 밟아갈 수 있도록 디자인되었다. 그는 전 세계에서 차지하고 있는 영어의 지위를 분석해 제공하며 현재의 '확고한 난공불락의 지위'[7]가 앞으로도 계속 이어질 것 같지는 않다는 암시를 주고 있다. 그는 분석을 통해 국제적인 추세가 다른 언어들과 관련해서 영어 사용에 어떠한 영향을 미치게 될지에 관심을 기울였다. 그래돌은 다음과 같은 추세에 초점을 둔다.

- 인구통계학—2050년에는 얼마나 많은 사람들이 존재하고, 어디에서 살게 되며, 나이가 몇 살이 될까.
- 세계 경제—선진국으로부터의 기술 이전은 개발도상국들의 생산성

....

7   이 인용은 인터넷 서적의 첫 페이지에 나와 있다.

과 1인당 국민소득의 향상을 가능하게 해준다. 특히 브라질, 러시아, 인도, 중국과 같은 국가들(the BRICs)이 더 부유해지고 산업과 고용 기회를 더 많이 제공해줌으로써 이 국가들의 언어에 대한 중요성이 더욱 커지고 있다. 뿐만 아니라 중국어, 힌디어/우르두어, 스페인어, 아랍어의 영향력이 증대됨에 따라 무역 형태 또한 점차 지역 무역의 증대로 이어질 가능성이 크다(Graddol, 1977: 59). 새로운 시장 개척으로 인해 이미 지역 언어의 사용이 증가하고 있다는 증거도 나타나고 있다. 예를 들어, 홍콩에 본거지를 두고 있는 스타 TV는 광둥어와 힌디어로 제작된 프로그램을 제공하고 있고, CNN은 24시간 스페인어 뉴스 방송을 시작으로 힌디어 서비스도 준비 중에 있으며, CBS는 포르투갈어 뉴스 서비스를 개발할 계획에 있다(1997: 46). 무엇보다도 더 많은 전 세계 젊은이들을 위한 음악 문화를 창조해온 음악채널 MTV는 지난 몇 년간 지역화 정책을 채택했다(1997: 47).

- 기술의 역할(특히 컴퓨터와 의사소통 기술에서의 변화)—컴퓨터를 활용한 텍스트 중심의 초기 의사소통 시스템은 출발부터 영어를 위해 디자인되었다. 현재는 액센트가 표시되어 있는 언어들과 비로만체 non-roman의 문자 시스템에 적합한 소프트 프로그램들이 있다. 목소리의 전사와 번역을 위한 프로그램도 더욱더 정교해지고 있다. 비영어 사이트와 인터넷 채팅방의 수도 빠르게 증가하고 있다. "한때 컴퓨터와 영어 간에 존재했던 밀접한 관계는 무너져버렸다."(Graddol, 1997: 30)

- 사람, 문화, 재정과 의사소통의 흐름—국제화는 계속해서 새로운 형태의 의사소통과 교환을 필요로 하고 이를 가능하게 하는 '상호 연결된 그리고 상호 의존적인', '경계 없는 세상'(1977: 25)을 만들어냈다.

- 여러 가지의 담론적 노력을 수반한 지식 집약적 경제 업무의 본질적

인 변화—이는 디자인과 포장, 즉 기호학적 노력에 의해 부가가치를 창출하며 상품을 생활 방식 및 이미지와 연계시켜 판매하는 방식에서 명백하게 드러난다. 또한 스크린 노동에 의존하는 문서 작업, 즉 워드 프로세싱, 이메일 보내기, 정보 검색과 데이터베이스 운영도 증가하고 있다. "우리의 리터러시 실행을 매개해주는 이러한 기술은 직장에서 업무 능력의 평가 수단으로 주목을 받게 된다"(Heller, 2008: 59).
- 서비스 산업의 성장도 언어에 영향을 준다. 콜센터에서 새로운 일자리들이 많이 만들어지고 있다.

그래돌은 1997년에 다음과 같은 결론을 내린다.

앞으로 50년 이내에 다른 어떤 언어가 국제적 링구아 프랑카인 영어를 대체할 것이라고 믿어야 할 이유는 없다. (…) 하지만 어떠한 단일 언어도 21세기에는 20세기 말의 영어와 같은 독점적 위치를 차지하지는 못할 것이다. 각기 특정 영역에서의 영향력과 지역적 기반을 가진 소수의 세계 언어에 의한 '소수 독과점'이 생겨날 가능성이 더 크다(1997: 58).

그래돌은 2006년에 장기적으로 영어의 미래를 결정해주게 될 주요 경향들을 정리했다. 여기에 포함되는 것으로는 커져가는 영어 표준화의 부적절함, 영어 단일어 사용자들이 직면하고 있는 암담한 경제적 미래, 교육 자원과 정책적 관심을 두고 벌이는 중국어와 스페인어의 경쟁 증대, 갈수록 늘어나는 BRICs(브라질, 러시아, 인도, 중국 등 신흥경제국)의 경제적 중요성과 이 국가들의 언어에 대한 중요성, 학습자들이 문화적 목적보다는 의사소통을 위해 영어를 배우면서 영어를 외국어로 가르칠 때 필요해진 변화, 영어가 보편적인 기본 언어능력에 가까워질 경우 사라지게 되는 영어의 경쟁 우위(2006: 14-15) 등이다.

그러는 동안 영어는 적어도 21세기 상반기까지는 강력한 국제어로 남아 있을 가능성이 높다. 이런 지위로 인해 영어는 바람직한 것으로, 또한 물질적 성공을 가져다주는 교육, 과학, 기술, 고용에 접근할 수 있는 수단으로 널리 인식되고 있다. 현재 영어는 우선적으로 선택되는 외국어이다. 뿐만 아니라 그래돌(2006: 14)은 고등교육의 국제화와 온라인 원격강의로 인해 고등교육이 영어를 매개 언어로 사용하는 방향으로 점차 움직이고 있는 상황에서 이를 되돌리기 어려운 추세로 보고 있다. 영어는 학술 서적, 연구 논문과 정보에 대한 더 많은 접근 기회를 제공한다. 남아프리카공화국에서는 아프리카 학부모들이 학교에서 9개의 아프리카 언어 중 하나를 강의 언어로 선택할 수 있지만 대부분의 부모들은 영어를 선택한다.

4. 권력 이론 없는 접근성

권력 이론에 대한 이해가 없는 누군가는 학생들에게 동등한 삶의 기회를 보장하기 위해서는 그게 어떤 언어가 되었든 모든 사람이 당대의 지배적 언어에 접근할 수 있도록 하는 것을 분명한 교육 목표로 삼아야 한다고 주장할지도 모르겠다. 접근성이 암 치료만큼이나 이루어내기 어렵지는 않다 하더라도, 이러한 무의식적인 반응은 지속적인 세계 언어의 감소세에 기여하면서 이미 형성된 강력한 언어와 언어 형태의 헤게모니적 위치를 고무시키는 데 도움이 될 뿐이다. 헤게모니는 지극히 당연하고 불가피하며 상식적으로 보이기 시작해서 사람들이 아무런 이의 없이 지지하게 되는 지배력이다(Gramsci, 1971). 이는 부르디외가 언어가 '상징적 권력'을 가지고 있다는 것에 대해 논의할 때 의미하는 바이다(1991: 163-170). 상징적 권력은 사람들이 사회적 관습에 부여하는 가치와, 가치에 부여하는 지위로부터 생겨난다. 영어 능력이 정보와 물질적 이익의 접근 가능성을 결정하는 국가에서는 영어 능력이 사회적 불평등의 구조화에 연루되어 있다. 엘리트 언어와 엘리트 리터러시는 종종 수용과 배제를 조정하는 문지기gatekeeper 역할을 한다. 영어를 링구아 프랑카로 사용하는 것도 지역 토착어에 대한 위협이 되고 있으며, 이들 중 상당수 언어가 멸종의 조짐을 보이고 있다. 따라서 필요한 것은 학생들 자신의 언어를 보존하는 동시에 이중언어와 다중언어를 장려하고 중시하는 접근성 정책이다.

당신의 국가에서는

1. 국제적인 의사소통을 위해 어떤 언어를 사용하는가?
2. 당신이 살고 있는 지역에서는 어떤 언어를 사용하는가?
3. 어떤 언어들이 국가적 인정을 받고 있는가? 이러한 언어들 간에 공식적 또는 비공식적 위계가 존재하는가? 이러한 위계는 어떻게 만들어지고 유지되는가?
4. 지역 토착 언어에는 어떤 것이 있는가? 그것을 사용하는 사람들은 누구인가?
5. 이미 사라진 언어에는 어떤 것이 있는가?
6. 소멸 위기에 처한 언어에는 어떤 것이 있는가? 이러한 언어를 사용하는 사람들은 누구인가?

또한 우리는 세계의 권력 균형에 있어서의 극적인 변화나 인적 흐름의 변화가 경제시장에서의 물적 제품과 관련된 기술의 변화와 마찬가지로 언어시장에서 혜택을 받고 있는 언어들의 변화에 영향을 끼칠 수 있다는 점을 유념할 필요가 있다. 현재 외국어로 중국어를 배우겠다고 결정한 사람들의 수가 좋은 예가 될 수 있다. 라틴어의 운명은 강력한 제국의 언어

도 소멸될 수 있다는 것을 상기시켜주고, 스페인어의 미국 진출은 이민 유형이 영어의 지배력에 영향을 줄 수 있다는 증거가 되며, 남아프리카공화국의 1996년도 헌법은 정치학과 법이 고유 언어들에 어떻게 권한을 부여할 수 있는지를 보여준다. 영어와 영어의 강력한 형태—서면 정보, 강력한 장르, 격식 있는 언어 사용을 위한 표준영어—에 대해 학생들이 온전히 접근할 수 있도록 하는 것이 영어교사가 해야 할 일이다. 하지만 어떻게 해서 영어와 영어 형태들이 지배적이 되었는지에 대한 이해가 부족한 상태로 이들에 접근하게 되면 그러한 유형들을 공고히 해줄 뿐이다.

그래돌은 1997년에 세계어의 지위를 갖게 된 영어가 어떤 결과로 나타날지 우리에게 경고한 바 있다. 우선 그는 우리에게 원어민의 수보다 제2언어로 영어를 사용하는 사람들의 수가 현저하게 늘어날 경우에 무슨 일이 벌어질지 상상해볼 것을 요구했다.

폭넓은 의사소통 언어로서의 영어 사용이 확산되면 국제적 획일화를 향한 압력 행사가 계속될 것이다. 하지만 점점 더 많은 사람들에게 영어의 지위가 제2언어로 바뀌게 되면 영어가 수많은 지역 변이형을 개발해내는 것을 볼 수 있을 것이다. 이러한 모순적 긴장 상태는 영어의 두 가지 주요한 기능 때문에 생겨난다. 영어는 세계에서의 국제적인 의사소통을 위한 매개 수단을 제공해주는 한편, 문화 정체성 형성을 위한 토대를 마련해준다. 전자의 기능은 상호 이해와 공통 기준을 필요로 한다. 후자는 지역 변이형과 혼종어의 개발을 장려한다(1997: 66).

현재 링구아 프랑카인 영어의 유동적이며 혼종적인 본질을 입증하는 연구가 나타나고 있다(Canagarajah, 2006, 2007; Rampton, 1990).

영어를 외국어로 사용하는 사람들의 수가 이미 제1, 제2언어로 사용하는 사람들의 수를 더한 것보다도 많아졌다. 영어를 이중언어나 다중언어로 사용하는 사람들의 수가 이미 영어를 단일어로 사용하고 있는 원어민의 수를 넘어섰다. 영어가 제2언어로 자리 잡은 국가에서는 지역 문화 콘텐츠와 가치로 언어교육과정을 변화시키기 위해 그들 나름의 언어교수자료를 개발할 가능성이 엿보인다. 또한 그들은 학생들의 모국어뿐만 아니라 영어 변이형을 제2언어로 사용할 수 있는 교사를 선호하게 될 가능성이 높다. 오랫동안 영국이나 미국에 바탕을 두었던 기준보다 지역 기준이 더 높은 지위를 얻게 되는 상황도 상상해볼 수 있다. 그 '기준'조차 전자소통의 증가로 인해 위협을 받고 있는데, 왜냐하면 더 이상 편집자나 출판사가 출판을 목적으로 하나의 표준 형태를 강요할 수 없기 때문이다. 이메일 같은 장르는 이미 언어의 구어체와 문어체 간의 차이를 줄여 나가고 있다. 인터넷에서 발생하고 있는 영어의 새로운 장르와 형태 외에도 SMS, 즉 휴대폰으로 문자를 전송할 때 사용되는 약자는 이미 영어 쓰기의 방식을 바꾸고 있다(이모티콘 사전의 보기를 다음의 주소에서 참조하라. http://www.netlingo.com/smiley.cfm).

나는 독자들이 다음과 같은 스마일리에 얼마나 친숙한지 궁금하다.

☺ ;–) ☹ :〈 :–* (–:

다음은 덜 자주 쓰이는 스마일리들이다.

:–{ ~:o 〈:–l :–!

학생들은 자신들의 교사보다 스마일리를 사용할 가능성이 좀 더 많다. 학급의 학생들이 사용하는 것을 본 적이 있거나 현재 사용하고 있거나 직접 만들어낸 스마일리로 사전을 제작해보게 하면 학생들이 새로운 통신 언어(communications lingo)를 어느 정도 사용하고 있는지 알아볼 수 있다.

결론적으로 그래돌은 앞으로 이중언어의 시대가 도래할 것으로 전망한다. 따라서

어제는 세상에서 다중언어를 구사하는 사람들이 하잘것없었지만, 내일은 세계적인 엘리트가 될 것이다. (…) 우리는 이 엘리트들이 영어를 사용하게 될 거라는 사실에 무력해져서는 안 된다. 더 중요한 것은 현재의 영어를 모국어로 사용하는 대다수 사람들과는 달리 엘리트들은 적어도 하나의 또 다른 언어—아마도 더 유창하게, 더 큰 문화적 애착을 가지고—를 사용하게 될 것이라는 사실이다(1997: 63).

5. 다양성 없는 접근성

세계에서 다양한 언어의 상실은 다양성에 대한 심각한 위협을 의미한다. 다양한 언어는 다양한 감수성과 세상에 대한 다양한 이해 방식을 담고 있고, 이로 인해 번역은 고도로 복잡한 작업이 된다. 앞서 논의한 바와 같이, 우리의 언어는 우리의 아비투스, 즉 세상에서 우리가 체화한 전반적인 존재 방식이다. 우리가 사용하는 언어는 우리가 거주하는 지역사회의 담론과 관련되어 있고 우리의 정체성과도 깊숙이 연결되어 있다(2장 참조). 어떤 아이도 학교의 문턱을 넘으면서 자신의 가정에서 사용하는 언어를 잃어버려서는 안 된다. 외국어의 강요와 아이의 언어적 다양성에 대한 경시는 소위 부르디외가 말하는 상징적 폭력의 사례가 될 뿐이다(1991: 239).

우리는 사회정의의 측면에서 교사로서 언어의 상징적 권력을 유지하기 위해 요구되는 인식, 특히 우리 학생들이 사용하는 언어를 훼손시키는 인식을 전달하는 교육의 영향력을 줄여 나갈 필요가 있다. 또한 우리는 언

어에 대한 단일화된 견해와 의사소통 능력에 대한 표준적 견해를 거부할 방법을 모색해야 한다. 우리는 단지 특정한 언어, 변이형 또는 장르가 지배적이라고 해서 그것이 또 다른 일련의 역사적 기회로 인해 지배적일 수도 있었던 다른 언어들보다 더 '우월한' 것은 아니라는 것을 보여주어야 한다(Arthur, 1990). 또한 우리는 차이가 근본적으로 접근성에 도달하는 경로에 영향을 미친다는 것을 이해할 필요가 있는데, 그 이유는 차이가 자세, 근접성, 억양, 시선, 예의, 문법, 태도 같은 작은 규범들에서 약간만 벗어나도 쉽사리 외부인으로 표시되는 세밀한 구별의 시스템을 만들어내기 때문이다(Bourdieu, 1991). 특히 비동족어, 즉 다른 어족에서 유래하고 세상을 구성하는 또 다른 방식을 제공해주는 언어를 배울 때 많은 어려움이 있다.

나는 남아프리카공화국에서 다중언어 사용과 다양한 담론을 다룰 때 『페이스Pace』지의 정기 칼럼인 '조의 비트Joe's Beat'를 이용한다. 이는 언어의 혼종성에 대한 훌륭한 예이다(그림 6.4 참조).[8]

이 텍스트를 다룰 때

- 학생들은 사용된 언어를 이해해야 한다. 이를 위해 학생들은 흑인거주지역의 속어를 이해하고 있는 학생들에게 의존할 필요가 있다.

- 학생들은 사용된 언어가 설명하는 문화적 관습, 즉 그 언어에 의해 코드화된 삶의 방식에 대한 이해가 있어야 한다. 할아버지께 인사하는 방법, 음악과 음식, 정교한 '조상숭배stokvels'의 형태들이 여기에 해당된다. 학생들에게는 텍스트를 특징짓는, 지가 담론이라고 부르는 '말

....

8   [옮긴이 주] 조 쿠말로(Joe Khumalo)가 다양한 언어 변이형들을 혼용해 쓴 글로, 이 책의 저자인 쟁크스가 언어의 혼종성을 보여주기 위한 자료로 원문을 제공했기에 이를 번역하지 않았다.

In a room full of shabbily dressed uncles, aunts and oumas, the SUBURBAN youngsters swagger snootily among the RIFFRAFF. Their fatcat parents, SHAMED and AGGRIEVED, berate their brood for not greeting their elderly relatives ...
TYINI, UNZIMA LOMTHWALO!

Joe's Beat

Suburbia? Forget it, mpintshi yam, that's for the new gravy cats. I tell you, broer, life is a real gas in the ghetto. Chicken gizzards, mala mogodu, atchaar, skaapkop and machangaan wors washed down with chibuku and mageu to the backdrop of scamtho and kwaito music. I tell you, mtshana, life is great in the hood. What more could 'n arme darkie want?

Come Friday and it's fill up the table and count the empties because it's pay day and the "weekend tycoons" have money like dust. Ziyamporoma! The airwaves offer eardrum-shattering kwaito and rap sounds as each ghetto household competes with the next for volume supremacy.

On the streets AKs are blazing and the flash guys, the snazzily dressed amagents, are cruising dangerously in their BMs, much to the envy of the girls and All Star sneaker-clad jitas.

Out in the 'burbs the new fatcats who were weaned on chicken legs and pap are battling to shake down the effects of squawking in tsotsi taal and scamtho, while waging an uphill struggle to get the hang of Mozart and the arts. Big deal! But for 'n fly ghetto laaitie this quiet life is humdrum, mtshana.

Bored with champagne, caviar and ukukhumtsha, they sneak into the dark ghetto in their Pajeros and Audi A4s for their rare dose of soul food, pap and morogo, stokvels, tebellos, amadlozi ceremonies and ever-plentiful mgosi. But there's the rub.

With their kids who have imbibed the suburban culture, going back to the ghetto is a horrific culture shock to the "nose brigade" who express themselves in vogue Oxford accents.

First they will have to contend with the granny, who acquired a smattering of English when she was a "kitchen girl" in the suburbs. Casually they hi and what's-up die arme ouma who is startled by their very English English. "Oh granny, you're so stupid!" Holy Moses — in

Africa nogal! But you ain't seen nothing yet, mtshana.

In a room full of extended family — shabbily dressed uncles, aunts and oumas — the youngsters swagger contemptuously among the riffraff. Shamed and aggrieved, their fatcat parents fumble for words as they berate their brood for not greeting their elderly relatives. But their now Anglicised brood angrily retort: "But folks, why should we greet strangers?" Laf'elihle kakhulu madoda! Cry the beloved country! But there's more ...

While appeasing the ancestors there's ululating and praise-singing as the rustic uncles butcher the sacrificial cow, but the detribalised kids are horrified. "But that's barbaric ... that's cruelty to animals!" they shrill. "Honey, that's for the ancestors. Your uncle had to do it and that's why I'm a bit short of cash this month. They are my family so I had to chip in and help him," whispers the embarrassed dad to his youngest child.

"What? Why didn't he budget for it?" the oldest child asks. "But he's family; it's the custom that I should help," dad points out weakly. "I wouldn't give him a cent! Just because we share a surname doesn't entitle him to our hard-earned money," sneers the teenager as the blushing dad and perplexed relatives look on, mtshana.

"For your information, young lady, you'll be obliged to help with household money this month because I forked out plenty for your uncle to organise the ancestral ceremony," says the fatcat dad to his eldest daughter.

"Damn your brother and his stupid amadlozi ceremony, daddy," the daughter whines. "You won't see a cent of my money! If you and your brother don't know how to budget, then hard luck!" she adds. "Ouch! That hurts," the poor ancestors wince in their graves. Tyini, unzima lomthwalo. Good old ancient Africa — where are you?

Joe Khumalo

112 PACE March 1997

그림 6.4 조의 비트
© Joe Khumalo 1997.

하기-(쓰기)-행동하기-되기-믿기-가치 부여하기'의 결합체에 대한
접근이 필요하다.

- 학생들은 영어 잡지로 발간된 이 텍스트를 과연 영어라고 할 수 있는
지 고려해볼 수도 있다. 이때 학생들은 문맥과 관련하여 자신들의 입
장을 정립할 필요가 있다.

　나는 이 텍스트를 보수적으로 변형시킬 때 무엇을 잃고 무엇을 얻을
수 있는지 알아보기 위해 학생들에게 이 텍스트를 남아프리카공화국의 표
준 영어로 다시 써보게 한다. 이 방법은 하위 언어 변이형subordinated lan-
guage variety으로 쓰인 어떤 텍스트에도 적용할 수 있다. 나는 영국에서 학
생들과 함께 런던 사투리로 쓰인 텍스트를 사용해왔으며, 남아프리카공화
국의 예비교사들도 아프리카계 미국인의 문학 작품을 텍스트로 사용해 이
방식을 성공적으로 활용하고 있다. 이는 다양성을 포용하는 접근성의 한
예로 볼 수 있다. 이러한 방법은 비표준 변이형들의 에너지와 생동감을 예
시해주며, 세상을 대안적이고 흥미롭게 바라볼 수 있는 시각을 제공하는
방법을 보여주는 텍스트는 수집할 가치가 있다.

　유감스럽게도 언어적 다양성은 경이로움과 기쁨의 원천으로 생각되기
보다는, 종종 그 언어로 말하는 사람들을 배제하고 타자로 규정짓기 위해
사용되는 강력한 사회적 차이의 표식이 된다. 존 보John Baugh(2000, 2003)
는 미국에서 언어적 편견이 상이한 물질적 결과를 가져올 수 있다는 것을
확정적으로 보여준다. 보는 다양한 변이형의 미국 영어를 구사할 줄 안다.
그는 소위 '표준' 영어뿐만 아니라 흑인 영어, 라틴 영어, 치카노Chicano(멕
시코계 미국인) 영어도 유창하게 구사할 수 있다. 그는 그때그때 다른 변이
형들을 사용해 임대 숙소 광고에 대한 문의 전화에 응답하는 일을 한다. 그
가 어느 변이형을 사용하느냐에 따라 문의자는 숙박시설을 이용할 수도 있

고 그렇지 못할 수도 있다. 스탠포드 대학의 교수인 보는 현재 언어 차별에 바탕을 둔 법률 사건에 전문 증거를 제공해주는 범죄수사 언어학자로도 일하고 있다.

언어들과 마찬가지로 언어 변이형들 사이에서도 계층화가 이루어져 있어서, 교사들은 언어 형태의 다양성과 학생들의 정체성 투자를 존중하면서 사회적 권위를 가진 변이형의 접근에 균형을 맞추어야 하고, 언어자본에 접근할 때는 언어 변이형의 가치에 따라 균형을 맞추어야 한다. 다양한 언어 변이형에 대한 우리의 태도와 언어에 대한 편견이 생산해내는 상징적 가치는 우리의 사회적 편견에 의해 형성된다. 나는 이러한 사실을 보여주기 위해 학생들에게 녹음된 연설을 들려주고 녹음한 사람들에 대한 정보를 말해보도록 했다. 녹음된 연설 중 하나는 70대 초반의 한 남성의 것으로, 아프리칸스어의 영향을 받은, 남아프리카공화국의 강한 억양의 영어를 사용하고 있다. 학생들은 나이와 성별에 대한 해석과 함께 종종 그 남성의 인종, 집에서 사용하는 언어, 교육 수준, 지능, 정치적 소속에 대해 말해주었다. 아프리칸스인들에 대해 편견을 가지고 있는 사람들은 자신의 부정적 고정관념에 기초해서 말하는 사람을 판단하고, 그가 교육 부족, 낮은 지능, 정치적 보수성의 특성을 가지고 있다고 생각한다. 나는 그들에게 그 남성이 대학 학위를 가진 전문 기술자이고, 아프리칸스인이 아닌 영어 원어민이며, 케이프 북부에 위치한 작은 아프리카 농촌 마을에서 성장했고, 정치적 보수가 아니라고 말해주었다. 몇몇 학생들은 이러한 사실만으로도 자신들의 추정에 대해 충분히 부끄럽게 생각하게 되었고, 사실 그 남성이 나의 아버지라고 알려주었을 때 어떤 학생들은 언어에 대한 자신들의 편견이 가져온 결과와 겨우 마주하기 시작했다.

라디오 전화 토론 프로그램은 지역 변이형들에 대한 사례를 수집할 수 있는 훌륭한 출처이다. 학생들에게 자신들이 사용하고 있는 영어 변이형에 근거해서 전화한 사람들에 대해 자신들이 알고 있는 것이 무엇이며 추측해낼 수 있는 것이 무엇인지 물어볼 수 있다.

또한 다양한 언어 공동체는 다양한 상호작용 규범인 '다양한 문화 담론 규범'(Corson, 2001: 36)을 가지고 있다. 아이들에게 질문에 대한 공개적인 답변을 요구하는 전체 학급 수업은 지역사회가 아이들에게 기대하는 행동 방식과는 다를 수 있다(Cazden, 1988). 이는 펨포 초등학교 7학년 어린이들이 자발적인 대답을 꺼려 하는 이유를 쉽사리 설명해준다. 학습 과정에서 새로운 아비투스를 습득하고 새로운 언어로 상호작용하는 데 있어서 학생들이 자신이 속한 지역사회가 세상에서 존재하는 방식, 즉 그들 자신의 '언어 사용법'(Heath, 1983)을 잊어버리지 않는 것이 중요하다. 만일 남아프리카공화국이 부가적인 다중언어 사용을 요구하고 있는 교육 정책에서 자국의 언어를 확보하고자 한다면, 추가적인 언어를 배운다는 것이 자신들의 1차 담론에 '더하여' 새로운 아비투스와 정체성을 습득하는 것을 의미해야 한다. 우리는 가정에서 사용하는 언어에 대한 학생들의 능력과 그들의 1차 담론이 유지되고 발전되어야 한다는 것을 확실히 해둘 필요가 있다. 동시에 우리가 접촉하는 언어들은 다양한 정체성이 그러하듯이 수시로 서로에게 영향을 미친다는 점을 인식해야 한다. 우리는 언어 형태와 언어 관행에 있어서의 새로운 혼종 정체성과 역동적 변화에, 그리고 세상에서의 완전히 새롭고 혁신적인 존재 방식의 가능성에 열려 있어야 한다. 문화는 정적인 실체가 아니라 그것을 고정시키고 속박시키려는 보수적 시도에도 불구하고 새로운 영향력과 사회적 변화에 의해 형성되는 역동적이고 유연한 형태이다.

단일언어 사용에 대한 반론을 펼치는 것은 중요하다. 담론과 아비투스, 그리고 정체성 간의 관계가 핵심이다(2장 참조). 부르디외는 우리가 사용하는 언어가 우리의 신체에 쓰여 있다고 본다. 그는 입 안에서의 가장 작은 혀의 움직임이 우리가 가정에서 사용하는 언어와 이 언어의 국가적·지역적 변이형의 소리를 만들어내는 방식을 예로 든다(1991: 86). 우리는 부가적인 언어를 배우는 사람들에게 낯선 모음과 자음의 소리를 내기 위해 입 모양을 만드는 것이 얼마나 어려운지 알고 있다. 우리의 혀는 새로운 움직임을 배워야 하고, 우리의 신체에 배어 있는 모국어의 움직임은 종종 새로운 언어의 말투에 흔적을 남기기 마련이다. 세 살 버릇은 여든까지 간다. 하지만 혀의 미세한 움직임은 언어가 구현되는 방식에 대한 하나의 예에 불과하다. 또한 그것은 우리가 살고 있는 언어 공동체의 구성원으로서 무의식적으로 습득하는 또 다른 신체(손, 눈, 자세, 목소리)의 사용을 통해 코드화된다. 이렇게 확립된 패턴은 우리가 어떤 사람인지를, 즉 우리의 정체성을 부분적으로 형성한다. 우리가 이러한 무의식적 행동을 '보게' 되는 방식 중 하나는 다른 언어를 배우고 추가적인 아비투스와 정체성을 습득하는 것이다. 이런 방식으로 우리가 당연하다고 여겨왔던 세상에서의 존재 방식은 부자연스러워지고 붕괴되면서, 우리는 자신의 또 다른 가능성을 상상하게 된다.

다양성이 생산적인 자원이 되고 혼종성이 '새로운 관습과 의미, 그리고 담론을 형성하는 문화에서 중요한 이슈'(Kostogriz, 2002: 5)가 되며 '기호학적 경계 허물기'(2002: 155)가 창의성을 가능하게 한다는 생각을 진지하게 하게 된다면, 우리는 교사로서 단일어의 한계와 점점 증가하는 영어의 지배력이 갖고 있는 위험을 인식해야 한다. 소쉬르(1972, 1990)는 종종 우리에게 중요하지 않은 것이 무엇인지 보도록 함으로써 중요한 것이 무엇인지 볼 수 있도록 가르쳐준다. 우리는 학생들이 영어 교실에 가져오는 풍부한 언어자원을 이용함으로써 영어가 무엇인지, 그리고 영어가 무엇이 아닌지를 학생들이 이해하도록 도와줄 수 있다. 어쩌면 우리는 이러한 방법을 통해 학생들에게 영어가 다른 언어보다 본질적으로 우월한 것은 아니라는 사실을 납득시키는 동시에 언어적 다양성을 중시하고 폭넓은 다중언어 자원multilingual repertoires을 존중하도록 역설할 수 있다. 내가 남아프리카공화국에서 영어권 예비교사들과 공부하면서 그들에게 아프리카 언어들의 격음aspirated consonant과 미세하게 구별되는 음색을 들어보고 따라 하도록 가르쳐보면, 아프리카 언어 사용자들이 왜 자신들의 언어에는 존재하지 않는 영어 모음을 듣고 구별하는 데 어려움을 겪게 되는지 이해시키는 데 도움이 된다.

남아프리카공화국에 있는 대학들과 기술원에 다중언어 정책 개발을 요구하는 새로운 '고등교육 언어 정책'[9]에 따라, 비트바테르스란트 대학은 2003년 3월 13일 자로 새로운 언어 정책을 채택하고 이에 전념했다.

- 대학 캠퍼스나 의례적 모임에서의 상호작용을 위해 문서를 번역하고 필요한 곳에 통역 서비스를 제공하며 적어도 하나 이상의 외국어로 가르치는 전공 과목을 제공함으로서 모든 11개의 공식언어 사용을 촉진한다.
- 세소토어로 된 언어교수자료와 강좌를 직원과 학생들을 위해 개발하고 정부가 초등교육과 중등교육에서도 학습자료를 개발할 수 있도록 도와줌으로써 세소토어를 발전시켜 나간다. 또한 세소토어가

....

9 대학의 평의원회와 협의체에 제출된 이 정책은 N. 트왈라(N. Thwala)와 D. 스웨머(D. Swemmer) 박사, 그리고 H. 쟁크스 교수에 의해 작성되었다. 이 정책은 2002년 대학에서 밴 질(van Zyl)과 마코(Makoe)에 의해 실시된 언어 연구와 상원언어정책위원회의 조언에 바탕을 두고 있다.

고등교육에서도 수업의 매개 언어로 사용될 수 있도록 정부와 함께 자체 언어 개발에 기여할 것을 제안한다.

- 영어와 세소토어 또는 이시줄루어 강의를 제공하고 영어 및 아프리카 언어 의사소통 능력을 요구함으로써 직원과 학생들의 언어 능력을 향상시킨다.

장기적으로 보았을 때 이러한 정책이 대학으로 하여금 이중언어인 세소토어-영어를 교육의 매개 언어로 도입하는 길을 마련해주었지만,[10] 유감스럽게도 2008년까지는 이 정책의 시행을 위해 이루어진 것이 아무것도 없었다. 다른 대학들에서는 더 많은 진전이 있었다. 예를 들어, 림포포 대학에서는 이중언어 문학사Bachelor of Arts를 도입했다(Joseph & Ramani, 2004; Ramani & Joseph, 2006).

이러한 다중언어 정책은 아프리카 학생들의 영어 접근성에 대한 욕망을 인식하게 하면서[11] 동시에 아프리카 언어를 사용하지 못하는 직원과 학생들이 세소토어나 이시줄루어 중 하나로 강의를 듣도록 의무화한다. 이 정책은 '남아프리카공화국 언어를 배우는 것이 서로에 대한 이해와 차이 극복을 향상시키는 수단'이라는 정부 정책의 주장을 실현하는 데 도움이 될 수 있도록 영어에 대한 접근성과 모든 사람들의 아프리카 언어 사용 의

....

10   이 분야의 문헌과 고등교육을 위한 언어 정책에서는 두 가지 수업 매개 언어(dual medium of instruction, 어떤 과목에서는 하나의 매개 언어로 수업을 하고 어떤 수업에서는 또 다른 언어로 함)와 평행적 수업 매개 언어(parallel medium of instruction, 모든 강좌가 각각의 언어로 반복됨)에 대해서만 이야기한다. 그 대신에 이 대학의 정책은 코드 전환을 사용해서 말할 수 있도록 수업의 이중 매개 언어(bilingual-medium of instruction)를 개념화했다.
11   대학에서 실시된 연구(van Zyl & Makoe, 2002)에 따르면, 학생들은 '말하기와 쓰기 능력의 숙달을 위한 자신들의 영어기술 향상'과 '학점 이수를 위해 필요한 학생들에게 제공되는 영어 강좌 수강을 위한 언어 능력 향상을 위해서' 다중언어 정책에 압도적인 지지를 보내고 있다.

무화를 결합시킨 것이다(University of Witwatersrand, 2003). 또한 이러한 결합은 지배성, 다양성, 그리고 디자인/재디자인과의 긴장을 유지하면서 접근성을 확보할 수 있는 공간을 제공해준다. 영어의 지배는 아프리카 언어 능력에 대한 강조와 장기적인 이중 매개 언어 도입의 가능성으로 인해 감소되고, 다양성은 어족이 다른 두 언어로 의사소통할 수 있는 능력을 의무화하는 것으로 실현되며, 영어와 세소토어 간의 규칙적인 코드 전환은 대학에 현존하고 있는 상호작용 패턴에 대한 변화나 재디자인을 구성한다. 이러한 언어들 간의 지속적인 접촉은 더 많은 혼종의 언어 정체성 발달뿐만 아니라 두 언어의 변화를 이끌어낼 것이다.

6. 재디자인 없는 접근성

재디자인의 가능성이 없는 접근성은 언어나 언어의 지배적 형태의 변화 가능성을 전혀 남겨두지 않는다. 21세기까지 21권이 발행된 학술지 『세계 영어World Englishes』에서 입증되어온 것처럼, 탈식민지 작가들이 대단한 성공을 이루어왔던 것과 식민지 국민들이 영어를 자신의 것으로 만들면서 다양한 영어들을 생산해낼 수 있었던 이유는 바로 그들 자신의 목적과 의미에 맞도록 언어를 변화시켜온 데 있었다. 그들은 셰익스피어의 캘리번과 같이 말할 수 있다.

> 네가 내게 언어를 가르쳤고 거기서 내가 얻은 이익은
> 어떻게 저주하는지를 알았다는 거지.
> 내게 네 언어를 가르친 일로 천연두에나 걸려 죽어라.
> (셰익스피어, 『더 템페스트The Tempest』, 1막 2장, 365-368행)

점점 더 많은 사람들이 자신들의 다양한 감수성을 표현하기 위해 영어를 자신들의 언어로 굴절시켜 사용하므로, 대도시의 고정된 기준으로부터 점차적으로 벗어날 수 있는 영어의 가능성을 열어두어야 한다. 광범위한 영어 사용으로 끊임없이 '세계적 획일화에 대한 압력 행사가 이루어지고 있는' 반면(Graddol, 1997: 56), 지역의 혼종 변이형local hybrid varieties은 '문화 정체성을 구성하기 위한 토대'를 형성해주고 있다. 그래돌(1997: 49)에 따르면, 젊은이들은 특히 자신의 언어 선택권을 통해 자신의 정체성을 이룬다. 영어 상용자의 국가에서는 계급, 인종, 성별, 성적 취향 같은 요인에 바탕을 둔 다양한 사회 정체성과 결부되어 있는 변이형을 선택하지만(Rampton, 2006), 비영어권 국가에서는 영어 사용자들이 외국 변이형들foreign varieties로 인해 자신들의 인종 또는 국가 정체성을 유지할 수 있다.

　　변하지 않는 언어는 오로지 죽은 언어뿐이다. 살아 있는 언어는 사용자의 필요성에 따라 변형되고 형성된다. 여기에서 필요성이란 단순한 의사소통의 필요성만을 말하는 게 결코 아니다. 이는 또한 사회적·심리적·정치적 필요성을 말한다. 세계어를 사용하면서 영어를 모국어로 사용하는 원어민이 치러야 하는 대가는 그 언어가 더 이상 자신들만의 것이 아니라는 사실이다. 점점 더 많은 사람들이 영어에 접근하게 되면서 자신들의 목적에 맞게 영어를 사용하고, 이러한 행동을 통해 영어를 불안정하게 만든다. 강력한 세계어를 가지고 태어나는 언어적 이점과는 별개로, 영어권의 원어민이 거저 얻게 되는 또 다른 이점은 영어가 서식하는 모든 장소와 그곳에 서식하는 모든 사람들로 인해 다양한 어휘와 뉘앙스가 만들어지면서 보다 의미가 풍성해진 언어를 갖게 된다는 것이다. 이는 영어에 자신들의 모국어 리듬과 서로 다른 세계관에서 오는 통찰력을 부여해서 방대한 영문학 작품을 생산해온 전 세계의 많은 시인과 작가들에 의해 확장되어온 언어이다. 언어는 새로운 필요성에 따른 확장성과 새로운 개념의 수용을 허용하는 융통성을 가지고 있다. 이런 점에서 영어도 다른 어떤 언어와 다르지 않다. 다만 영어는 자신을 통해 표현되기를 요구받았던 다양한 인간 경험으로부터 많은 혜택을 받았다고 할 수 있다.

영어의 다양한 형태가 보여주는 풍성한 사투리, 어휘, 강세, 억양, 문법 등에 귀를 기울일 수 있다면 다른 사람들의 영어 사용 방식을 통해 그 사람들에 대해 배우고 즐길 수 있는 것이 적지 않다. 문학 작품에서 발췌한 그림 6.5의 단락들은 영어의 혼종성과 다양성을 잘 보여주고 있다. 나는 이러한 텍스트를 수집하는 사람들에게 하나의 출발점이 될 수 있도록 이 인용문들을 제공하고자 한다.

에이미 탄(Amy Tan)은 『접골사의 딸(The Bone Setter's Daughter)』(2001)에서 자신이 홍콩과 중국에서 독학으로 배운 '뚝뚝 끊어 하는 말투(the choppy talk)'인 루링(LuLing) 영어를 표현해낼 수 있었다(p.42).

"Lootie give me so much trouble. Maybe I send her go Taiwan, school for bad children. What you think."(p.43) Later she says to her daughter Ruth,
"You wish I dead? You wish no mother tell you what to do. Okay, maybe I die soon."(p.46)

이보다 훨씬 더 익살스러운 예는 영어 문법을 익히기 위해 고군분투하는 주인공의 모습을 그린 샤오루 궈(Xiaolu Guo)의 소설 『연인들을 위한 외국어 사전(A concise Chinese-English dictionary for lovers)』(2007)에서 찾아볼 수 있다.

"London is the Capital of fog." It is saying in middle school textbook. We studying chapter from Charles Dickens' novel *Foggy City Orphan*. Everybody know Oliver Twist living in city with bad fog. Is very popular novel in China.
As soon as I arriving in London, I look around the sky but no any fogs. "Excuse me, where I see fogs?" I ask policemen in street.
"Sorry?" he says.

"I waiting two days already, but no fogs." I say.
He just look at me but no understanding my English(p.21).

이와 유사하게 데이비드 로버츠(David Roberts)는 뭄바이 영어의 운율을 『산타람(Shantaram)』(2003)에 싣고 있다. 이 작품에서 프라바카(Prabakar)는 칼라(Karla)를 축하연 오찬에 초대한다.

We will have it a very nice lunches! My good self, I have kept it a complete empty stomach or filling up to fat. *So* good is the food. You will enjoy so much, the people will think you are having a baby inside your dress(p. 246).

치누아 아체베(Chinua Achebe)는 영어의 아프리카 변이형을 사용하기보다는 나이지리아 사투리를 영어로 담아내는 작업을 해왔다. 여기에 인용된 부분에서는 계절과 곡식의 느릿한 리듬에 의해 측정되는 시간의 흐름, 묘약의 힘과 계시의 목소리에 대한 믿음, 그리고 땅의 중요성에 대해 알 수 있다.

And so they killed the white man and tied his iron horse to their sacred tree…This was before the planting season began. For a long time nothing happened. The rains had come and yams had been sown. The iron horse was still tied to the sacred silk-cotton tree. (···) They have a big market in Abame on every other Afo day and, as you know the whole clan gathers there. That was the day it happened. (···) They must have used a powerful medicine to make themselves invisible until the market was full. And they began to shoot. (···) Everybody was killed. (···) Their clan is now completely empty. Even the sacred fish in their mysterious lake have fled and the lake has turned the color of blood. A great evil has come upon their land as the Oracle has warned (Achebe, 1958: 125-126).

그림 6.5 소설에서 사용된 영어 변이형들

나는 6장에 대한 결론을 내리면서 '접근성, 게이트키핑, 그리고 욕망'이라는 제목에 대해 다시 한 번 생각해보게 된다. 접근성은 권한의 한 형태로, 관문에 들어가서 통과할 수 있는 권한, 배제되지 않을 권한을 말한다. 교사가 사회적 문지기 기능(게이트키핑)을 수행하는 동안, 언어는 지나치게 자주 학생들을 선별하고 선택하는 관문의 역할을 하게 된다. 만일 관문 너머에 존재하는 것이 대부분의 사람들에게는 접근이 어려운 지배 계층의 리터러시라면, 사람들은 이러한 리터러시를 간절히 바라게 될 것이다. 주목할 것은 이러한 욕망이 상징적 가치에만 기반을 두고 있는 것은 아니라는 점이다. 접근성은 사회 계층화의 기본적 수단이기 때문에, 사람들의 삶의 기회에 대를 이어 영향력을 미치는 물질적 중요성을 가지고 있다. 욕망은 양날의 검과 같아서 우리에게 부족한 것을 채우고 우리의 정체성을 변화시키지만, 그 과정에서 반드시 잃어버리게 되는 것이 생기기 마련이다. 교육자로서 사람들을 변화시키는 일은 우리가 마땅히 해야 할 과업이지만, 학생들의 타자성otherness에 대한 깊은 존중 없이 해서는 안 되는 일이기도 하다. 자신이 아닌 것을 욕망하는 일이 자기 정체성의 포기를 수반하는 일이 되어서는 안 된다.

7장

비판적 텍스트 만들기

: 쓰기에서 디자인으로

나의 비판적 리터러시 모형에서 '디자인'은 비판적 텍스트 만들기와 통용해서 사용하는 용어이다. 이 용어는 텍스트의 수용 측면보다는 산출 측면에 초점을 두고 있다. 비판적 리터러시 분야에서 비판적 쓰기는 지배적 형태에 저항하고 권력에 '되받아 쓰기writing back'를 한다는 중요성에도 불구하고 비판적 읽기에 비해 그다지 주목을 받지 못했다. '되받아 쓰기'의 중요성은 탈식민주의 작가와 이론가들(예를 들어, Bhabha, 1990; Said, 1994, 1995: Pennycook, 1998)이 중점적으로 연구했을 뿐만 아니라 문학의 분석과 생산 분야에서도 하나의 전통을 이루었다. 이들의 연구는 가부장적 텍스트와 관습을 이론화하고 그에 맞서고자 하는 페미니스트 작가들이 이룬 토대 위에서 이루어졌다. 페미니스트 언어학자들의 연구(예를 들어, Cameron, 1985, 1990, 1995; Smith, 1993; Spender, 1980; Threadgold, 1997)는 비판적 리터러시 분야의 연구에 특히 중요했다. 스트리트(1984)는 처음으로 학교 현장이라는 맥락에서 자연화된 에세이 쓰기 방식의 지배에 대해서 중요한 문제제기를 했고, 클라크와 이바닉(1997:60)과 이바닉(1998)은 고등교육기관에 입학한 성인 학습자에 관한 연구에서 비판적 글쓰기를 이론화하기 시작했다. 이들은 학문적 글쓰기의 규범적 형식에 종속되는 것을 억압적인 것으로 경험하고 있었다. 클라크와 이바닉은 글쓰기, 자아정체성, 그리고 권력의 관계에 대해서 진지하게 조명했다. 장르 이론가들은 학문적 장르의 변화 가능성을 타진하는 한편 사회적으로 혜택받지 못한 학생들이 글쓰기에 접근하고 성공할 수 있게 하기 위해서 학교에서 요구되는 장르를 명시적으로 만드는 작업을 시작했다. 좀 더 최근의 다중리터러시 프로젝트에서는 학생들에게 다중모드 텍스트를 어떻게 만들고 디자인하는지를 가르치는 것의 중요성에 대해 집중해왔다.

텍스트 산출의 통제와 산출 수단은 많은 이유로 비판적 리터러시 프로젝트의 주요 과제가 되고 있다.

- 텍스트를 만들 수 있는 능력은 우리가 어떤 의미를 만들어낼 것인지를 선택할 수 있도록 하는 행위주체성의 형태이다.
- 텍스트를 구성하는 능력은 우리에게 텍스트가 구성되는 방식과 다양한 모드들의 행동 유도성affordances과 제한성constraints에 대한 좀 더 나은 이해를 제공한다
- 텍스트를 만들 수 있는 능력은 우리가 세상에 대해 행동으로 대처할 수 있도록 한다.
- 상징적 형태의 조합과 재조합을 적극적으로 시행할 수 있는 능력은 지식 경제가 요구하는 높은 수준의 능력 중 하나이다. 이런 능력은 우리가 쓰기 과정에서 하는 선택에 의해서 우리 자신과 우리의 독자들이 어떻게 자리매김되는지에 대해서 생각할 수 있도록 도와준다.
- 텍스트를 만들 수 있는 능력은 우리의 텍스트와 다른 이들의 텍스트

를 재디자인할 수 있도록 하는 능력이다. 이 능력을 통해 세상을 재창조해내기 위해서 우리가 해체했던 텍스트를 변형시키는 방법에 대해 생각할 수 있다.

만약에 텍스트를 다시 자리매김하는 것이 사회정의의 윤리에 관한 것이라면, 쓰기와 다시 쓰기는 프레이리의 연구가 지지하고 있는 사회적 변혁과 자아정체성의 변혁에 기여할 수 있을 것이다.

1. 쓰기

학생들이 변화하는 소통 방식 속에서 자신에게 중요한 텍스트를 만들 수 있도록 학교가 학생들을 격려하는 것뿐만 아니라 다양한 형식으로, 그리고 다양한 독자들과 목적을 위해서 학생들이 자신들에게 중요한 텍스트를 만들 수 있도록 하는 것도 중요해지고 있다. 따라서 학생들이 가지고 있는 기호학적 자원의 범주를 이용함과 동시에 그 범주를 확장할 수 있도록 허용하는 글쓰기가 더욱 중요하다. 다음에 나오는 피터Peter의 이야기를 통해 이런 측면에 대해 많은 점을 배울 수 있다.

피터는 1980년대 초에 내가 임시교사로 근무하고 있던 런던의 한 종합중등학교 7학년에 다니던 명석한 12세 학생이었다. 그는 다루기 힘든 학생이었는데, 항상 과제를 빨리 마치고 남은 시간에 떠들곤 했다. 의도적으로 나를 무시하는 그는 정말 힘든 학생이었다. 어느 금요일 오후에 내가 자유롭게 일기 쓰기 활동을 소개했을 때, 학생들은 피터가 부추기는 바람에 나를 곤란하게 했다. 그들은 정확하게 얼마나 자기 마음대로 써도 되는지 알고 싶어했다. 욕을 써도 되는가? 나는 내가 생각하는 기준에서 학생들이 생각할 수 있는 가장 나쁜 욕으로 페이지를 채워도 된다고 말했다. 하지만 만약 부모님이나 다른 선생님들이 그런 욕이 있는 일기를 보았을 경우에 그 내용에 대해서 스스로 책임질 수 있어야 한다는 말을 덧붙였다. 학생들은 나의 설명에 만족한 듯 아무도 욕을 쓰지는 않았다.

피터는 빈 노트를 집에 가져가서는 월요일 오전에 학교에 와서 글쓰기를 다 했다고 했다. 그는 빽빽이 쓴 일기를 나에게 제출했다. 나는 일기장 뒤에다 재빨리 두 번째 빈 노트를 붙였다. 그는 다른 학생들보다 빨리 끝내고자 하는 의지 때문에, 힘든 게 분명했음에도 주말 동안 많은 시간을 들여 일기를 쓴 것이다. 이렇게 집중적으로 노력하면서, 피터는 글쓰기가 즐거울 수 있다는 것을 발견한 것이 틀림없었다. 왜냐하면 가장 비협조적인 이 학생이 자신의 생각, 희망, 걱정거리, 좌절에 관해 다섯 권의 일기를 더 써냈기 때문이다.

이 경험을 통해 학생들은 처음으로 자신의 글쓰기에 대해 완전한 통제권을 가질 수 있었다. 학생들의 일기는 자신에게 중요한 것에 대하여 쓸 수 있는 하나의 안전한 장소가 되었다. 일기에서는 친구들 앞에서처럼 허세를 부릴 필요가 없었고, 학교에서의 관심사를 보여줄 수 있었다. 다른 사람은 몰라도 나는 그것을 알아차렸다. 학생들은 처음으로 문법이나 글쓰기 형식보다 자신들이 소통하고 있는 의미에 반응했고, 관심을 보이는 어른에게 말하기 위해 글을 사용했다. 학생들은 분량에 상관없이 세 개의 글만 쓰면 되었다. 그들의 글은 평가되거나 '점수'로 매겨지지 않았지만, 대부분의 학생들이 최소한으로 요구되는 것 이상의 글쓰기를 했다. 그들은 일기 쓸 시간을 더 달라고 졸랐다. 아이러니하게도, 그들에게는 이 글쓰기가 공부하는 것을 피하기 위한 하나의 방법이었다.

학생들은 일기라는 이 공간에서 자신들이 되고 싶은 누구나가 될 수 있는 자유와 자신들이 무엇을 쓸 것인지 선택할 수 있는 힘을 가졌다. 많은 학생들은 자신들의 흥밋거리, 가족, 좋아하는 사람들(보통은 연예인이나 스포츠 인물)의 그림과 사진을 선택했다. 나는 25년이 지난 후에 왜 학교에서 글쓰기에 저항했던 학생들이 마이스페이스나 페이스북 내지는 온라인 블로그에 몇 시간씩 글을 쓰는지 어렵지 않게 이해할 수 있게 되었다. 오늘날 학생들은 전 세계가 네트워크로 연결된 공동체에서 자신들의 독자를 선택할 수 있고, 다중모드 텍스트를 만들어내는 것은 새로운 디지털 테크놀로지에서 더욱 쉬워지고 정교해지고 있다. 이런 변화와 교육현장의 글쓰기 교육 간의 차이는 극명하다. 초등교육에서 고등교육까지, 학생들의 글쓰기는 여전히 대부분 교사들에 의해 통제되고 있고, 정해진 주제에 대한 에세이 쓰기가 여전히 언어 수업이나 내용 수업의 규범이다. 이는 많은 교육 상황에서 마찬가지이다.

물론 이런 일기 쓰기 방식은 프레이리의 관점에서 비판적이라고 할 수는 없을 것이다. 1장에서 본 바와 같이, 프레이리는 다음과 같이 말한다,

> 읽기와 쓰기를 배우는 것이 앎의 행위를 구성하는 것이라면, 학습자는 처음부터 창의적 주체로서 그 역할을 해야 한다(Freire, 1972a: 29).

프레이리가 말하는 창의적 주체로서 글쓰기란 단순한 작문 기술의 조합에 머무는 것이 아니라 세상을 변혁하기 위해 세상에 대해 쓰는 것이다. 교육은 자신에게만 중요한 의미와 텍스트를 생산하기 위해 글쓰기를 즐기는 류의 유능한 작가를 생산해내는 것 이상을 해야 한다. 글을 쓰는 사람에게는 우리가 세상을 '명명하고' 이해한 방식에 변화를 일으키는 텍스트를 만들어내기 위한 비판적 사회적 의식이 필요하다. 또한 글을 쓰는 사람은

표준화된 문자언어 유형, 다양한 장르, 다양한 독자와 목적을 충족시키는 데 필요한 사회적·수사적 정교함 같은 학교 리터러시도 알아야 한다. 학생들에게 의미 있고 즐거우며 유창한 글쓰기의 경험이 없다면, 이러한 글쓰기는 익히기가 더 어렵다.

우리는 글쓰기의 과정에서 형태보다는 의미에 집중함으로써 유창성을 성취한다. 우리는 소통하고자 하는 것에 집중하고, 뇌는 자동적으로 필요한 어휘들을 찾는다. 이러한 방식은 우리가 어휘를 선택하는 것과 반대로 어휘가 우리를 선택하는 것이다. 우리는 무의식적으로 세상을 명명하기 위해 우리 공동체의 자원을 이용하고 우리가 속해 있는 담론을 동원하게 된다(4장 참조). 푸코가 "담론은 쟁취해야 하는 권력"이라고 했을 때, 이는 정확히 담론의 권력이 우리를 특정 인간 주체로 생산하고 우리를 통해 말하기 때문이다.

2. 글쓰기를 디자인하기

우리는 글을 쓰면서 쓴 것을 다시 읽거나 수정하기 위해 멈출 때 의도적인 선택을 할 가능성이 더 많고, 어떤 장르에서는 이러한 의도가 더 많이 요구되기도 한다. 시인과 공보 비서관, 변호사는 언론인과 카피라이터보다 문자에 더 많은 무게를 두는 경향이 있다. 글쓰기는 사회적 실천이고, 각각의 사회적 실천은 서로 다른 종류의 정확성을 요구한다.

나의 실제 예를 들어보겠다. 나는 2001년에 비판적 리터러시와 관련된 국제읽기협회International Reading Association 사전 학회에서 「비판적 리터러시의 방법, 모형, 동기부여에 대해Critical Literacy Methods, Models and Motivation」라는 제목의 논문을 발표했다. 내가 이 논문의 제목을 처음 생각했을 때, 제목을 'Critical Literacy: Methods, Models and Motives'라고 하고 싶었다. 이것이 정확한 것 같았다. 나는 조화롭게 두 개의 세 음절로 구성된 단어에 세 개의 두 음절 단어가 따라오는 조화가 좋았고 두음법칙으로 만들어진 리듬도 좋았다. 그러나 '모티브motives'라는 단어가 거슬렸다. 모티브는 살인자들이 가지고 있다. 'motive'라는 단어는 부정적인 의미를 동반한다. 우리는 사람들이 뭔가를 '숨길 때' '이면의' 모티브가 있다고 생각한다. 우리는 모티브를 순수하게 여기기보다는 이기적인 것으로 생각한다. 반면에 '모티베이션motivation'이라는 단어는 좀 더 긍정적인 의미를 갖고 있다. 이 단어는 우리로 하여금 좋은 일을 할 수 있도록 하는 유익한 심리적인 원동력과 관련된다. 우리는 '매우 동기화된highly motivated' 사람을 긍정적인 태도를 지닌 성취자로 생각한다. 우리는 교사로서 모두 동기화된 학습자를 원하지만, 모티브를 가진 학생은 불신하는 경향이 있다. 그래서 나는 'motivation'이라는 단어의 모든 긍정적인 함축을 총동원해서 이 단어를 복수로 만들어서 선택하고 논문의 제목을 'Critical Literacy: Methods, Models and Motivations'로 바꾸었다.

언어학자인 나는 나의 직관을 영국국립코퍼스British National Corpus 사이트(http://sara.natcorp.ox.ac.uk)에서 확인해보았다. 이 코퍼스 프로그램에서는 단어를 입력하면 그 단어가 사용된 빈도수를 제공하고 문장 내에 그 단어가 쓰인 임의로 선택된 50개의 예시를 제시한다. 나는 'motive'와 'motives', 그리고 'motivation'과 'motivations'를 찾았다. 그리고 긍정적인 함축과 부정적인 함축으로 그 샘플들을 분석했다. 데이터 중에서 분명하게 부정적이거나 분명하게 긍정적이지 않은 것은 제외했다. 표 7.1에 긍정적, 부정적, 불분명한 함축의 예시가 제시되어 있고, 표 7.2에는 분석 결과가 정리되어 있다.

표 7.1 영국국립코퍼스의 예시

긍정적인 함축으로 사용된 단어들의 코퍼스 예시

Instead the eyes settled on her, searching out the motive for such a protective gesture.

With no other interest than glory, and no other motive than a sense of vocation.

If jobs were carefully designed (⋯) then high levels of satisfaction and motivation would result.

Aspirations, a sense of how we can realise our potential, give us power and motivation.

부정적인 함축으로 사용된 단어들의 코퍼스 예시

All her appeals to the students to end the demonstrations had an ulterior motive.

Even today suggestions are being made as to Judas' motive.

Mangers can motivate staff-motivation is at the control of the individual (⋯) subject to allegations of political motivation and partiality.

불분명하거나 중립적인 함축으로 사용된 단어들의 코퍼스 예시

Let us please seek for more stronger motives.

Motive power is provided by No 40092.

There is the same motivation.

The majority failed to understand the motivation of the same characters.

출처: Janks, H. (2008). K. Cooper, & R. White (Eds.). *Critical Literacies in Action*. Rotterdam: Sense Publishers에서 처음 발표되었음.

표 7.2 영국국립코퍼스의 예시들의 분석

단어	코퍼스 전체 숫자	코퍼스 예시의 긍정적인 함축	코퍼스 예시의 부정적인 함축	코퍼스 예시의 중립적이거나 불분명한 함축
motive	1,043	7	28	15
motives	1,028	9	21	20
motivation	1,524	29	2	19
motivations	237	13	13	24

출처: Janks, H. (2008). K. Cooper, & R. White (Eds.). *Critical Literacies in Action*. Rotterdam: Sense Publishers에서 처음 발표되었음.

코퍼스 프로그램에서 조사함으로써 사람들이 종종 모티브의 동의어로 모티베이션라는 단어를 사용한다는 것이 명확해졌다. 또한 함축의 가장 명확한 차이가 단수 형태에서 나타나는 것이 흥미로웠다. 단수인 'motivation'은 내가 직관적으로 알았던 긍정적인 함축을 내포한 단어였고, 단수인 'motive'는 부정적인 함축을 내포하고 있었다. 그래서 나는 논문의 제목을 다시 'Critical Literacy: Methods, Models and Motivation'으로 바꾸었다. 비판적 리터러시는 텍스트를 읽는 데 유용할 뿐만 아니라 텍스트를 디자인하는 데도 영향력이 있는 도구이다. 나는 청중이 비판적 리터러시 연구를 잘 받아들이기를 원했기 때문에, 'motive'라는 부정적인 단어를 피하고 의도적으로 'motivation'을 선택했다.

캠러(2001: 55-78)는 70세에서 85세 사이 여성의 노령화 이야기에 관한 연구에서 서로 다른 선택을 함으로써 우리의 글쓰기를 재자리매김re-position할 수 있는 방법에 대해서 조명했다. 우리에게 텍스트는 단지 현실의 표상일 뿐이고, 우리는 작가로서 우리의 이야기를 재조명해야 한다. 우리 자신의 텍스트를 포함하여 비판적으로 텍스트를 읽는 능력은 변혁적인 재디자인의 조건을 만들어낸다.

> 프로젝트의 목적은 우리 문화에 만연한 노령화에 대한 부정적인 이미지의 편협함을 직면하고 여성 노인의 관점에서 쓰인 새로운 이야기를 생산해내는 것이었다(Kamler, 2001: 55).

이 프로젝트에서 연령이 높은 여성들이 글쓰기를 통해 자신들의 주체로서의 위치를 새롭게 프레임할 수 있는 기회를 부여받았다. 레이코프(Lakoff, 2004)에 따르면, 이러한 행위는 사회적 변화를 의미한다.

프레임은 정신적 구조로, 우리가 세상을 바라보는 방식을 형성한다. 결과적으로 프레임은 우리가 추구하는 목적, 계획, 행동하는 방식, 그리고 우리 행동의 좋거나 나쁜 결과에 대한 판단을 결정한다. 정치에서는 우리의 프레임이 사회 정책을 결정한다. 프레임을 바꾸는 것은 이 모든 것을 바꾸는 것이다. 프레임을 재구성하는 것은 사회적 변화인 것이다(Lakoff, 2004: xv).

우리가 양동이에 물이 반이 차 있다고 볼 것인가 아니면 반이 비었다고 볼 것인가 하는 것은 프레임이 우리가 세상을 보는 방식에 어떠한 영향을 주는가에 대한 잘 알려진 예이다. 캠러는 프로젝트에 참가한 여성 중 한 명인 벨라Bella가 남편의 죽음에 대한 어두운 면을 재구성하도록 도울 수 있었는데, 이것이 가능했던 것은 그녀가 '마지막까지 그가 필요했던 힘을 주면서 같이 있었고 그는 사랑과 보살핌에 둘러싸여 죽음을 맞이했다'는 것을 일깨워주었기 때문이다. 나는 1992년에 나의 아들 둘이 한 명은 병 때문에, 또 한 명은 심각한 오토바이 사고 때문에 '죽을 수도 있었다'는 이유로 매우 우울했는데, 몇 달이 지난 후에 그 사건들을 다르게 재구성함으로써 기분을 바꿀 수 있었다. '아들 두 명이 모두 죽을 수도 있었지만 그들은 죽지 않았다'는 생각이었다. 우리 가족은 사실상 운이 좋았던 것이다.

프레이리는 계속되는 재현-해체-재디자인의 과정을 다음과 같이 표현했다.

인간으로서 존재한다는 것은 세상을 *명명하는* 것이고 변화시키는 것이다. 일단 명명되면, 세상은 명명한 자들에게 문제로서 다시 드러나게 되고, 그들이 새롭게 *명명하기*를 요구한다(Freire, 1972b: 61, 기울임체는 저자 강조).

프레이리는 이러한 방식으로 글쓰기, 읽기, 그리고 세상과 글자를 다시 쓰기, 즉 리터러시를 인간의 행위주체성과 사회 변혁을 가져오는 힘에 연결시켰다.

3. 다중모드 텍스트 만들기

디자인은 크레스와 밴 리우웬(Kress & van Leeuwen, 2001; Kress, 2003)이 소개하고 다중리터러시 프로젝트(Cope & Kalantzis, 2000)에서 사용한 개념으로, 다중모드 텍스트를 만드는 것을 의미한다. 나는 먼저 만들기에 대해, 다음으로 다중모드성에 대해 설명하고자 한다.

- 만들기. 1장에서 '디자인'이라는 단어가 다양한 '기호' 시스템을 사용하는 텍스트를 만든다는 의미에 가장 잘 맞는다고 논의했다. 따라서 나는 '디자인'을 문자 텍스트를 포함하여 텍스트를 상상하고 만드는 것의 실행에 대한 전반적인 용어로 사용한다. '상상하기'는 디자인을 만들기를 위한 하나의 청사진으로 보고, '표현하는 방식의 선택과 그 표현을 구성하고자 하는 의도가 있는 것'으로 보았다(Kress & van Leeuwen, 2001). 그러나 텍스트 만들기에 있어서 디자인하는 것과 만드는 것 사이에는 분명한 차이가 없는데, 이는 기호를 선택하고 바꾸는 지속적인 과정이 무엇보다 디지털 기술로 인해 쉬워졌고 지속적인 재수정과 재디자인이 가능해졌기 때문이다. 크레스와 밴 리우웬에 따르면, "디자인과 만들어내기의 경계는 (…) 모호하다."(2001: 55)
- 다중모드성. 크레스와 밴 리우웬(2001)과 크레스(2003)는 새로운 디지털 기술이 소통의 혁신을 일으킨 현 시대에서의 다중모드성의 중요

성을 강조해왔다. 말, 시각, 청각, 공간, 몸짓 등 다양한 의사소통 양식을 조합하여 의미를 만들어내는 다중 텍스트뿐만 아니라 체화된 구술 텍스트와 랩톱에서 직접 만들어진 시각적으로 정교한 문자 텍스트에 이르기까지, 이제 텍스트의 영구적인 기록이 가능하게 되었다. 뉴런던그룹(2000)의 다중리터러시 연구에서는 학생들이 의미를 만들어내기 위해서는 표현하는 데 이용 가능한 모든 기호적 자원을 활용하고 선택하는 방법을 배워야 하고 이와 동시에 이러한 자원을 조합하고 재조합하는 것을 배워서 변형과 재구성의 가능성을 창출할 수 있어야 한다고 주장했다(Cope & Kalantzis, 1997). 스타인(Stein, 2008)의 연구에서는 다양한 교실 상황에서 의미를 만들어내는 다중모드 자원의 사용에 관한 교실 실례를 분석하여 제시했다.

이제 접근성, 다양성, 권력의 논점과 관련된 다중모드 텍스트의 생산을 다루기 위해 다음의 두 연구 프로젝트에 사용된 두 가지 교수 활동의 예를 소개하겠다.

4. 재미와 게임[1]

이 게임 프로젝트는 사우스오스트레일리아 대학의 코머와 톰슨에 의해 시도된 소규모의 리터러시 연구로, '비판적 리터러시, 사회적 행동, 아이들의 장소에 대한 재현Critical Literacy, Social Action and Children's Representation of Place'이라는 공동 연구 프로젝트의 일부였다(Comber, Thomson,

....
1   이 자료는 Janks(2006)에 출판되었다.

& Wells, 2001; Janks, 2002a; Janks & Comber, 2006). 『재미와 게임Fun and Games』은 사우스오스트레일리아 아델레이드 지역의 가난한 학교인 리들리 그루브에 다니는 학생들을 위해서 프리토리아 근교에 위치한 아프리카 흑인거주지역인 아터리지빌의 한 가난한 학교인 펩포의 4학년 학생들이 만든 책이다. 교사는 서로 다른 아프리카 언어를 사용하는 교육에 참여한 어린 학생들을 지원했는데, 호주에 살고 있는, 영어로 수업이 진행되는 학교의 학생들에게 세츠와나어를 이용해서 자신들의 게임을 설명하도록 하는 것에 어려움을 느꼈다. 이 프로젝트를 위해 펩포 학교의 교사인 에밀리 랑가Emily Langa는 리들리 그루브를 방문하기로 했다.

팻 톰슨과 바버라 코머는 리들리 그루브에서 아이들이 세상에서 자신들의 '공간'과 어떻게 소통하고 '비판적 리터러시'를 통해 자신들의 지역 공동체 공간을 하나의 사회적 관습으로 활용할 수 있는 새로운 자원을 어떻게 만들어낼 수 있는지에 대하여 이론화하기 위해서 마그 웰스Marg Wells와 공동 작업을 해오고 있었다(de Certeau, Giard, & Mayol, 1998). 이들은 다양한 가난한 상황에 대한 비교분석 연구가 세계와의 관계에서 각 지역을 생각할 수 있도록 하는 방법을 열어주고 '아비투스habitus'와 '거주지habitat'(Bourdieu, 1999) 사이의 관계를 더 이해하게 해줄 수 있으리라는 것을 믿고 나를 공동 작업에 초대했다. 게임 프로젝트는 이 연구(Janks, 2003)에 바탕을 둔 다른 연구에 비해 거주지와 아비투스(체화된 주체성)의 연계에 명시적으로 초점을 맞추지는 않았다. 그럼에도 불구하고 흑인거주지역의 게임은 학생들에게 체화되어 있을 뿐만 아니라 장소화되어 있었다 placed. 흑인거주지역 아이들을 다른 장소에 있는 아이들과 문화 교류를 하는 주체가 되게 함으로써, 그들의 정체성과 지식에 대한 인정과 입증이 모두 이루어진다. 게다가 교육자들은 이런 교류를 함으로써 자신들의 학교에서 무엇이 가능한지 이해할 수 있었을 뿐만 아니라 학생들에게 자신의 지역에 한정되었던 지식을 다른 지역의 학생들과 주고받을 기회를 제공할 수 있었다.

마그 웰스가 2002년에 남아프리카공화국을 방문했을 때 펩포 학교의 학생들을 위해 자신의 학교 3·4학년 학생들이 만든 책 두 권을 가지고 왔다. 그 책은 훌륭했다. 『A는 안데일을 나타낸다A is for Arndale』라는 책에서 학생은 알파벳의 각 문자마다 자신의 지역 공동체에 관한 텍스트를 작성하고 현란한 색깔의 그림 삽화를 추가했다. 배치와 제시에 특별히 신경을 써서 텍스트를 타이핑하고 페이지들을 코팅했으며 제본했다.[2] 『리들리 그로브에서 온 편지들Letters from Ridley Grove』이라는 책에서도 비슷한 수준으로 텍스트와 이미지를 배치하고 제시하는 데 주의를 기울였다. 이 책에서 각 학생들은 다른 나라에 있는 학생에게 자신을 소개하는 페이지를 디자인했다. 각 페이지에는 학생의 학교 밖 생활이 학교 리터러시로 넘어 들어와서 앤 하스 다이슨Anne Haas Dyson이 말하는 '침투적 교육과정permeable curriculum'(1993, 1997, 2003)이 구현되었다.

책을 한 번도 만들어본 적 없는 펩포 학교의 교사들에게 리들리 그루브 학교의 책의 훌륭함은 위협인 동시에 도전이었다. 우선 3·4학년 아이들이 영어로 된 책을 만들기는 힘들 거라고 생각한 나와 교사 두 명은 『A는 아터리지빌을 나타낸다A is for Atteridgeville』라는 책을 7학년 학생들과 함께 작업했다(Janks & Comber, 2006). 나와 에밀리 랑가는 4학년 학생들과 함께 책을 만들 수 있기를 희망하면서 그 가능성에 대해서 고민하기 시작했다.

우리는 다음과 같은 어려움을 극복해야 했다.

....

2   이 프로젝트의 자금은 사우스오스트레일리아 대학에서 제공했다.

1. 교실 하나에 44명의 아이들이 있었다. 움직이거나 놀거나 미술 작업을 하기에는 공간이 부족하고 복잡했다.
2. 아이들은 영어로 책을 만들어야 했지만 제한적인 언어적 기능만을 가지고 있었다. 다른 나라의 학교와 공동 작업을 하고 지역에서 국제적 경계로 이동하기 위해서는 영어의 사용이 필수적이었다. 랑가의 학생들은 다양한 아프리카 언어를 사용했다. 세츠와나어가 1학년부터 4학년까지 학교에서 수업에 사용되는 언어였고, 5학년부터는 점차적으로 영어로 수업을 진행하는 상황이었다.
3. 자원이 한정적이었다(아이들은 그림책을 거의 볼 수 없었고, 책을 만들기 위한 자원이 한정적이었으며, 디지털 기술에 대한 접근성은 전혀 없었다).

나와 랑가는 서로 협력해서 자원을 통합하여 이 어려움을 극복하고자 했다. 랑가는 아이들의 언어를 사용했으며 교사 역할을 했다. 즉, 아이들이 어떤 게임을 설명할 것인지 협의하고 야외에서 게임하는 것을 감독했으며 교실에서 구두 텍스트를 만드는 작업을 했다. 나는 비디오 촬영을 했고 아이들의 작업을 기록했으며 미술 작업을 감독하고 자원을 제공하며 저렴하게 책을 만들어 정리할 수 있는 방안을 마련했다.

이 프로젝트가 성공하는 데 중요한 요소는 다중모드와 다중언어 교수법을 사용하는 것과 학생들과 작업할 때 교실 외의 다른 장소들을 활용하는 것이었다. 우리가 세 개의 다른 모드(공연, 그림, 글자)를 사용하기로 결정하면서 수행에서 텍스트로 옮겨가는 것이 가능해졌다. 우리는 비디오로 게임을 담아낼 수 있다는 것도 알고 있었다. 우리는 게임에 대한 지식을 쌓으면서 아이들의 문자 작업을 도와줄 수 있으리라고 생각했다. 글쓰기의 교수법적인 플랫폼으로는 수행에 의지했다.

'바나 바카 애 틀랑 가에Bana Baka e tlang gae'(우리 아이들이 집에 온다)

라는 게임은 아이가 집으로 오는 길에 '여러 위험'이 있기 때문에 방과 후에 바로 집에 오도록 엄마가 부르는 잡기 게임이다. 게임 참여자는 '위험들' 중 하나에 잡히지 않고 집에 와야 한다. 이 게임은 챈팅chanting과 노래하기에 응대하는 방식으로 이루어진다. 다음은 이 세 가지 모드 각각에 표현된 게임에 대한 논의이다. 이 다중모드적 접근법이 보여준 것은 사용된 각각의 모드가 게임을 '설명하기'라는 변하지 않는 과업에 대해서 표현의 다른 가능성을 열었다는 것이다. 세 가지의 모드는 자원, 공간, 교수법적 실천 간에 서로 다른 조합을 요구했다.

비디오 텍스트

비디오는 게임을 일련의 순서대로 연결해서 체화된 수행으로 표현하기에 좋은 수단이었다. 비디오 텍스트는 게임을 행동으로 보여주었다. 우리는 아이가 게임하는 모습과 즐거워하는 모습도 관찰했다. 집으로 돌아가는 아이의 역할만큼이나 그 아이들을 잡는 사자의 역할도 재미있음이 분명했다. 특히 남자아이들은 사자의 역할을 더 즐거워했다. 잡힌 아이가 잡는 역할을 하면서 사자의 수가 아이의 수를 넘어서기 시작했다. 게임 참가자 모두 결국에는 잡히겠지만, 가능한 한 오랫동안 사자에게 잡히지 않도록 참으로 영리하고 빠르게 움직이는 즐거움이 있었다. 많은 웃음이 동반되었고, 아이들은 다른 역할을 즐겼다. 뛰거나 잡는 역할이 없는 엄마 역할로는 한 명만 선택되었는데, 목소리가 크면 되었다.

'바나 바카 애 틀랑 가에'는 '넓은 공간이 필요한' 야외 잡기 놀이였기 때문에, 우리는 놀이를 위해서 야외로 나가 수업을 진행했다. 펩포 학교의 교실은 그림 7.1에서 보여주듯이 상당히 전통적인 공간이었다. 놀이를 교육과정에 접목시킴으로써 학생은 책상, 북적거리는 교실, 교사 중심의 교실 수업에서 벗어날 수 있었다. 이러한 구속에서 벗어나자, 학생이 신체를

그림 7.1 교실 내의 신체들

그림 7.2 자동차를 만드는 편안한 신체들

편하게 움직이는 모습 등 눈에 띄는 변화가 보였다(그림 7.1과 그림 7.2를 비교해보라).

시각 텍스트

아이들은 자신이 선택한 놀이에 대해 그림을 그릴 때 그 놀이의 어느 특정 순간을 포착해서 표현했다. 그림 7.3은 아이가 '바나 바카 애 틀랑 가에'의 한 장면을 그린 것이다. 아이들은 선택한 장면을 함께 작업했다. 우리는 교무실에서 며칠에 걸쳐 함께 작업했는데, 학생들은 펠트펜을 서로 나눠 쓰면서 그렸다. 가지고 있는 색을 그냥 사용해서 그림을 그리기도 했다. 어떤 아이는 스케치를 했고, 어떤 아이는 윤곽을 그리거나 안쪽에 색깔을 칠했다. 그림은 한 아이의 단독적 상상이 아닌 공동의 노력이 되었다. 비디오 촬영 자료와 마찬가지로, 공간적 제약은 우리가 교실이라는 '공식적'인 장소보다는 그 밖의 장소에서 활동하도록 만들었다. 아이들은 여러 탁자를 붙여 만든 큰 중앙 탁자에서 함께 작업했다. 교실에 비해서 분위기

그림 7.3 '바나 바카 애 틀랑 가에'

가 한층 편안했고, 아이들은 분명 작업을 즐거워했다.

　아이들은 그림에서(그림 7.3) 엄마가 부르기 직전, 방과 후에 집으로 돌아오는 길에 도사리고 있는 '위험'을 감지하는 순간을 포착했다. 이 게임의 즐거움은 잡기가 시작되기 직전의 기대감에 있다. '위험'은 사나운 짐승으로 묘사되었다. 아주 빨간 입술과 눈을 가진 점박이 표범, 기대감에 입술을 핥고 있는 갈색 사자, 침을 흘리고 있는 붉은 점박이 개가 그것이다. 사람은 다소 모호하게 표현되어 있다. 단 두 아이만이 동요하고 있는 듯하다. 그림의 왼쪽 아래에 있는 아이는 도망을 치는 듯하고, 왼쪽 위에 있는 아이는 물러서 있는 듯하다. 다른 아이들은 꽤 공격적으로 보인다. 한 명은 '위험'에 무언가를 던지는 듯 보이고, 다른 아이도 대부분 입을 벌리고 몸을 앞으로 숙이고 있다. 한 명은 짐승들을 손짓으로 가리키고 있고, 한 명은 소리치고 있다.[3] 호주머니에 손을 넣고 있는 학생조차도 위험을 향해 몸을 기울이고 있다. 두 명만이 책가방을 메고 있고, 그중 한 명은 교복을 의미하는 넥타이를 매고 있다. 학생은 초등학생보다는 나이가 들어 보이고 기호학적으로 서구적이고 세련되어 보인다. 보라색 의상, 밝은 신발, 그리고 현대적인 복장이 이런 인상을 준다. 전통적인 복장을 한 어머니의 헐벗은 가슴으로 상징화된 모습이 이와는 강렬한 대조를 이루고 있다. 이러한 대조는 마치 '위험'이 위협적으로 표현되기는 했지만 이것은 어머니의 구식의 걱정이고 대부분의 아이들이 위협이라기보다는 도전으로 경험하고 있다는 것을 표현한 듯하다. 그렇지만 최우선시되고 있는 표현은 유머의 감정이다. 사람들과 동물들 모두 만화 같은 캐리커처이다. 우리는 이 상황이 문자 그대로 받아들여서는 안 되는 그냥 게임일 뿐임을 알게 된다.

....

3　무어라 소리치는지는 읽기 어렵다. 첫 번째 줄은 '마마 케 트샤바 타우(Mama ke tshaba tau)'(엄마, 나 사자가 무서워요)이고, 두 번째 줄은 해독하기 어렵다. 말과 아이들의 자세는 상충되어 있다.

문자 텍스트

문자 텍스트(그림 7.4)는 '바나 바카 애 틀랑 가에'의 게임 방법을 설명한다. 게임을 하는 아이의 역할, 공간적 조건, 대사, 진행 순서를 알려준다. 이 설명은 놀이를 할 때 어떻게 행동해야 하는지에 대한 규칙을 제공하며, 어떻게 게임이 시작되고 마무리되는지 알 수 있게 해준다. 이 게임을 하기 위해서 아이들에게 무엇이 필요한지를 설명하는데, 실제로 게임하는 사람(아이들)과 가상의 역할(어머니, 사자) 사이의 구분은 없다. 게임하는 사람들과 '넓은 공간'은 게임의 요구조건으로 같은 순서에서 제시되었다.

이 게임의 문자적 재현이 게임에서 행동의 신호탄이 되는 아이들의 외침을 단어로 담고 있지만, 그림에 비해서 게임의 공간적 구성을 나타내기는 어렵다. 문자화된 텍스트가 주는 느낌은 비디오나 그림과는 사뭇 다르다. 문자 텍스트에서 아이들은 자기들을 기다리고 있는 사자가 두렵다고 말한다. 사자를 피하는 게 얼마나 힘든지 이야기하고 학교에 가기 싫다고 피력한다. 결국에는 아무도 탈출에 성공하지 못한다. 모든 아이들이 잡히고 엄마만 홀로 남게 된다. 이 게임 자체가 의미하는 바는 엄마와 아이 모두 위험이 실제로 존재하고 아이가 전혀 보호받지 못한 채 하교하는 것에 대해 느끼는 두려움의 표현일 수 있다. 물론 엄마가 부르면 집에 가기 싫고 친구들이랑 놀고 있으면 학교에 가기 싫은 마음을 표현한 것으로도 이해할 수 있다.

랑가는 교실로 돌아가서 4학년 학생들이 그림 7.4와 같은 문자 텍스트를 만들도록 도왔다. 교사가 학급 전체에 질문을 던지고 아이들이 개별적으로 반응하는 방식으로 작업이 이루어졌다. 이러한 작업은 이전에 했던 영상과 시각적 만들기와는 결이 달랐고, 학교에서 요구하는 리터러시로 복귀한 것이었다. 이 과정에서 교사가 제일 먼저 한 일은 장르를 확립하는 것이었는데, 아이들의 언어로 질문을 던지고 호주 학생들이 이 놀이를 하려

바나 바카 애 틀랑 가에

1
사자 다섯 마리가 필요하다.
아이들이 필요하다.
어머니 한 사람이 필요하다.
넓은 공간이 필요하다.

2
어머니는 집의 문 앞에서 아이들을 부른다.
어머니: 바나 바카 애 틀랑 가에Bana Baka e tlang gae(얘들아 이제 집에 들어
               와라).
아이들 소리침: 래 아 트샤바Re a tshaba(무서워요).
어머니: 래 트샤바 엥Le tshaba eng(뭐가 무섭니)?
아이들: 래 트샤바 디타우Re tshaba ditau(사자들이 무서워요).
어머니: 바 바 은타탕 래 바 바 사 은타텡 에 틀랑 가에Ba ba nthatang le ba ba
               sa nthateng e tlang gae(엄마를 사랑한다면 집으로 오너라)!

3
아이들이 집을 향해 뛴다. 사자들이 뒤를 쫓고 아이들은 재빨리 피하고 몸을 숙이며
끌어당기고 숨고 하면서 도망간다. 하지만 몇몇 아이들은 사자에게 붙잡힌다.

4
집에 온 아이들은 엄마에게 이렇게 말한다.
아이들: 카보씨가 가 고 이워 세콜롱Kabošiga ga go iwo sekolong(내일 학교에
               안 갈 거예요. 사자들이 등굣길에 우리를 쫓아올 거니까요).

5
게임을 다시 시작한다. 사자에게 잡힌 아이들이 모두 사자가 되기 때문에, 지금은 사
자가 더 많아진 상태이다

6
모든 아이가 사자가 될 때까지 게임을 계속한다.

7
마지막에 어머니에게 가는 아이가 한 명도 없다.

그림 7.4 '바나 바카 애 틀랑 가에'의 문자화된 표현

면 뭘 알아야 할지를 생각해보도록 했다. 예를 들면 이런 질문이었다.

- 호주 학생들이 놀이를 하려면 어떤 재료나 조건이 필요할까요?
- 우리가 알려줘야 할 놀이 방법에는 뭐가 있을까요?
- 정확한 놀이 순서는 뭐지요?

학생들은 자신들이 활용할 수 있는 모든 다중언어적 자원을 사용했다. 덕분에 모든 학생이 문자 텍스트를 만드는 과정에 참여할 수 있었고, 영어로 번역하기 전에 정보와 놀이 설명 부분을 다듬을 수 있었다. 학생들이 만들어진 내용에 만족해하면 그 학급의 한 학생이 다른 학생의 도움을 받으면서 영어로 번역했고, 필요할 때는 선생님의 도움을 받았다. 랑가가 학생들의 말을 항목별로 정리하는 식으로 칠판에 적었고, 필기하는 학생이 그 설명을 따라 적었다. 나와 랑가가 항목별 정리가 적절하다고 생각한 이유는 두 가지였다. 숫자를 사용한 항목별 목록이 게임 방법 설명이라는 장르에 적절했고, 항목별로 정리된 짧은 텍스트가 학생의 언어 능력에 더 알맞았다. 나중에 내가 설명서를 타이핑해서 보여주었는데, 학생들이 자신들이 한 말이 전문성이 엿보이는 문자 형태로 전환된 것을 보며 즐겼으면 하는 마음에서였다.[4] 천천히 단계별로 아이들은 그렇게 자신들의 게임 설명서를 만들어냈다.

교사는 아이들의 다중언어 자원을 활용함으로써 게임 방법 설명서를 만들고 번역할 수 있게 했다. 뿐만 아니라 교사는 문자 텍스트를 통해 흑인 거주지역의 챈트와 노래의 사용과 번역을 정당한 것으로 인정했다. 비디오 텍스트에 아이들이 사용하는 아프리카 언어로 된 노래를 담았기에, 문자

4 　현재는 학교에 컴퓨터가 있어서 이 작업을 아이들 스스로 할 수 있다.

텍스트에 아프리카 언어를 사용하는 것 또한 당연하게 여겨졌다. 호주 독자를 위해서 그 노래 가사를 문자로 제공할 필요가 있게 된 것이다. 남아프리카공화국 외부에 배포되는 문자 텍스트에 아이들의 가정언어를 포함하는 것은 문자 텍스트의 언어적 혼종성을 인정하고 아이들의 다중언어 정체성을 호주 친구들에게 보여주는 중요한 수단이다. 기록이 보관된 여덟 개 중 네 개의 게임에 아프리카 언어로 된 아이들의 노래와 챈트를 담았다.

게임 프로젝트에서 디자인, 권력, 접근성, 다양성의 상호작용

접근성, 다양성, 권력의 이론이 디자인(이 경우에는 다중모드 텍스트 만들기)에 초점을 두는 이 게임 프로젝트를 뒷받침한다. 지식 측면에서의 권력은 아이들에게 있었는데, 이들이 우리보다 게임에 대해 더 잘 알고 있었기 때문이다. 학생 중심 교육법을 이제 막 시작하는 상황에서 학교 구성원은 아이들의 전문성이 위협적이지 않다는 것을 경험할 수 있었고 학교에 기여하는 자원으로서 아이들의 지식이 가진 활용 가치를 확인할 수 있었다(Comber & Simpson, 2001; Dyson, 1993, 1997, 2003; Moll, Amanti, Neffe, & González, 1992; Vasquez, 2004). 우리는 학생들의 게임을 교육과정에 편입시켜 그들이 하는 게임을 기록하고 공유해달라는 요청을 함으로써 그들의 일상적인 학교 밖 지식에 특권을 부여했다. 교사가 관심을 보이고 학교의 정규 일과시간 중에 교실 밖에서 게임을 하도록 허락했다는 점이 학생들의 즐거움을 배로 증가시켰다. 그러나 무엇보다도 이 작업에 의미를 부여한 것은 학생들이 자신들에게 호주 학생이라는 진짜 독자가 존재한다는 것을 알았다는 점이다. 다른 곳에 사는 아이들은 다른 게임을 할 수 있고 동일한 게임을 다른 방식으로 할 수 있다는 가능성이 이 프로젝트에 활기를 불러일으켰고, 다양성에 근거한 나눔이 진정한 문화적 교류의 가능성을 열었다.

이 게임 프로젝트는 학생들에게 지배적인 리터러시, 강력한 테크놀로

표 7.3 비판적 리터러시를 위한 상호 의존적 모형

디자인 없는 권력	재구성이나 디자인 없는 권력의 해체는 인간의 행위주체성을 없앤다.

권력에 대한 인지, 예를 들어 국제적 정보의 흐름에 공헌하는 지식 창출자를 수업에서
배제하는 것은 아이들이 만들어낸 텍스트의 순환에 의해서 방해를 받는다.

디자인 없는 접근성	지배적인 형태의 변화 가능성을 고려하지 않고 지배적인 형태를 유지하고 물화한다.

학생들은 교육적으로 중요한 장르와 지배적인 국제어로 문자 텍스트를 만들 수 있는
접근성을 부여받은 동시에 아프리카 언어를 포함함으로써 장르를 변혁시키는 것을
허용받았다.

디자인 없는 다양성	다양성은 재구성과 변화를 위한 수단, 아이디어, 대안적 관점을 제공한다. 디자인이 없으면 다양성이 주는 가능성은 실현되지 않는다.

다른 나라의 아이들은 다른 놀이를 할 거라는 상상력은 하나의 생산적인 자원이 되었고,
이것은 다중모드 텍스트를 만드는 것으로 실천되었다.

권력 없는 디자인	어떻게 지배 담론/관행이 스스로를 영속시키는지에 대한 이해가 없으면, 디자인은 지배적인 형태를 무의식적으로 재생산할 위험이 있다.

남아프리카공화국에서 학교 교육에 대한 담론은 정량적인 결과를 추구하면서 학생의
지식 자산을 배제해왔다. 같은 맥락에서 코드 바꾸기는 구어 의사소통에서는 자연스럽게
여겨지지만 아이들의 글쓰기에서는 여전히 실현되지 못한다. 우리가 진행한 놀이
프로젝트에서는 이러한 규범적인 관행이 재생산되지 않는다.

접근성 없는 디자인	무엇을 디자인하더라도 그것이 주변부에 머물 위험이 있다.

놀이 프로젝트에서 지배적 형식, 디지털 기술, 텍스트 만들기 수단에의 접근성만큼이나
새로운 홍보와 순환적 실천에의 접근성 또한 중요하다. 이 게임이 세계를 여행한다는 사실이
중요하다. 이 프로젝트의 한계는 학생들이 스스로 디지털 기술을 다루지 못했다는 것이다.

다양성 없는 디자인	지배적인 형태에 특권을 부여하고 차이가 제공하는 디자인 자원을 사용하지 못하게 된다.

학생들은 자신들 지역의 지식을 표현하는 데 다양한 형식을 사용할 수 있었다(게임 외에도
아이들은 철사로 장난감 차를 만들었고 머리를 땋는 모습도 시연했다).

지, 생산수단에 접근하도록 해주었다. 우리가 원한 것은 학생들이 자신들
을 지식의 창출자, 즉 자신들의 지역 상황을 넘어 가치 있다고 여겨지는 생

활 속에 근거를 둔 인공물(책, 비디오)을 생산할 수 있는 존재로 바라보는 것이었다. 우리는 이 어린 4학년 아이들이 자신들을 세계 반대편에 있는 친구들에게 자신들의 체화되고 장소화된 지식을 전달하는 주체로 여기기를 바랐다.

이 프로젝트에서 리터러시는 다중모드 텍스트 만들기를 국제적 유동성의 한 형태로 자리매김하는 일련의 관계 속에 내포되어 있다. 텍스트의 행동 유도성이 없었더라면 닿을 수 없었을, 세상 건너편에 존재하는 실제 독자와 시청자가 있었다는 점에서 그러했다. 이때 리터러시는 '대화 상대와 분리된' 또는 '고립된' 또는 '어떻게든 자기 완성적이고 완전한'(Ong, 1982: 132) 것이 결코 아니다. 리터러시는 학생들이 정보와 지식이 유통되는 세계의 흐름의 한 부분으로 자신들을 볼 수 있도록 자연스럽게 도와주는 순환적 실천 속으로 들어온다. 4학년 학생들에게 그들이 속할 수 있고 자기 공간을 주장할 수 있는 더 넓은 세계를 잠깐이나마 경험할 수 있도록 해준 것이다. 이 국가 간의 리터러시 프로젝트에서 우리가 바란 것은 학생들이 스스로를 세계 무대의 참여자로 상상하기 시작하면서 더 큰 포부를 가질 가능성을 증폭시키는 것이었다(Appadurai, 2002). 표 7.3에서는 이와 같은 생각을 요약 제시한다.

화해 교수법 프로젝트[5]

디자인은 화해 교수법 프로젝트Reconciliation Pedagogies Project에서 권력,

....

5　애나 페레이라, 힐러리 쟁크스, 잉그리드 반슬리(Ingrid Barnsley), 찰스 매리엇(Charles Marriott), 모니크 루드먼(Monique Rudman), 헬렌 루드로(Helen Ludlow), 레빌 너시(Reville Nussey)가 1년에 걸쳐서 이 프로젝트를 함께 진행했다. 반슬리, 메리어트, 루드먼은 중등학교 교사이고, 페레이라, 쟁크스, 루드로, 너시는 비트바테르스란트 대학의 교사 교육자이다. 이 논문의 이 내용에 대해서는 페레이라 외(2012)에게 감사를 표하는 바이다.

접근성, 다양성과 다른 식으로 접점을 이룬다. 연구자는 이 프로젝트를 통해 교사와 함께 진실화해위원회TRC가 작업을 시작한 지 10년 후에 남아프리카 교실에서 그 작업이 어떤 모습으로 나타날지에 대해 상상해보았다. 영어, 역사, 미술 분야를 통합적으로 접근한 세 중학교의 경우에 결실을 보였다. 미술에는 문외한이라고 스스로 칭하던 영어교사가 문자 텍스트에서 다중모드로 학습 활동을 확장하게 되었다. 이 교사의 학급 학생들은 이 프로젝트에서 배운 것과 경험을 압축한 엽서를 만들기에 이르렀다.

이 프로젝트의 개요가 페레이라 외(2012)에 나와 있는데, 2005년에는 두 단계로 구성되었다. 첫 번째 단계에서 교사들은 학생들이 노래, 문학, 토론 같은 다양한 자극에 반응할 수 있도록 미안했거나 슬펐던 경험에서 시작하도록 격려했다. 학생들이 만들어낸 작품에서는 자신들의 행위에 대한 개별적인 반응을 다루었다. 이들은 사회 문제에 대해 비판적 의견을 제시할 때 특정한 남아프리카공화국적인 감성에 묶여 있지 않았다. 예를 들어, 학생들은 아래와 같은 작품을 만들어냈다.

- 한 소녀가 스스로를 측은하게 여기는 그림
- 모피 코트를 입은 여인들의 콜라주와 함께 제시된, 제니퍼 로페즈Jennifer Lopez가 '자신이 즐겨 입는 모피 옷 덕에 죽어간 모든 동물'에게 쓴 편지
- 세계 곳곳에서 일어난 남성 폭력 사진 콜라주와 함께 제시된, 학교에서 있었던 싸움에 대한 사과 편지

첫 번째 단계의 작업을 종합해볼 때, 우리는 다음의 내용을 알 수 있다

우리는 역사적으로 맥락화된 방식으로 화해를 다루지 않았다. 결과적으

로 학생들은 자신들의 삶 속에서의 '사과'로서의 화해에 개별적이고 개인적으로 접근하는 방식을 취했다. (…) 이는 화해에 대한 사회적이고 정치적인 접근법과는 결이 다르다(Ferreira et al., 2012).

새로운 다중모드 리터러시 작업을 했지만 그것이 비판적이지는 않았다. 텍스트가 권력관계를 다룰 때조차도(남성 폭력과 모피 착용 여성의 콜라주에서처럼) 사회적 분석보다는 개별적이고 개인적인 분석으로 회귀하는 경향이 있었다. 권력에 대한 분석은 거의 없고, 새로운 관점을 위한 자원으로 다양성을 사용하지도 않았으며, 혼란이나 변화의 흔적도 거의 없었다. 이 화해 교수법 프로젝트는 국제적인 차원에서 이루어졌기 때문에, 학생들은 자신들의 작업에 더 넓은 독자층이 있음을 감지했고 새로운 대중에 대한 더 큰 접근성도 인지하고 있었다.

두 번째 단계에서 TRC에 대한 단원을 계획하기로 한 데에는 이러한 어려움이 한몫을 했다. 학생들이 과거사에 관여하기를 거부할지도 모른다는 두려움이 있었고 당시 진행 중이던 TRC 프로세스에 대해 우리 스스로 약간의 의구심도 갖고 있었던 것이 사실이다.[6] 그럼에도 불구하고 우리는 남아프리카공화국이 국가적 차원에서 행하는 화해 시도에 대한 조사가 더욱 비판적인 교수법을 창출해낼 수 있으리라고 믿었다. 교수 활동은 다음의 네 가지 단계에 기초했다.

1. 참여 학교의 학생들에게 TRC 프로세스에 대해 동일한 기본 정보를 제공하기
2. 학생들에게 동네 어른을 면담할 수 있는 연구자 역할을 부여해서

....
6 양쪽 의견의 논의에 대한 전문은 페레이라 외(2012)를 참고하라.

TRC가 자신들이 아는 이들에게 어떤 영향을 미쳤는지 파악하게 하기

3. 연구한 결과를 학급에서 발표하도록 하기

4. TRC 프로젝트를 수행하면서 인상 깊었던 것을 글과 이미지로 담아낸 엽서를 제작하면서 프로젝트의 의미를 되짚어볼 것을 요구하고 느낀 점을 글로 작성하도록 하기

자신이 사는 지역을 조사하도록 한 것은 TRC에 대해 잘 아는 사람들에 대한 접근성이 서로 다른 학생들이 모여 있는 학급에 매우 소중한 학습 경험을 제공했다. 여러 학급에서 흥미로운 이야기에 대한 학생의 접근성은 자신의 정체성 위치와 자기 동네의 지식 자원에 달려 있었다. 이는 많은 학생이 자기 동네에 예속된 지식에 대한 특권을 부여하는 교육과정을 경험한 첫 번째 사례였다. 처음으로 적절한 문화자본에 접근성이 있는 학생들이 누구인지가 바뀐 것이다.

특권층 아이들, 즉 교외에 거주하는 백인 집단 학생들은[7] 자신들의 부모에게 아주 실망했다. 그들은 자신이 들은 이런 매우 중대한 일이 무시되었다는 것에 대해 속상해했다(교사, 연구팀 전사, 2005년 10월 17일).

이러한 자리바꿈displacement에 대한 이의제기는 일어나지 않았다. 많은 학생이 아파르트헤이트 시대에 자신의 가족 구성원에게 벌어졌던 사건에 대한 이야기에 깊이 감명을 받았기 때문에, 이 발표 내용은 모든 학급의 구성원에게 가치 있는 것으로 여겨졌다. 한 교사의 말을 빌리면 다음과 같다.

....

7   아파르트헤이트 시대의 투쟁에 대한 서로 다른 이해가 아직 남아프리카공화국의 교실에서 여전히 인종적으로 다른 접근성을 갖고 있다는 것은 놀랍지 않다. 동시에 인종 간의 이러한 분리가 절대적이지 않음을 강조하는 것은 중요하다.

학생이 아파르트헤이트 시대의 잔혹 행위의 몇 가지 예를 제시하고 있었고, 그 수업은 내가 경험했던 것 중 가장 조용하게 진행되었다. (…) 모두가 경청하고 있었다. 스케이트보드를 타고 떼 지어 소란을 피우며 다니던 녀석들까지도 그랬다. (…) 모든 아이가 듣고, 또 듣고, 또 듣고 있었다(교사, 연구팀 전사, 2005년 10월 17일).

일부 아이는 새로운 관점으로 자신의 가족을 볼 수 있게 되었을 뿐만 아니라 학생과 교사도 서로를 다르게 바라보는 것을 배웠다. 한 학급에서는 특별히 코머와 캠러(2005)가 말한 '전환적 교수법'이 구현되었다. 이 학급의 '폭력배' 중 한 명은 '자신의 인생이 바뀔 만한 문제'를 배웠고 '정말 깊이 있는 사안'에 대해 전했다. 이에 교사는 깊이 감명을 받아서 그 학생을 좀 더 호의적으로 바라보게 되었다. TRC 단원의 처음 두 교수 단계에서 정보와 지식에의 접근성은 다양성과 교차하여 학급의 권력관계를 변화시켰는데, 개인적인 차원이 정치적인 차원과 교차하면서 그렇게 되었다. 다양한 지식 자원에 대한 접근성이 부족했던 학급에서는 학생들이 프로젝트에 훨씬 낮은 관심을 보였다.

교사는 이 프로젝트에서 스스로 상황을 파악할 수 있고 지식을 공유할 능력이 있는 역사 연구자로 학생을 자리매김시킨다. 이렇게 함으로써 학생은 남아프리카공화국의 억압적인 과거에 관련되게 되었다. 맥키니McKinney는 학생들이 과거를 다루기 싫어한다고 쓰면서 다음과 같이 주장한다.

'우리는 (…) 자신이 저지르지 않은 억압적인 과거의 유산을 살아가는 남아프리카공화국의 젊은이들이 느끼는 어려움을 심각하게 생각할 필요가 있다. (…) 우리는 그들이 느끼는 함정에 빠진 느낌, 비난, 절망을 무시하면 안 되며, 많은 젊은이가 표현하는 남아프리카공화국의 국민으로서의 낙관론을 일깨울 방법을 찾을 필요가 있다(McKinney, 2004b: 71-72).

데스몬드 투투가 쓴 TRC 보고서 서문에 따르면, TRC 프로젝트는 '갈등, 불평등, 억압, 착취로 점철된 과거'와 '인권 존중 문화로 특징되는 새롭고 민주적인 제도'라는 미래에 대한 약속이 교차하는 지점에 위치한다(TRC, 1998: 20). TRC가 이런 구체적인 역사적 교차점에 자리했기에, 학생은 엽서를 제작할 때 고통스러운 과거로 돌아가거나 새로 태어나는 미래로 가는 것 중 하나를 선택할 수 있었다. 더불어 TRC 프로젝트 자체에 논쟁의 여지가 많았기 때문에, 학생들은 엽서를 디자인할 때 자신들의 의견을 피력할 수 있다고 느꼈다. 71개의 엽서를 분석한 결과, 이러한 학생들의 주장이 사회적으로 뿌리를 두고 있고 역사, 장소, 정체성의 정치에 영향을 받은 것이 분명했다. 엽서가 공간적으로 응축된 형식의 다중모드 텍스트였기 때문에, 학생들은 하나의 이미지와 간결한 텍스트로 자신의 생각을 포착해야 했다. 대체로 그들은 태도나 주장을 표현할 때, 아니면 뭔가 묘사하고 이야기하며 보고할 때 음성언어verbal 모드를 사용했다. 엽서와 그림이라는 장르가 학생들에게 더 상징적으로 작업할 수 있는 자유를 부여한 듯했다. 시각적 모드는 그 자체로 추상과 비유에 더 적합해서, 학생들은 음성언어적인 이미지보다 더 강력한 시각 이미지를 산출해낼 수 있었다. 그림 7.5를 보면, TRC 프로젝트가 핏자국을 없애면서 '색깔이 없어질 수 있는' '세탁소'로 표현되었다.

'색깔'이라는 용어는 아파르트헤이트 이후의 화해의 문맥에서 상당히 도발적이다. 색깔이 없어진다는 비유는 인종 분리의 종료를 암시한다. 이는 엽서의 뒤편에 있는 "배경은 여러 인종들이 어떻게 섞이는지 보여준다."라는 문자 텍스트에서 확인되지만, 이미지의 대체적인 메시지는 조화를 이루지 못하고 있다. 세탁소 비유는 TRC 작업을 약화시키고, 여러 색이

그림 7.5 진실화해위원회 프로젝트

번져 서로 섞여 들어가는 모습이 불편한 감정을 일으킨다. 이러한 인상은 문화적 대상과 자연 이미지에서 보이는 대조를 통해서 강화된다. 집과 깃발은 색이 있고 통제된 선명한 선으로 그려져 있다. 반면에 자연은 더 어둡고 들쭉날쭉하다. 그러나 희망은 있다. 이상적이고 아주 가치 있는 새로운 정보가 이미지의 오른쪽 상단에 위치해 있는 것으로 보이고(Kress & van Leeuwen, 1990: 108), 하늘도 맑아지고 있다. 이미지를 왼쪽에서 오른쪽으로 읽으면, 어두운 편에서 밝은 편으로 움직인다고 볼 수 있다. 어두운 편과 밝은 편으로 나뉘는 자리에 남아프리카공화국의 국기가 위치해 있다.

이미지에서 보이는 모호함은 문자 텍스트에도 분명히 드러난다(그림 7.6 참조).

엽서의 첫 문장에 사용된 '단지just'라는 단어는 TRC가 과거에 손에 피를 묻힌 사람에게 면죄부를 주려고 만들어진 하나의 과정이라고 제안하면서 TRC의 한계를 암시한다. 두 번째 문장의 시작인 '그러나However'는 TRC 프로세스에 대한 좀 더 긍정적인 견해로의 변화를 알리는 신호인데, TRC가 '진정truly 새로운 남아프리카공화국'에 필요한 결속을 확립했다는

The building is labled T.R.C

Dry Cleaners as I believe
that the T.R.C was just to
give people the opportunty to
remove the blood of the
people they killed, just as
the sign says. However I do
believe that the T.RC Helped
unite our country and truly
make a New South Africa. This
is represented by the Flag. The
background shows how the
different race groups mix

To: Janina Kanjee.
121 Indian Street
Lenasia
Johannesburg
Gauteng
South Africa, 2004

**그림 7.6 진실화해
위원회 프로젝트**

건물에는 TRC라는 간판이 붙어 있다.

간판이 말해주는 바와 같이, 나는 TRC가 세탁소처럼 단지 사람들에게 그들이 죽인 사람들의 피를 없앨 기회를
주기 위한 것이라 믿는다. 그러나 나는 TRC가 우리나라가 결속하도록 돕고 진정으로 새로운 남아프리카공화국
을 만들 수 있다고 믿어 의심치 않는다. 이 점은 국기로 표현되어 있다. 배경은 어떻게 여러 인종이 섞이는지를 보
여준다.

것이다. 'Truly'는 새로운 남아프리카공화국의 국기와 인종의 융합으로 표
현되는 이 같은 성취를 강화한다.

그림 7.7은 사라진 누군가를 간절히 찾으며 울고 있는 한 사람을 보여
준다. 이미지를 구성하는 데 찢어진 종이를 사용함으로써 상실감과 분열감
정을 강렬하게 드러낸다. 팔을 머리 쪽으로 올리고 있는 모습은 답을 못 찾
은 질문을 암시하고 우리의 시선을 눈물을 흘리는 과장된 커다란 눈으로
이끈다. "행방불명"이라고 적힌, 맥락상 사람이라고 추측되는 물체는 특징
없는 둥근 모양으로 푸른 기가 도는 회색으로 묘사되었는데, 이는 푸른 눈
물과 같은 색감이다. 갈색 사람의 몸통과 비슷한 이 형체에는 얼굴도 없고
팔다리도 없다. 남성일 수도 있고 여성일 수도 있는 울고 있는 사람은 갈색
이고, 아파르트헤이트에 대항하는 투쟁에서 상실로 고통을 받았던 보통의
남아프리카 흑인의 일반적인 특징을 지니고 있다. 이 사람에게는 입과 귀
가 없는데, 여기에서 우리는 침묵을 강요당한 사람이 겪는 말없는 고통을

그림 7.7 진실화해위원회 프로젝트

분명히 느낄 수 있다. 이 이미지에서 공백은 TRC가 인지하고 치유하고 싶어하는 고통에 대한 강력한 진술이다. TRC 프로세스는 사람들이 말할 수 있게 하고 그들의 말에 귀 기울이도록 특별히 만들어진 것이었다.

그림 7.8은 엽서 뒷면의 글을 보여준다. 전형적인 엽서 장르를 따라 수다스럽게 새로운 소식을 전하고 있다. 이 학생은 장르를 충실하게 따르면서 자신이 이미지에서 전할 수 있었던 감정의 깊이를 표현하는 것을 자제했다. 오늘날 적절한 마무리를 짓지 못해 고통받는 사람들에 대한 언급이 이미지를 설명한다. TRC의 목적 중 일부는 '진실'을 밝히는 것, 폭로를 통해 마무리지을 수 있게 하는 것이다.

우리는 화해 교수법 프로젝트의 두 번째 단계를 통해 비판적인 작업에서 권력, 다양성, 접근성, 디자인의 문제가 서로 조화와 균형을 이루려면 어떤 식으로 수행되어야 하는지에 대한 이해를 얻을 수 있었다. 첫 번째 단계에서는 디자인을 개인적 경험과 개별적 창의성과 연계했다. 이를 통해 학생들은 화해를 자신의 삶과 개인적인 관계의 맥락 속에서 생각할 수 있었다. 이 작업은 비판적이지 않다. 권력, 다양성, 접근성의 측면에서 보면 탈

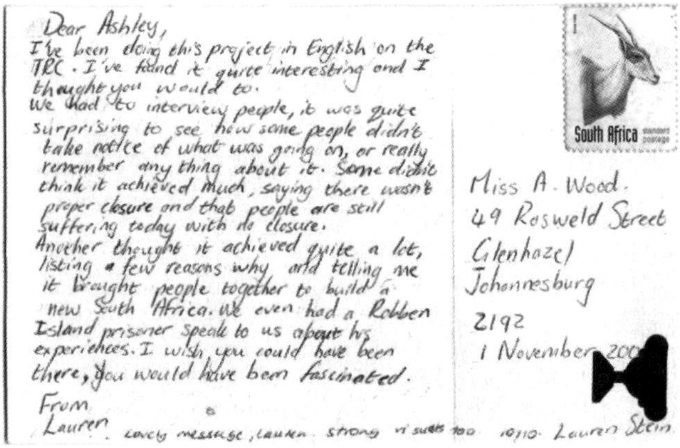

그림 7.8 진실화해
위원회 프로젝트

애슐리(Ashley)에게

TRC에 대한 프로젝트를 영어로 수행했는데, 내게 매우 흥미로웠고 네게도 그럴 거라 생각해. 우리는 여러 사람을 인터뷰했는데, 상당히 놀라운 점은 일부 사람들이 실제로 어떤 일이 벌어졌는지 모르고 아무것도 기억하지 못한다는 것이었어. 어떤 이들은 TRC가 이룬 것이 별로 없다고 생각해. 그들이 보기에 과거에 대한 적절한 마무리가 없었고 사람들이 여전히 고통받고 있다고 생각하고 있었어.
TRC가 많은 것을 이루었다고 생각하는 사람들도 있었어. 그들은 몇 가지 이유를 들어 TRC가 새로운 남아프리카공화국을 세우는 데 사람들이 협력하게 해주었다고 생각하고 있었어. 로벤 섬에 수감되었던 사람도 자신의 경험을 우리에게 이야기해줬어. 나와 함께 있었다면 너도 분명히 좋아했을 거야.

로렌(Lauren)으로부터

맥락화되고 몰역사적이며 굴절 없는 상태로 남아 있기 때문이다. 그러나 첫 번째 단계의 초점이었던 '사과' 작업이 두 번째 단계의 교수법적 기반이 되어 TRC 프로젝트로 이끌었다. 재디자인 그 자체였던 두 번째 단계에서는 가치 있는 지식이라고 여겨지는 것이 학급의 기존 권력관계를 교란시킨다. 교사가 다양성을 하나의 생산적인 자원으로 이용할 때 이전에는 배제되었던 지역 공동체의 지식 자원이 교육과정에 편입된다. 이런 방식으로 모든 학생이 다양한 관점에 노출되고 우리 사회의 인종적 분열을 넘나드는 통찰을 할 수 있으며 서로 배울 수 있는 기회를 얻을 수 있다. 타자에 대한 인정 그 자체가 국가 차원의 화해 프로젝트에 기여하고, 작은 방식으로 비판적 사회 변혁 프로젝트에 작게나마 공헌한다. 권력, 접근성, 다양성, 디자인의 상호 의존성에 대해서는 표 7.4에 요약 제시했다.

표 7.4 화해 교수법 프로젝트에 나타난 상호 의존성

디자인 없는 권력	재구성이나 디자인 없는 권력의 해체는 인간의 행위주체성을 없앤다.

변화의 가능성 없이 과거의 권력 남용에 초점을 두는 것은 인간의 행위주체성을 제거한다. 이점 때문에 학생들이 남아프리카공화국의 역사를 배우는 것을 거부하게 된다. 화해 교수법 프로젝트의 두 번째 단계에서, TRC는 과거를 직면하게 하는 동시에 나아갈 길 또한 제시한다.

디자인 없는 접근성	지배적인 형태의 변화 가능성을 고려하지 않고 지배적인 형태를 유지하고 물화한다.

재디자인의 가능성 없이 특정 지식에 대한 접근성을 가지는 것은 덫에 걸린 듯한 감정을 일으킨다(McKinney, 2004b). TRC 프로젝트에서 학생들은 자신의 미래를 재건하려는 목적으로 서로의 과거에 대해 이해하게 된다.

디자인 없는 다양성	다양성은 재구성과 변화를 위한 수단, 아이디어, 대안적 관점을 제공한다. 디자인이 없으면 다양성이 주는 가능성은 실현되지 않는다.

학생은 첫 번째 단계의 프로젝트에서 자신의 디자인 자원에 의존했다. 두 번째 단계에서는 다양한 지식 자산이 학생이 디자인하는 것에 영향을 미쳤다.

권력 없는 디자인	어떻게 지배 담론/관행이 스스로를 영속시키는지에 대한 이해가 없으면, 디자인은 지배적인 형태를 무의식적으로 재생산할 위험이 있다.

첫 번째 단계에서 디자인은 인본주의 담론 내에서 대인 간의 권력관계에 기반한다. 반면에 두 번째 단계에서는 예속되었던 지식이 교실로 들어와 지배 담론을 흔들어놓는다.

접근성 없는 디자인	무엇을 디자인하더라도 그것이 주변부에 머물 위험이 있다.

첫 번째 단계에서 학생 활동은 개인의 경험에 기반하며, 보다 광범위한 지역 공동체의 지식 자산에 대한 접근성은 없다. 두 번째 단계에서는 주변화된 지식이 중심으로 들어오고 교실에서 특권을 부여받는다.

다양성 없는 디자인	지배적인 형태에 특권을 부여하고 차이가 제공하는 디자인 자원을 사용하지 못하게 된다.

첫 번째 단계에서는 차이에 기반한 디자인 자원을 사용하지 못했다. 두 번째 단계에서 다양성은 미래를 위한 가능성을 제공하는 동시에 과거사에 비판적으로 관여하도록 해주는 자원이다.

5. 결론

반드시 알아야 할 것은 다양성, 접근성, 재디자인 가능성이 주어진 상황과 학급 프로젝트에 따라 다르게 구현된다는 사실이다. 표 7.5에 이 개념들이 게임 프로젝트와 화해 교수법 프로젝트에서 어떻게 다르게 구현되었는지 정리되어 있다.

권력, 다양성, 접근성은 늘 상황에 따라 굴절되기 마련이어서 디자인과 재디자인의 조건과 가능성은 언제나 역사적으로나 정치적으로 특정적이다. 우리는 텍스트를 만들어낼 때 독자가 우리 세계에 들어오기를 바란다. 우리는 '디자인'이라는 단어를 활용하고 작가로서 우리의 독자를 디자인할 것을 제안한다. 우리는 언어를 다른 기호들과 함께 사용하면서 우리 식의 현실 버전을 하나 만들고 독자를 자리매김하는 작업을 한다. 리터러시는 텍스트와 정체성의 정치의 중심에 있기 때문에, 우리는 교육자로서 학생에게 우리의 세상을 비판적으로 반추하여 세상을 다시 상상하고 재디자인할 수 있는 기회를 제공해야 할 책임이 있다. 볼링거Bolinger는 일찍이 1980년에 언어를 '탄환이 장착된 무기'로 묘사했다. 우리는 텍스트 생산자로서 기호가 선하게도 악하게도 사용될 수 있음을 인지해야 한다. 우리는 궁극적으로 자신이 믿는 가치를 통해서 세계를 어떤 식으로 명명하고 재명명할지를 정하고 스스로를 어떻게 바라볼지도 결정한다. 선택은 윤리적인 문제이기 때문에 다음 장에서 좀 더 논의하겠다. 다음 장에서는 좀 더 인간적이고 희망적인 미래에 (소규모라 할지라도) 공헌하는 재디자인과 변혁적인 사회적 행동을 중점적으로 다룰 것이다.

표 7.5 게임 프로젝트에서의 상호 의존성

	게임 프로젝트	화해 교수법 프로젝트
권력	이 프로젝트는 아이들의 현지 지식에 특권적 지위를 부여하고 그들의 가정 언어를 정당화한다. 아이들에게 스스로를 국제적 정보 흐름에 기여하는 지식 창출자로 바라볼 수 있는 기회를 제공한다.	적절한 문화자본을 소유하고 있는 주체에 변화를 줌으로써 가치 있다고 여겨지는 지식이 기존의 권력관계를 교란시킨다. 예속되었던 지식이 지배 담론을 흔들어놓는다.
접근성	아이들에게 지배적 리터러시와 자신의 책을 만드는 수단에의 접근성을 부여한다.	모든 학생이 더 광범위한 지역 공동체의 지식 자산에 대한 접근성을 획득한다.
다양성	이 프로젝트에서 다양성은 남아프리카공화국과 호주에 있는 학교 간의 교류에 의해 제공되었다. 현지 지식은 국외로 전달되었고, 호주 아이들은 남아프리카공화국 아이들이 상상할 수 있는 실제 독자였다.	이 프로젝트가 작동했던 이유는 학급 내 다양성을 통해 학생이 실제 사람들, 급우의 가족과 친구의 이야기를 들으면서 과거사에 관여하게 되었기 때문이다. 여기에서 개인사는 사회적 권력관계 내에서 형성된다. 다양성은 역사를 다른 식으로 바라볼 수 있게 하는 자원이다.
디자인	아이들은 자신들의 가정언어를 사용하면서 남아프리카공화국 텍스트에 대한 지배적인 단일언어 사용 담론을 재디자인할 수 있었다.	여러 공동체의 지식 자산은 앎의 여러 가지 방식을 제공한다. 이는 디자인과 재디자인에 필요한 자원이 된다.

8장

재디자인, 사회적 행동, 그리고 변화 가능성

지금까지 모든 텍스트는 구성되는 것이고, 구성된 텍스트는 해체될 수 있다고 주장했다. 이 장의 초점은 재구성 또는 재디자인이며, 구성과 해체, 그리고 재구성을 순환적인 과정으로 보는 방식에 중점을 둔다. 예를 들어, 이해관계의 작용을 이해하기 위해 텍스트를 분석할 때 다른 이들을 희생시키면서 누군가에게 유리해지지 않도록 텍스트를 재디자인할 수 있는 방법을 상상하는 것이 중요하다. 5장에서 본 유엔난민기구의 '난민을 찾아라' 광고는 레고를 사용한 네 가지 '포스터' 중 하나였다. 재디자인의 개념을 설명하기 위해서 이 포스터로 돌아가보자. 그림 8.1을 보면 독자는 네 가지 레고 포스터의 디자인 간의 유사성을 느낄 수 있다(또한 www.unhcr.org 또는 구글의 '유엔난민기구 레고 포스터'를 보라).

서로 다르긴 하지만, 포스터 간의 유사성은 현저히 두드러진다. 각 포스터는 난민을 기여할 것이 없는 사람들로 자리매김하는 담론의 다른 예일 뿐이다. 즉, 각각의 포스터는 단지 같은 디자인의 다른 버전일 뿐 내가

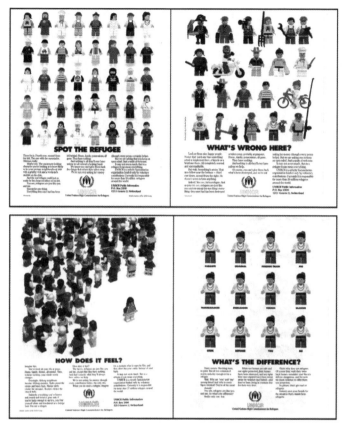

그림 8.1 유엔난민기구의 레고 광고 포스터

출처: http://www.unhcr.org/cgi-bin/texis/vtx/template?page=home&src=static/teaching-tools/tchhr/tchhr.htm

말하는 재디자인의 의미는 아니다. 유엔난민기구는 창립 50주년을 기념하기 위해 이 레고 광고와 상반되는 광고를 만들었다. '5천만 명의 성공 이야기' 광고 캠페인은 알베르트 아인슈타인 광고(그림 5.5)에 소개된 아이디어를 유지하고 있다. 이 캠페인은 난민을 자신을 받아준 국가에 뛰어난 기술, 지식, 그리고 아름다움을 가져오는 자로 재디자인한다. 어떤 광고에서는 수단에서 온 난민이자 당당한 슈퍼모델인 알렉 웩Alek Wek과 체코슬로바

키아에서 온 난민이자 미국의 첫 번째 여성 국무장관인 매들린 올브라이트 Madeleine Albright를 처음으로 등장시킨다.

여기에서는 난민을 긍정적으로 제시하기 위해 유명한 사람들이 사용되었다. 재차 말하지만, 이러한 광고는 한 디자인의 여러 버전이다. 5장에서 처음 제시되고 해체된 레고 광고부터 성공 이야기 광고에서의 재구성에 이르기까지, 우리는 하나의 디자인, 해체, 그리고 재구성의 완전한 순환을 갖게 된다(그림 8.2).

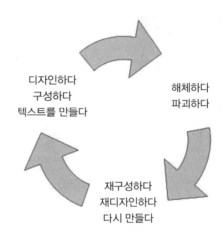

그림 8.2 재디자인 순환

이 과정을 순환적인 것으로 개념화하는 것이 중요하다. 모든 새로운 디자인이 상이한 이해관계 집합에 쓰일 수 있기 때문이다. 모든 텍스트는 자리매김되기도 하고 자리매김하기도 하기 때문에 각각의 재디자인은 해체가 필요한 새로운 텍스트가 된다. 중립적인 디자인은 없다. 5장의 마지막에 소개된 알베르트 아인슈타인 광고처럼, 성공 이야기 광고는 예외적인 난민에 중점을 둔다. 그러고는 세금이나 노동력의 제공과 같이 상대적으로 초라한 방법으로 기여하는 수백만 명의 난민을 깎아내린다. 성공 신화에 중점을 둔 이러한 이야기는 심지어 착취적인 조건에서 일하는 수많은 강제 이민자들을 보이지 않게 만들어버린다.[1] 톨레프슨(Tollefson, 1991:108)에 따르면,

> 난민은 좀 더 높은 임금의 직종에 적합한 기술을 가지고 있든 없든 승진의 기회가 거의 없이 수위, 음식점의 웨이터, 전기 공장의 조립업자, 그리고 다른 저임금 직업에서 일하도록 교육받는다.

모든 재디자인이 변혁적이지는 않다는 것을 인지하는 것이 중요하다.[2] 거의 같은 방식으로, 2장에서 논의된 팻 톰슨의 엣지 광고의 재디자인 (그림 2.2)은 안드레 애거시, 달라이 라마 또는 시네이드 오코너보다 덜 매력적인 이유로 머리카락을 잃게 된, 덜 매력적인 사람들을 제외시켰다. 어떤 재디자인은 지배적인 이해관계를 유지하려고 노력한다는 점에서 보수적인 반면, 어떤 재디자인은 더 큰 형평성을 이루기 위해 사회적 관계를 변화시키고자 한다.

불평등한 권력관계에 주의를 끌도록 고안된 텍스트라 하더라도 분석과 해체가 필요하다. 마이클 로젠은 어른들을 조롱하는 풍자적인 동시를 썼다. 동시 〈차 시간〉(Rosen, 1988)에서 가족은 '차'를 마시기 위해 탁자에 앉아 있는 것으로 묘사된다. 첫 번째 연에서 아버지는 아이에게 우유를 가져오라고 시킨다. 두 번째 연에서 아이가 앉자마자 아버지는 아이에게 버

....
1 〈도그빌(Dogville)〉은 어떻게 외부인이 그 공동체의 모든 사람, 심지어 아이들에게까지 착취당하는지를 탐구하는 훌륭한 우화적 영화이다.
2 [옮긴이 주] 이 장에서 'transformation'은 문맥에 따라 변형, 변혁, 변화로 번역했음을 밝힌다.

터를 가지고 오라고 시키고 아이는 충실하게 그렇게 한다. 세 번째 연에서 아버지가 아이에게 티스푼을 달라고 할 때 어머니가 끼어든다. 어머니는 아버지에게 이렇게 말한다. "당신은 일단 엉덩이를 의자에 붙이면 절대로 떼지를 않아요, 그렇죠?" 이 시는 본질적으로 가족 안에서의 권력관계에 관한 것이다. 부모와 자녀들 사이의 관계이며(아버지는 자녀가 자신의 심부름을 할 것으로 기대하고 성인인 시인은 이제 그 아버지를 조롱한다), 부모들 사이의 관계이다(어머니는 아버지가 아이들을 다루는 것에 도전하고 남편에게 반대하는 주장을 한다). 로젠의 시는 가족 내에서의 계급을 뒤엎으려고 한다. 그가 사용한 금기어인 '엉덩이'는 사회적 규범에 어긋나는 동시에 익살스럽다. 만일 이 시 자체가 권력의 사회적 관계에 대한 재디자인이라고 한다면, 우리는 비판적 접근법을 사용하면서 어떻게 그것을 가르칠 수 있을 것인가?

이 시가 가진 가능성을 드러내는 다음 질문들은 남아프리카공화국의 학생들에게 잘 적용된다.

- 여러분 가족의 식사 시간을 묘사해보세요.
- 여러분의 어머니는 아버지에게 이렇게 말할 수 있나요? 설명해보세요.
- 여러분은 이 아이가 남자라고 생각하나요? 아니면 여자라고 생각하나요? 어떻게 알게 되었나요?
- 여러분은 어른이 이런 상황에서 여러분 편을 들어주기를 원한 적이 있나요? 예를 들어보세요.

처음 세 질문은 교실에서의 문화적 다양성을 곧잘 나타낸다. 남아프리카공화국에서 많은 학생들은 대가족 안에서 살고 있다. 하지만 이 시에서는 핵가족을 암시한다. 소웨토[3]에서 '성냥갑'이라고 불리는 작은 4인실 방에 거주하는 가족에게는 앉아서 식사를 하기 위한 실내공간이 항상 있는 것이 아니다. 또한 많은 부모들은 장시간 또는 야간 교대로 일하기 때문에 집에서 식사를 하지 않는다. '차 시간'이라는 것이 남아프리카공화국에 존재한다면, 그것은 식사를 의미하지 않는다. 차 한 잔, 가끔은 비스킷(쿠키)과 함께 나오는 차 한 잔인 것이다. 많은 전통적인 시골 아프리카 공동체는 가부장적이다. 남자들은 여자와 아이들과 함께 먹지 않고 아내와 딸에게 식사를 대접받는다. 왜냐하면 가족의 우두머리인 남성에 대한 존경은 어길 수 없는 것이기 때문이다. 취벤다에는 문자 그대로 "아이는 보내질 기름이다."로 번역되는 속담이 있다. 이는 아이들이 어른들을 위해서 심부름해야 할 의무가 있다는 생각을 보여준다. 아내가 집안 우두머리의 권한이나 권리에 도전하는 것은 허용되지 않는다. 이 모든 문화적이고 물질적인 차이 때문에 나의 학생들 중 대다수는 로젠의 시에 충격을 받게 된다.

마지막 질문은 학생들이 환상fantasies을 펼칠 수 있는 공간을 제공한다. 억압자가 처벌받는 것을 보는 약자들의 바람, 아버지를 넘어서는 승리에 대한 소망, 상황이 역전되는 것을 보는 꿈이 그것이다. 환상은 문화적으로 얽매이지 않는다. 시는 현실이 아니다. 문학은 우리로 하여금 다른 가능한 세상을 상상하게 하고 그 안으로 들어가도록 도와준다. 이러한 관점에서 본다면, 학생들은 서로 간의 차이를 넘어서 시에 몰입하는 것이 가능하다.

1장에서 텍스트의 '편에서' 읽기, 그리고 텍스트에 '대항하여' 읽기로 표현된 바와 같이, 비판적 리터러시는 텍스트에 개입하고 그로부터 거리를 둘 것을 요구한다. 여기에서 이 시가 너무나 '불손하기' 때문에 이 시를 생

....
3   소웨토는 아파르트헤이트 정부가 다른 집단에 지정된 지역에 사는 것이 허용되지 않은 아프리카인을 수용하기 위해 세워졌다. 인구는 백만 명이 넘는다.

경하게 느낀 학생들은 낯선 입장에서 시작한다. 학생들은 자신들의 문화적 지식을 바탕으로 텍스트를 해체하고 저항한다. 아버지가 약화되었다고 보고 아버지의 편에 선다. 이런 학생들은 텍스트의 '편에서' 읽으려고 노력하면서 있는 그대로 이해하려고 하는 것이다. 반대로 페미니스트인 학생들은 이 텍스트에 다소 몰입하는 경향이 있다. 즉, 어머니의 권력을 받아들이고 어머니가 아버지를 깎아내리는 것을 즐긴다. 이 학생들은 이 시가 특정한 문화적 가치와 맥락 의존적 가정에 특권을 부여하는 방식에 주목할 가능성이 적다. 텍스트에서 자연스럽게 가정된 것에 반대하려면 노력을 해야 한다. 이질적인 집단 수업에서는 양쪽의 관점을 만들어내고자 서로 다른 읽기의 입장을 취할 수 있다. 어떤 학생들은 '이상적인' 읽기를 하고, 다른 학생들은 '대항적' 읽기를 한다. 3장에서 논의된 것처럼, 비판적 리터러시에서는 양쪽 모두가 필요하다.

이 시를 가지고 했던 또 다른 작업을 통해 재디자인의 다른 측면을 설명할 수 있다. 이 시의 출판된 버전에는 커다란 잎사귀를 가지고 아버지에게 부채를 부쳐주는 남자아이와 팔걸이 의자에 기대어 앉아 있는 아버지가 만화 같은 그림으로 재치 있게 그려져 있다. 나는 이 삽화를 아내의 도전에 대하여 "평화의 순간을 가질 수 없다."고 한 아버지의 마지막 진술에 대한 역설적 반영으로 읽었다. 이 삽화는 식민지 백성에 의해 부채질 받는 식민지 주인들 혹은 노예들에 의해 극진히 대접받는 파라오와 황제들에 대한 이전의 표현과 텍스트 상호관계를 가진다고 할 수 있다. 이 삽화는 시에 나온 아이가 남자아이라고 기대하게 하고 아버지가 딸에게만 집안일을 하도록 기대하는지에 대한 논의는 굳이 필요로 하지 않게 한다.

웬디 모건Wendy Morgan(1994)은 서로 '접촉하게' 하는 것이 텍스트를 탈자연화시키는 아주 좋은 방법이라고 제안한다. 이 장에서 언급한 유엔난민기구의 광고, 1장과 2장의 엣지 광고에서 보여준 바대로 대안적인 기준으로 유사한 텍스트를 만들어보는 것이다. 나는 학생들로 하여금 이러한 '대안적인 텍스트를 만들도록 하는 것이 효과가 있음'을 알게 되었다. 먼저, 출판된 시의 삽화를 보여주기 전에 학생들에게 시를 설명하도록 한다. 그러고 나서 다른 디자인은 어떤 식으로 시 안에 있는 인물과 독자를 다르게 자리매김하는지 알아보고자 학생들에게 모든 삽화를 비교해보도록 할 수 있다. 예를 들어, 학생들은 신체와 얼굴 표정, 의복의 다양한 표현뿐만 아니라 다른 인물들의 상대적인 크기를 분석할 수 있을 것이다. 또한 학생들에게 먼저 출판된 삽화를 보여 주고 재디자인을 요청하는 것도 가능하다. 그림 8.3은 7학년 아이들이 만들어낸 이 시에 대한 네 가지 삽화이다. 학생들은 상당히 경제적으로 단순하게 등장인물의 감정과 시에 대한 자신만의 해석을 보여주는 몸짓 언어를 잘 그려내고 있다.

이 그림들은 비교해볼 가치가 있다.

- 각 그림에서 아버지가 어떤 식으로 표현되는지 보라(아버지가 어떻게 자리매김되었는지, 그가 무엇을 하고 있는지, 그가 얼마나 큰지 보라).
- 각 그림에서 아이가 어떤 식으로 표현되는지 주목하라(크기, 몸짓 언어, 젠더, 감정에 대해서 무엇을 알 수 있는가?).
- 각 그림에서 어머니는 어떤 식으로 표현되는가?

프레이리와 마르크스의 사상에 뿌리를 둔 비판적 리터러시는 항상 사회적 행동의 한 형태로 정치적으로 개념화되어 왔다. 이 모형에 따르면 디자인은 행동과 행위주체성을 위한 공간을 제공하고 재디자인은 리터러시가 변혁과 변화에 기여할 수 있는 잠재력을 보여준다. 많은 교사들은 비판적 리터러시를 너무 정치적이라고 생각하기 때문에 두려워한다. 권력과 정

그림 8.3 '차 시간' 그림들
선물로 받은 아이들의 그림.

치를 생각할 때에는 거시정치 P와 미시정치 p를 구별하는 것이 중요하다.[4]

금혼식을 맞아 성공적인 결혼 생활의 비밀을 공유했던 남편에 대한 상징적인 이야기가 있다. "쉽습니다." 그는 말했다. "제 아내는 모든 작은 결정을 내리고 저는 모든 큰 결정을 합니다." 예를 들어줄 것을 요청받자, 그는 계속해서 설명했다. "아내는 무엇을 먹어야 할지, 누구와 친구가 되어야 할지, 어디에서 살 것인지, 몇 명의 아이들을 가져야 할지, 아이들을 어느 학교로 보내야 할지를 결정합니다." 그리고 남편은 무엇이 큰 결정이냐는 질문을 받는다. 남편은 중요한 것을 결정한다고 말했다. "누가 나라의 대통령이 되어야 하는지, 전쟁에 참여하여야 하는지 말아야 하는지, 경제에 관해서 무엇을 해야 하는지" 등이다. 이 이야기는 남편이 일상생활에 직접 영향을 미치는 문제에 대해서 아내에게 순진하게 권력을 양도하는 방식으로 웃음을 자아낸다. 남편은 자신이 의견을 가질 수는 있지만 직접적인 영향력이나 통제력을 가질 수 없는 문제를 자신의 몫으로 남긴다. 더구나 이 이야기는 젠더 이분법을 약화시킬 목적으로 아이러니를 이용하여 집안의 영역은 권력을 빼앗긴 여성의 영역으로, 바깥세상의 영역은 남성의 영역으로 남긴다.

거시정치는 남편의 세속적인 관심사인 커다란 일이다. 정부 및 세계무역협정과 유엔 평화유지군, 민족적 혹은 종교적 대량학살, 세계의 법정에 관한 내용이나 인종차별주의와 세계 자본주의, 돈 세탁 및 언어 제국주의 등이 그것이다. 정치적 북쪽과 정치적 남쪽 사이의 불평등에 관한 것, 석유, 오존층, 유전공학 및 복제, 지구 온난화의 위험, 세계화, 아시아에서의 새로운 작업 질서 및 저임금 노동 등도 포함된다.

....

4   이 구별은 나와 바버라 캠러(Barbara Kamler)와의 대화에서 나왔다. 이 대화에서 우리는 소문자 d-담론과 대문자 D-담론이라는 지(1990: 142)의 개념을 비판적인 리터러시가 일상의 정치를 다루는 방식에 재미있게 적용했다.

반면 미시정치는 일상생활의 소소한 일의 정치에 관한 것이다. 미시정치는 우리를 현재의 우리로 만드는 매 순간의 선택과 결정에 관한 것이다. 욕망과 두려움에 관한 것, 즉 우리가 욕망과 두려움을 어떤 식으로 구성하고 그것이 우리를 어떤 식으로 구성하는지에 관한 것이다. 정체성과 장소의 정치에 관한 것이며, 작은 승리와 패배에 관한 것이다. 승자와 패자, 가진 자들과 가지지 못한 자들, 학교에서의 괴롭힘과 그 희생자들에 관한 것이다. 또한 우리가 매일 다른 사람들을 어떻게 대하는가에 관한 것이며, 우리가 다른 사람의 언어를 배우거나 자신의 쓰레기를 재활용하는지의 여부에 관한 것이다. 미시정치는 개인적인 것이 정치적인 것이라는 페미니즘의 관점을 진지하게 받아들인다. 이는 미시정치politics가 거시정치Politics와 아무 관련이 없다는 것을 의미하지는 않는다. 오히려 우리가 살고 있는 역사적·경제적 맥락은 우리 모두가 할 수 있는 한 의미 있는 방식으로 협상해야 할 서로 다른 가능성과 제약조건을 제공한다. 사회적인 것이 우리가 누구인지를 구성하고, 우리도 사회적인 것을 구성한다. 이러한 변증법적 관계는 유동적이고 역동적이어서 사회적 행동과 변화의 가능성을 만들어낸다. 우리는 지역의 정치와 협력하여 다른 종류의 변혁적인 재디자인에 참여할 수 있다.

사우스오스트레일리아 대학의 바버라 코머Barbara Comber와 동료들의 연구는 텍스트의 디자인과 재디자인을 넘어 학생들과 지역사회의 삶에 중대한 변화를 가져오는 변혁적인 실천 모형을 제시한다. 이들이 한 많은 연구 중에서 리들리 그로브 초등학교에서 마그 웰스와 함께 작업하고 그 후에 마그 웰스와 루스 트림Ruth Trimm이 함께한 연구를 중점적으로 살펴보겠다. 마그 웰스는 교사로서 초등학생들의 삶에 영향을 미치는 사회적 조건을 잘 알고 있다. 그녀의 작업은 학교를 둘러싼 지역을 고급화하기 위해 개발자들이 들어왔을 때 시작되었다. 많은 재학생의 가족이 이사를 해야 했고, 아이들은 이웃과 친구의 집을 파괴하는 크고 시끄러운 황색 불도 저와 마주하게 되었다. 남아프리카공화국에서 이 과정을 담은 마그 웰스의 비디오를 보면서 아터리지빌의 교사들과 나는 아파르트헤이트 당시의 강제 퇴거의 시기로 되돌아가는 데자뷰 경험에 충격을 받았다. 당시 소위 아프리카인, 인도인, 유색 인종은 집을 빼앗겼고 자신들의 의지와는 반대로 고향을 떠나 인종적으로 지정된 마을이나 시골 지역으로 가야만 했다. 불도저는 마을 공동체 전체를 밀어버렸다.

마그 웰스는 학생들에게 삶의 격변이 임박하지 않은 척하기보다는 그들이 변화에 직면하여 상황을 앞서서 주도할 수 있는 방법을 보여주는 프로젝트를 진행했다(Comber, Thomson, & Wells, 2001). 그녀는 학교에서 몇 블록 떨어진 공원을 설계하려는 계획에 대해서 학생들이 의견을 개진할 기회를 갖도록 개발자들과 협상했다. 학생들은 개발자의 설계를 원래의 상태로 되돌렸을 뿐만 아니라 호주의 식물과 동물에 대한 재현이 공원에 포함되어야 한다고 주장했다. 학생들은 타일과 여러 인공물을 만들어냈고, 이는 새로운 디자인의 한 부분이 되었다. 이들은 개발을 계속 구성해나갔고, 그 과정에서 행위주체성의 한계와 가능성을 배웠다.

학생들은 인근의 '나무'를 관심사로 채택한 토론을 한 후에 나무를 세어보고 나무의 상태를 조사하는 프로젝트를 진행했다. 마그 웰스의 학급 학생들은 다른 부유한 교외 지역과 비교하고 스스로 수집한 증거를 사용하여 시의회에 더 많은 나무를 심어야 한다는 탄원을 하는 데 성공했다. 인근의 나무를 사회 계층의 지표로 인식하는 것은 2·3학년인 7세와 8세 어린이에게는 결코 작은 일이 아니다.

비비안 바스케즈(2004)는 『어린이들과 비판적 리터러시 협상하기Ne-gotiating Critical Literacy with Young Children』에서 아이들이 자신들이 알아낸 문제에 대해 어떻게 행동을 취하는지를 보여준다. 예를 들어, 4살짜리 학생들은 학교의 바비큐 행사에서 채식주의자가 먹을 음식이 없어 급우 중 한 명이 음식을 전혀 먹지 못했다는 일일 뉴스를 접하고 화가 났다. 바스케즈는 학생들이 할 수 있는 일에 대해 같이 이야기했다. 가족과 함께 이 문제에 관해 논의한 학생들 중 한 명인 스테파니의 주도하에 "그 집단은 자신들의 우려에 대한 행동을 하기로 결정했다."(2004: 104). 학생들은 연구를 하기로 결심했다. 학교에 몇 명의 어린이가 채식주의자이고 왜 사람들이 채식주의자가 되기로 결심했는지에 대해 확인하기 시작했다. 그리고 도서관에 이에 관한 서적이 없음을 알고 그림 8.4와 같은 편지를 썼다.

친애하는 사서 선생님
도서관은 어린이와 모든 사람들을 위한 곳입니다.
채식주의자도 사람인데 도서관에 이에 관한 책이
없습니다.
도서관에는 모든 사람들에 관한 책이 있어야
합니다.

(Vasquez, 2004, 107)

그림 8.4 '친애하는 사서 선생님'
출처: Vasquez, V. (2004). *Negotiating critical literacies with young children*. Mahwah, New Jersey: Lawrence Erlbaum and Associates.

또한 학생들은 바비큐 행사의 주최자에게 편지를 써서 차후에 학교가 음식을 제공하는 방식을 바꾸었고, 이웃 학교에 자신들의 프로젝트에 관해 알리는 편지를 써서 그 학교도 특별한 식이요법이 필요한 아이들을 위한 음식 제공에 대해 고려할 수 있도록 했다. 바스케즈의 연구는 어떻게 우리가 포용과 배제의 일상적 정치학을 다룰 수 있는지를 보여주는 강력한 실례이다.

나는 남아프리카공화국 역사상 최초의 민주주의 선거가 있었던 1994년부터 재구성을 위한 비판적 리터러시의 개념화 작업을 했다. 지난 10년 동안 아파르트헤이트 텍스트를 해체하여 그것들이 '지배관계 유지'(Thompson, 1984: 35)를 위해 어떤 식으로 쓰였는지를 보여주었다. 그리고 이제 나는 포스트-아파르트헤이트 민주주의 상황에서 나의 지적인 작업을 새롭게 상상해야 했다. 나는 변혁이라는 국가적 과제에 기여하기 위해서 순환적 과정의 '해체' 부분이 아니라 재디자인 순환적 과정(그림 8.2)의 '재구성' 부분으로 초점을 변경했다. 나는 ANC의 재건 및 개발 프로그램Reconstruction and Development Programme, RDP과의 용어 연결을 위해, 그리고 '해체'와의 반어적 대립을 확립하기 위해 '재구성'이라는 단어를 선택했다(1994). 해방투쟁이 끝나자 일상의 정치, 즉 교과 과정의 재디자인 및 구현, 학교의 변화, 환경 교육 및 행동, 교사 개발 및 화해에 집중하는 것이 교육에서 가능해졌다. 사회적 행동의 가능성에 대한 목록은 끝없이 계속될 것이다.

재구성을 위한 비판적 리터러시는 어떤 모습일까? 비판적 담론 분석에 관한 루크(2002)의 논문에서 다음과 같은 주장을 볼 수 있다.

이데올로기 비평에 강하게 초점을 두는 것에서 더 나아가 비판적 담론 분석에서 담론과 권력의 생산적 사용에 대해 아주 긍정적인 논지를 개발할 필요가 있다. (…) 특히 교육의 경우에 담론의 긍정적 성격은 많은 형태로 나타날 수 있다.

그리고 루크는 다음과 같은 도전적인 질문을 던진다.

생산적이고 해방적인 정치적 연설은 어떤 형태를 띠는가? '열려 있으며' 지역적으로 사회 정책을 가능하게 하는 텍스트의 형태와 관행은 무엇인가? 교과서에서 비판적이거나 규범적으로 선호할 만한 역사의 재현은 어떤 모습을 띨까? 비판적 담론 분석이 명백히 규범적이고 명시적으로 정치적이라면, 그것은 텍스트와 담론에 대해 무엇을 할 것인지 말할 수 있어야 한다.

이런 질문은 아파르트헤이트 이후에 시대의 재구성과 변화라는 맥락 안에서 비판적 리터러시에 관해 나 스스로에게 묻는 질문과 같은 방향으로 나아가고 있다. 나는 사람들의 삶에서 중대한 변화를 일으키고 계속 만들어내고 있는 교육적 동반자 관계의 측면에서 루크의 도전과제를 다루고자 노력할 것이다.

바버라 코머와 팻 톰슨과 함께 사우스오스트레일리아 대학이 후원하는 국제 연구 프로젝트인 '비판적 리터러시, 사회적 행동, 그리고 어린이의 장소에 대한 재현'을 프리토리아 서쪽에 위치한 아터리지빌의 한 가난한 학교에서 수행했다. 우리는 마그 웰스의 작업을 기반으로 하여 장소와 정체성, 그리고 아비투스와 거주지 사이의 연결성을 이해하고자 장소에 중점을 두었다.

펩포 학교는 아프리카인을 위한 구식 아파르트헤이트 주거지인 아터리지빌에 자리 잡고 있다. 방이 네 개인 이 '성냥갑'은 ANC 정부가 만든 RDP 주택보다 크고 견고하다. RDP 주택에는 단 하나의 방만 있지만 '성냥갑'에는 없는 실내 위생시설과 수도 및 전기가 있다. 또한 정부는 이러한 서비스를 갖춘 토지 구역에 소유권을 제공했다. 주택 수요를 해결하기 위한 정부의 지속적인 노력에도 불구하고 많은 가족들은 종종 아연 시트로 만들어진 임시 변통 판잣집으로 붐비는 비공식적인 정착촌에 살고 있다.

아이들은 이 '동네 프로젝트'의 일환으로 자신들이 만든 모형과 살고 있는 주택을 찍은 사진에 대해 이야기하면서 집에 대해 설명하는 것을 즐거워했다. 집은 소속의 장소이며, 아이들은 그 구조를 넘어 그 안의 삶을 보게 된다. 많은 아이들은 극빈층으로 살고 있으며, 부모는 학교에서 학교 정원에서 자란 야채로 만든 뜨거운 식사를 매일 제공하기 때문에 아이들을 학교에 보낸다.

그 정원이 만들어질 때 아이들은 재활용이 가능한 재료를 가져오는 방식으로 자신들의 음식 값을 '지불'해야 했다. 요일에 따라 퇴비더미 용도로 야채 껍질, 2리터의 '회색 물'(유기농 정원에서 살충제 역할을 하는 더러운 비눗물), 재활용을 위해 깡통 수거처로 판매되는 주석, 재활용 종이, 정원 안의 화단과 통로를 벽돌로 쌓기 위한 반쪽자리 벽돌 등을 가져왔다. 이 프로젝트에서는 심지어 담배꽁초로 살충제 '차'를 만들기도 했다. 나는 세톨Sethole 교장 선생님 덕분에 중산층 가정에서 나오는 쓰레기가 학교의 자원을 구성한다는 사실을 이해하게 되었다. 빈 마가린 통, 폴리스틸렌 포장지, 이면지, 빈 캔, 오래된 잡지, 깨진 변기, 2리터들이 플라스틱 병, 비닐봉투, 오래된 타이어, 깨진 책상, 골판지 상자 등이 그것이었다. 나는 자신의 쓰레기를 읽는 것이 중요한 비판적 리터러시 활동이라는 것을 이해하게 되었다.

학생들은 정원에서 일하고 배우며 식사했다. 학생들의 몸은 정원으로 들어가고 정원은 학생들의 몸으로 들어갔다. 선생님들은 정원을 이용하여 수학을 가르쳤다. 고랑과 양배추를 세는 것에서부터 세제곱미터의 물을 계산하는 것 등이었다. 그리고 아이들은 물 소비량과 강우량, 각 학년별로 가져온 재활용품의 양 및 판매로부터 얻은 돈을 측정하고 기록했다. 아이들은 비교 차트와 막대그래프를 기록했다. 그리고 지렁이에 대한 것과 토양을 개선하는 방법에 대하여 배웠다. "정원이 우리를 먹이므로 우리도 정원을 먹여야 한다."[5] 아이들은 매일의 일상생활에서 환경에 대한 인식을 가지게 되었고, 이것을 노래와 극적인 공연으로 만들어냈다. 정원에 대해 그림을 그리고 글을 썼으며 서면으로나 시각적 기록을 통해 프로젝트를 문서화하는 일의 중요성에 대해 알게 되었다. 학습은 실제 필요와 관련되었다. 매슬로의 욕구계층론(Maslow, 1954)에서 공기, 음식, 물, 육체적인 안락에 대한 생리적 요구가 기초를 형성하는데, 이런 것이 없이는 자기실현과 교육이 불가능하다.

'모세혈관 같은 형태로 존재'하며 '개인의 가장 작은 조직까지 도달하고 신체를 건드리며 개인의 행위와 태도, 담론, 학습 과정, 일상생활에까지 침투한다'는(1980: 39) 푸코의 권력에 대한 견해를 진지하게 받아들이면, 교육이 만들어내는 효과에 초점을 맞출 필요성이 생겨난다. 이 프로젝트가 아이들의 삶에 있어서 육체적·공간적·물질적 조건(Luke, 1992)을 변화시켰다는 분명한 증거가 있다.

한때 잡초로 무성한 '뱀의 안식처'였던 학교 부지에 2005년에 재배 면적이 3,840제곱미터인 80개의 채소밭이 생겼다. 벽돌을 이용해 가로 8미터 세로 6미터 크기로 채소밭을 구획했고 우박방지 그물을 씌워놓았다. 학교 입구 서쪽에는 꽃꽂이용 정원인 만델라 정원이 있는데, 마치 이 정원 중앙에 있는 키 큰 나무와도 같은 만델라가 아파르트헤이트로 분리된 사람들을 어떻게 통합했는지 학생들에게 가르치기 위해 사용되었다. 그리고 타보 음베키Thabo Mbeki 정원이 있는데(음베키는 남아프리카공화국의 대통령으로 만델라의 후계자이다), '성장을 위해 우리의 지원이 필요한 젊은 나무'이고

....

5   출처가 없는 모든 인용문은 2002년 2월 16~17일에 이루어진 세툴과의 긴 인터뷰의 필사본 아니면 현장 노트에 기록된 후속 개인 통신에서 나온 것이다. 이 작업 내용은 B. 되케(B. Doecke), D. 호머(D. Homer) 및 H. 닉슨(H. Nixon)이 편집한『현장에서의 영어 선생님들(English Teachers at Work)』(Janks, 2003)로 처음 출판되었다.

새로운 남아프리카공화국의 아홉 개 주에 둘러싸여 있다. 입구의 동쪽에는 모든 식물에 표찰이 붙어 있는 자생종 정원이 있다. '채소밭은 육체를 위한 것이고, 이 자생종 정원은 마음을 위한 것이다.' 여기에서 세톨은 음식 외에도 미학의 중요성에 대해 말하는데, 아이들의 배를 불리는 것만이 아니라 아이들의 정신을 채우는 것 역시 중요하다고 말한다. 그녀는 자생종 정원에 이끌려온 새들이 소리와 색깔로 공간을 풍부하게 한다는 것을 알고 있다.

이 정원 옆에는 일본 정부가 기부한 돈으로 지어진 새로운 미디어센터가 있다. 교장은 세 개의 교실을 추가하기 위해 정원 프로젝트 개발에 대한 자료를 가지고 일본 정부에 접촉했다. 정부 사람들은 그 성취에 너무나 감동하여 미디어센터를 추가로 제공하게 되었다. 새로운 건축물과 건축 자재의 품질은 주변의 학교 건물과는 뚜렷하게 대조를 이루었고, 아이들에게 독특함을 제공하여 그들을 가치 있는 주체로 만들었다. 이는 아파르트헤이트 학교 건축의 하위 주체subaltern subjects 구성과는 매우 다른 것이다. 이후에 한 건설회사가 완비된 주방을 갖추고 있는 작은 식당을 기증했고, 학교는 이 회사가 시공한 건축 방법을 사용하여 두 개의 큰 '판잣집' 교실을 지었다. 이 교실은 세츠와나어로 '우리는 스스로 해냈다'라는 의미의 이티렐렝Itireleng 센터라고 불린다. 가장 최근의 기부금으로는 세 개의 과학 교실이 추가로 건축되었다. 교육청에서는 울타리를 제공했다.

BMW가 지원한 종자 원예 프로젝트가 이 아이들과 교사들을 위한 학교 교육의 물질적 조건을 변화시켰다는 것은 의심의 여지가 없다. 아프리카 마을에 있는, 자원이 부족한 학교의 필요를 해결하는 데 있어 정부의 느린 대처에 직면하여 적극적으로 상황을 주도한 이 교장의 능력은 어떤 식으로 열망, 사회적 행동, 그리고 행위주체성을 결합할 수 있는지에 대한 하나의 모형을 보여준다. 아파두라이(Appadurai, 2002)는 억압받는 인간 주체들이 열망하는 법을 배울 필요가 있다고 주장한다. 인종적 열등성에 근거한 분류체계로 인해 자아의식이 잔혹하게 무너지고 미래에 대한 희망이 구조적인 배제로 인해 무효화된 채 아파르트헤이트의 규칙 아래 살고 있던 많은 남아프리카공화국 사람들도 이것을 배울 필요가 있었다. 세톨은 희망의 담론에 자신을 위치시키면서 학생과 교직원을 위한 '가능성의 지평'(Simon, 1992)을 확장할 수 있었다.

장소 프로젝트에서 얻은 데이터에서 주목할 점은 바로 물질적 조건이 중요하다는 것이다. 펩포에서 자신이 가장 좋아하는 장소에 대해 말하고 그려보라는 요청을 받은 어린이들은 화장실과 수도꼭지를 선택했다. 판잣집에 살고 있는 어린이들에게 흐르는 물과 'clik'(물 내리는 손잡이)이 있는 화장실을 갖춘 펩포는 가난한 학교처럼 보이지 않는다. 아이들은 문을 닫고 혼자 있을 수 있어서 화장실을 좋아한다고 말한다. 대부분의 공간이 공용인 공동체에 거주하는 어린이들에게 사생활은 중요하게 평가된다. 마찬가지로 재미있는 것은 4학년 소년이 그린 창문 그림이다. 그림에는 세츠와 나어로 다음과 같은 글이 쓰여 있다.

나는 추우면 닫을 수 있고 더우면 열 수 있으며 도둑이 집에 들어오지 못하게 하기 때문에 창문을 좋아합니다.

이 소년이 비공식적인 정착촌에 살고 있다는 것은 말할 것도 없다. 그에게 있어 창문은 사치이다. 아이들은 교실의 찬장과 책을 보관할 수 있는 선반을 얼마나 좋아하는지에 대해서도 썼다. 나는 펩포에 있는 아이들과 함께 일하면서 내가 당연시해온 많은 것들에 주목하고 감사하는 것을 배웠다.

정원 프로젝트 작업에서는 새로운 주체성과 미래를 만드는 데 기여하는 리터러시의 역할을 이해하는 것이 중점이었다(Janks, 2003). 프로젝트의 전반적인 성공의 열쇠는 '학교 프로파일'이었다. 이것은 BMW에서 요구한 프로젝트에 대한 문서화된 기록이다. 이 공동체가 어떻게 자기 공간을 가시적으로 변형시켰는지를 설계, 도표, 손으로 쓴 텍스트와 사진으로 보여준다. 이러한 프로파일은 학교의 성과에 대한 가시적인 역사를 제공한다. 교장은 학교에 대한 이야기를 하기 위해 이 자료를 이용할 때마다 그것들이 어디에서 왔는지, 그리고 무엇을 성취했는지를 상기한다. 그리고 그때마다 아이들은 무엇이 가능한지를 상기한다. 성취해낸 것에 대해 이야기하기 위해 이 프로파일을 사용함으로써 식량보다는 더 많은 것, 즉 자존심과 긍지와 존엄성과 독립성을 심고자 한 공동체 프로젝트의 힘이 분명해진다. 이 리터러시의 실천은 학교의 자존감의 열쇠가 되었다.

그러나 이것은 1994년부터 새롭게 권한이 부여된 직책을 맡은 성인들의 작품이다. 나 자신의 리터러시 프로젝트는 교사와 아이들과 함께 교실 안에서 이루어졌다. 국제 프로젝트의 첫 번째 단계에서 아이들은 다양한 방식과 미디어를 사용하여 학교, 집 및 지역사회의 재현을 제작하도록 초청받았다. 아이들이 학교를 재현한 '프로파일'은 2차원적 학교 '지도' 위에 사진을 배치하는 데 도움을 주는 격자판을 얹어 정리한 사진 콜라주이다. 격자판 선을 이해하면 나중에 경도와 위도 선에 대한 공부의 기초가 될 수 있다. 이 콜라주를 제작하기 위해 학생들은 카메라의 사용법을 익혀야 했고, 2차원적 계획과 3차원적 공간 사이의 관계를 이해해야 했으며, 방향성을 이해해야 했다. 이 과정에서 학생들은 다른 텍스트와 마찬가지로 지도도 잘못될 수 있다는 점을 이해하게 되었다. 학교의 '지도'(설계)는 시대에 뒤떨어졌는데, 학생들은 학교의 모든 발전과 변화에 따라 이를 어떻게 수정해야 하는지를 교장 선생님께 알려주는 데서 즐거움을 느꼈다.

아이들이 좋아하는 장소를 묘사하는 개인적인 재현은 에너지가 넘치고 아이들이 일상적인 것에서 발견하는 즐거움을 전달한다. 어떤 그림은 맨땅의 흙을 밝은 노란색 축구장으로 변화시킨다. 실제로 두 개의 끝이 뾰족한 벽돌은 잔디가 없는 축구장에서 골대로 사용된다. 또 다른 그림은 더 실제적이다. 전체 페이지가 갈색으로 칠해져 있는데, 이 아이의 글은 축구장을 얼마나 좋아하는지를 분명하게 보여준다.

> 나는 운동장에서 축구를 하기 때문에 운동장을 좋아합니다.
> 나는 우리가 놀고 싶은 모든 것을 하기 때문에 운동장을 좋아합니다.
> 우리가 운동장에서 놀 때 어떤 사람도 우리를 방해할 수 없습니다. 우리가 운동장에서 놀 때 우리는 새로운 친구를 얻었습니다.

6장의 그림 6.1은 운동장의 또 다른 부분의 한 버전인데, 활동으로 채워져 있고 생동감으로 터질 듯하다. 고학년 아이들이 자신들의 알파벳 책에서 설명하는 것처럼, '빈곤은 사람들로 하여금 삶을 즐기지 못하게 막지 못한다.'

7장에서 논의된, 7학년 학생들이 제작한 알파벳 책인 『A는 아터리지빌을 나타낸다』와 어린이 게임에 관한 책인 『재미와 게임』은 호주의 교사인 마그 웰스의 학생들을 위해 만들어졌다. 처음부터 우리는 이 책들이 다른 곳으로 전해질 것이라고 생각했다. 세계화에 대한 분석에서는 디지털 통신기술과 21세기의 교통수단이 세계를 가까워지게 하고 정보와 사람들의 흐름을 가능하게 한 방식을 당연한 것으로 받아들인다. 흔히 간과되는 것은 누가 이러한 이동성에 접근하는가이다. 가난한 지역사회에서 생활하는 교사와 학생의 경우에는 전 세계가 그 어느 때보다 멀리 떨어져 있다. 사이버 공간조차도 학교가 인터넷 망에 연결되고 어린이와 교사가 컴퓨터 및 인터넷 리터러시를 지니는 경우가 아니면 그들의 한계를 벗어난다. 우리는 지역과 세계를 연결하는 방법을 찾아야 했으며, "독서와 글쓰기는 항상 국경 너머로 우리를 데리고 가고 문화와 공동체를 가로지르는 가교를 세우는 도구였다."(Luke, 2003: 20).

『A는 아터리지빌을 나타낸다』에서 학생들은 놀라운 그림과 텍스트를 만들었다(Janks & Comber, 2006). 알파벳의 스물여섯 글자를 사용하여 공동체의 어떤 면을 표현할지를 협력하여 결정하는 것은 그 자체로 중요한 작업이었다. 학생들이 A에 대해서 'Atteridgeville'를 선택한 경우, 'AIDS'를 어디에 포함시킬 수 있을까? C에 대해서 'church'를 택했다면, 어디에서 'crime'을 논의할 것인가? 결국 그들은 다음 주제를 선택했다. Atteridgeville, BMW, churches, democracy, electricity, feed the child, gardens, HIV/AIDS, icecream, Japan, Kalefong(지역 병원), languages, mokhuku(주석으로 지은 주택), netball, Olesang(현지 유명인, 복음 가수), poverty, Quagga centre(지역 쇼핑센터), recycle, reduce, re-use, soccer, transport, Ubuntu(모든 인류를 소중히 여기는 삶의 방식), Vergenoeg(충분히 먼 곳—가장 멀리 있는 판잣집 정착촌), water, xenophobia, youth, zaka(돈에 대한 마을 속어).

알파벳은 학생들이 아이디어를 낼 수 있는 유용한 구실을 제공하고 즐거움(아이스크림, 스포츠, 복음 가수, 아터리지빌 축제, 유명 인사), 우려와 두려움(에이즈, 보건 관리에 대한 빈곤한 기준, 범죄, 외국인 혐오증), 그리고 가치들(환경 인식과 보존, 민주주의, 종교, 다언어주의 및 우분투라는 아프리카 철학)에 대해 생각하게 한다. 모든 이미지는 아터리지빌의 장소와 사람 및 활동에 관한 것이며, 복잡한 활자 텍스트와 함께 복합적이고 혼합된 감정, 관점 및 통찰력을 제공한다.

그림 8.5는 "H는 HIV/AIDS를 나타낸다"라는 본문을 이 텍스트에 수반되는 시각적 이미지와 함께 제공한다. 그림 8.6은 펩포의 외부 교실 벽 중

H는 HIV/AIDS를 나타냅니다.

HIV/AIDS는 치유될 수 없는 질병입니다. 아터리지빌의 많은 사람들, 특히 젊은 사람들이 에이즈로 죽어 가고 있습니다. 이 질병으로 고통받는 사람들은 사람들이 자신이 감염되었다는 것을 알기를 원하지 않으며 그것에 대해 이야기하고 싶어하지 않습니다. HIV 양성인 사람 중 일부는 다른 사람을 감염시켜서 이 질병을 퍼뜨립니다. HIV/AIDS는 보호물 없이 여러 사람과 성관계를 맺기 때문에 발생합니다. HIV는 콘돔을 사용하지 않고 다른 사람과 자는 HIV 양성인에 의해 전파됩니다. 많은 사람들은 에이즈에 대한 정보를 가지고 있지 않습니다. 그들은 여전히 잘못된 정보를 믿습니다. 그들은 HIV 양성 반응을 보이는 사람들과 악수하고 싶어 하지 않습니다. 또 다른 잘못된 정보는 아이를 강간하면 에이즈가 완치된다는 것입니다. 이것은 아터리지빌에서 아동 학대와 강간이 높은 이유 중 하나입니다. HIV 양성인 경우에 체중이 감소하고 식욕을 잃을 수 있습니다. HIV에 감염된 사람은 몸을 만들고 에너지를 공급하며 운동을 하고 음식을 먹음으로써 몸을 돌볼 수 있습니다.

그림 8.5 'H는 HIV/AIDS를 나타낸다'

하나에 그린 벽화로, 남아프리카공화국의 어린이들과 함께 이루어진 에이즈 인식 작업을 어느 정도 보여준다.

HIV/AIDS가 이들의 삶의 어두운 측면의 양상이라면, "B는 BMW를 나타낸다"에서는 지역에서 통용되는 유머와 소비자의 욕구 모두를 엿볼 수 있다(그림 8.7).

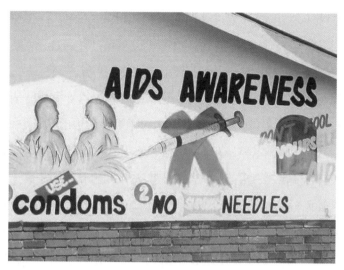

그림 8.6 펩포 학교의 벽화

그림 8.7 'B는 BMW를 나타낸다'

『재미와 게임』 같은 알파벳 책은 이 아이들이 호주의 아이들과 지역에 대한 지식을 나눌 수 있는 기회를 제공했다. 어린이의 삶은 체화되고 장소화되어 있다. 흑인거주지역 아이들을 다른 장소에 있는 아이들과 문화 교류를 하는 주체가 되게 함으로써, 그들의 정체성과 지식에 대한 인정과 입증이 모두 이루어진다. 7학년 학생들이 만든 『A는 아터리지빌을 나타낸다』는 아동기의 두려움과 즐거움을 재연한다. 아이들의 생생한 경험은 학교 리터러시 프로젝트의 초점이 되어 '학교 밖 리터러시와 교실의 실천 사이의 분리를 연결한다'(Hull & Schultz, 2002: 부제).

나는 학교가 학생들에게 지배적인 리터러시들과 강력한 기술 및 생산 수단에 대한 접근을 제공할 책임이 있다고 생각한다. 우리는 알파벳과 게임 책 프로젝트 둘 다에서 학생들이 스스로를 지식의 생산자로 보기를 원했다. 즉, 자신의 지역적 상황을 넘어서 그 가치를 인정받는, 자신의 삶에 뿌리를 둔 인공물(책, 비디오, 철사로 된 차)을 생산할 수 있는 사람으로 여기기를 원했다. 우리는 학생들이 세계 저편에 있는 친구들도 인정하는, 자신들만의 삶의 터전에서 형성되고 체화된 지식을 가진 작가와 디자이너로 자신들을 상상하기를 원했다. 우리는 그들이 자신들을 세계 무대의 선수로 상상하기 시작하고 자신들이 열망하는 능력을 키워 나가기를 원했다(Appadurai, 2002).

나는 훨씬 단순한 수준에서 지역의 학교들에서 리터러시가 상상되는 방식을 바꾸고자 했다. 나는 리터러시를 다중모드 텍스트의 생산을 세계적인 이동의 한 형태로 보는 일련의 관계들에 포함시키기를 원했다. 이 이동을 통해 텍스트의 행동 유도성이 없었더라면 닿을 수 없었을 전 세계의 실제 독자와 시청자를 갖게 된다. 여기에서 말하는 리터러시는 '고립된' 또는 '대화 상대와 분리된' 또는 '어떻게든 자기 완성적이고 완전한' 것이 아니다(Ong, 1982: 132). 리터러시는 학생들이 정보와 지식이 유통되는 세계적 흐름의 한 부분으로 자신들을 볼 수 있도록 자연스럽게 도와주는 순환적 실천 속으로 들어온다. 리터러시는 그들이 속할 수 있고 그 안에서 그들 자신을 위한 공간을 요구할 수 있는 더 넓은 세상을 보여준다. 여기에서 재디자인은 텍스트 자체보다는 텍스트의 실천과 주체성을 변형하는 작업을 한다.

말은 쉽지만 이를 수행하는 것은 훨씬 어렵다. 나는 교사들과 교장과 한 학교에서 5년간 함께 일한 후에 거주지를 바꾸는 것보다 아비투스를 바꾸는 것이 훨씬 더 어렵다는 것을 인식해야만 했다. 나는 왜 아이들을 교육시키는 새로운 접근법이 개입 그 자체를 넘어서 지속되지 못하는지 이해하려고 고심해왔다. 나는 남아프리카공화국의 교사들이 정보가 넘치는 상명하달식의 '워크숍'에서 저항할 정도로까지 '직무 연수'를 받았던 것을 상기하고 한 학교에서 교사들과 함께 교실에서 수년간 함께 일하기로 결정했다. 우리가 함께 효과적인 변화의 새로운 길을 찾을 수 있으리라 기대했다. 우리는 장소에 대한 국제 프로젝트의 하나로 인공물뿐만 아니라 교사들의 여행을 위해 돈을 모금했다. 마그 웰스와 교장은 남아프리카공화국과 세톨을 방문했고, 두 명의 교사가 호주를 방문했다. 이 교육자들은 서로의 학교를 직접 체험하고 서로 배울 수 있는 기회를 가졌다. 펩포의 아이들을 위해 마그의 학생들이 만든 두 권의 책인 『A는 안데일을 나타낸다』와 『리들리 그로브에서 온 편지들』은 펩포의 도서 프로젝트에 영감을 주었다. 펩포에서의 정원 프로젝트는 리들리 그로브의 정원 디자인 프로젝트에 영감을 주었다(Comber & Nixon, 2008; Comber, Nixon, Ashmore, Loo, & Cook, 2006). 그런데 펩포가 리터러시 프로젝트에서 제작한 책들과 BMW S.E.E.D. 프로젝트의 일부로 생산된 정원을 가지고 있다는 엄청난 자부심에도 불구하고 이 프로젝트와 관련된 교육 실천들 가운데 그 어느 것도 유지되지 않고 있다.

내가 정원을 개발할 당시에 채택한 교육 실천들을 설명하기 위해 과거시제를 사용했다는 것을 눈치챘을 것이다. 정원 프로젝트의 성공은 빗물탱크, 관개 시스템, 스마트한 벽돌로 된 화단을 제공하는 기부자들을 이끌어냈다. 아이들은 더 이상 물을 모으거나 정원을 짓기 위해 쓰레기를 재활용할 필요가 없으므로 학교에서 실천했던 재활용하기는 사라졌으며, 아이들은 교사가 없으면 채소 정원이나 꽃밭에 들어갈 수 없게 되었다. 정원을 만드는 실천은 교육적 목적보다는 기능적 필요에 의해 동기부여되었던 것같다. 교사들은 나에게 교실에서 함께 일하자며 돌아오라고 요청했다. 하지만 우리가 함께했던 어떤 프로젝트도 다음 학년에서 새로운 수업으로 반복되지 않았기 때문에, 나는 이 일이 과연 장기적인 영향을 미쳤는지 의심스럽다. 교사 중 한 명이 자랑스럽게 자신의 자녀가 집에서 만든 알파벳 책을 나에게 가져왔는데, 이것을 보면 나는 그들이 이러한 프로젝트들을 다시 할 수 있음을 알 수 있다. 리들리 그로브에서 본 창조적인 작업에서 영감을 얻은 교사들은 다시 돌아와 수업에서 모빌을 만들었다. 하지만 이런 일은 반복되지 않았다. 팻 톰슨과 나는 노팅엄 대학으로부터 새로 자격을 받은 교사들이 펩포에서 시간을 보내던 3년 동안 지속되었던 프로젝트를 수립했었다. 펩포 교사들은 이 젊은 교사들이 아이들과 함께했던 것을 거의 하지 않았다.

나는 이런 상황을 이해하려고 애를 썼다. 내가 할 수 있는 것은 나의 현장연구 노트에 주석을 다는 것이다. 호주 교육부 장관이 학교를 방문한 날, 호주에 갔던 교사들 중 한 명이 나를 그 학교에 초청해서 자랑스럽게 자신의 교실을 보도록 권유했다. 벽에는 아이들의 그림이 있었다. 45개의 동일한 색깔의 곰 인형 그림이었다. 교사에게 왜 아이들이 우리가 함께 보여주었던 시각적 의미 만들기 작업을 하도록 하지 않았냐고 물었을 때, 그녀는 다음과 같은 이유를 들었다. "장관님이 오시기 때문에요." 이 말은 그녀가 장관이 동일한 곰 인형을 보고 싶어 한다고 믿는다는 것을 알려준다. 그녀는 이것이 교육이라고 간주하는 것임에 틀림없다. 그녀와 다른 교사들은 내가 단지 아이들과 놀고 있었다고 생각했던 것이 분명하지 않나 하는 의심이 든다. 이 의심이 옳다면 그 교사들은 즐거움과 놀이가 학습에 얼마나 중요한지를 이해하지 못했음이 분명하다. 교장은 『A는 아터리지빌을 나타낸다』와 『재미와 게임』의 완성된 책을 처음으로 보았을 때 '우리가 우리 아이들을 과소평가한다'는 사실을 깨달았다고 내게 말했다. 그럼에도 불구하고 그녀는 교직원들에게 이 활동을 계속하기를 권장하지는 않았다. 왜일까?

애들러Adler는 대규모 연구 프로젝트에서 많은 교사가 교육학에서 심화학위를 마친 후에 교실로 돌아왔을 때 '새로운 실천의 형식the form of the new practices'을 채택할 수 있지만 그 '내용the substance'을 채택할 수는 없다는 것을 알게 되었다(Adler & Reed, 2002). 이는 나의 프로젝트에서도 나타났다. 교사들은 호주 교실에서 '보이는 대로seen' 아이들로 하여금 모빌을 만들도록 했다. 교사들은 호주에서 '실천된 대로practiced' 모빌을 의미의 표현이라고 보기보다는, 단순히 장식으로 보았다. 내가 장소 프로젝트의 교실에서 교사와 함께했던 작업의 내용이 채택되지 않았을 뿐만 아니라 그 형식조차도 교사들이 지속적으로 실천하지 않은 것이다.

내가 이 상황을 이해할 수 있게 된 것은 크리에이티브 파트너십 프로젝트의 교사가 아이들이 참여한 새롭고 다양한 교수법에서 배우는 바가 무엇인지를 인식할 수 없었던 이유를 설명하는 팔(Pahl, 2008)의 작업을 통해서였다. 나 역시 예비교사들의 '교수적 아비투스'에 관한 그렌펠(Grenfell, 1996)의 연구가 교사의 실천을 변화시키는 것과 관련된 어려움을 이론화하는 수단을 제공한다는 팔의 연구에 동의한다. 즉, 그는 교사의 리터러시 아비투스가 근본적으로 리터러시를 가르치는 데 영향을 미친다고 주장한다(또한 Albright & Luke, 2008을 참고해보라). '아비투스'는 3장과 5장에서 논의된 우리의 신념, 가치 및 행동 방식(1991: 57)을 구체화하는, 우리의 몸에 깊이 밴 무의식적인 존재 방식을 설명하는 부르디외의 개념이다. 이것은 우리의 체화된 방식이 변화를 어떻게 견디는지에 대한 사고방식을 제공한다. 자신의 체화된 실천을 개조하는 것과 관련된 어려움에 대한 은유로 나 자신의 알렉산더 치료법의 경험을 나누고자 한다.

　　나는 나쁜 자세로 컴퓨터로 장시간 일을 해서 목을 다친 후에 나 자신의 체화에 대해 의식하게 되었다. 의사는 내가 서고 앉고 (내가 잘 때도) 눕는 방식을 바꾸어야 한다고 말했다. 말하는 것은 쉽다. 나는 알렉산더 치료사의 도움으로 처음에 내 몸을 무의식적으로 잘못 사용하는 방법을 깨닫게 되었다(무의식적 무능). 나는 이런 식으로 몸을 쓰는 것을 멈추는 법을 배워야 했다. 일단 내가 그것을 할 수 있게 되면 나는 의식적 무능 수준에 도달하게 되는데, 왜냐하면 내 몸을 사용하는 방식을 아직은 바꿀 수는 없기 때문이다. 마음은 의식적 무능의 수준에서 그것을 해야 함을 알고 있지만, 몸은 그 새로운 이해를 수행하는 방법을 모른다. 나는 서고 앉고 걷는 방법을 재학습해야만 했다. 내가 나의 실천을 모니터하고 의식적으로 나의 새로운 능력(의식적 유능)을 수행하는 데에는 오랜 시간이 걸렸다. 알렉산더 치료법은 그렇게 수행하면 무의식적으로 올바른 자세를 취하게 되는 자동화를 목표로 한다(무의식적 유능). 사실상 자신의 몸에 새로운 방식을 습득하는 것이다. 이런 식으로만이 우리가 잠든 때에도 잠자는 방식을 바꿀 수 있다. 우리의 오래된 습관이 표면 바로 아래에 숨어 있기 때문에, 지속적인 의식적 실천만이 깊이 몸에 밴 새로운 아비투스로 이어진다.

　　우리의 아비투스와 마찬가지로, 교수적 아비투스도 변하기 어렵다. 미셀 오콕이 3장에서 한국에서의 경험을 기술한 것처럼, 아비투스를 바꾸는 것은 우리가 누구이고 어디서 왔는지를 변화시키는 것과 관련이 있다. 교수적 아비투스는 학교에서 학생으로 보낸 수년에 걸쳐 만들어지고, 우리를 가르친 교사들과 우리가 읽은 책, 우리가 근무한 교육 부서와 학교 및 함께 일한 동료들에 의해 만들어진다. 교수적 아비투스는 우리가 아이들과 이야기하는 방식, 교실에서 우리 자신을 위치시키는 방식, 서 있는 방식, 우리의 눈으로 무엇을 하는지, 우리가 학생들이 어떤 식으로 행동하기를 기대하는지 등으로 구현된다. 우리의 체화된 실천은 교육에 대한 뿌리 깊은 믿음과 우리가 학생들에게서 가치 있는 것으로 여기는 무엇인가와 묶여 있다. 우리는 변화하기를 원해야만 하고 그것에 몰두해야 한다. 아마도 이런 이유로 일부 교사는 교실에서 연구자와 함께 실험하는 것을 선호한다. 우리 자신을, 그리고 서로를 재디자인하는 작업은 혼자서 하기에는 너무 모험적이고 위험하다. 연구자가 의식적 무능만 생산한다면 교사는 근본적으로 권한이 박탈된 채로 남겨진다. 교사가 의식적 유능의 수준에 도달하면, 그다음에는 새로운 교수적 아비투스에 유창함과 편안함을 느낄 때 오는 자신감을 얻기 위해서 지속적으로 이러한 실천을 사용해야 한다. 이는 빠르게 일어나는 과정이 아니다. 정부가 투자한 모든 단기 파견교사 연수가 교실에서 거의 실제적인 변화를 일으키지 않는 이유가 여기에 있을 수도 있다.

마지막 장에서는 이성과 비판적 리터러시의 한계를 이해하고자 무의식에 대해 고찰하겠다. 그러나 무의식이 제기하는 도전 과제로 결론짓기보다는 지속적으로 비판적 리터러시 프로젝트를 수행하는 것이 얼마나 중요한지에 대해 주장할 것이다.

9장

비판적 리터러시의 미래

평화로운 세상을 가정해보자. 지구 온난화 혹은 전쟁의 위협이 없고, 모든 사람이 교육, 의료, 식량, 존엄한 생활을 보장받고 있는 세상에서도 비판적 리터러시 교육은 여전히 필요할 것이다. 차이로 가득한 이 세상에서 타자에 대한 편협함과 두려움은 여전히 존재할 것이다. 차이는 우월관계로 구성되기 때문에, 성 정체성, 인종, 민족, 국가, 계급 등에 따른 불평등한 자원 접근성은 지속적으로 누군가의 특권과 누군가의 분노를 만들어낼 것이다. 사회적 권력관계마저 평등해진 세상이라고 하더라도, 여전히 우리 일상의 미시정치를 감당해야 할 것이다. 이 장에서는 나의 마지막 논지를 제시한다. 한편으로는 비판적 리터러시의 필요성을 변호하지만 다른 한편으로는 변화만이 유일하게 확실한(죽음과 세금을 제외한다면) 이 세상에서 비판적 리터러시도 상황의 변화에 따라 민첩하게 변화해야 함을 주장한다. 비판적 리터러시의 현안은 사회-역사적·정치적 맥락, 정보통신 지형의 변화, 교사와 학생의 (정체성) 투자, 이론과 실천의 변화 등의 요인에 의해 형성된다.

1. 비판적 리터러시에 대한 계속적인 사회-역사적 요구

사회-역사적, 그리고 정치적 맥락에 관해서 논하자면, 비판적 리터러시는 전 지구적인 문제와 지역적인 문제를 모두 다루어야 한다. 예를 들어, 지구 온난화(Gore, 2006)의 문제에는 국제사회의 거시정치의 개입 방안과 지역사회의 미시정치의 실천이 함께 요구된다. 아비투스와 장소habitat[1]의 관계가 가장 심각하게 드러나는 것이 바로 이 점이다. 지구 환경의 관리가 무의식적 무능에서 무의식적 유능으로 바뀌지 않는 한, 다시 말해 모두가 매사에 자동적으로 환경 의식을 갖고 행동하지 않는다면, 우리는 멸종의 위기를 불러오게 될 것이다. 우리 모두 각자가 발생시키는 탄소 발자국에 책임을 진다면, 각 개인의 지역적 실천이 쌓여 전 지구적인 영향을 미칠수 있다.

지구 온난화의 문제가 전 지구적인 영향을 미치는 반면, 보다 지역적인 쟁점도 있다. 예를 들어, 남아프리카공화국의 택시 산업은 통제되지 않는 무법지대이다. 난폭 운전, 위험 차량, 무면허 기사 등의 문제와 더불어 운행 지역과 노선을 놓고 벌이는 택시 이권 전쟁은 승객의 안전을 위태롭게 하고 있다. 택시 산업을 규제하기 위한 정부의 노력은 전국적으로 종종 폭력을 동반한 저항에 직면하고 있다. 또한 법망을 피하기 위한 뇌물이 동원되고 있다. 그렇기 때문에 정부 개입이나 감시보다는 통근 주민의 지역 운동이 보다 효과적일 수 있다.

미국에서는 지역사회 운동의 한 형태로 버락 오바마를 지지하는 일반 시민들이 소액 기부를 했고, 오바마는 선거자금의 정치학을 바꿀 수 있

---

1   [옮긴이 주] 부르디외의 '아비투스'(성향체계)와 '장소'(그러한 성향체계를 구성한 장소)는 문자적으로는 서식자와 서식지의 관계이다. 지구 온난화의 문제는 서식자에게는 서식지를 잃을수 있는 심각한 것이다.

었다. 비판적 리터러시의 필요성은 여전히 유효하며, 미국은 선진국 중에서 이 점을 보여주는 훌륭한 예이다. 미국에서는 대량살상무기가 존재한다는 거짓에 기반한 이라크 침공에 대해 국수주의, 공포, 그리고 위험한 타자의 담론 등을 활용하여 지지를 얻어내고자 했다. 아프가니스탄과 바그다드의 무고한 민간인에 대한 폭격, 아부그라이브 교도소[2] 수감자에 대한 굴욕적인 고문 등은 타자에 대한 비인간화가 우리 자신의 비인간화로 이어지는 것을 보여주는 대표적인 사례이다. 이 장 초반에서 가정해보았던 '평화로운 세상'은 사실상 존재하지 않는다. 속임수로 가득한 세상에서 우리는 비판적 리터러시를 통해 우리가 듣는 이야기, 또 우리가 말하는 이야기가 누구의 이익을 위한 것인지를 이해할 수 있게 된다.

2008년의 미국 대선은 자유주의 담론의 이면에 인종차별주의와 성차별주의가 도사리고 있음을 보여주었다. 남아프리카공화국에서는 인종차별적 학대와 소외의 문제, 외국인 혐오와 폭력의 문제가 터져 나옴으로써 '무지개의 나라'라는 신화를 무색하게 만들고 있다. 2008년에는 프리스테이트 대학의 백인 학생들이 기숙사의 인종격리폐기정책 발표에 대한 항의로 인종차별 영상을 제작했다. 얼마 지나지 않아 전국적으로 남아프리카공화국의 흑인들이 외국 출신의 흑인 수천 명을 공격하는 폭력사태가 일어났다. 외국인 혐오의 격렬한 분노가 분출한 것이었다. 이와 비슷하게, 성평등 정책을 수립하는 것이 여전히 남성 권력을 재생산하는 뿌리 깊은 가부장적 가치의 존재를 숨겨주는 가면이 되기도 한다. 이는 사적 영역과 공적 영역에 모두 영향을 미친다. 사적 공간에서는 여성에 대한 폭력이 만연하며, 공적 공간에서는 여성이 권력을 가진 남성과 의견 대립을 보이는 것이 용

....

2   [옮긴이 주] 이라크 수도 바그다드에서 서쪽으로 32킬로미터 지점에 있는 이라크 최대의 정치범 수용소이다.

납되지 않는다. 빈부격차는 더욱 확대되고 있다. 중산층은 각종 보안 시스템 속에서 가족과 재산을 범죄로부터 보호하며 호화로운 삶을 살고 있다. 반면 빈곤층은 판자촌에서 어렵게 생계를 이어 나간다. 어떤 사람들에게는 이러한 격차가 불편한 반면, 어떤 사람들은 이것을 과시의 기회로 삼는다. 과시적 소비로 사회적 지위를 사들이는 것이다.

남아프리카공화국과 미국은 각각 개발도상국이나 선진국 모두에서 비판적 리터러시가 필요하다는 것을 보여주는 사례이다. 사회적 불평등으로 점철된 이 세상에서 우리는 비판적 리터러시를 통해 권력의 영향력과 개혁의 필요성을 이해할 수 있게 된다. 변화를 위한 재디자인과 사회적 실천은 반드시 다양성의 존중, 접근성의 평등, 모두의 이익을 위한 권력을 보장해야 한다.

2. 정보통신 지형의 현재와 미래의 변화
: 비판적 리터러시가 필요한 이유

정보통신 지형의 변화는 'IT 프로'라는 풍자적인 동영상에서 엿볼 수 있다. 동영상에서는 중세시대의 한 수도승이 IT 프로가 도착하기를 기다리고 있다. 정보통신 기술 전문가의 도움을 받아 신기술을 터득해야 하기 때문이다. 수도승은 양피지 두루마리에 익숙했기 때문에 책으로 바꾸기 위해 고생 중이다. 그는 책상에 놓인 가죽 표지 책을 어떻게 펴는지 잘 모른다. 책을 덮으면 내용이 없어지는 것은 아닌지 걱정하고 있다. 그에게는 두루마리로 읽는 것, 도움 없이 능숙하게 읽을 수 있는 예전 기술이 더 편하다. 오늘날의 우리 모습과 같이, 그는 IT 지원센터에 의존해야 한다. 이 동영상이 재미있는 것은 새로운 디지털 기술에 직면한 우리 세대의 불안을 풍자

하고 있기 때문이다. 종이에서 컴퓨터로, 펜에서 키보드로, 페이지에서 스크린으로(스크롤, 즉 두루마리를 읽는 방식으로 다시 돌아갔다), 압도적으로 활자 중심인 텍스트에서 다중모드의 텍스트로, 분할 스크린과 하이퍼텍스트 등의 기술이 지원되는 다중메시지 체계로의 전환이 요구되고 있다(Snyder, 1998, 2002). 이러한 새로운 기술을 다룰 수 있는 능력은 이제 21세기의 '읽고 쓰는 능력'을 구성하는 주요 요소가 되었다. 마시Marsh의 연구는 아이들이 태어날 때부터 디지털 리터러시를 발달시키는 과정을 보여준다(Marsh & Hallet, 1999; Marsh, 2005).

텍스트는 이제 어느 때보다 복잡한 대상이 되었다. 2장에서 설명한 바와 같이, 독자는 다중모드 텍스트를 해독하기 위해 여러 형태의 기호에 대한 리터러시를 갖추어야 한다. 영상 텍스트는 대개 시각적 기호와 사물의 움직임, 소리가 결합되어 있어 텍스트 분석이 더더욱 복잡하다. 다중모드 텍스트에서는 각각의 메시지 흐름을 이해해야 할 뿐만 아니라 개별 메시지들이 합쳐져서 어떻게 전체적인 의미를 형성하는지 읽을 수 있어야 한다. 이런 모든 복잡성으로 인해 텍스트의 해체와 재구성의 과정은 점점 더 어려워진다. 텍스트를 만들어내는 이러한 새로운 방식들이 있을 뿐만 아니라, 인터넷은 클릭 한 번으로 각종 정보를 제공하기도 한다. 이제는 어떤 정보를 소유하느냐가 아니라 그 정보를 어떻게 평가하느냐가 중요해졌다.

3. 비판적 리터러시에 대한 계속적인 요구: 정체성 투자

비판적 리터러시 관련 연구의 대부분은 자기 자신의 정체성 투자를 비판적 리터러시 연구 주제로 삼은 학자들에 의해 이루어져왔다는 것이 나의 오랜 소견이다. 나의 경우에도 나의 인종과 국적 정체성, 아파르트헤이트의 인종주의적 불평등을 접하며 느꼈던 수치심을 통해 언어, 담론, 권력의 관계를 연구하게 되었다. 다른 연구자들의 경우에는 여성주의 운동(예를 들어, Kamler, 2001; Smith, 1993; Threadgold, 1997), 남성성에 대한 고민(Martino & Pallotta-Chiarolli, 2003, 2005), 계급의식(Comber & Nixon, 2005; Thomson, 2002), 이성애 규범성의 거부(Rofes, 2005; Sumara & Davis, 1998) 등이 원동력이 되었다. 이처럼 우리 자신의 신념이 우리가 가르치고 연구하는 주제의 출발점이 되곤 하는 것이다.

교사들 또한 학생들의 필요와 정체성의 위치에 반응한다. 맥키니(2004a)는 스텔렌보시 대학에서 아프리칸스 학생들의 사회적 위치에 대해 연구했고, 노튼(2000)은 캐나다에 막 이민 온 중국 학생들의 언어와 정체성의 문제, 하스 다이슨(2003)은 아이들의 대중문화의 세계를 연구했다. 곤잘레스, 몰, 아만티의 연구(González, Moll, & Amanti, 2005)는 공동체의 지식 자원을 교실로 들여왔다. 비비안 바스케즈는 4살짜리 학생의 고민이 동기가 되어 연구를 시작했다(2004). 푸코에 의하면 권력이 생산적인 것은 권력이 주체를 생산하기 때문이다. 그러므로 주체성은 비판적 리터러시의 실행과 연구에 있어 이론적으로 타당한 출발점이다.

4. 실천의 변화를 요구하는 현재와 미래의 이론적 변화

각각의 이론은 각기 다른 비판적 리터러시 실천의 기반이다. 프레이리의 이론에 기반한 비판적 리터러시는 바스케즈의 유아 대상의 문제해결 교육 연구와 브라이언 모건(1998)의 캐나다 내 중국 이민자 연구의 토대가 되었다. 페어클러프의 비판적 담론 분석(1989, 1995)과 비판적 언어인식(1992)은 내가 비판적 언어인식 연구 시리즈의 일부로 집필했던 워크 북인 『언어와 자리매김』(1993)의 바탕이 되었다. 같은 연구 시리즈에 실린 뉴필드의 『말과 그림 Words and Pictures』(Newfield, 1993)은 시각적 기호화 의 중심적 역할에 대한 이론에 근거한다. 오를렉의 언어 변이형과 언어 정 책에 관한 워크북(Orlek, 1993)은 사회언어학 연구에서 영향을 받았다. 멜 로어와 동료들이 발간한 초크페이스 출판사의 워크북 시리즈(Mellor et al., 1987, 1991, 1996), 웬디 모건의 네드 켈리 수업 연구(1994)는 후기구조주 의 이론에 근거한다. '첫 호주인, 새로운 호주인' 시리즈의 워크북(Martino, 1997; Kenworthy & Kenworthy, 1997)에서는 탈식민주의 이론을 사용한다. 부르디외의 아비투스 이론은 루크(1992)와 딕슨(Dixon, 2004, 2007)의 리 터러시와 몸에 관한 연구의 기틀이다. 딕슨은 푸코의 이론도 접목했다. 그 는 몸에 주목했고, 이를 통해 일상의 반복적인 리터러시 활동, 또 그것의 시공간적 구조에 의해 아이들의 몸이 어떻게 통제되는지 밝힐 수 있었다. 리터러시의 공간화에 관한 연구, 더 넓게는 비판적 지리학 분야의 연구를 모은 린더와 쉬히의 편저서(Leander & Sheehy, 2004)는 리터러시와 공간 의 관계에 대한 연구에 영향을 미쳤다(예를 들어, Gregory & Williams, 2000; Pahl & Rowsell, 2006). 뉴리터러시 연구는 팔과 로셀(Pahl & Rowsell, 2005)의 교실 활동에 관한 연구서의 기틀이 되었다. 스타인의 다중모드 교 수법에 관한 연구(Stein, 2004)는 군터 크레스 Gunther Kress와 뉴런던그룹 모 두에게 이론적 빚을 지고 있다.

비판적 리터러시는 여러 다양한 이론적 관점을 수용할 수 있고, 바로 그 점 때문에 비판적 리터러시의 실천은 풍성하면서도 유연할 수 있다. 나 는 이러한 여러 이론들이 단순히 추가적으로 나열되는 것에 그치지 않는다 는 점을 주장한다. 지배와 권력, 정체성과 사회적 차이, 평등과 접근성, 다 중모드 디자인과 재디자인의 개념들이 상호관계적으로 이론적 복합체를 이루고 있으며, 이로 인해 비판적 리터러시는 엄정하고도 역동적인 다중학문적 공간이 된다.

5. 상호 의존적 모형의 과거와 미래의 적용

교육과정의 분석과 디자인

비판적 리터러시 통합 모형은 교육과정 분석에 사용될 수 있다. 이 모델을 이용해서 〈종이클립Paperclips〉(Berlin & Fab, 2003)[3]이라는 다큐멘터리에 담긴 한 학교의 다양성 교육 프로젝트를 분석하면, 우리는 그 프로젝트가 비판적 리터러시 활동이었는가 아닌가의 문제에 답을 내려볼 수 있다. 미국 테네시주의 휘트웰에 위치한 이 학교의 교장은 미국 남부의 작은 백인 마을의 백인 학교에서 어떻게 다문화 교육을 할 수 있는가 하는 문제에 직면했다. 학교는 홀로코스트를 다루기로 결정했다. 타자화의 정치와 비인간화의 과정이 어떻게 대량학살로 이어졌는지를 이해하기 위해서였다. 홀로코스트 프로젝트는 8학년을 대상으로 매년 반복되었고, 그해 학생들의 작업이 매년 각인되었다. 얼마나 많은 사람이 죽었는지를 직접 느껴보고자 8학년의 한 학급에서 6백만 개의 종이클립을 수집해보기로 결정했다. 종이클립을 수집하게 된 것은 학생들이 직접 조사하는 과정에서 종이클립이 노르웨이에서 발명되었고 나치 반대 운동의 상징으로 사용되었다는 것을 알았기 때문이다. 6백만 개의 종이클립을 수집하고 기록하며 보관하는 일은 엄청난 노력을 필요로 했다. 이는 나치가 유대인, 집시, 동성

....

3　〈종이클립〉을 선택한 것은 하트 샤프 비디오(Hart Sharp Videos)가 배급하는 이 영화를 독자들이 구매하거나 DVD를 대여해서 직접 '시각적'으로 볼 수 있기 때문이다.

애자, 기타 다른 '비정상인'을 죽이기 위해 얼마나 강력한 의지와 조직적인 실행체계를 필요로 했는가를 느끼게 해준다.

종이클립의 수집 과정은 느리게 진행되었다. 그러다가 이 프로젝트가 뉴욕에서 일하는 독일 출신 기자 두 명의 주목을 받아 언론에 소개되었다. 이 독일 기자들이 학교 측과 프로젝트 과정에 지속적으로 관여하는 것을 본 학생들은 모든 독일인이 다 나치는 아니라는 것을 이해하게 되었다. 홀로코스트 생존자들이 학교를 방문하게 되었고 자신들의 이야기를 들려주었다. 학생들은 각각의 종이클립이 상징했던 사람들의 모습을 상상할 수 있게 되었다. 마을 사람들 대부분은 독일인이나 유대인을 그전에는 한 번도 만나본 적이 없었다. 이 프로젝트는 학생들과 지역 주민들의 삶에 다양성을 불어넣는 데 성공했다.

수백만 개의 종이클립은 상당한 공간을 차지한다. 교장은 영구적이면서도 의미 있는 보관 장소를 물색했고, 홀로코스트 박물관이라는 아이디어가 탄생했다. 학교는 홀로코스트 당시에 실제로 유대인을 가스실로 이송했던 철도 차량 한 칸을 기자들의 도움을 받아 구하게 되었다. 학생들과 지역 주민들이 함께 그 차량을 박물관으로 탈바꿈시켰다.

지속적으로 진행되고 있는 이 학교의 프로젝트에서는 권력, 접근성, 다양성, 디자인/재디자인의 요소들을 모아서 매년 의미 있는 교육 경험을 만들어냈다. 프로젝트에서는 평생 알던 사람들과 전혀 다른 사람들에 대한 접근 기회를 제공했다. 비정상의 범주를 만들어 사람을 분류하고 배제하며 게토화시키고 학살했던 나치의 지배 권력은 프로젝트에 이미 내재한 중요 요소였다. 마을 어른들도 이 프로젝트를 통해 자신들의 선입견과 직면하게 된 것에 대해 이야기했다. 매년 프로젝트의 교육과정은 그전까지의 작업을 기반으로 하도록 구성되었다. 학생들의 인터넷 조사 활동, 다중모드 리터러시 활동, 학교 대상의 학생 발표, 당면한 여러 문제의 해결 과정이 교육과정의 토대가 되었다. 변화를 일으키는 사회적 실천이 프로젝트의 전 과정에서 이루어졌다. 홀로코스트 생존자들과의 행사 주최, 독일 기자들 및 언론과의 관계 형성, 학교와 지역 공동체를 대상으로 한 발표가 이루어졌고, 이 모든 실천은 죽음의 열차를 희생자들을 기리는 공간으로 재디자인하는 결과로 이어졌다.

이것은 비판적 리터러시 프로젝트이긴 하지만, 멀리 떨어진 곳에 대한 비판적 리터러시 활동이다. 학생들이 사는 지역에서 이루어지는 이슬람교도, 라틴계 출신자, 아프리카계 미국인, 미국 원주민, 이민자, 공산주의자, 동성애자 등에 대한 사회적 분류와 차별, 심지어 젠더에 따른 차별의 형성에 대해 학생들이 비판적으로 고민할 기회가 주어졌는지에 대해서는 다큐멘터리에서 알 수 없었다. 차별은 먼 나라 이야기만은 아니다. 학생들 자신의 나라와 지역 공동체에서의 접근성, 권력, 변화의 문제는 영화에서 다루어지지 않았다. 이 점이 더욱 절실히 부각되는 것은 영화에서 죽음의 기차가 보스턴 항에서 하역되는 시점과 관련된 우연 때문이다. 이 장면 속에 새겨진 날짜는 9월 11일이었다.

상호 의존적 모형이 교육과정 분석에 사용될 수 있다면 교육과정의 구성에도 사용될 수 있을 것이다. 교육과정의 개발을 위해 이 모형을 사용한다면, 각각의 이론을 따로 다룰지, 아니면 한 영역과 타 영역과의 상호관계를 보면서 함께 다룰지를 결정해야 한다. 어느 경우이든 중요한 것은 학생들이 각 영역 간의 상호 의존성을 이해하는 것이다. 한편 다른 영역보다 한 영역에 더 초점이 맞추어지는 것은 때로는 피할 수 없다. 아파르트헤이트하에서의 나의 연구의 경우에도 지배 권력, 인종과 젠더 정체성에 따른 사회적 차이, 그리고 이것이 결합하여 접근성에 어떤 영향을 미치는가에 더 초점이 맞추어져 있었다. 그런데 최근에는 재구성의 개념에 더 초점을 맞추고 있어서, 연구의 방점을 재디자인과 접근성에 있어서의 평등에 두고 있다.

연구조사 자료의 분석

상호 의존적 리터러시 모형은 연구자료의 분석에도 유용하다. 다음의 두 가지 사례를 보자. 샤리프와 쟁크스(Shariff & Janks, 2001)는 '로맨스의 재디자인: 남아프리카공화국에서 비판적 리터러시 만화의 창작과 분석'에서 이 모형을 분석 도구로 사용하여 샤리프(1994)가 연구 과정의 일부로 고등학생들과 함께 만든 만화책『마음에서 마음으로Heart to Heart』의 이야기들을 분석했다. 분석한 결과, 각각의 이야기 속에 비판적 리터러시의 모든 개념이 포함되지만 하나의 이야기마다 한 개념이 특히 조명받는 것으로 나타났다. 만화책의 첫 번째 이야기인 '꿈꾸는 사랑'에서는 학생들이 가부장적 권력이 조명되는 이야기를 만들었다. 두 번째 이야기인 '진정한 사랑'에서는 같은 사건을 대안적인 관점에서 이야기하려는 취지로 여학생들의 목소리를 더 이끌어냈고, 이를 통해 '꿈꾸는 사랑'이 재구성되었다. 여기에서는 학생 집단 내의 다양성이 재디자인의 자원으로 사용되었다. '꿈꾸는 사랑'과 '진정한 사랑'을 연결하는 이야기는 메타이야기이다. 즉, 대안적인 형태의 이야기를 이끌어낸 창작 과정에 대한, 이야기에 대한 이야기이다. 이 연결고리 이야기는 두 사랑 이야기를 다 말할 수 있게 해주는 일종의 디자인 해결안을 제시한다. 세 이야기가 담긴 완성된 만화책『마음에서 마음으로』는 구성, 해체, 재구성으로 이어지는 복합적인 과정 속에서 권력, 다양성, 디자인이 생산적 긴장관계를 유지하며 서로 엮여 있다. 또한 이 프로젝트 자체는 외딴 시골 마을 학생들에게 출판에 대한 접근성을 제공해주었다.

두 번째 사례로 인디애나 대학의 제롬 하스트Jerome Harste와 동료들의 연구(2007)를 살펴보고자 한다.[4] 이들은 상호 의존적 모형을 사용하여 예

4 　이 내용은 제롬 하스트의 너그러운 도움 없이는 쓸 수 없었을 것이다. 제롬은 자신의 연구조사 자료를 내가 사용할 수 있도록 허락해주었고, 이것이 이 마지막 장의 내용을 말할 수 없이 풍성하게 해주었다.

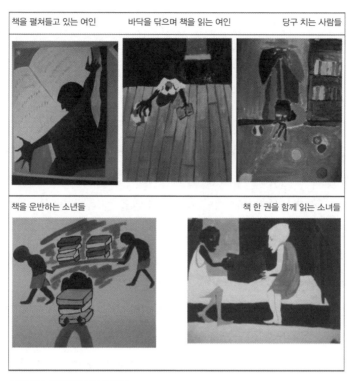

그림 9.1 리터러시 포스터들

비교사들과 현직교사들이 그린 그림을 분석했다. 참여 교사들은 "우리 사회가 리터러시를 정의하는 여러 방식과 관련해서 어떤 변화를 보고 싶습니까?"라는 질문에 답하는 그림을 그렸다(그림 9.1 참조). 연구원들은 각 그림에서 비판적 리터러시의 어느 측면이 다루어졌는지를 독립적으로 코딩했다. 가장 흥미로운 결과는 조사 표본 그림 중 93퍼센트에서 비판적 리터러시의 측면이 두 가지 이상 다루어진 것으로 분석되었다는 점이다. 연구원들은 각 그림에서 어느 측면이 강조되었는지 범주화했는데, 이들이 특히 주목한 것은 복수의 측면이 함께 나타나는 경향이 있다는 점이다. 이러한 결과는 이 모형이 주장하는 상호 의존성의 이론을 강화시켜준다. 그림 9.1

은 하스트의 자료 중 다섯 개의 그림을 보여준다. 독자들이 각 그림에서 모형의 어느 측면이 다루어졌는지 직접 생각해볼 수 있다.

시사 문제의 분석

프리스테이트 대학의 학생들이 2008년에 만든 인종차별적 영상은 아파르트헤이트 담론이 얼마나 뿌리 깊은지를 드러냈다. 이 영상에는 젊은 백인 남학생들이 흑인 노동자들을 괴롭히는 모습이 나타난다. 특히 충격적인 부분은 흑인 노동자들이 백인 학생이 소변을 눈 음식을 먹는 과정이 나오는 장면이다. 인종적 차이에 대한 아파르트헤이트적 태도는 권력의 남용을 낳는다. 이에 더해서 어른을 공경하는 아프리카의 문화적 가치관에 대한 무지와 경멸로 인해 모욕적인 괴롭힘이 심해진다. 백인 학생들이 위협적으로 느꼈던 것은 백인에게만 허용된 기숙사에 흑인 학생들의 접근을 가능하도록 하자는 제안이었다. 반인종차별적 민주주의 국가가 수립된 지 14년이 지났지만, 이 사건은 담론의 권력이 우리를 통해 드러남을 보여준다. 이 학생들은 만델라가 석방되었을 때 3살이었다. 한 남학생의 아버지는 "내 아들은 인종차별주의자가 아니다."라고 말했는데, 그는 실제로 그렇게 믿었을 것이다. 이 사건을 통해 우리는 차이, 권력, 접근성, 재구성에 대한 저항이 합쳐지면서 우리에게 상기시켜주는 점이 있다는 것을 알 수 있다. 그것은 사회 변혁에도 불구하고 인종차별적 담론은 끈질기게 지속된다는 점이다.

아데고크(1999)는 연구에서 비판적 리터러시의 교육과정에 외국인 혐오 문제를 포함시켜야 한다는 주장을 펴기 위해서 남아프리카공화국의 아프리카계 외국인과 그들의 국가가 언론에 어떻게 재현되는지를 분석했다. 나이지리아 출신으로 남아프리카공화국에 살면서 타자화당했던 자신의 경험이 연구의 동기가 되었다. 5장에서 논의된 바 있는 이 연구에는 선견

지명이 있었다. 프리스테이트 대학에서 백인우월주의의 민낯이 드러났던 그해에 남아프리카공화국의 빈민 흑인들의 혐오가 같은 지역사회에 살고 있던 아프리카계 이주민에게로 향했다. 부족한 일자리와 자원에 대한 접근 기회를 외국인 이주민과 경쟁해야 하는 상황과 반외국인 정서가 결합하여 끔찍한 폭력사태로 폭발했다. 많은 사상자가 발생했고, 많은 사람이 집과 모든 재산을 잃었다. 아데고크의 연구는 사회정의를 추구하는 교육이 현재 뿐만 아니라 미래에 대한 관점까지 제시해준다는 것을 다시 한 번 우리에게 보여준다.

비판적 리터러시 모형의 한계

비판적 리터러시의 상호 의존적 모형은 여러 이론이 다중학문적 공간에서 서로 어떤 관계를 맺는지를 사고하는 수단으로서 유용하지만 전체를 통합하는 모형은 아니다. 추가적인 이론의 발전이 없는 현재 수준에서도 지금의 모형으로 우리가 알고 있는 모든 것을 다 아우르지는 못한다. 사회문화적인 측면에 초점을 맞추다 보면 심리적인 측면은 간과하게 된다. 비판적 리터러시는 기본적으로 이성적 사고에 기반한 활동이기 때문에, 독자가 텍스트나 당면 과제를 대할 때 생겨나는 비이성적 투자는 충분히 다루지 못한다.

내가 상호 의존적 모형(표 2.1)을 이론화하는 방식, 즉 각 측면에 각각의 다른 측면이 없을 때를 상정하며 이론을 세우는 방식을 보면 나의 분석 방식이 대단히 이성주의적이라는 것을 누구나 알 수 있다. 지금부터는 이들에서 한 발짝 나와서 비판적 리터러시, 더 넓게는 비판적 교육학 전체를 향한 몇 가지 어려운 질문을 던져보고자 한다. 이 질문들은 비판적 해체가 근본적으로 이성주의에 기초한다는 점을 직접적으로 문제화한다. 예를 들어, 페어클러프의 비판적 담론 분석 모형은 세 가지 상호 연관된 분석 방법에 기초한다. 즉, 텍스트 분석, 분석 처리하기, 사회적 분석이다. 페어클러프는 이것을 각각 기술, 해석, 설명이라고 부른다(Fairclough, 1989, 1995). 이 모든 것은 텍스트와 문맥이 제시하는 증거에 기초한 이성적 추론과 논증에 기반한다. 이 모형에서 빠져 있는 것은 이성을 넘어선 영역에 관한 것이다. 이 영역은 욕망과 동일시, 쾌락과 놀이, 금기와 도발의 영역이다. 이것을 지루(Giroux, 1994)는 '불편한 쾌락'이라고 불렀고, 켄웨이와 불렌(Kenway & Bullen, 2001: 157)은 '신성모독'이라고 불렀다. 코머(1997)는 이 영역이 교실에서 아이들이 '지각 있거나 진지하지 않아도 된다고 허락 받을 때' 드러난다고 보았다.

이성 너머의 영역을 반드시 다뤄야 하는 이유가 있다. 그것은 비판적 해체와 학생이 텍스트에 대해 느끼는 감성적 반응이 괴리되는 문제를 막기 위해서이다. 광고의 비판적 해체를 가르친다면, 광고 문구와 그림에서 그것의 정치적 작용을 찾아내고자 분석한다. 잘못된 논리를 폭로하고, 텍스트 이면의 침묵을 찾아보며, 텍스트를 뒷받침하는 가치를 비판하고, 바탕에 깔린 전제를 밝혀낸다. 그런데 이 모든 작업을 마친 학생들이 논리적일 뿐 전혀 변혁적이지 않은 비판을 만들어낼 수 있다. 이러한 문제가 나타난 곳은 영어교사들이 비판적 리터러시를 시도했던 어느 여학교였다. 이 학교 교사인 웨버(Weber, 1999)는 인종으로 구별된 청소년 시장을 겨냥하여 만들어진 두 종류의 잡지에 실린 과일주스 광고에 대해 학생들과 함께 작은 연구를 수행했다. 인종에 대한 서로 다른 사회적 구성을 기대했던 교사/연구자는 오히려 젠더 정체성에 대한 서로 다른 사회적 구성을 발견했다. 남성이 상품 판매에 이용될 때는 순수 과일주스를 마시고 활력이 충전되고 운동 기량을 향상시키는 것으로 재현되었다. 여성이 상품 판매에 이용될 때는 시선의 대상으로 재현되었다. 이 광고는 우리가 익히 아는 젠더의 능동적/수동적 이항대립을 재생산했다. 더구나 그 예쁘고 날씬한 모델들이 매달 점진적으로 상품과 동일시되었고(컴퓨터 그래픽 기술의 도움으로 모델이 상품을 마시는 것에서 상품을 입는 것으로, 결국 상품이 되는 것으로 변했다), 점진적으로 성적으로 대상화되었다. 학생들은 광고의 이러한 시각적·언어적 기호학을 손쉽게 해체할 수 있었다. 교사들이 우려했던 점은 이런 모든 작업에도 불구하고 많은 여학생들에게 좋아하는 모델, 동일시하는 모델, 되고 싶은 모델이 있었다는 것이다. 동일시를 통해 욕구 충족이 가능해 보이는 상황에서는 이성이 경쟁이 되지 않는다. 학생은 교사가 요구하는 비판적 해체의 텍스트 읽기를 수행할 수 있지만 (이것을 톰슨과 쟁크스는 지배적 해체라고 불렀다), 학생의 열망이나 실천에 어떠한 변화도 일어나지 않을 수 있다.

이성을 넘어서[5]

욕망과 동일시가 이성에 반하여 작용한다면, 그와 같이 작용하는 다른 심리적 과정도 있을까? 프로이트Freud는 자신의 저서 『농담과 무의식의 관계Jokes and their Relationto the Unconcious』[6]에서 다음과 같이 말한다.

누군가 어떤 농담에 정말 실컷 웃었다면, 그 사람은 농담의 기술을 분석할 마음은 분명 없는 것이다(Freud, 1916: 85).

지금부터 프로이트의 농담에 관한 연구에 기반하여 쾌락과 놀이의 개념을 소개하고 이를 바탕으로 무의식적 작용인 동일시의 개념을 다루고자

....

5   이 부분의 내용은 Janks(2002b)에서 '비판적 리터러시: 이성을 넘어서'라는 제목으로 발표된 바 있다.

6   [옮긴이 주] 이 책에서는 1905년도 원서의 1916년도 영역본이 인용되었다.

한다. 이를 통해 비이성적 영역에 비판적 리터러시 교육 연구가 다루어야 할 새로운 과제가 있다는 것을 보이려고 한다.

난도스는 남아프리카공화국에서 시작된 세계적인 요식업체로, 레몬과 허브 소스 또는 피리피리 소스를 곁들인 포르투갈식 그릴 치킨을 주 메뉴로 하여 비교적 작은 틈새시장을 공략한다. 피리피리는 문자적으로 '작은 고추'라는 뜻으로, 피리피리 소스는 고추와 허브, 그리고 포르투갈령 동아프리카에서 처음 발견된 향신료를 배합하여 만든 매운 소스이다. 난도스는 호주, 뉴질랜드를 포함한 16개 국가에 매장이 있다. 하지만 세계적인 거대 시장 기업인 맥도날드, KFC 등에 비해서는 상대적으로 작은 기업이다. 남아프리카공화국의 '광고 지수Ad Index'에 따르면, 대중매체 광고에 책정되는 난도스의 한 해 예산은 거대 경쟁사들과 비교했을 때 3분의 1에도 못 미친다.

남아프리카공화국의 난도스는 상품 판매를 위해 다수의 수상 경력이 있는 광고 회사를 고용했다. 난도스의 남아프리카공화국 마케팅 감독인 조시 매켄지Josie McKenzie는 난도스의 브랜드 이미지를 다음과 같이 묘사했다. "재미있고 불손하고 건방지고 유머 있고 무엇보다 지적이다." (인터뷰, 2001). 난도스의 광고는 분석할 만한 가치가 있다. 이를 통해 우리는 비판에 쾌락과 놀이가 결합되는 방법, '불손함'으로 권위에 도전하는 방법, '정치적 올바름political correctness'의 통제를 깨는 방법에 대해 배우게 된다. 즉, 지성을 재미있는 것으로 만드는 방법이다.

난도스 광고의 유머는 짧지만 강력한 크리켓 스포츠 광고들에서 볼 수 있다. 좋은 예로, 크리켓 타자가 득점 없이 아웃되었을 때(이것을 'duck'으로 아웃되었다고 말한다) 상영되는 광고를 들 수 있다. 타자가 필드를 떠날 때 노란 오리 애니매이션이 스크린 아래쪽을 가로질러가는데(축소된 영상 속에서), 그 후에 바로 난도스 광고가 나온다. "왜 오리로 나가나요, 닭으로 나갈 수 있는데."[7] 프로이트는 이것을 동음을 이용한 말장난과 농담의 기술을 통해 쾌락을 끌어내는, 악의 없는 언어유희로 묘사할 것이다. 이 농담은 '나간다(go out)'와 '오리(duck)'라는 단어가 가진 중의성을 이용했다.

난도스는 풍자의 기술도 이용한다. 다음 광고는 다이렉트 마케팅[8] 광고를 패러디한 것으로, 광고의 우스꽝스러움에 시청자를 웃게 하는, 사실상 광고를 비판하는 광고이다. 이 광고의 풍자는 해당 영상과 함께 나오는 내레이션 자막에서 드러난다.

광고 내레이션 원고
—

뭐 좀 신나는 일을 찾으시나요? 그럼 여기 난도스 상자가 있습니다. 이 상자는 환상적인 친환경 용기로, 올 화이트 내부 인테리어, 완벽한 기능성 뚜껑, 디자이너가 디자인한 회사 로고를 갖추고 있습니다. 이런 작품을 위해 얼마를 지불하시겠습니까? 60란드? 50란드? 30란드? 우리는 이 상자를 놀라운 가격, 단 20란드 50센트에 판매하고 있습니다. 그런데 이것이 다가 아닙니다. 우리는 이 상자 속에 난도스의 그릴 치킨 닭다리 진품을 넣어드립니다. 레몬과 허브 맛, 피리피리 소스의 순한 맛과 매운 맛 중에 선택하실 수 있습니다. 더 있습니다. 직접 방문 시 날개를 제공하며, 다리에 연결된 가슴살과 넓적다리살도 무료로 제공하고 있습니다. 이것도 모자란다면, 클래식 스타일의 감자튀김을 상자 가득 넣어드립니다. 자, 다시 말씀드리자면, 이 상자에 화이트 인테리어, 디자이너 회사 로고, 닭다리, 여기에 어울리는 날갯살,

....

7   [옮긴이 주] 크리켓에서는 0점을 문자적으로 '오리'라는 뜻인 'duck'이라고 말한다. 여기서 '나간다'는 아웃되어 나간다는 의미이지만, 외식하러 나간다는 의미도 된다.

8   [옮긴이 주] 다이렉트 마케팅(direct marketing)은 잠재적인 고객 또는 기존의 고객 정보를 확보하여 고객에게 직접적으로 일대일로 수행하는 마케팅을 의미한다.

가슴살, 넓적다리살, 감자튀김이 있습니다. 화룡점정은 바로 친구들에게도 보여줄 수 있는 숫자들이 인쇄된 이 작은 계산서입니다. 그러니 주저하지 마시고 이 번호로 전화 주세요.

이 장문의 농담을 통해 난도스는 다른 광고들의 우스꽝스러운 요소들을 활용하여 난도스 광고를 통한 우리의 쾌락을 증대시킨다.

이것은 프로이트가 '경향적 농담'이라고 칭한 것의 한 예를 보여준다. 경향적 농담에는 단순한 언어유희적 농담의 쾌락을 넘어서는 또 다른 쾌락의 요소가 있다. 사회적 목적이 있는 이 유형의 농담들은

우리의 적들을 작고 열등하고 천하고 우습게 만듦으로써 그 적을 이기는 쾌락을 우회적으로나마 느끼게 한다(Freud, 1916: 147).

이를 통해 이러한 농담은

본능을 억제하는 장애물에 대항해서 본능(갈망이든 거부감이든)의 만족을 느낄 수 있게 해준다(Freud, 1916: 144).

농담의 심리작용은 흔히 우리의 의식 너머에서 일어난다. 농담은 우리가 내적 방해물인 심리적 억압, 그리고 외적 방해물인 권위 있는 인물이나 적과의 심리적 관계를 넘어서도록 돕는다. 우리가 왜 웃고 있는지, 이 쾌락이 어디에서 오는지를 항상 아는 것은 아니다.

난도스의 광고는 재치 있지만, 많은 경우에 위험하고 도발적이며 정치적으로 부적절하다. 금기를 다루고 선을 넘으며 '금단의 열매'(Freud, 1916: 150)를 건드린다.

도발적인 다음의 광고(그림 9.2)는 시작 부분에 광고 메시지가 한 문장 한 문장 화면에 뜨고 배경음악과 함께 그 문장을 읽는 내레이션이 나온다. 다음 그림에서 한 문장은 화면에 뜨는 한 장면을 나타내고, 장면 장면은

It's been a secret
for hundreds of years

A secret brought to Africa by our
Portuguese ancestors

This closely guarded secret
is the mystery behind our delicious
flame-grilled peri-peri chicken

Now, at last, we're ready to
show the world

The secret of how
Nando's chicken is made.

그림 9.2 난도스 광고

수백년 동안
비밀이었습니다.

우리 포르투갈 선조들이
아프리카에 전해온 비밀.

수백 년간 굳게 지켜온 이 비밀은 바로
우리의 피리피리 맛 그릴 치킨의
비밀입니다.

이제, 드디어, 우리는 이 비밀을
세상에 드러낼 준비가 되었습니다.

난도스 치킨이
어떻게 만들어지는가의 비밀.

빠르게 이어진다. 글자체는 광고에 사용된 글자체와 가장 비슷한 것으로 했다.

메시지의 마지막 장면에 접어들면서 배경음악은 점점 클라이막스로 향한다. 그리고 카메라 화면이 갑자기 바뀌어 암탉 한 마리가 땅을 이리저리 긁고 있는 장면이 나오고, 바로 이어서 수탉 한 마리가 날아와 짝짓기를 하기 위해 암탉에 올라탄다. 음악은 절정에 다다른다.

이 광고는 여러 가지 사회적 규범을 깨고 있다. 첫째로, 우리가 먹는 음식이 살아 있는 상태로 이리저리 움직이는 모습을 보여준다. 우리가 먹는 고기가 한때는 살아 있는 동물이었다는 것을 부각시킨다. 둘째로, 성적 행위를 직접적으로 다룬다. 이는 가공식품, 위생처리를 거친 비닐 포장된 육류에 대한 보통의 사고방식을 완전히 깨는 것이다. 이 광고에서는 "어떻게 만들어지는가"라는 말로 언어유희를 벌였다. 여기에서는 닭이 정말 '어떻게 생기는가'에 대한 것이고, '어떻게 요리되는가'에 대한 것이 아니었다. 이 광고는 음식의 맥락에 있어서 '말할 수 없는 것'을 다루고 있다. 그래서 우리는 웃게 된다. 농담은 억압에 대항해서 작용하며, 심리적 비용을 아낀 만큼 그것에 비례하여 농담이 주는 쾌락이 증가한다(Freud, 1916, 167). 심리적 억제와 금지가 제거되면서 에너지가 발산된다. 농담을 통해 내적 검열을 피하고 접근할 수 없었던 쾌락의 근원을 열게 된다(1916: 147).

만약 동물권리보호 활동가들이 나서서 이 광고의 상영 금지를 주장했다면, 난도스는 또 다른 광고 카피를 통해 반박했을지도 모른다. '이 광고의 제작 과정에서 어떤 동물도 피해를 입지 않았습니다. 그저 먹힌 것입니다.' 이렇게 정치적으로 올바르지 못한 난도스의 반응은 동물애호가로 자처하면서도 고기를 즐기는 이들의 위선을 드러낸다.

'정치적 올바름'의 개념은 분명히 일종의 담론 감시 행위이며, '말할 수 있는 것'과 '말하는 방식'에 대한 통제이다. 이 용어는 대개 보수 진영이 그들의 담론 관행의 변화에 대해 저항하면서 경멸조로 사용한다. 그러나 동시에 진보 진영이 상대의 침묵을 강요하는 데 쓰일 수도 있다. '정치적 올바름'에 부합한다는 판단은 대개 도덕적 우월성과 결부되어 있기 때문에 사회 풍자가들의 표적이 되기 쉽다. 즉, 금기에 도전하게 한다.

가너Garner는 자신의 저서 『정치적으로 올바른 어린이 잠자리 동화Politically Correct Bedtime Stories』의 서론에서 우리가 금기시하는 차별적 언어들을 전방위적으로 공격한다.

> 제가 만약 실수로 혹은 타의에 의해 성차별주의, 인종차별주의, 외국인 혐오, 민족우월주의, 지역이기주의, 외모지상주의, 능력지상주의, 비만 혐오, 종차별주의, 지성주의, 사회경제주의, 민족중심주의, 남근중심주의, 가부장주의 혹은 제가 빠뜨린 다른 어떤 사회적 편견을 나타냈다면 사과드리는 바이며, 어떻게 교정할 수 있을지 당신의 의견을 부탁드립니다(1994: x).

그렇다면 이러한 농담이 재미있는가, 아니면 그저 취향이 천박해 보이는가? 재미로 느껴지는지, 취향의 문제로 보이는지는 우리의 동일시, 읽기에 있어서 위치, 금기 위반을 즐기는가 혹은 그러지 못하는가의 여부, 특히 우리에게 중요하고 심각한 문제와 관련해서도 농담을 허용할 수 있는 능력 등에 의해 얼마만큼이나 결정되는가? 취향(Bourdieu, 1984)은 우리의 문화적, 사회계층적, 교육적 배경과 얼마나 연관되어 있는가? 프로이트에 따르면,

> 오직 특정한 목적을 가진 농담만이 그 농담을 듣기 원하지 않는 사람들과 부딪힐 위험이 있다(Frued, 1916: 132).

어디가 경계인가? 넘지 말아야 할 선은 무엇인가? 누구에게 넘지 말아야 할 선인가? 그리고 이러한 문제가 교육과 어떤 관련이 있는가? 많은 난도스 광고들은 남아프리카공화국의 사회적 이슈에 대한 문제의식을 일으키고, 지적인 유머를 통해 우리를 웃게 하면서 동시에 생각하게 만든다. 불경스럽고 도발적으로 재구성된 광고를 통해 사회적 이슈가 가시적으로 드러난다.

다음 사례에서는 난도스가 식이장애를 가진 여자를 이용한 뻬딱한 광고가 나온다. 이 광고에서는 뼈만 앙상하게 남은 여자들이 '모델'이라고 쓰인 티셔츠를 입고 있는데, 텔레비전에 나오는 난도스 광고를 보면서 군침을 흘리고 있다. 이 모델들은 대리만족을 위해 광고 속 음식 장면을 반복 재생시키면서 셀러리 조각을 우적우적 씹어 먹고 있다. 광고 속에서는 날씬한 모델이 표준이다. '뚱뚱하다'는 인식은, 우리가 알듯이, 여성 인권의 문제이다. 이 광고에서 난도스는 날씬한 것과 식이장애를 부각시키면서, 날씬한 것이 하나의 결핍으로 재구성되도록 한다. 날씬한 모델이 아니라 난도스 음식에 갈채를 보내는 이 광고는 여성을 성적으로 대상화시키는 다른 광고들을 날카롭게 꼬집고 있다.

두 번째 사례에서는 난도스 광고에서 신체장애를 부각시킨다. 한 시각장애인 할머니의 안내견이 주인이 들고 있는 치킨 냄새에 끌려서 주인이 전봇대에 부딪혀 치킨을 떨어뜨리게 만든다. 백발의 작은 할머니는 기절해서 도로 위에 쓰러지고 안내견은 음식을 맛있게 먹는다. 이 영상의 배경음악은 경쾌하고 발랄하며 가볍다. 이것이 난도스 광고 중에 가장 논란이 된 광고였다. 많은 시청자들이 전혀 웃기지 않았고 잔인하다고 생각했다. 프로이트는 다음과 같이 말한다.

쾌락을 특정 원천으로부터 해방시키고자 하는, 상황만 허락된다면 곧 실행에 옮기려는 충동 혹은 욕구가 존재한다. 그러나 동시에 이 쾌락에 반하여 작용하는, 이것을 억제하고 억압하고자 하는 또 다른 욕구가 존재한다. 결과가 보여주듯이, 억압하는 기류가 억압당하는 쪽의 기류보다 어느 정도 더 강해야 한다(Freud, 1916: 186).

난도스에서는 이 광고를 '귀여운 광고'라고 생각했다고 한다.

매켄지: 우리는 이 광고가 특별히 선을 넘은 것이라고 생각하지 않았습니다. 사회 일각에서는 이 광고에 문제를 제기할 수도 있으리라고 예상했지만, 이 정도일 줄은 몰랐습니다. 그러니까 거의 국제적인 논란이 되었습니다. 이 영상이 며칠 사이에 전 세계를 돌았습니다. 이 광고가 어느 정도 선을 넘었던 것인지 처음에는 몰랐습니다. 나중에 돌아봤을 때, 사람들이 용인할 수 있는 수준과 용인할 수 없는 수준이 보였습니다. 그리고 '이건 정말 아니다' 하는 것들도요. 정말 전 세계적인 차원에서요. 남아프리카공화국은 물론이고.

진행자: 왜 그런가요? 어떻게 선을 넘은 건가요?

매켄지: 그 할머니가 장애인이었다는 점에서 선을 넘었죠.

진행자: 장애인을 놀리는 것.

매켄지: 네, 장애인을 놀리는 것. 학교 다닐 때 실컷 놀리고 나서 선생님이나 엄마한테 혼났을 그런 일이죠. 저건 놀리면 안 된다, 왜 그래야 하는지도 듣고. 그때부터는 움츠러들게 되죠.

(인터뷰, 2001년 10월)

결국 매켄지의 평가는 이것이 난도스 특유의 지적 유머가 아니라 초등학생 유머였다는 것이다. 지성적 측면이 부재하는 광고를 변호하기는 어렵다고 매켄지는 말한다. 그녀는 난도스의 광고와 베네통의 광고를 비교한다. 베네통의 광고는 충격요법을 통해 사회적 이슈를 브랜드 가치를 높이기 위해 도용한다는 비판을 받아왔다. 매켄지에 따르면, 난도스의 광고는 선정주의적인 것이 아니라 지적 유머를 활용하여 사회적으로 책임 있는 방식으로 금기의 대상을 다룬다는 것이다.

'한번 생각해봐라', '머리를 써야 한다'라고 말하고 있습니다.

(인터뷰, 2001년 10월)

남아프리카공화국의 난도스 광고는 범죄, 매춘, 밀렵, 정치 부패, 노숙 아동, 거지, 도박, 마약, 인종차별, 실업 등을 풍자해왔다. 그러나 아직도 '말할 수 없는 것'의 영역에 속한 소재들이 남아 있다. 예를 들어 에이즈와 강간은 남아프리카공화국에서 '절실하게 심각한 이슈'라고 매켄지는 말한다. 남아프리카공화국은 통계적으로 강간 범죄율이 세계에서 가장 높은 나라이며, 수백만 명의 남아프리카공화국 국민이 10년 안에 에이즈로 사망할 것이라고 예측된다. 아동 학대가 만연하고, 매일 평균 58건의 아동 강간 사건이 일어나며(『더 스타』지 2001년 11월 5일자), 여기에는 이해 불가한 끔찍한 영아 강간 사건도 포함되어 있다. 매켄지는 심각한 사회적 이슈를 유머스럽게 다루는 것은 분명히 적절치 않다고 말한다. 그 경계가 어디인지 그녀는 어떻게 아는가?

그게 항상 도박 같아요. 결국에는 직감으로, (가슴 위에 손을 대며) 여기서 어떻게 느껴지는가를 따라가요. 머리로는 어떤 부정적인 반응이 나올지 예측해보려고 노력해요. 누가 불만을 제기할지. 광고표준위원회의 규정에 맞는가? 하지만 초기 컨셉에 대해서는 (가슴 위에 다시 손을 대며) 여기에서 맞다고 느껴지는가 [자신에게 묻죠].

이 발언에서 매켄지가 생각하는 가슴에서 일어나는 직관적인 느낌과 머리로 하는 이성적 분석 사이의 관계가 표현되고 있다.

비판적 리터러시 교육에의 시사점

프로이트에 따르면, 성공적인 농담은 이성이 금지했던 것을 할 수 있게 해준다(1916: 179).

그 (금지되었던) 생각은 스스로를 농담이라는 포장지로 싸고자 노력한다. 그럼으로써 우리의 주목을 끌 수 있고 보다 중요하고 가치 있는 것처럼 보일 수 있다. 그러나 무엇보다도 그 포장지를 통해 우리의 비판 능력을 매수해버리고 혼란시켜버린다. 농담이라는 형식으로 우리에게 즐거움을 주었던 것에 대해 우리의 생각은 호의적인 쪽으로 기울게 된다. 그 즐거움을 망치지 않기 위해서라도 쾌락을 준 대상에 대해 잘못된 것은 없는지 살펴보려고 하지 않는다. 더군다나 그 농담이 우리를 웃게까지 했다면, (이성적) 비판이 이루어지기에 가장 불리한 심리적 상태가 갖추어지게 된다. 논쟁이 듣는 사람의 비판 기능을 자기편으로 끌어오려고 한다면, 농담은 비판 기능을 아예 시야 밖으로 밀어내고자 한다. 농담이 선택한 방법이 심리적으로 더 효과적인 것은 확실하다(Freud, 1916: 82 - 83).

프로이트는 농담이 우리의 성적 억압, 공격적 본능에 대한 훈련된 통제, 논리와 이성의 독재 등에서 우리를 자유롭게 한다고 본다. 자유로워지면서 우리는 쾌락을 다시 찾게 되고 '동심을 다시 포착'할 수 있게 된다 (Freud, 1916: 302). 농담을 비판적으로 해체하는 것은 농담의 유혹을 거부하고 이성을 고집하는 것이다. 이 작업은 권력과 이해관계를 통찰할 수 있게 하지만, 웃음과 놀이를 앗아간다. 더욱 중요한 점은 억압으로 묶여 있는 심리적 에너지가 방출되지 못하게 한다는 것이다. 비판만을 고집하는 것은 농담을 잃는 것이다. 이 점은 학생들이 좋아하는 대중문화에 논리적 분석을 들이대는 교실에서의 비판적 활동과 관련이 있을 수 있다. 많은 경우에 학교 교육은 학생들이 쾌락에 대해 자기검열을 하도록 한다(Buckingham, 1998; Comber, 1997; Giroux, 1994; Kelly, 1997; Kenway & Bullen, 2001).

그러나 한편 톰슨에 따르면,

농담은 지속적으로 세상이 보여지는 방식을 이야기해주고 누군가의 희생으로 이익을 얻게 해주는 웃음을 통해 표면적인 사물의 질서를 강화시킨다(1990: 62).

이를 통해

우리는, 경우에 따라서는, 권력의 지배관계를 발생시키고 유지시키는 데 복무하는 상징적 과정에 끌려 들어갈 수 있다(1990:62).

이 과정에서 유머는 지배관계를 정당화하는 데 사용된다.

이 같은 이유로 나는 비판적 리터러시 교육을 완전히 버릴 수 없고, 비판이론의 시대는 이미 지나갔다는 켄웨이와 불렌(2001)의 견해에 동의할 수 없다. 대신 코머(1998)와 함께 다음과 같은 질문을 생각해보고 싶다.

리터러시 수업 현장에서 유머와 놀이가 어떻게 생산적으로 이루어질 수 있는가? 어떻게 강력하고 비판적이며 만족스럽고 사회적으로 책임 있는 리터러시 활동을 하면서도 동시에 재미있게 놀 수 있는가? 이것은 가능한가? 또 허용할 수 있는 일인가?

난도스의 사례가 몇 가지 답을 제시한다. 사회적 실천은 패러디, 풍자, 캐리커처 등의 형태를 띨 수 있다. 우리는 농담과 유머를 통해 권위에 도전하고 강력한 제도나 가치관을 비판할 수 있으며(Freud, 1916: 153), 거짓을 폭로할 수 있다(1916: 262). 수업에서는 학생들에게 그들이 아는 모욕적인 농담을 생각해보라고 할 수 있다. 그 농담을 절대로 할 수 없는 대상이 누구인지, 그리고 무엇이 그 농담을 '금기'로 만드는지 생각하게 할 수 있다. 그 농담을 말했을 때 어떤 결과가 생길지, 누가 그 농담에 불쾌해할지, 그 이유는 무엇인지 헤아려볼 수 있다. 그 농담을 말할 수 있는 맥락을 그려보고 어떻게 그것을 알고 평가할 수 있는지 생각하게 할 수 있다. 이러한 활동을 통해 학생은 농담에 대해 자신이 어떻게 반응하는지를 자신의 정체성 투자와 교육 배경에 비추어 사고하기 시작한다.

농담의 쾌락과 금기 위반의 욕구를 다룬다고 해서 그 안에 담긴 이해관계를 인식할 수 없게 되는 것은 아니다. 난도스의 브랜드 마케팅과 광고 이미지도 결국 치킨을 팔기 위해 기획된다. 텔레비전 광고는 제작 비용이 상당하다. 비행형 광고 스케줄[9]이라도 마케팅 예산의 상당 부분을 차지한다. 난도스도 사업체이고, 모든 마케팅 기획에는 목적이 있다. 각 매장에도 달성 목표가 있다. 난도스는 모든 광고 캠페인에서 연쇄판매[10]가 무엇인지

....

9 [옮긴이 주] 비행형(flighting) 광고는 연속형(continuous) 광고와 달리 강력한 광고 기간과 광고 없는 기간이 교차하며 간헐적으로 실행되는 광고 스케줄을 말한다.
10 [옮긴이 주] 연쇄판매(upsell)는 고객이 희망했던 상품보다 단가가 높은 상품의 구입을 유

알고 있다. 광고는 분명 영향력을 가지고 있다. 실수가 있다면 그만큼 지출이 발생한다. 그러나 언론의 관심이 부정적일지라도 그것이 꼭 불리한 것은 아니다. 난도스는 시각장애인 할머니 광고에 대한 격렬한 비판 여론에 세심하게 대응했기 때문에 '굉장히 부정적일 수 있었던 것을 긍정적인 것으로 돌려놓았다'고 보고 있다. 매켄지에 따르면, 이 사건은 "모든 일간지, 주간지, 라디오 방송, 토크쇼에서" 보도되었고 "이 기간의 매출 증가는 가히 폭발적"이었다고 한다(인터뷰, 2001년 10월).

내가 1990년대 초반에 나의 비판적 언어인식 수업자료를 사용하는 학교들을 분석하면서 알게 된 것은, 난도스가 자신들의 외설적인 광고 중 어느 것이 사람들을 불쾌하게 만들지 예측할 수 없는 것과 같이 교사도 어느 텍스트에서 학생들의 반발이 터져 나올지 예측할 수 없다는 것이다. 이 연구는 텍스트 혹은 과제 내용이 학생의 '성역'을 건드릴 때 그것에 대해 비판적 분석을 하는 일이 굉장한 위협이 된다는 결과를 보여주었다. 나는 이 '성역'을 학생들의 정체성의 본질적 요소를 이루는 의미들이라고 정의하게 되었다. 그 의미들에 의문을 제기하는 것은, 한 교사의 말에 따르면 '학생들의 가장 깊은 가치관'을 공격하는 것이 된다(Janks, 1995: 364, 인터뷰 15번). 이 연구에서 학생들에게 주어졌던 첫 번째 과제는 다음 질문들을 생각하는 것이었다.

누가 아이들을 돌봐야 하는가? 남자와 여자가 이 문제에 같은 입장을 가질 것 같은가, 아니면 다른 입장을 가질 것 같은가? 그 이유는 무엇인가?

두 번째로, 다른 관점으로 쓴 노아의 방주 이야기[11]가 여러 학급에서

....
도하는 판매 방법을 말한다.

학생들을 굉장히 거슬리게 만들었다. 정체성 투자의 힘이 얼마나 강력한지는 알았지만, 그 앞에서 이성의 힘이 얼마나 무력한지는 깨닫지 못했다. 이러한 나의 연구 결과는 남아프리카공화국의 그랜빌(Granville, 1996)의 연구, 맥키니와 밴 플레츤(McKinney & van Pletzen, 2004)의 연구, 호주의 켄웨이와 윌리스(Kenway & Willis, 1997)의 연구, 미국의 엘스워스(Ellsworth, 1989)의 연구 등으로도 뒷받침된다. 맥키니와 밴 플레츤은 자신들의 연구 결과를 설명하면서 다음과 같이 주장하는 브리츠먼과 동료들의 연구를 인용한다.

이성에 대한 맹신―이성적 설득에 대한 맹신은― (…) 학생들과 교사들이 그들의 정체성에 의문이 제기될 때 직면해야 하는 복잡하고 치열하며 감정적인 투자들을 적극적으로 지워버린다. 마치 모든 사람들이 평등한 위치에 있고 원하기만 하면 지배와 종속의 사회적 구조에서 자유로울 수 있는 것처럼 간주함으로써 이러한 작업을 한다(Britzman, Santiago-Valles, Jiménez-Muñoz, & Lamash, 1993).

나는 어떤 텍스트가 어느 학생에게 위협이 되는지, 또 그것이 학생들의 여러 다양한 정체성과 동일시 과정에 어떻게 위협이 되는지 우리가 미리 알 수 없다는 것을 이해하게 되었다.

....

11   남아프리카공화국의 연극인 〈발톱과 손톱〉(Junction Avenue Theatre Company & Orkin, 1995)은 노아의 이야기를 물에 빠진 사람들의 관점에서 이야기한다. 아래로부터의 관점에서 이야기가 진술되고, 노아는 방주를 짓기 위해 필요한 자원에 접근성을 가진 특권층으로 그려진다. 이러한 관점의 변화가 함의하는 정치학과 그것의 가상적이고 허구적인 특성을 이해하지 못한 학생들에게 이 이야기는 성경의 무오성을 위협하는 것이었고 신성모독적이었다.

이성을 넘어서: 동일시와 투사, 그리고 욕망

동일시는 비이성적인 과정으로, 무의식의 차원에서 우리의 욕망에 영향을 미친다. 언젠가 한 여성 동료와 호텔방에 묵었을 때의 일을 기억한다. 나는 밝은 색 여름 옷들을 다 싸왔다. 그 동료는 세련된 검은 정장들로 가방을 가득 채워왔다. 나는 그녀처럼 검은 정장들과 큼지막한 액세서리들을 가져오지 않은 것을 후회했다. 그런데 내가 몰랐던 사실은 그녀가 나의 상큼한 라임색 옷, 보라색 옷, 흰색 옷을 입고 싶어했다는 것이다. 나는 그녀가 이 사실을 고백했을 때에야 그 상황을 이해할 수 있었다. 서로에 대해 감탄하고 동일시하면서 상대방처럼 되고 싶은 무의식적인 욕망이 각자에게 생성된 것이다. 그 상황을 언어와 이성의 영역으로 다시 끌어오기 위해서 그것에 이름을 붙여야 했고, 그제서야 우리는 우리 자신에 대해 웃을 수 있었고 각자의 자아에 대한 감각을 되찾을 수 있었다.

9·11 테러 당시의 일도 기억한다. 나는 세계무역센터 빌딩 속에 있던 사람들, 살아 있는 폭탄이었던 피랍 비행기 속에 있던 사람들과 단단히 동일시되어버렸다. 당시 아들의 결혼식 참석차 친지들과 함께 미국에서 막 돌아왔을 때였다. 우리 모두 비행기를 탔고, 우리 모두 보스턴에서 출발했다. 우리 대부분이 탄 비행기가 뉴욕을 거쳐왔다. 그 바로 일주일 전에는 결혼을 앞둔 아들 내외가 보스턴에서 로스앤젤레스로 가는 유나이티드 항공편의 비행기를 탔다. 나는 텔레비전에 거의 붙어 있다시피 했다. 그 공포를 흡수하고 같이 무력감을 느끼며 믿기지 않는 상황을 극복하려고 했다. 며칠에 걸쳐 미국과 나 자신을 비이성적이고 무의식적으로 동일시하는 것에 완전히 마음이 빼앗겨 있었다. 나는 미국의 외교 정책에 대해 대체로 비판적인 입장이었기 때문에, 관련 이슈들에 대해 이성적으로 생각할 수 없었던 이유를 깨닫기까지 며칠이 걸렸다. 내가 무의식적인 동일시 과정 속에 있다는 것을 인식했을 때에야 비로소 나의 비판적 역량을 되찾을 수 있었다.

투사도 마찬가지로 무의식적이고 불투명한 심리 과정이다. 아마도 우리가 가장 잘 아는 투사 현상은 우리 자신에 대해 싫어하는 점을 제거하기 위해 타인에게 그것을 투사할 수 있는 능력이다. 이 심리 기제는 타자화 과정을 조장한다. 그들을 우리가 아닌, 우리가 원하지 않는 위험한 존재로 만든다.

욕망 또한 이성을 교란시킨다. 욕망은 리터러시 모형의 각 측면과 중요한 관련성을 가지고 있다. '권력'은 욕망의 대상이기도 하고 욕망의 실현 수단이기도 하다. 갈등은 많은 경우에 우리가 욕망하는 대상들, 즉 우리에게 성적·제도적·정치적 권력을 주는 것들에 대한 '접근성'의 격차로 인해 일어난다. 이 욕망의 대상은 물질적 재산(돈, 디자이너 브랜드, 명품 차, 예술 작품 등), 개인적 속성(외모, 지성, 기술, 능력 등) 혹은 영향력 있는 인맥일 수 있다. 이것은 부르디외(1991)가 구분한 다양한 자본의 형태, 즉 경제자본, 문화자본, 사회자본에 각각 대응된다. 또한 상징자본이 있다. 이것은 사회적으로 생성된 가치체계, 즉 특정한 역사적 맥락에서 어떤 것을 자본으로 결정할지에 관한 가치체계이다. 욕망은 또한 정체성과 결부되어 있다. 이것은 새로운 존재방식에 대한 접근성을 욕망할 때 그 욕망이 정체성에 있어 새로운 위치를 추구할 수 있게 해준다. 접근성 하나로는 충분치 않다. 욕망이 그 변화의 원동력이 된다. 그러나 욕망은 기회에 대한 평등한 접근성을 보장하지 않는다. 대중매체는 욕망을 일반화시키면서 서민이 감당할 수 없는 소비 욕망을 일으킨다. 그러나 끝없는 디자인과 생산은 패션업계가 대표적으로 보여주듯이 끝없는 욕망, 소비, 부채를 창출한다.

그림 9.3은 사회적 문제의식이 소비 욕구 앞에서 어떻게 흐려지는지를 유머스럽게 그리고 있다.

욕망은 우리를 집어삼킬 수 있지만, 쾌락은 활기를 불어넣을 수 있다. 비판적 리터러시 수업은 진지하면서 동시에 재미있을 수 있다. 우리는 조금은 불온한 태도로 자기 풍자와 유머 감각을 가지고 이 일에 임해야 할 것이다.

그림 9.3
매튜 캠프(Matthew Kemp)
작의 '명품 신발 세일'
© Paperlink 2009
© Mat Kemp.
출처: http://www.welovecards.
co.uk/product/fab-shoes.html

일순간에 오존층 문제, 멸종위기의 대왕고래, 세계 평화가 하찮은 것으로 희미해져 갔다.

참고문헌

Adegoke, R. (1999). *Media discourse on foreign Africans and the implications for education*. Johannesburg: University of the Witwatersrand.

Adler, J., & Reed, Y. (2002). *Challenges of teacher development: An investigation of take-up in South Africa*. Pretoria: van Schaik.

African National Congress. (1994). *The Reconstruction and Development Programme*. Johannesburg: Umanyano Publications.

Alba, A., González-Gaudiano, E., Lankshear, C., & Peters, M. (2000). *Curriculum in the postmodern condition*. New York: Peter Lang.

Albright, J. and Luke, A. (Eds.). (2008). *Pierre Bourdieu and literacy education*. London: Routledge.

Alder, D. (2004). *Visual identity texts: A case study in the English classroom*. Unpublished Honours research essay, Witwatersrand, Johannesburg.

Althusser, L. (1971). Ideology and ideological state apparatuses. In *Essays on ideology*. London: Verso.

Appadurai, A. (2002, August). The capacity to aspire: Culture and the terms of recognition. Paper presented at the WISER Seminar Series, Johannesburg.

Apple, M. (1979). *Ideology and curriculum*. London: Routledge and Kegan Paul.

Arthur, W. B. (1988). Self-reinforcing mechanisms in economics. In P. W. Anderson, K. J. Arrow, & D. Pines (Eds.), *The economy as an evolving and complex system*. Santa Fe Institute Studies in the Sciences of Complexity Proceedings. Boulder, CO: Westview Press.

Arthur, W. B. (1989). Competing technologies, increasing returns and lock-in by historical events. *The Economic Journal*, 99 (March), 116–131.

Arthur, W. B. (1990). Positive feedbacks in the economy. *Scientific American*, 80, 92–99.

Banks, J. A. (1991). *Teaching strategies for Ethnic Studies* (5th ed.). Boston: Allyn and Bacon.

Barnes, D. (1976). *From communication to curriculum*. Harmondsworth, UK: Penguin.

Barnes, D., Britton, J., & Rosen, H. (1969). *Language, the learner and the school*. Harmondsworth, UK: Penguin.

Barthes, R. (1972). *Mythologies*. London: Paladin.

Barton, D. (1994). *Literacy: An introduction to the ecology of written language*. Oxford: Wiley-Blackwell.

Barton, D., & Hamilton, M. (Eds.). (1998). *Local literacies: Reading and writing in our community*. London: Routledge.

Barton, D., Hamilton, M., & Ivanič, R. (2000). *Situated literacies*. London: Routledge.

Baugh, J. (2000). *Beyond Ebonics: Linguistic pride and racial prejudice*. New York: Oxford University Press.

Baugh, J. (2003). Linguistic profiling. In S. Makoni, A. Ball & G. Smitherman (Eds.), *Black linguistics: Language, society and politics in Africa and the Americas*. London: Routledge.

Baynham, M., & Prinsloo, M. (Eds.) (2001). New directions in literacy research: Policy, pedagogy, practice. *Special Issue Language and Education*, 15(2 & 3).

Benesch, S. (2001). *Critical English for academic purposes: Theory, politics and practice*. Mahwah, NJ: Lawrence Erlbaum and Associates.

Berlin, E., & Fab, J. (Directors) (2003). *Paperclips* [Film]. J. Fab, M. Johnson & A. Pinchot (Producer). One Clip at a Time and Hart Sharp Video (Distributor).

Bernstein, B. (1996). *Pedagogy, symbolic control and identity: Theory, research, critique*. London: Taylor & Francis.

Bhabha, H. (Ed.). (1990). *Nation and narration*. London: Routledge.

Bolinger, D. (1980). *Language the loaded weapon*. London: Longman.

Bourdieu, P. (1984). *Distinction* (R. Nice, Trans.). Cambridge, MA: Harvard University Press.

Bourdieu, P. (1991). *Language and symbolic Power* (J. B. Thompson, Trans.). Cambridge: Polity Press.

Bourdieu, P. (1999). *The weight of the world: Social suffering in contemporary societies* (P. P. Ferguson, Trans.). Stanford, CA: Stanford University Press.

Bourdieu, P., & Passeron, J. (1977). *Reproduction in education, society and culture*. London: Sage.

Breir, M., Matsepela, T., & Sait, L. (1996). Taking literacy for a ride: Reading and writing in the taxi industry. In M. Breir & M. Prinsloo (Eds.), *The social uses of literacy*. Cape Town: Sached Books and John Benjamins Publishing Co.

Breir, M., & Prinsloo, M. (1996). *The social uses of literacy*. Cape Town: Sached Books and John Benjamins.

Britton, J. (1970). *Language and learning*. Harmondsworth, UK: Penguin.

Britzman, D. K., Santiago-Valles, A., Jiménez-Muñoz, G. M., & Lamash, L. M. (1993). Slips that show and tell: Fashioning multiculture as a problem of representation. In C. McCarthy & W. Crichlow (Eds.), *Race, identity and representation in education.* New York and London: Routledge.

Brouard, A. (2000). *Students as ethnographers: Understanding literacy practices outside of school.* Unpublished Master's research report. University of the Witwatersrand, Johannesburg.

Brouard, A., Wilkinson, L., & Stein, P. (1999). 'Literacy is all around us': Literacy ethnography and curriculum 2005 in three Johannesburg classrooms. *SAJALS*, 7, 11–26.

Buckingham, D. (1998). *Teaching popular culture: Beyond radical pedagogy.* London: Taylor & Francis.

Buckingham, D. (2003). *Media education: Literacy, learning, and contemporary culture.* Oxford: Blackwell Publishing.

Buckingham, D., & Sefton-Green, J. (1994). *Cultural Studies goes to school: Reading and teaching popular media.* London: Taylor & Francis.

Cadman, K. (2006). *Trans/forming 'The King's English' in global research education: A teacher's tale.* Unpublished Doctoral thesis, University of Adelaide, Adelaide.

Cameron, D. (1985). *Feminism and linguistic theory.* Houndsmills, UK: Macmillan Press.

Cameron, D. (Ed.). (1990). *The feminist critique of language.* London: Routledge.

Cameron, D. (1995). *Verbal hygiene.* London: Routledge.

Canagarajah, S. (2006). Negotiating the local in English as lingua franca. *Annual Review of Applied Linguistics*, 26, 107–208.

Canagarajah, S. (2007). Lingua Franca English, multilingual communities and language acquisition. *The Modern Language Journal*, 91, 921–937.

Cazden, C. B. (1988). *Classroom discourse: The language of teaching and learning.* Portsmouth, NH: Heinemann Educational Books.

Clarence-Fincham, J. (1998). *Voices in a university: A critical exploration of black students' responses to institutional discourse.* Unpublished Doctoral thesis, University of Natal, Pietermaritzburg.

Clark, R., & Ivanič, R. (1997). *The politics of writing.* London: Routledge.

Clark, R., Fairclough, N., Ivanic, R., & Martin-Jones, M. (1987). Critical language awareness (Part 1). *Language and Education,* 4, 249–260

Comber, B. (1996). *The discursive construction of literacy in a disadvantaged school.* Unpublished Doctoral thesis. James Cook University, North Queensland.

Comber, B. (1997). *Pleasure, productivity and power: Contradictory discourses on literacy.* Paper presented at the Combined National Conference of the Australian Literacy Educators and Australian Association of Teachers of English, Darwin.

Comber, B. (1998). *Productivity, pleasure and pain.* Unpublished work, University of South Australia.

Comber, B., & Kamler, B. (Eds.). (2005). *Turn-around pedagogies: Literacy interventions for at-risk students.* Newtown, NSW: PETA Press.

Comber, B., & Nixon, H. (2005). Re-reading and re-writing the neighbourhood: Critical literacies and identity work. In J. Evans (Ed.), *Literacy moves on: Using popular culture, new technologies and critical literacy in the primary classroom* (pp. 115–132). London: David Fulton.

Comber, B., & Nixon, H. (2008). Spatial literacies, design texts, and emergent pedagogies in a purposeful literacy curriculum. *Pedagogies,* 3, 221–240.

Comber, B., Nixon, H., Ashmore, L., Loo, S., & Cook, J. (2006). Urban renewal from the inside out: Spatial and critical literacies in a low socio-economic school community. *Mind, Culture and Activity,* 13(3), 228–246.

Comber, B., & O'Brien, J. (1994). Critical literacy: Classroom explorations. *Critical Pedagogy Networker: A Publication on Critical Social Issues in Education*, 6(1 and 2).

Comber, B., & Simpson, A. (1995). *Reading cereal boxes: Analysing everyday texts* (Vol. 1 Texts: The heart of the curriculum). Adelaide: Curriculum Division, Department for Education and Children's Services.

Comber, B., & Simpson, A. (2001). *Negotiating critical literacies in classrooms*. Mahwah, NJ: Lawrence Erlbaum and Associates.

Comber, B., Thomson, P., & Wells, M. (2001). Critical literacy finds a 'place': Writing and social action in a neighborhood school. *Elementary School Journal*, 101(4), 451–464.

Cope, B., & Kalantzis, M. (1997). Multiliteracies, education and the new communications environment: A response to Vaughn Prain. *Discourse*, 18(3), 469–478.

Cope, B., & Kalantzis, M. (Eds.). (1993). *The powers of literacy: A genre approach to teaching writing*. London: Falmer Press.

Cope, B., & Kalantzis, M. (Eds.). (2000). *Multiliteracies*. London: Routledge.

Corson, D. (2001). *Language, diversity and education*. Mahwah, NJ: Lawrence Erlbaum and Associates.

Cummins, J. (2000). *Language, power, and pedagogy: Bilingual children in the crossfire*. Clevedon, UK: Multilingual Matters.

Davies, B. (1989). *Frogs and snails and feminist tales*. Sydney: Allen and Unwin.

Davies, B. (1993). *Shards of glass*. St Leonards, NSW: Allen and Unwin.

Davies, B. (1994). *Poststructuralist theory and classroom practice*. Geelong, VIC: Deakin University.

de Certeau, M., Giard, L., & Mayol, P. (1998). *The practice of everyday life, volume 2: Living and cooking* (T. Tomasik, Trans.). Minneapolis: University of Minnesota Press.

de Groot, M., Dison, L., & Rule, P. (1996). Responding to diversity in university teaching: A case study. *Academic Development Journal*, 2(1), 25–36.

de Saussure, F. (1972/1990). *Course in general linguistics* (R. Harris, Trans.). London: Duckworth.

Delpit, L. (1988). The silenced dialogue: Power and pedagogy in educating other people's children. *Harvard Educational Review*, 58, 280–298.

Department of Education (2002). *National curriculum statement R–9.*

Department of Education (2003). *National curriculum statement 10–12.*

Department of National Education (2002). *Language policy for higher education.*

Derwianka, B. (1990). *Exploring how texts work*. Newtown, NSW: Primary English Teaching Association.

Dixon, K. (2004). Literacy: Diverse spaces, diverse bodies? *English in Australia*, 139(1)(Joint IFTE issue), 50–55.

Dixon, K. (2007). *Literacy, power and the embodied subject*. Unpublished Doctoral thesis, University of the Witwatersrand, Johannesburg.

Dyson, A. H. (1993). *Social worlds of children learning to write in an urban primary school*. New York and London: Teachers College Press.

Dyson, A. H. (1997). *Writing superheroes: Contemporary childhood, popular culture, and classroom literacy*. New York and London: Teachers College Press.

Dyson, A. H. (2003). *The brothers and sisters learn to write: Popular literacies in childhood and school cultures*. New York and London: Teachers College Press.

Eagleton, T. (1991). *Ideology*. London: Verso.

Ellsworth, E. (1989). Why doesn't this feel empowering? Working through repressive myths of critical pedagogy. *Harvard Educational Review*, 59(3), 297–324.

Fader, D. (1976). *The new Hooked on Books*. New York: Berkeley Publishing Corporation.

Fairclough, N. (1989). *Language and power*. London: Longman.

Fairclough, N. (1995). *Critical discourse analysis*. London: Longman.

Fairclough, N. (2003). *Analysing discourse*. London: Routledge.

Fairclough, N. (Ed.). (1992). *Critical language awareness*. London: Longman.

Ferreira, A., Janks, H., Barnsley, I., Marriott, C., Rudman, M., Ludlow, H., et al. (In Press). Reconciliation pedagogy in South African classrooms: From the personal to the political. In P. C. R. Hattam, P. Bishop, J. Matthews, P. Ahluwalia, & S. Atkinson (Eds.), *Pedagogies for reconciliation*. London: Routledge.

Foucault, M. (1970). The order of discourse. Inaugural Lecture at the College de France. In M. Shapiro (Ed.), *Language and politics*. Oxford: Basil Blackwell.

Foucault, M. (1975). *Discipline and punish*. New York: Vintage Books.

Foucault, M. (1978). *The history of sexuality, volume 1* (R. Hurley, Trans.). London: Penguin.

Foucault, M. (1980). *Power/knowledge: Selected interviews and other writings 1972–1977*. New York: Pantheon Books.

Fowler, R., Hodge, B., Kress, G., & Trew, T. (1979). *Language and control*. London: Routledge and Kegan Paul.

Fowler, R., & Kress, G. (1979). Critical linguistics. In R. Fowler, B. Hodge, G. Kress & T. Trew (Eds.), *Language and control*. London: Routledge and Kegan Paul.

Freebody, P., & Luke, A. (1990). Literacies programmes: Debates and demands in cultural contexts. *Prospect: A Journal of Australian TESOL*, 11, 7–16.

Freire, P. (1972a). *Cultural action for freedom*. Harmondsworth, UK:

Penguin.

Freire, P. (1972b). *Pedagogy of the oppressed*. Harmondsworth, UK: Penguin.

Freud, S. (1916). *Jokes and their relation to the unconscious*. Harmondsworth, UK: Penguin.

Garner, J. F. (1994). *Politically correct bedtime stories*. New York: Macmillan.

Gee, J. (1990). *Social linguistics and literacies*. London: Falmer Press.

Gee, J. (1994). Orality and literacy: From *The savage mind* to *Ways with words*. In J. Maybin (Ed.), *Language and literacy in social context*. Milton Keynes, UK: Open University Press.

Gee, J., Hull, G., & Lankshear, C. (1996). *The New work order*. Sydney: Allen and Unwin.

Gilbert, P. & Rowe, K. (1989). *Gender, literacy and the classroom*. Carlton, NSW: Australian Reading Association.

Giroux, H. (1981). *Ideology, culture and schooling*. London: Falmer Press.

Giroux, H. (1994). *Disturbing pleasures*. New York: Routledge.

González, N. (2005). Beyond culture: The hybridity of funds of knowledge. In N. González, L. Moll & C. Amanti (Eds.), *Funds of knowledge: Theorising practices in households and classrooms* (pp. 29–46). Mawah, NJ: Lawrence Erlbaum and Associates.

González, N., Moll, L., & Amanti, C. (Eds.). (2005). *Funds of knowledge: Theorising practices in households and classrooms*. Mawah, NJ: Lawrence Erlbaum and Associates.

Gore, A. (2006). *An inconvenient truth: The planetary emergency of global warming and what we can do about it*. New York: Melcher Media.

Graddol, D. (1997). *The future of English*. Retrieved 6 February 2009, from http://www.britishcouncil.org/learning-elt-future.pdf

Graddol, D. (2006). *English next*. Retrieved 6 February 2009, from http://www.britishcouncil.org/learning-research-english-next.pdf

Graff, H. J. (1978). *The literacy myth: Literacy and social structure in the nineteenth-century city.* New York: Academic Press.

Gramsci, A. (1971). *Selections from prison notebooks* (Q. Hoare & G. Nowell-Smith, Trans.). London: Lawrence and Wishart.

Grant, H. (1999). Topdogs and underdogs. *Practically Primary*, 4(3), 40–42.

Granville, S. (1996). *Reading beyond the text: Exploring the possibilities in Critical Language Awareness for reshaping student teachers' ideas about reading comprehension.* Unpublished Master's dissertation, University of the Witwatersrand, Johannesburg.

Granville, S., Janks, H., Joseph, M., Mphahlele, M., Ramani, E., Reed, Y., et al. (1998). English with or without g(u)ilt: A position paper on language in education policy for South Africa. *Language and Education*, 12(4), 254–272.

Green, B. (2002). *A literacy project of our own?* Unpublished manuscript.

Green, B., & Bigum, C. (1993). Aliens in the classroom. *Australian Journal of Education*, 37(22), 119–141.

Green, B., & Morgan, W. (1992). After *The tempest*, or, Literacy pedagogy and the brave new world. Paper presented at the Third Whole Language Umbrella Conference, Niagara Falls.

Gregory, E., & Williams, A. (2000). *City literacies: Learning to read across generations and cultures.* London: Routledge.

Grenfell, M. (1996). Bourdieu and initial teacher education: A post-structuralist approach. *British Educational Research*, 22(3), 287–303.

Hall, S. (1997). *Representation: Cultural representations and signifying practices.* London: Sage.

Halliday, M. A. K. (1985). *An introduction to functional grammar.* London: Arnold.

Harste, J. C., Leland, C. H., Grant, S., Chung, M., & Enyeart, J. A. (2007). Analyzing art in language arts research. In D. W. Rowe, R. T. Jimenez, D. L. Compton, D. K. Dickerson, Y. Kim, K. M. Leander, & V. J. Risko (Eds.), *56th Yearbook of the National Reading Conference* (pp. 254–265). Oak Creek, WI: National Reading Centre.

Haymes, S. (1995). White culture and the politics of racial difference: Implications for multiculturalism. In C. E. Sleeter & P. L. McClaren (Eds.), *Multicultural education, critical pedagogy and the politics of difference*. Albany, New York: State University of New York Press.

Heath, S. B. (1983). *Ways with words*. Cambridge: Cambridge University Press.

Heller, M. (2008). Bourdieu and 'literacy education'. In J. Albright & A. Luke (Eds.), *Pierre Bourdieu and literacy education*. New York and London: Routledge.

Hendricks, M. (2006). *Writing practices in additional languages in Grade 7 classes in the Eastern Cape Province*. Unpublished Doctoral thesis, University of the Witwatersrand, Johannesburg.

Heugh, K., Siegruhn, A., & Pluddemann, P. (1995). *Multilingual education for South Africa*. Johannesburg: Heinemann.

Holmes, J. (2006). *Gendered talk at work: Constructing gender identity through workplace discourse*. Oxford: Blackwell. hooks, b. (1990). *Yearning: Race, gender and cultural politics*. Boston: South End Press.

Hull, G., & Schultz, K. (Eds.). (2002). *School's out! Bridging out-of-school literacies with classroom practice*. New York and London: Teachers College Press.

Ivanic, R. (1998). *Writing and identity*. Amsterdam: John Benjamins Publishing Company.

Janks, H. (1988). *'To catch a wake-up': Critical Language Awareness in the South African context.* Unpublished Master's dissertation, University of the Witwatersrand, Johannesburg.

Janks, H. (1993a). *Language and power.* Johannesburg: Hodder and Stoughton and Wits University Press

Janks, H. (1993b). *Language and identity.* Johannesburg: Hodder and Stoughton and Wits University Press

Janks, H. (Ed.). (1993c). *Critical Language Awareness Series.* Johannesburg: Hodder and Stoughton and Wits University Press.

Janks, H. (1995). *The research and development of Critical Language Awareness materials for use in South African secondary schools.* Unpublished Doctoral thesis, Lancaster University, Lancaster.

Janks, H. (1998). Reading *Womanpower. Pretexts,* 7(2), 195–212.

Janks, H. (2000). Domination, access, diversity and design: A synthesis for critical literacy education. *Educational Review,* 52(2), 175–186.

Janks, H. (2001). We rewrote the book: Constructions of literacy in South Africa. In R. de Cilla, H.-J. Krumm & R. Wodak (Eds.), *Loss of communication in the Information Age.* Vienna: Verlag der Österreichischen Academie der Wissenschaften.

Janks, H. (2002a). *The politics and history of the places children inhabit.* Paper presented at the American Educational Research Association Annual Meeting, New Orleans, Louisiana, April 1–5.

Janks, H. (2002b). Critical literacy: Beyond reason. *The Australian Educational Researcher,* 29(1), 7–26.

Janks, H. (2003). Seeding change in South Africa: New literacies, new subjectivities, new futures. In B. Doecke, D. Homer & H. Nixon (Eds.), *English teachers at work* (pp. 183–205). Kent Town, SA: Wakefield Press in Association with the Australian Association for the Teaching of English.

Janks, H. (2004). The access paradox. *English in Australia,* 12(1), 33–42.

Janks, H. (2005). Deconstruction and reconstruction: Diversity as a productive resource. *Discourse*, 26(1), 31–44.

Janks, H. (2006). Fun and games. *English Academy Review*, 49(1), 115–138.

Janks, H., & Comber, B. (2006). Critical literacy across continents. In K. Pahl & J. Rowsell (Eds.), *Travel notes from the New Literacy Studies: Instances of practice*. Clevedon, UK: Multilingual Matters.

Joseph, M., & Ramani, E. (2004). Academic excellence through language equity: Case study of the new bilingual degree (in English and Sesotho sa Leboa) at the University of the North. In H. Griesel (Ed.), *Curriculum responsiveness: Case studies in higher education*. Pretoria: SAUVCA.

Junction Avenue Theatre Company, & Orkin, M. (1995). In *At the junction: Four plays by the Junction Avenue Theatre Company*. Johannesburg: Witwatersrand University Press.

Kamler, B. (2001). *Relocating the personal*. Albany, NY: State University of New York.

Kamler, B., Maclean, R., Reid, J., & Simpson, A. (1994). *Shaping up nicely: The formation of schoolgirls and schoolboys in the first month of school*. Geelong, VIC: Deakin University.

Kelly, U. (1997). *Schooling desire*. London and New York: Routledge.

Kenway, J., & Bullen, E. (2001). *Consuming children: Education–entertainment–advertising*. Buckingham, UK, and Philadelphia, PA: Open University Press.

Kenway, J., & Willis, S. (1997). *Answering back: Girls, boys and feminism in school*. St Leonards, NSW: Allen and Unwin.

Kenworthy, C., & Kenworthy, S. (1997). *Aboriginality in texts and contexts, volume 2*. Fremantle, WA: Fremantle Arts Centre Press.

Khumalo, J. (1997). Joe's beat. *Pace*, March, 112.

Klein, N. (2007). *The shock doctrine: The rise of disaster capitalism*. New York: Metropolitan Books.

Kostogriz, A. (2002). *Rethinking ESL Literacy Education in multicul-*

tural conditions. Unpublished Doctoral thesis, University of New England, New South Wales, Australia.

Krashen, S. D. (1981). *Second language acquisition and second language learning.* Oxford: Pergamon.

Kress, G. (1995). *Making signs and making subjects: The English curriculum and social futures.* London: Institute of Education, University of London.

Kress, G. (1999). Genre and the changing contexts for English language arts. *Language Arts,* 32(2), 185–196

Kress, G. (2003). *Literacy in the New Media Age.* London: Routledge.

Kress, G., & van Leeuwen, T. (1990). *Reading images.* Geelong, VIC: Deakin University Press.

Kress, G., & van Leeuwen, T. (2001). *Multimodal discourse.* London: Arnold.

Kritzinger, M., Steyn, H., Schoonees, P. & Cronje, U. J. (1963) *Groot Woordeboek.* Pretoria: JL Van Schaik.

Labov, W. (1972). The logic of non-standard English. In P. Giglioli (Ed.), *Language and social context.* Harmondsworth, UK: Penguin.

Lakoff, G. (2004). *Don't think of an elephant.* White River Junction, VT: Chelsea Green.

Lankshear, C. (1997). *Changing literacies.* Buckingham, UK: Open University Press.

Larson, J. (2001). *Literacy as snake oil: Beyond the quick fix.* New York: Peter Lang.

Leander, K., & Sheehy, M. (Eds.) (2004) *Spatialising literacy research and practice.* New York: Peter Lang.

Levinson, B. (Director) (1997). *Wag the dog* [Film]. USA: New Line Productions.

Lillis, T. (2001). *Student writing: Access, regulation, desire.* London: Routledge.

Lodge, H. (1997). *Providing access to academic literacy in the Arts*

Foundation Programme at the University of the Witwatersrand in 1996: The theory behind the practice. Unpublished Master's dissertation, University of the Witwatersrand, Johannesburg.

Luke, A. (1992). The body literate: Discourse and inscription in early literacy training. *Linguistics and Education, 4*, 107–129.

Luke, A. (2002). Beyond science and ideology critique: Developments in Critical Discourse Analysis. In M. McGroaty (Ed.), *Annual review of applied linguistics*. Cambridge: Cambridge University Press.

Luke, A. (2003). Literacy for a new ethics of global community. *Language Arts, 81*(1), 20–22.

Luke, A., & Freebody, P. (1997). The social practices of reading. In S. Muspratt, A. Luke & P. Freebody (Eds.), *Constructing critical literacies*. St Leonards, NSW: Allen and Unwin.

Marsh, J. (2005). *Popular culture, new media and digital literacy in early childhood*. London: Routledge.

Marsh, J. & Hallet, E. (Eds.). (1999). *Desirable literacies: Approaches to language and literacy in the early years*. London: Sage.

Martin-Jones, M. (2006). *Bilingualism*. London: Pearson Education.

Martin, J., Christie, F., & Rothery, J. (1987). Social processes of education: A reply to Sawyer and Watson (and others). In I. Reid (Ed.), *The place of genre in learning: Current debates*. Geelong, VIC: Deakin University.

Martino, W. (1997). *From the margins, volume 1*. Fremantle, WA: Fremantle Arts Centre Press.

Martino, W., & Pallotta-Chiarolli, M. (2003). *So what's a boy? Addressing issues of masculinty and schooling*. Maidenhead, UK: Open University Press/McGraw-Hill Education.

Martino, W., & Pallotta-Chiarolli, M. (2005). *Being normal is the only way to be: Adolescent perspectives and gender and school*. Sydney: UNSW Press.

Maslow, A. (1954). *Motivation and personality.* New York: Harper.

May, S. (Ed.). (1999). *Critical multiculturalism.* London: Falmer Press.

Maybin, J. (2000). NLS: Context, intertextuality, discourse. In D. Barton, M. Hamilton & R. Ivanic (Eds.), *Situated literacies.* London: Routledge.

McClaren, P., & Torres, R. (1999). Racism and multicultural education: Rethinking 'race' and 'whiteness' in late capitalism. In S. May (Ed.), *Critical multiculturalism.* London: Falmer Press.

McKinney, C. (2004a). 'It's just a story': 'White' students' difficulties in reading the apartheid past. *Perspective in Education, 22*(4), 37–45.

McKinney, C. (2004b). 'A little hard piece of grass in your shoe': Understanding student resistance to critical literacy in post-apartheid South Africa. *Southern African Linguistics and Applied Language Studies, 22*(1&2), 63–73.

McKinney, C., & Van Pletzen, E. (2004). 'This apartheid story . . . we've finished with it': Student responses to the apartheid past in a South African English Studies course. *Teaching in Higher Education, 9*(2), 159–170.

Mellor, B., & Patterson, A. (1996). *Investigating texts.* Scarborough, WA: Chalkface Press.

Mellor, B., Patterson, A., & O'Neill, M. (1987). *Reading stories.* Scarborough, WA: Chalkface Press.

Mellor, B., Patterson, A., & O'Neill, M. (1991). *Reading fictions.* Scarborough, WA: Chalkface Press.

Misson, R., & Morgan, W. (2006). *Critical Literacy and the aesthetic: Transforming the English classroom.* Urbana, IL: National Council of Teachers of English.

Mphahlele, Es'kia, Ogude, J., & Raditlhalo, S. (2008). *Es'kia: Education, African humanism and culture, social consciousness, literary appreciation.* Cape Town: Kwela Books

Moll, L. (1992). Literacy research in community and classroom: A sociocultural approach. In J. G. R. Beach, M. Kamil & T. Shanahan (Eds.), *Multidisciplinary perspectives on literacy research*. Urbana, IL: National Council of Teachers of English.

Moll, L., Amanti, C., Neffe, D., & González, N. (1992). Funds of knowledge for teaching: Using a qualitative approach to connect homes and classrooms. *Theory into Practice*, 31(2), 132–141.

Moon, B. (1992). *Literary terms: A practical glossary*. Scarborough, WA: Chalkface Press.

Morgan, B. (1998). *The ESL classroom*. Toronto: University of Toronto Press.

Morgan, W. (1992). *A post-structuralist English classroom: The example of Ned Kelly*. Melbourne: The Victorian Association for the Teaching of English.

Morgan, W. (1994). *Ned Kelly reconstructed*. Cambridge: Cambridge University Press.

Morrow, W. (2008). *Learning to teach in South Africa*. Pretoria: Human Sciences Research Council.

Ndebele, N. (1987). The English language and social change in South Africa. In D. Bunn & J. Taylor (Eds.), *From South Africa: New writings, photographs and art* (pp. 217–235). Evanston, IL: North Western University Press.

Ndebele, N. (1998). Memory, metaphor, and the triumph of narrative. In S. Nuttall & C. Coetzee (Eds.), *Negotiating the past: The making of memory in South Africa*. Cape Town: Oxford University Press.

New London Group. (2000). A pedagogy of multiliteracies: Designing social futures. In B. Cope & M. Kalantzis (Eds.), *Multiliteracies* (pp. 9–42). London: Routledge.

Newfield, D. (1993). *Words and pictures*. Johannesburg: Hodder and Stoughton and Wits University Press.

Ngũgĩwa Thiong'o. (1981). *Decolonising the mind: The politics of language in African literature*. Nairobi: Heinemann.

Nieto, B. S. (1999). *Affirming diversity: The Sociopolitical context of multicultural education*, third edition. London: Longman.

Nieto, S. (1996). From brown heroes and holidays to assimilationist agendas: Reconsidering the critiques of multicultural education. In C. E. Sleeter & P. L. McClaren (Eds.), *Multicultural education, critical pedagogy and the politics of difference*. Albany, NY: State University of New York Press.

Nieto, S. (2002). *Language, culture and teaching critical perspectives for a new century*. Mahwah, NJ: Lawrence Erlbaum and Associates.

Nixon, H. (1999). *Creating a clever, computer-literate nation: A cultural study of the media, young people and new literacies*. Unpublished Doctoral thesis, University of Queensland, Brisbane.

Nixon, H. (2003). Textual diversity: Who needs it? *English Teaching Practice and Critique*, 2(2), 22–23.

Norton, B. (2000). *Identity and language learning*. London: Longman.

O'Brien, J. (2001). Children reading critically: A local history. In B. Comber & A. Simpson (Eds.), *Negotiating critical literacies in classrooms*. Mahwah, NJ: Lawrence Erlbaum and Associates.

OED department. (1980). *The shorter Oxford English dictionary on historical principles*, third edition. Oxford: Clarendon Press.

Ong, W. (1982). *Orality and literacy*. London: Methuen.

Orlek, J. (1993). *Languages in South Africa*. Johannesburg: Hodder and Stoughton and Wits University Press.

Pahl, K. (2008). *Seeing with a different eye: How can the New Literacy Studies help teachers to understand what children bring to texts?* Paper presented at the American Education Research Association, New York.

Pahl, K., & Rowsell, J. (2005). *Literacy and education: Understanding the New Literacy Studies in the classroom*. London: Sage.

Pahl, K., & Rowsell, J. (Eds.). (2006). *Travel notes from the New Litera-*

cy Studies: Instances of practice. Clevedon, UK: Multilingual Matters.

Partridge, B., & Starfield, S. (2007). *Thesis and dissertation writing in a second language*. London: Routledge.

Pennycook, A. (1994). *The cultural politics of English as an international language*. London: Longman.

Pennycook, A. (1998). *English and the discourses of colonialism*. London: Routledge.

Pennycook, A. (1999). Introduction: Critical approaches to TESOL. *TESOL Quarterly*, 33(3), 329–348.

Pennycook, A. (2001). *Critical Applied Linguistics*. Mahwah, NJ: Lawrence Erlbaum and Associates.

Perry, T., & Delpit, L. (Eds.). (1998). *Power, language and the education of African American children*. Boston: Beacon Press in collaboration with Rethinking Schools.

Phillipson, R. (1992). *Linguistic imperialism*. Oxford: Oxford University Press.

Ramani, E., & Joseph, M. (2006). The dual-medium BA degree in English and Sesotho sa Leboa at the University of Limpopo: Successes and challenges. *LOITASA*, 4, 4–18.

Rampton, B. (1990). Displacing the English language speaker. *ELT Journal*, 44, 97–101.

Rampton, B. (2006). *Language in late modernity: Interaction in an urban school*. Cambridge: Cambridge University Press.

Rofes, E. E. (2005). *A radical rethinking of sexuality and schooling*. Lanham, MD: Rowman and Littlefield.

Rose, B., & Tunmer, R. (1975). *Documents in South African education*. Johannesburg: Ad. Donker.

Rose, N. (1989). *Governing the soul*. London: Free Association Books.

Rosen, M. (1988). *The Hypnotiser*. New York: Scholastic.

Sachs, A. (1994). *Language rights in the new Constitution*. Cape Town:

South African Constitutional Studies Centre, University of Cape Town.

Said, E. (1994). *Culture and imperialism*. London: Vintage.

Said, E. (1995). *Orientalism*. London: Penguin.

Scribner, S., & Cole, M. (1981). *The psychology of literacy*. Cambridge, MA: Harvard University Press.

Shariff, P. (1994). *Heart to heart*. Johannesburg: Storyteller Group.

Shariff, P., & Janks, H. (2001). Redesigning romance: The making and analysis of a critical literacy comic in South Africa. *English in Australia*, 131(July), 5–17.

Shor, I. (1980). *Critical teaching and everyday life*. Chicago: Chicago University Press.

Simon, R. (1992). *Teaching against the grain*. Toronto: The Ontario Institute for Studies Education Press.

Sleeter, C. E., & McClaren, P. L. (Eds.). (1995). *Multicultural education, critical pedagogy and the politics of difference*. Albany, NY: State University of New York Press.

Smith, D. E. (1993). *Texts, facts and femininity: Exploring the relations of ruling*. London: Routledge.

Snyder, I. (Ed.). (1998). *Page to screen: Taking literacy into the electronic era*. London: Routledge.

Snyder, I. (Ed.). (2002). *Silicon literacies: Communication, innovation and education in the electronic age*. London: Routledge

Soja, E. (1996). *Thirdspace: Journeys to Los Angeles and other real-and-imagined places*. Cambridge, MA: Blackwell.

Spender, D. (1980). *Man made language*. London: Routledge and Kegan Paul.

Starfield, S. (1994). Multicultural classes in higher education. *English Quarterly*, 26(3), 16–21.

Starfield, S. (2000). *Making and sharing of meaning: The academic writing of first-year students in the Department of Sociology who speak English as an additional language*. Unpublished Doctoral thesis, University of the Witwatersrand, Johannesburg.

Statistics South Africa. (2001). South African languages statistics and graphs. Retrieved 27 January 2009, from www.cyberserv.co.za/users/~jako/lang/stats.htm

Stein, P. (2004). Representation, rights and resources: Multimodal pedagogies in the language and literacy classroom. In B. Norton & K. Toohey (Eds.), *Critical pedagogies and language learning*. Cambridge: Cambridge University Press.

Stein, P. (2008). *Multimodal pedagogies in diverse classrooms*. London: Routledge.

Street, B. (1984). *Literacy in theory and practice*. Cambridge: Cambridge University Press.

Street, B. (Ed.). (1993). *Cross-cultural approaches to literacy, volume 23*. Cambridge: Cambridge University Press.

Street, B. (1996). Preface. In M. Breir & M. Prinsloo (Eds.), *The social uses of literacy*. Cape Town: Sached Books and John Benjamins.

Stuckey, J. E. (1991). *The violence of literacy*. Portsmouth, NH: Boynton/Cook.

Sumara, D., & Davis, B. (1998). Telling tales of surprise. In W. Pinar (Ed.), *Queer theory in education*. London: Routledge.

Thompson, J. B. (1984). *Studies in the theory of ideology*. Cambridge: Polity Press.

Thompson, J. B. (1990). *Ideology and modern culture*. Oxford: Basil Blackwell.

Thomson, P. (2002). *Schooling the rustbelt kids: Making a difference*. Crows Nest, NSW: Allen and Unwin.

Threadgold, T. (1997). *Feminist poetics: Poiesis, performance, histories*. London: Routledge.

Tollefson, J. (1991). *Planning language, planning inequality: Language policy in community*. London: Longman.

Truth and Reconciliation Commission. (1998). *Truth and Reconciliation Commission of South Africa Report, volume 5*. Cape Town: Juta and Co.

UNESCO. (2000). Retrieved 27 January 2009, from www.uis.unesco.org/en/stats/statistics/literacy2000.htm

United Nations High Commission for Refugees. (1994–1997). Lego posters. Retrieved 1 February 2009, from www.unhcr.org/help/4083de384.html111Lego%20Posters

University of the Witwatersrand. (2003). *Report of the Senate committee on language policy*. Johannesburg: University of the Witwatersrand.

Vasquez, V. (2001). Constructing a curriculum with young children. In B. Comber & A. Simpson (Eds.), *Negotiating critical literacies in classrooms*. Mahwah, NJ: Lawrence Erlbaum and Associates.

Vasquez, V. (2004). *Negotiating critical literacies with young children*. Mahwah, NJ: Lawrence Erlbaum and Associates.

Volosinov, V. N. (1986). *Marxism and the philosophy of language* (L. Matejka & I. Titunik, Trans.). Cambridge, MA: Harvard University Press.

Wallace, C. (2007). *Critical reading in language education*. Houndsmill, UK: Macmillan.

Weber, S. (1999). *Gendered advertising: A critical analysis of the Liquifruit Advertising Campaigns in 'Y' and 'SL' Magazines*. Unpublished Honours long essay, Applied English Language Studies, University of the Witwatersrand, Johannesburg.

Weedon, C. (1987). *Feminist practice and poststructuralist theory*. Oxford: Basil Blackwell.

Welch, T., Witthaus, G. & Rule, P. (1996). *Activities for multilingual classrooms Ditsema Tsa Thuto: Activities Book*. Johannesburg: ELTIC.

Wenger, E. (1998). *Communities of practice*. Cambridge: Cambridge

University Press.

Wilshire, D. (1989). The use of myth, image and the female body in revisioning knowledge. In A. M. Jagger & S. R. Borno (Eds.), *Gender/body/knowledge: Feminist reconstructions of being and knowing* (pp. 92–114). New Brunswick: Rutgers University Press.

Wodak, R. (Ed.). (1997). *Gender and discourse*. London: Sage.

Wolf, M. (2007). *Proust and the squid: The story and science of the reading brain*. New York: Harper Collins.

Woodward, B. (2004). *Plan of attack*. New York: Schuster.

Wray, M., & Newitz, A. (Eds.). (1997). *White trash: Race and class in America*. New York: Routledge.

찾아보기

1차 담론 75, 194, 233
2차 담론 74-76, 194

ㄱ

가부장적 120, 123, 126, 316, 324
간여함(engagement) 156
거시정치 291, 292, 315
게이트키핑 225, 240
게토화 67, 167, 193, 322
공동체 27, 90, 104, 120, 162, 163, 195,
　　197, 278, 280, 319
과어휘화 133, 175
관계적 과정(mental process) 126
관사 118, 131, 135
관행 26, 163, 166, 233, 267, 278
광고 330-341
교육과정 321-323, 326
권력 78-81, 98, 99, 167, 192, 196, 266,
　　314, 317, 319, 320, 322, 323, 324,
　　326, 340, 345

균형 146
극성 135
글자체 146
기능적 리터러시 32

ㄴ

남아프리카공화국 126, 315-317, 324,
　　326, 327, 330, 336-338
남아프리카진실화해위원회 109, 269,
　　274-277
내러티브화 82, 85
노출 145, 148
논리적 연결사 136
농담 329-341
눈덩이 효과 218
뉴런던그룹 52, 65, 66, 255, 320
뉴리터러시 188-193, 320

ㄷ

다문화 교육 321

다양성 64, 66-68, 74, 76, 166, 167, 174, 184, 188, 191, 196, 266, 317, 321, 322, 324
다중리터러시 52, 53, 66, 245, 254
다중모드 31, 54, 127, 141, 254, 318, 320, 322
담론 97-99, 103-104, 111, 120, 121, 126, 129, 169, 173, 176-177, 188, 192, 197, 319, 326, 334
담론 공동체 107-108, 121, 141
담론적 패턴 126
대명사 135
대상화 173, 329, 336
대항−담론 120
동일성 170, 173, 179
동일시 328-329, 335, 343, 344
되받아 쓰기(writing back) 244
디자인 55, 65-68, 76, 114, 115, 141, 159, 167, 244, 245, 266, 320, 322, 324, 345
디지털 조작 152

ㄹ
록인 218
리터러시 26, 29, 39, 58, 59, 61, 63, 66, 72, 194, 202, 211, 223, 241, 318, 320, 324, 341, 345
리터러시 관행 188-190
리터러시 사건 189, 190, 193
리터러시의 이데올로기적 모형 190

링구아 프랑카 216, 223, 225, 226

ㅁ
만델라(Mandela) 326
말차례 134
매개 언어 41, 51, 184, 188, 194, 204, 205, 224, 236, 237
머시페이킹(mushfaking) 75
멀리함(estrangement) 156
명사화 84, 86, 134
명시적 교육법(explicit pedagogy) 64
무표적 168, 169
문맹 29, 34, 39
문법 선택 118
문식성 33
문화기술지 98, 189, 191, 193
문화자본(cultural capital) 156, 195, 271, 280, 345
문화적 혼종성 197
문화 정체성 226, 238
물질적 과정 126, 133
물화(reification) 66-67, 81-87, 174
미시정치 291, 292, 314, 315

ㅂ
배열 114, 118, 121, 128, 136, 141, 143, 212
배제 165, 181, 191, 196, 203, 209, 210, 211, 225, 231, 240, 267, 295
배치 39, 55, 141, 146, 257

백인성 168, 169

백인우월주의 168, 169, 327

법성(modality) 118, 135

보편화 82, 85

부르디외(Bourdieu) 43, 185, 186, 191, 194, 315, 320, 345

분열(fragmentation) 81-89, 175, 179

비가시성 168-169

비유 82, 83, 85, 133

비판적 거리 129, 130, 157

비판적 담론 분석 44, 62, 135, 153, 176, 295-296, 319, 327

비판적 리터러시 50, 56, 60-68, 80, 156, 295-297, 313-321

비판적 리터러시 모형 78, 327

비판적 언어인식 44-45, 50-51, 62, 158, 320, 342

비표준 언어 185

ㅅ

사회적 정체성(social identities) 64, 103, 104, 163

사회정의 44, 68, 80, 159, 228, 246, 327

상징권력 186

상징적 이미지 143

상징적 형태(symbolic forms) 80, 81, 84, 245

상징화 83, 85

상호 의존적 모형 66, 166, 203, 208, 267, 321, 323, 324, 327

상황적 실행(situated practice) 51

서법 138

선택 62, 118, 133-135

성차별주의 122, 129, 132, 316, 335

소외(alienation) 108, 156, 158, 187, 190, 194, 202, 220, 221

수동자(done-to) 118, 132, 134, 137

수동태화 84, 86

신마르크스주의 78, 79

실재 구성 119

실천(praxis) 47

실행 27, 223, 254, 319

실행 공동체(communities of practice) 28, 29, 162

ㅇ

아데고크(Adegoke) 176-178, 326-327

아비투스(habitus) 228, 233-234, 256, 315, 320

아파르트헤이트 122-123, 155, 179, 180, 221, 319, 323, 326

어휘 선택 118

어휘적 응집성 133

어휘화 133

언어 권리 204

언어 변이형 203, 212, 221, 231-232

언어자본(linguistic capital) 186, 194, 211

언어적 다양성 43, 194, 228, 231

언어제국주의 217

엘리트 리터러시 32, 211

완곡 표현 82, 85, 87, 89, 133

외국인 혐오 177, 316, 326, 335

외부화 84, 86

욕망 220, 236, 241, 328-329, 344-345

원근법 145, 149

위장(dissimulation) 81-87, 98

유아화(infantilisation) 39, 123, 126

유표성(markedness) 168

음베키(Mbeki) 178, 298

응시 144

의미 잠재력 131

이념 모형 46

이데올로기 78-81, 83, 85, 111, 173, 183

인종주의 71, 111, 123, 126

인종차별주의 291, 316, 335

ㅈ

자기의 테크놀로지 78, 100-101

자리매김 115, 158, 192

자연화 84, 86, 120, 157, 166, 167

자율 모형 46, 189

장르기반 교수법 64

장르 이론 66, 195, 245

재구성 199, 318, 324, 326

재디자인 54-55, 252, 317, 320, 323, 324

재어휘화 133

재자리매김(repositioning) 252

재현(representation) 115, 120, 143,
    253, 301

저항적 읽기 130

전위(displacement) 82, 85

전환적 교수법 272

접근성 63, 66-68, 72, 76, 196, 202, 203,
    211, 213, 221, 224, 236, 240, 266,
    317, 320, 322-323, 326, 345

접근성의 모순(access paradox) 63, 221

정당화(legitimation) 81, 82, 85, 87, 98

정체성 103-108, 162-163, 168, 169,
    174, 192, 197, 319-320, 323, 342,
    345

정체성 투자(indentity investment) 129,
    232, 318, 341, 343

정치적 올바름 330, 334-335

제3의 공간 197

제술(rheme) 136

제한성(constraints) 245

젠더 49, 136, 323, 328

젠더 이분법 87, 120, 158, 291

주류 74, 165, 194

주의환기인용 134

주제화 135

주체성 76, 101, 173, 192, 319

지(Gee) 60, 74, 194

지배 78-79, 81, 97, 320, 340, 343

지배성 62-63, 66, 68, 76, 221, 237

지식 자원(funds of knowledge) 100,
    156, 197, 271-272, 277

진리 48, 78, 97-98, 103

진리체제(a regime of truth) 98, 103

ᄎ

차별화 179, 181, 186, 210-211

차이 64-65, 67, 181, 191, 202, 229, 314, 320, 323, 326

초점 145, 149

촬영 144, 147

침투적 교육과정 257

ᄏ

카메라의 각도 144

ᄐ

타동성(transitivity) 125-126, 132, 133, 136

타자 111, 168, 175, 179, 181, 183

타자들 175

타자화 51, 176, 178, 179, 321, 326, 345

탈구(dislocation) 104, 108

탈맥락화(decontextualised) 173, 184

탈자연화(denaturalise) 79, 88, 197

태 134

테두리하기(framing) 146

테크놀로지 78

텍스트 141, 318, 328

텍스트에 대항하여 읽기 60, 130, 156-157, 287-288

텍스트 분석 154, 328

텍스트 편에서 읽기 59, 156-158, 287-288

토착어 190, 194

통신 언어(communications lingo) 203, 227

통합(unification) 81, 83, 85, 174, 175

ᄑ

페미니즘 120, 292

표준 언어 185

표준화 83, 85

푸코(Foucault) 48, 78, 97-103, 109-111, 209-212, 249, 319, 320

프레이리(Freire) 45-46, 121, 154, 248, 253-254, 319

프로이트(Freud) 329-332, 335-336, 339

ᄒ

학교 리터러시 31, 249, 257

할리데이(Halliday) 28-29, 125, 131, 138

합리화 82, 85

합법성(legitimacy) 186

해체 318, 324, 327-329, 340

행동유도성(affordances) 245

행위자(actor) 84

행위자(doer) 132, 136

행위주체성(agency) 84, 125-126, 245, 254, 299

헤게모니 98, 204, 224

형태 바꾸기(morphing) 150-152

홀로코스트 130, 321, 322-323

화법 134

활자 리터러시 35

리터러시와 권력

2019년 6월 12일 초판 1쇄 펴냄
2021년 5월 3일 초판 2쇄 펴냄

지은이 힐러리 쟁크스
옮긴이 장은영·이지영·이정아·장인철·안계명·김혜경·양선훈·허선민·서영미·김은영
감수 김성우
기획 한국영어교육학회 비판적 교수법 분과

펴낸이 윤철호·고하영
책임편집 정세민
편집 최세정·이소영·임현규·김혜림·김채린·엄귀영
디자인 김진운
본문조판 토비트
마케팅 최민규·조원강

펴낸곳 ㈜사회평론아카데미
등록번호 2013-000247(2013년 8월 23일)
전화 02-326-1545
팩스 02-326-1626
주소 03993 서울특별시 마포구 월드컵북로6길 56
이메일 academy@sapyoung.com
홈페이지 www.sapyoung.com

ⓒ 장은영·이지영·이정아·장인철·안계명·김혜경·양선훈·허선민·서영미·김은영·한국영어교육
학회 비판적 교수법 분과, 2019

ISBN 979-11-89946-12-8 93700

* 사전 동의 없는 무단 전재 및 복제를 금합니다.
* 잘못 만들어진 책은 바꾸어 드립니다.